Making
Progress in
Russian

Patricia Anne Davis
Donald Vincent Oprendek

Making Progress in Russian

a second
year
course

XEROX
Xerox College Publishing
Lexington, Massachusetts | Toronto

Acknowledgments

Reading selections were adapted from the following sources:

Units 1 and 5 from Н. Э. Шмидт, *Пособие по русскому языку* (Москва, 1963).

Unit 2 from Б. Г. Анпилогова, *Пособие по развитию речи,* часть первая (Москва, 1967).

Units 3 and 8 from Е. А. Азизян, *Я читаю по-русски* (Москва, 1967).

Units 4, 9, 10, 12, and 13 from ed. N. Fudel, *We read Russian,* (Moscow, n.d.).

Unit 6 from Б. Г. Анпилогова, *Пособие по развитию речи,* часть вторая (Москва, 1968).

Units 7, 15, 16, and 17 from В. Н. Вагнер, *Russian* (Москва, 1967).

Units 11, 14, and 18 from М. М. Галеева, *Короткие рассказы* (Москва, 1962).

Illustrations are from the following sources:

Ю. В. Ванников, *Картинный словарь русского языка* (Москва, 1965).

Б. Г. Анпилогова, *Пособие по развитию речи,* часть первая (Москва, 1967).

«Русский язык за рубежом», журнал Научно-методического центра русского языка при Московском университете.

IN MEMORY OF *Professor Anthony Salys,*
scholar, teacher, adviser.

Preface

This book is intended to serve as a basic textbook for a second year college Russian course in which the student should expand and deepen his knowledge of Russian grammar, particularly the various meanings conveyed by the verbal aspects; acquire greater command of vocabulary; and increase his ability to understand, speak, read, and write Russian. One year of college Russian or the equivalent should be sufficient preparation for a course based on this book. Phonetic information is not included in the book, as it is assumed that the student will have achieved satisfactory pronunciation before beginning the second year course. The student should be familiar with regular declensional patterns for nouns, adjectives, and pronouns. This information is contained in the Grammatical Introduction for review and reference. Adjectival and pronominal declensions are not given elsewhere in the book and should be reviewed before the course is begun. Charts for nominal case endings are included in the units on case. In addition it is assumed that the student has a knowledge of basic case use, knows the forms of the past, present, and future tenses of the verbs, and has had an introduction to verbal aspect. He should know the basic forms of cardinal and ordinal numerals through 100.

Each of the eighteen units is designed to further the student's ability in the four basic language skills—understanding, speaking, reading, and writing. If the teacher wishes to emphasize certain of these skills rather than others, however, he may do so by omitting or expanding certain features of the units.

Each unit begins with a reading selection taken from one of several Soviet readers for foreign students. Most of these selections were simplified by the editor of the Soviet reader from which they were taken. They have undergone no further simplification for this book and, although some have been slightly altered, the language used and the facts given have not been changed. The reading selections have been chosen with the purpose of presenting a wide variety of styles and topics and of introducing the grammar presented in the unit. They may also be used for conversation practice. On the other hand, if the teacher wishes, it is possible to omit the reading selections entirely and use a supplementary reader.

The grammar sections are designed to be as clear and complete as possible so that they may be read at home by the student without further explanation by the teacher, thus freeing class time for concentrated practice in Russian. The small pictures included are intended to exemplify the use of a word discussed in the grammar section; they are *not* intended to illustrate any given example sentence. The student is encouraged to express in Russian what he sees in the pictures.

The grammar sections are followed by exercises of various types. Most of them were written for this book, but a few—particularly some of those concerned with verbs of motion and verbal aspects—were adapted from materials distributed by Moscow University to participants in the Summer Exchange of Language Teachers (1967). The exercises consisting of connected Russian text were taken from Soviet sources—either from the readers previously mentioned or from an exercise book. One such book particularly recommended to the student for supplementary study in *Russian in Exercises* by S. A. Khavronina and A. I. Shirochenskaya (Moscow, n.d.). This book is the source of a number of review exercises. It contains much similar material and can be used without the help of a teacher because it has an answer key.

It will be most beneficial if students read the grammar and prepare the exercises at home. The exercises can then be rapidly reviewed in class. Whenever possible, exercises should be done with books closed in order to increase the students' opportunity to hear and speak Russian. The exercises for each unit are followed by several review exercises. It is highly recommended that these exercises also be done at home and reviewed in class, because they provide extra practice in difficult grammar topics, especially verbal aspect, which is stressed throughout the book.

Following the exercises is a section intended to facilitate the acquisition of new vocabulary and increase reading skill. This section, called Word-Building, presents basic Russian roots with a number of the most common words built on them. Students are not expected to memorize these lists of words, but rather to acquire familiarity with the process of word formation in Russian and to gain a knowledge of some of the main roots and prefixes. Each verb in a Word-Building section is defined on the page and is usually followed by several closely related words for which definitions are not given. Following the list of related words is a series of sentences containing blanks with English cue-words. Students should attempt to fill in the blanks without checking the meaning of the undefined words. Sometimes it may be necessary to look up a word in the Russian-English Vocabulary, but usually thoughtful consideration of the root and prefix defined for the related verb will provide sufficient information to match the Russian word with its English cue-word. Mastery of this type of educated guessing is absolutely essential to attaining speed in reading. More information on roots and many more words for each root are contained in *Handbook of Russian Roots* by Catherine Wolkonsky and Marianna Poltoratzky (New York: Columbia University Press, 1961).

Each unit contains ten sentences to be translated from English to Russian. They are designed to consolidate the material contained in the unit as well as to provide some practice in writing Russian. The sentences can be omitted if the teacher wishes a more oral approach.

Language Practice, the final section of each unit, is intended to provide listening and speaking practice and to increase vocabulary. It is composed of thematic groups of words, a related exercise, questions, and usually some pictures. Some units also contain a series of cartoons or a crossword puzzle. This section is intended to occupy one hour of class time. If desired, the teacher may expand it by adding his own questions. On the other hand, if there is insufficient time or if oral practice is not desired, this section may be omitted entirely. If more practice in writing Russian is desired, the thematic word lists can provide the vocabulary for a composition.

Following the eighteen units are two cumulative review lessons. These are designed to be flexible in order to conform to the time schedule of various colleges. The first review lesson covers the material of Units 1 through 9; the second reviews the material through Unit 18. If the book is to be covered in two semesters, one review lesson may be done at the end of each semester. If the course consists of three quarters, the review lessons may be divided so that parts of them are done after Units 6, 12, and 18. This division is indicated in the review lessons. Other divisions are also possible, and the teacher should become familiar with the review lessons early in the course in order to make the best possible use of them.

The book provides a broad introduction to Soviet culture through its varied reading selections, short anecdotes, cartoons and pictures, and thematic word lists. Students intending to visit the Soviet Union are advised to pay particular attention to the Language-Practice sections, because the material contained in them is intended to be practical and applicable to everyday situations.

Deepest appreciation is expressed to Dr. Margarita Lazic of the University of Pennsylvania and Dr. Petros Odabashian of Rutgers University for reading and checking the Russian, to Professor William W. Derbyshire of Rutgers University, Professor Edgar H. Lehrman of Washington University, and Professor Ruth L. Pearce of Bryn Mawr College for reading and rereading the manuscript and writing out long lists of helpful comments, to the many teachers and students of Bryn Mawr College, Haverford College, Millersville State College, Rutgers University, Stanford University, and the University of Pennsylvania, who used the book in its various preliminary forms and offered their criticism and suggestions, and finally to Mrs. Yolanda Militello, whose immeasurable assistance earns an especially warm expression of gratitude.

P.A.D.
D.V.O.

Contents

Charts

Grammatical introduction

The grammatical introduction contains material which is normally covered in a first year college Russian course. Most of it will not be repeated elsewhere in this book. With the exception of the list of grammatical terms, this material is essential as a basis for the second year course. The student is advised to review the material before beginning this book and to refer to it frequently throughout the course.

Since directions to the exercises are given in Russian, the list of grammatical terms will prove useful in reading these directions.

Orthographic rules

1. Russian spelling is not very difficult in comparison with English, but it requires the constant application of three rules. These rules should be mastered as soon as possible.

   A. **Ы** is not normally written after **г, к, х, ж, ч, ш, щ. И** is written instead.

      языки́   больши́е   кни́ги

   B. **Я** and **ю** are not normally written after **г, к, х, ж, ч, ш, щ, ц. A** and **у** are written instead.

      крича́ть: кричу́, кричи́шь, крича́т

   C. Unstressed **o** changes to **e** after **ж, ч, ш, щ, ц.**

      большо́е, *but* хоро́шее
      отцо́м, *but* ме́сяцем

2. A soft sign written in final position in a noun is simply an indicator that the stem is soft and is dropped before declensional endings. However, a soft sign *preceding* the nominative singular or nominative plural ending is part of the stem and is retained before all declensional endings except the genitive and accusative plural **-ей**, which is never preceded by a soft sign.

3. Spelling changes with prepositions.

A. The prepositions **в** and **с** become **во** and **со** before words beginning in consonant clusters when the first sound of the word is the same or nearly the same as that of the preposition.

во вто́рник	*on Tuesday*
во Фра́нции	*in France*
со слеза́ми	*with tears*
со зда́ния	*from the building*

B. The prepositions **в**, **к**, **над**, **пе́ред**, **под**, and **с** add **-о** before **мне** and **мной** and usually before forms of **весь** and **мно́гие**.

ко мне́	*to me*
надо мно́й	*above me*
со мно́й	*with me*
во всём	*in everything*
со мно́гими людьми́	*with many people*

This usage is not absolutely fixed. The forms in **-о** are becoming less frequent with time. They are sometimes found in other combinations of words where pronunciation would otherwise be very difficult, e.g.:

во рту́	*in the mouth*
ко дню́	*toward the day*

C. The preposition **о** becomes **об** before words beginning with **а, и, о, у,** and **э**. The preposition **о** does not change before words beginning with **я, е,** or **ю**. After **об** and other monosyllabic prepositions ending in a consonant, **и** is pronounced as **ы**. The preposition **о** becomes **о́бо** before **мне́** and forms of **весь**.

об а́рмии	*about the army*
об Ита́лии	*about Italy*
об отце́	*about father*
о́бо всём	*about everything*
о́бо мне́	*about me*

D. Declined forms of third-person pronouns take a prothetic **н-** after most prepositions.

о нём	*about him*
перед ни́ми	*before them*

E. When a preposition is used with a negative pronoun, the preposition is inserted between the particle **ни** and the declined form of the pronoun.

никто́	*no one*
ни от кого́	*from no one*
ни к кому́	*toward no one*
ни с ке́м	*with no one*
ни о ко́м	*about no one*

Grammatical terminology

Словообразова́ние	**Word formation**
ко́р/ень, -ня	*root*[1]
осно́ва	*stem*[1]
приста́вка	*prefix*
су́ффикс	*suffix*
оконча́ние	*ending*
слог	*syllable*
ударе́ние	*stress*

(И́мя) существи́тельное	**Noun**
род	*gender*
мужско́й	*masculine*
сре́дний	*neuter*
же́нский	*feminine*
число́	*number*
еди́нственное	*singular*
мно́жественное	*plural*
паде́ж	*case*
имени́тельный	*nominative*
роди́тельный	*genitive*
да́тельный	*dative*
вини́тельный	*accusative*
твори́тельный	*instrumental*
предло́жный	*prepositional*

(И́мя) прилага́тельное	**Adjective**
по́лное	*long form*
кра́ткое	*short form*
сравне́ние	*comparison*

---

[1] The root is the smallest common element of derived words found by removing all prefixes and suffixes. The stem is all of a word except the ending. For example, in the word **покупа́тельница**, the stem is **покупа́тельниц-**, the root is **-куп-**.

положи́тельная сте́пень	*positive degree*
сравни́тельная сте́пень	*comparative degree*
превосхо́дная сте́пень	*superlative degree*

(Имя) числи́тельное   **Numeral**
коли́чественное   *cardinal*
поря́дковое   *ordinal*

Местоиме́ние   **Pronoun**
возвра́тное   *reflexive*
вопроси́тельное   *interrogative*
ли́чное   *personal*
неопределённое   *indefinite*
определи́тельное   *determinative*
относи́тельное   *relative*
отрица́тельное   *negative*
притяжа́тельное   *possessive*

Наре́чие   **Adverb**

Предло́г   **Preposition**

Глаго́л   **Verb**
инфинити́в   *infinitive*
повели́тельное наклоне́ние   *imperative*
лицо́   *person*
  пе́рвое   *first*
  второе   *second*
  тре́тье   *third*
вре́мя   *tense*
  настоя́щее   *present*
  проше́дшее   *past*
  бу́дущее   *future*
вид   *aspect*
  соверше́нный   *perfective*
  несоверше́нный   *imperfective*
прича́стие   *participle*
  действи́тельное   *active*
  страда́тельное   *passive*
дееприча́стие   *verbal adverb*

Си́нтаксис   **Sentence structure**
предложе́ние   *sentence*
  подлежа́щее   *subject*
  сказу́емое   *predicate*
  дополне́ние   *complement*

придáточное предложéние	*subordinate clause*
антóним	*antonym*
синóним	*synonym*
отрицáние	*negation*
кóсвенная речь	*indirect speech*

Пунктуáция	**Punctuation**
тóчка	*period*
запятáя	*comma*
вопросѝтельный знак	*question mark*
кавы́чки	*quotation marks*
скóбки	*parentheses, brackets*

Declensional patterns

Russian nouns, pronouns, adjectives, and numerals are declined. There are two numbers, three genders, and six cases.

The main declensional patterns are given here for reference. They will be discussed in greater detail in subsequent units.

1. Nominal declensions

A. First declension—masculine nouns

	SINGULAR			
	HARD STEM		SOFT STEM	
Nom.	стол	кусóк[3]	словáрь[4]	музéй[5]
Gen.	столá	кускá	словаря́	музéя
Dat.	столу́	куску́	словарю́	музéю
Acc.	стол[2]	кусóк[2]	словáрь[2]	музéй[2]
Instr.	столóм	кускóм	словарём	музéем
Prep.	столé	кускé	словарé	музéе

---

[2] The accusative is like the nominative for inanimate nouns, but like the genitive for animate nouns.

[3] Nouns of this type have **-o-** or **-e-** inserted in the nominative singular before the final consonant of the stem.

[4] Some nouns of this type have an inserted vowel in the nominative singular, e.g., **день—дня**. Nouns of this type have **-ем** in the instrumental singular if the ending is not stressed, e.g., **учѝтель—учѝтелем**.

[5] This is the declension of nouns ending in vowel + **-й** except those ending in **-ий**. Such words have **-ии** in the prepositional singular, e.g., **гéний—о гéнии**. If the ending is stressed, the genitive plural becomes **-ёв**, e.g., **бой—боёв**, but **гéний—гéниев**.

	PLURAL			
	HARD STEM		SOFT STEM	
Nom.	столы́[6]	куски́[6]	словари́[6]	музе́и[6]
Gen.	столо́в[7]	куско́в[7]	словаре́й[7]	музе́ев[7]
Dat.	стола́м	куска́м	словаря́м	музе́ям
Acc.	столы́[2]	куски́[2]	словари́[2]	музе́и[2]
Instr.	стола́ми	куска́ми	словаря́ми	музе́ями
Prep.	стола́х	куска́х	словаря́х	музе́ях

B. First declension—neuter nouns

	SINGULAR				
	HARD STEM			SOFT STEM	
Nom.	ме́сто	окно́	мо́ре[8]	ружьё[9]	зда́ние[10]
Gen.	ме́ста	окна́	мо́ря	ружья́	зда́ния
Dat.	ме́сту	окну́	мо́рю	ружью́	зда́нию
Acc.	ме́сто	окно́	мо́ре	ружьё	зда́ние
Instr.	ме́стом	окно́м	мо́рем	ружьём	зда́нием
Prep.	ме́сте	окне́	мо́ре	ружье́	зда́нии

	PLURAL				
Nom.	места́	о́кна	моря́	ру́жья	зда́ния
Gen.	мест	о́кон[11]	море́й	ру́жей	зда́ний
Dat.	места́м	о́кнам	моря́м	ру́жьям	зда́ниям
Acc.	места́	о́кна	моря́	ру́жья	зда́ния
Instr.	места́ми	о́кнами	моря́ми	ру́жьями	зда́ниями
Prep.	места́х	о́кнах	моря́х	ру́жьях	зда́ниях

---

[6] A number of masculine nouns have stressed **-á** or **-я́** in the nominative plural, e.g., **лес—леса́**, **учи́тель—учителя́**.

[7] Nouns of this type ending in **-ж, -ч, -ш, -щ** have **-ей** in the genitive plural, e.g., **каранда́ш—карандаше́й, врач—враче́й**. Nouns ending in **-ц** have **-ов** in the genitive plural if the ending is stressed; otherwise, they have **-ев** in accordance with the orthographic rules, e.g., **оте́ц—отцо́в**, but **ме́сяц—ме́сяцев**.

[8] Only two other nouns—**по́ле** and **го́ре** (no plural)—have this declension. Nouns with stems ending in **-ж, -ч, -ш, -щ, -ц** are hard and follow the declension of **ме́сто**. Their nominative and instrumental singular have **-о** if the ending is stressed and **-е** if the ending is unstressed, in accordance with the orthographic rules, e.g., **плечо́—плечо́м**, but **со́лнце—со́лнцем**.

[9] This type of noun has a soft sign preceding the ending in every form except the genitive plural.

[10] Most verbal nouns follow this declension. Note especially the ending **-и** in the prepositional singular and the ending **-й** in the genitive plural.

[11] Many nouns whose stems end in a double consonant have an inserted **-о-** or **-е-** in the genitive plural.

C. Second declension—mostly feminine nouns

	Singular				
	Hard Stem			Soft Stem	
Nom.	страна́	ви́лка	неде́ля	семья́[13]	ста́нция[14]
Gen.	страны́	ви́лки	неде́ли	семьи́	ста́нции
Dat.	стране́	ви́лке	неде́ле	семье́	ста́нции
Acc.	страну́	ви́лку	неде́лю	семью́	ста́нцию
Instr.	страно́й[12]	ви́лкой[12]	неде́лей[12]	семьёй[12]	ста́нцией[12]
Prep.	стране́	ви́лке	неде́ле	семье́	ста́нции

	Plural				
Nom.	стра́ны	ви́лки	неде́ли	се́мьи	ста́нции
Gen.	стран	ви́лок[15]	неде́ль[16]	семе́й	ста́нций
Dat.	стра́нам	ви́лкам	неде́лям	се́мьям	ста́нциям
Acc.	стра́ны[17]	ви́лки[17]	неде́ли[17]	се́мьи[17]	ста́нции[17]
Instr.	стра́нами	ви́лками	неде́лями	се́мьями	ста́нциями
Prep.	стра́нах	ви́лках	неде́лях	се́мьях	ста́нциях

---

[12] In poetry or bookish language, the instrumental singular ending is sometimes expanded to **-ою/-ею**.

[13] This type of noun has a soft sign preceding the ending in every form except the genitive plural. If the ending is unstressed, the genitive plural ends in **-ий**, e.g., **го́стья—го́стий**.

[14] Note especially the ending **-и** in the dative and prepositional singular and the ending **-й** in the genitive plural.

[15] Many nouns whose stems end in a double consonant have an inserted **-о-** or **-е-** in the genitive plural, e.g., **ло́жка—ло́жек**. If the first consonant is **-й**, it is dropped in the genitive plural before the insertion of **-е-**, e.g., **хозя́йка—хозя́ек**.

[16] If the noun ends in **-ня** preceded by a consonant, the soft sign is normally omitted in the genitive plural, e.g., **пе́сня—пе́сен**. There are two exceptions: **дере́вня—дереве́нь** and **ку́хня—ку́хонь**.

[17] The accusative plural is like the genitive plural for animate nouns.

D. Third declension—feminine nouns

	SINGULAR			PLURAL		
Nom.	вещь	ло́шадь	путь[19]	ве́щи[20]	ло́шади	пути́
Gen.	ве́щи	ло́шади	пути́	вещей	лошадей	путей
Dat.	ве́щи	ло́шади	пути́	вещам	лошадям	путя́м
Acc.	вещь[18]	ло́шадь[18]	путь[18]	ве́щи[18]	лошадей[18]	пути́[18]
Instr.	ве́щью	ло́шадью	путём	вещами	лошадьми[21]	путя́ми
Prep.	ве́щи	ло́шади	пути́	вещах	лошадя́х	путя́х

E. The **р**-stem declension—two feminine nouns

	SINGULAR		PLURAL	
Nom.	мать	дочь	ма́тери	до́чери
Gen.	ма́тери	до́чери	матерей	дочерей
Dat.	ма́тери	до́чери	матеря́м	дочеря́м
Acc.	мать	дочь	матерей	дочерей
Instr.	ма́терью	до́черью	матеря́ми	дочерьми́[22]
Prep.	ма́тери	до́чери	матеря́х	дочеря́х

F. The **в**-stem declension—two feminine nouns

	SINGULAR		PLURAL
Nom.	це́рковь	любо́вь[23]	це́ркви[24]
Gen.	це́ркви	любви́	церквей
Dat.	це́ркви	любви́	церква́м
Acc.	це́рковь	любо́вь	це́ркви
Instr.	це́рковью	любо́вью	церква́ми
Prep.	це́ркви	любви́	церква́х

---

[18] In the singular all third-declension nouns have the accusative like the nominative. In the plural, inanimate nouns have the accusative like the nominative; animate nouns have the accusative like the genitive.

[19] This is the only masculine noun in the third declension. It differs from other third-declension nouns only in the instrumental singular.

[20] Nouns ending in **-жь, -чь, -шь, -щь** have **-ам, -ами, -ах** in the dative, instrumental, and prepositional plural in accordance with the orthographic rules.

[21] The form **лошадя́ми** is also used. Also **дверь** has **дверя́ми** and occasionally **дверьми́**.

[22] The form **дочеря́ми** is occasionally used.

[23] The word **любо́вь** has no plural.

[24] The dative, instrumental, and prepositional plural have hard endings.

G. The **c**-stem declension—two neuter nouns

	SINGULAR		PLURAL	
Nom.	нéбо	чýдо	небесá[25]	чудесá[25]
Gen.	нéба	чýда	небéс	чудéс
Dat.	нéбу	чýду	небесáм	чудесáм
Acc.	нéбо	чýдо	небесá	чудесá
Instr.	нéбом	чýдом	небесáми	чудесáми
Prep.	нéбе	чýде	небесáх	чудесáх

H. The **н**-stem declension—ten neuter nouns[26]

	SINGULAR		PLURAL	
Nom.	ѝмя	врéмя	именá[27]	временá[27]
Gen.	ѝмени	врéмени	имён[28]	времён[28]
Dat.	ѝмени	врéмени	именáм	временáм
Acc.	ѝмя	врéмя	именá	временá
Instr.	ѝменем	врéменем	именáми	временáми
Prep.	ѝмени	врéмени	именáх	временáх

I. Nouns in **-анин/-янин** (all animate)

	SINGULAR		PLURAL	
Nom.	граждани́н	крестья́нин	гра́ждане[29]	крестья́не[29]
Gen.	граждани́на	крестья́нина	гра́ждан	крестья́н
Dat.	граждани́ну	крестья́нину	гра́жданам	крестья́нам
Acc.	граждани́на	крестья́нина	гра́ждан	крестья́н
Instr.	граждани́ном	крестья́нином	гра́жданами	крестья́нами
Prep.	граждани́не	крестья́нине	гра́жданах	крестья́нах

---

[25] The syllable **-ec-** appears only in the plural.

[26] **Брéмя** *burden*, **врéмя** *time*, **знáмя** *banner*, **ѝмя** *name*, **плéмя** *tribe*, **сéмя** *seed*, **стрéмя** *stirrup*, and three used in the singular only—**вы́мя** *udder*, **плáмя** *flame*, **тéмя** *top of the head*.

[27] The stem is hard in the plural.

[28] **Стрéмя** and **сéмя** have the forms **стремя́н** and **семя́н** in the genitive plural.

[29] The syllable **-ин-** is dropped in the plural. The nominative and genitive plural are irregular.

J. Nouns in -о́нок/-ёнок (all animate)[30]

	SINGULAR		PLURAL	
Nom.	котёнок	медвежо́нок	котя́та[31]	медвежа́та[31]
Gen.	котёнка	медвежо́нка	котя́т	медвежа́т
Dat.	котёнку	медвежо́нку	котя́там	медвежа́там
Acc.	котёнка	медвежо́нка	котя́т	медвежа́т
Instr.	котёнком	медвежо́нком	котя́тами	медвежа́тами
Prep.	котёнке	медвежо́нке	котя́тах	медвежа́тах

K. Suppletive stems

	SINGULAR		PLURAL	
Nom.	ребёнок[32]	челове́к	де́ти	лю́ди
Gen.	ребёнка	челове́ка	детей	людей
Dat.	ребёнку	челове́ку	де́тям	лю́дям
Acc.	ребёнка	челове́ка	детей	людей
Instr.	ребёнком	челове́ком	детьми́	людьми́
Prep.	ребёнке	челове́ке	де́тях	лю́дях

2. Adjectival declensions

An adjective normally agrees in gender, number, and case with the modified noun.

A. Hard adjective—stem stress

		SINGULAR			PLURAL
	MASC.	NEUT.	FEM.	
Nom.	но́вый	но́вое	но́вая	но́вые
Gen.	но́вого		но́вой	но́вых
Dat.	но́вому		но́вой	но́вым
Acc.	но́вый			но́вые
		но́вое	но́вую	
	но́вого			но́вых
Instr.	но́вым		но́вой	но́выми
Prep.	но́вом		но́вой	но́вых

---

[30] Words having this declension indicate young living beings.

[31] In the plural these words follow what is essentially a neuter declensional pattern. Because they are animate, however, the accusative is like the genitive. The word **щено́к** *puppy* has the plural **щенки́, щенко́в**, etc. The forms **щеня́та, щеня́т**, etc. are occasionally used.

[32] The word **ребёнок** also has the plural form **ребя́та**. However, this plural is used colloquially to mean *kids, fellows*, while the word **де́ти** is used for *children*.

B. Hard adjective—end stress

| | | SINGULAR | | PLURAL |
	MASC.	NEUT.	FEM.	
Nom.	молодо́й	молодо́е	молода́я	молоды́е
Gen.	молодо́го		молодо́й	молоды́х
Dat.	молодо́му		молодо́й	молоды́м
Acc.	молодо́й молодо́го	молодо́е	молоду́ю	молоды́е молоды́х
Instr.	молоды́м		молодо́й	молоды́ми
Prep.	молодо́м		молодо́й	молоды́х

C. Sibilant stem—stem stress

| | | SINGULAR | | PLURAL |
	MASC.	NEUT.	FEM.	
Nom.	хоро́ший	хоро́шее	хоро́шая	хоро́шие
Gen.	хоро́шего		хоро́шей	хоро́ших
Dat.	хоро́шему		хоро́шей	хоро́шим
Acc.	хоро́ший хоро́шего	хоро́шее	хоро́шую	хоро́шие хоро́ших
Instr.	хоро́шим		хоро́шей	хоро́шими
Prep.	хоро́шем		хоро́шей	хоро́ших

D. Sibilant stem[33]—end stress

| | | SINGULAR | | PLURAL |
	MASC.	NEUT.	FEM.	
Nom.	большо́й	большо́е	больша́я	больши́е
Gen.	большо́го		большо́й	больши́х
Dat.	большо́му		большо́й	больши́м
Acc.	большо́й большо́го	большо́е	большу́ю	больши́е больши́х
Instr.	больши́м		большо́й	больши́ми
Prep.	большо́м		большо́й	больши́х

---

[33] This is also the declension of adjectives with stems ending in **-г-**, **-к-**, **-х-** except that, if they have stem stress, the nominative singular masculine will end in **-ий**, e.g., **ти́хий**.

E. Soft adjectives[34] (all have stem stress)

	MASC.	SINGULAR NEUT.	FEM.	PLURAL
Nom.	си́ний		си́нее	си́няя	си́ние
Gen.		си́него		си́ней	си́них
Dat.		си́нему		си́ней	си́ним
Acc.	си́ний				си́ние
			си́нее	си́нюю	
	си́него				си́них
Instr.		си́ним		си́ней	си́ними
Prep.		си́нем		си́ней	си́них

F. Special adjectives[35]

	MASC.	SINGULAR NEUT.	FEM.	PLURAL
Nom.	тре́тий		тре́тье	тре́тья	тре́тьи
Gen.		тре́тьего		тре́тьей	тре́тьих
Dat.		тре́тьему		тре́тьей	тре́тьим
Acc.	тре́тий				тре́тьи
			тре́тье	тре́тью	
	тре́тьего				тре́тьих
Instr.		тре́тьим		тре́тьей	тре́тьими
Prep.		тре́тьем		тре́тьей	тре́тьих

---

[34] There are about forty soft adjectives in Russian. Most refer to time or place and have their stem ending in soft **-н-**. They can be recognized from the nominative singular feminine, which will end in **-яя**. No other type of adjective has this ending. The most frequent ones are given on pp. 19–20.

[35] A large number of adjectives follow this declension. They are formed mainly from the names of animals and are called possessive adjectives, e.g., **соба́чий хвост** *dog's tail.*

3. Pronominal declensions

A. Demonstrative pronouns

	Masc.	Singular Neut.	Fem.	Plural
Nom.	э́тот[36]	э́то	э́та	э́ти
Gen.	э́того		э́той	э́тих
Dat.	э́тому		э́той	э́тим
Acc.	{ э́тот	э́то	э́ту	э́ти
	{ э́того			э́тих
Instr.	э́тим		э́той	э́тими
Prep.	э́том		э́той	э́тих

	Masc.	Singular Neut.	Fem.	Plural
Nom.	тот	то	та	те
Gen.	того́		той	тех
Dat.	тому́		той	тем
Acc.	{ тот	то	ту	те
	{ того́			тех
Instr.	тем		той	те́ми
Prep.	том		той	тех

[36] The word **оди́н** is declined like **э́тот**.

B. Determinative pronouns

| | SINGULAR | | | PLURAL |
	MASC.	NEUT.	FEM.	
Nom.	весь	всё	вся	все
Gen.	всего		всей	всех
Dat.	всему		всей	всем
Acc.	весь / всего	всё	всю	все / всех
Instr.	всем		всей	всёми
Prep.	всём		всей	всех
Nom.	сам	само	сама́	са́ми
Gen.	самого́		само́й	сами́х
Dat.	самому́		само́й	сами́м
Acc.	сам / самого́	само́	саму́	са́ми / сами́х
Instr.	сами́м		само́й	сами́ми
Prep.	само́м		само́й	сами́х

C. Interrogative pronouns

Nom.	кто	что
Gen.	кого́	чего́
Dat.	кому́	чему́
Acc.	кого́	что
Instr.	кем	чем
Prep.	ком	чём

| | SINGULAR | | | PLURAL |
	MASC.	NEUT.	FEM.	
Nom.	чей[37]	чьё	чья	чьи
Gen.	чьего́		чьей	чьих
Dat.	чьему́		чьей	чьим
Acc.	чей / чьего́	чьё	чью	чьи / чьих
Instr.	чьим		чьей	чьи́ми
Prep.	чьём		чьей	чьих

---

[37] This pronoun is declined like **тре́тий**.

D. Personal pronouns

	1st Pers.	2nd Pers.	Masc.	Neut.	Fem.
		Singular		3rd Pers.	
Nom.	я	ты	он[39]	онó[39]	онá[39]
Gen.	меня	тебя	егó	егó	её
Dat.	мне	тебе́	емý	емý	ей
Acc.	меня	тебя	егó[40]	егó[40]	её
Instr.	мной (мнóю)[38]	тобóй[38]	им	им	ей (éю)[38]
Prep.	мне	тебе́	нём	нём	ней

			Plural	
Nom.	мы	вы	они[39]	
Gen.	нас	вас	их	
Dat.	нам	вам	им	
Acc.	нас	вас	их	
Instr.	нáми	вáми	и́ми	
Prep.	нас	вас	них	

---

[38] The form éю is used where ей might be confused with the dative. It is also sometimes used in poetry or bookish language, as are the forms мнóю, тобóю, собóю.

[39] Declined forms of он, онó, онá, они take a prothetic н- when they follow most prepositions, e.g., у негó.

[40] The form егó serves as the accusative of both the masculine pronoun он and the neuter онó.

E. Possessive pronouns[41]

	MASC.	SINGULAR NEUT.		FEM.	PLURAL
Nom.	мой[42]		моё	моя́	мои́
Gen.		моего́		мое́й	мои́х
Dat.		моему́		мое́й	мои́м
Acc.	{ мой		моё	мою́	мои́
	{ моего́				мои́х
Instr.		мои́м		мое́й	мои́ми
Prep.		моём		мое́й	мои́х
Nom.	наш[42]		на́ше	на́ша	на́ши
Gen.		на́шего		на́шей	на́ших
Dat.		на́шему		на́шей	на́шим
Acc.	{ наш		на́ше	на́шу	на́ши
	{ на́шего				на́ших
Instr.		на́шим		на́шей	на́шими
Prep.		на́шем		на́шей	на́ших

F. Reflexive pronoun

Nom.	—
Gen.	себя́
Dat.	себе́
Acc.	себя́
Instr.	собо́й (собо́ю)[38]
Prep.	себе́

---

[41] Like adjectives, these words agree in gender, number, and case with the modified noun.
[42] The pronouns **твой** and **свой** are declined like **мой** and the pronoun **ваш** is declined like **наш**.

Conjugational patterns

Basic conjugational patterns of Russian verbs are given here for reference.

1. First-conjugation verbs

	Imperfective		*Perfective*
	Infinitive		
	делать		сделать

	Present
делаю[43]	делаем[44]
делаешь[44]	делаете[44]
делает[44]	делают[43]

	Past	
	делал	сделал
	делало	сделало
	делала	сделала
	делали	сделали

Future

буду делать	будем делать	сделаю[43]	сделаем[44]
будешь делать	будете делать	сделаешь[44]	сделаете[44]
будет делать	будут делать	сделает[44]	сделают[43]

Imperative

делай	сделай
делайте	сделайте

Present Active Participle

делающий, -ее, -ая

Present Passive Participle

делаемый, -ое, -ая

Past Active Participle

| делавший, -ее, -ая | сделавший, -ее, -ая |

Past Passive Participle

сделанный, -ое, -ая

Verbal Adverb

| делая | сделав |

---

[43] If the stem ends in a vowel, the first person singular and third person plural of the present and perfective future will have **-ю-**. If the stem ends in a consonant, they will probably have **-у-**, e.g., **жить: живу́, живу́т**.

[44] If the ending is stressed, **-е-** becomes **-ё-**, e.g., **жить: живёшь, живёт, живём, живёте**.

2. Second-conjugation verbs

Imperfective		*Perfective*
	Infinitive	
стро́ить		постро́ить

Present

стро́ю[45,46]	стро́им	
стро́ишь	стро́ите	
стро́ит	стро́ят[45]	

Past

стро́ил		постро́ил
стро́ило		постро́ило
стро́ила		постро́ила
стро́или		постро́или

Future

бу́ду стро́ить	бу́дем стро́ить	постро́ю[45,46]	постро́им
бу́дешь стро́ить	бу́дете стро́ить	постро́ишь	постро́ите
бу́дет стро́ить	бу́дут стро́ить	постро́ит	постро́ят

Imperative

строй	построй
стро́йте	постро́йте

Present Active Participle

стро́ящий, -ее, -ая

Present Passive Participle

стро́имый, -ое, -ая

Past Active Participle

стро́ивший, -ее, -ая	постро́ивший, -ее, -ая

Past Passive Participle

постро́енный,[46] -ое, -ая

Verbal Adverb

стро́я	постро́ив

---

[45] The first person singular ends in **-у** and the third person plural ends in **-ат** when required by the orthographic rules, e.g., **крича́ть: кричу́, крича́т**.

[46] If the stem ends in **-б-, -в-, -м-, -п-, -ф-**, then **-л-** is inserted before the ending of the first person singular and of the past passive participle, e.g., **купи́ть: куплю́, ку́пишь, ку́пят**, and **ку́пленный**.

3. Verbs in -ся

Imperfective	*Perfective*

Infinitive

одева́ться   оде́ться

Present

одева́юсь	одева́емся
одева́ешься	одева́етесь
одева́ется	одева́ются

Past

одева́лся	оде́лся
одева́лось	оде́лось
одева́лась	оде́лась
одева́лись	оде́лись

Future

бу́ду одева́ться	бу́дем одева́ться	оде́нусь	оде́немся
бу́дешь одева́ться	бу́дете одева́ться	оде́нешься	оде́нетесь
бу́дет одева́ться	бу́дут одева́ться	оде́нется	оде́нутся

Imperative

одева́йся	оде́нься
одева́йтесь	оде́ньтесь

Present Active Participle

одева́ющийся, -ееся, -аяся

Past Active Participle

одева́ющийся, -ееся, -аяся   оде́вшийся, -ееся, -аяся

Verbal Adverb

одева́ясь   оде́вшись

Soft adjectives

1. Adjectives of space

ве́рхний, -ее, -яя	*upper*
вне́шний, -ее, -яя	*external*
вну́трений, -ее, -яя	*internal*
да́льний, -ее, -яя	*distant*
дома́шний, -ее, -яя	*home, domestic*
за́дний, -ее, -яя	*back, rear*
кра́йний, -ее, -яя	*extreme*
ни́жний, -ее, -яя	*lower*
пере́дний, -ее, -яя	*front*
сосе́дний, -ее, -яя	*neighboring*
сре́дний, -ее, -яя	*middle*

2. Adjectives of time

весе́нний, -ее, -яя	*spring*
вече́рний, -ее, -яя	*evening*
вчера́шний, -ее, -яя	*yesterday's*
дре́вний, -ее, -яя	*ancient*
за́втрашний, -ее, -яя	*tomorrow's*
зи́мний, -ее, -яя	*winter*
ле́тний, -ее, -яя	*summer*
осе́нний, -ее, -яя	*fall*
по́здний, -ее, -яя	*late*
после́дний, -ее, -яя	*last*
ра́нний, -ее, -яя	*early*
сего́дняшний, -ее, -яя	*today's*
у́тренний, -ее, -яя	*morning*

3. Other soft adjectives

и́скренний, -ее, -яя	*sincere*
ли́шний, -ее, -яя	*extra*
си́ний, -ее, -яя	*(dark) blue*

Short comparative forms

The following list contains the most common adjectives which form the simple comparative by means of a consonant alternation.

бли́зкий, -ое, -ая	бли́же	*nearer*
бога́тый, -ое, -ая	бога́че	*richer*
большо́й, -ое, -ая	бо́льше	*bigger*
высо́кий, -ое, -ая	вы́ше	*higher*
глубо́кий, -ое, -ая	глу́бже	*deeper*
гро́мкий, -ое, -ая	гро́мче	*louder*
густо́й, -ое, -ая	гу́ще	*thicker*
далёкий, -ое, -ая	да́льше	*farther*
дешёвый, -ое, -ая	деше́вле	*cheaper*
дорого́й, -ое, -ая	доро́же	*dearer, more expensive*
жа́ркий, -ое, -ая	жа́рче	*hotter*
жи́дкий, -ое, -ая	жи́же	*more liquid*
коро́ткий, -ое, -ая	коро́че	*shorter*
кре́пкий, -ое, -ая	кре́пче	*stronger*
лёгкий, -ое, -ая	ле́гче	*easier, lighter*
ма́ленький, -ое, -ая	ме́ньше	*smaller*
молодо́й, -ое, -ая	моло́же	*younger*

мя́гкий, -ое, -ая	мя́гче	*softer*
ни́зкий, -ое, -ая	ни́же	*lower*
плохо́й, -ое, -ая	ху́же	*worse*
ре́дкий, -ое, -ая	ре́же	*rarer, sparser*
сла́дкий, -ое, -ая	сла́ще	*sweeter*
ста́рый, -ое, -ая	ста́рше	*older*
сухо́й, -ое, -ая	су́ше	*drier*
твёрдый, -ое, -ая	твёрже	*harder*
ти́хий, -ое, -ая	ти́ше	*quieter*
то́лстый, -ое, -ая	то́лще	*thicker, fatter*
то́нкий, -ое, -ая	то́ньше	*thinner*
у́зкий, -ое, -ая	у́же	*narrower*
хоро́ший, -ее, -ая	лу́чше	*better*
ча́стый, -ое, -ая	ча́ще	*oftener*
чи́стый, -ое, -ая	чи́ще	*cleaner*
широ́кий, -ое, -ая	ши́ре	*wider*
я́ркий, -ое, -ая	я́рче	*brighter*

Numerals

	Cardinal	Ordinal
1	оди́н, одно́, одна́, одни́	пе́рвый, -ое, -ая
2	два, две	второ́й, -ое, -ая
3	три	тре́тий, -ье, -ья
4	четы́ре	четвёртый, -ое, -ая
5	пять	пя́тый, -ое, -ая
6	шесть	шесто́й, -ое, -ая
7	семь	седьмо́й, -ое, -ая
8	во́семь	восьмо́й, -ое, -ая
9	де́вять	девя́тый, -ое, -ая
10	де́сять	деся́тый, -ое, -ая
11	оди́ннадцать	оди́ннадцатый, -ое, -ая
12	двена́дцать	двена́дцатый, -ое, -ая
13	трина́дцать	трина́дцатый, -ое, -ая
14	четы́рнадцать	четы́рнадцатый, -ое, -ая
15	пятна́дцать[47]	пятна́дцатый, -ое, -ая
16	шестна́дцать[47]	шестна́дцатый, -ое, -ая
17	семна́дцать[47]	семна́дцатый, -ое, -ая
18	восемна́дцать[47]	восемна́дцатый, -ое, -ая
19	девятна́дцать[47]	девятна́дцатый, -ое, -ая
20	два́дцать	двадца́тый, -ое, -ая
30	три́дцать	тридца́тый, -ое, -ая
40	со́рок	сороково́й, -ое, -ая

50	пятьдеся́т[47]	пятидеся́тый, -ое, -ая
60	шестьдеся́т[47]	шестидеся́тый, -ое, -ая
70	се́мьдесят[47]	семидеся́тый, -ое, -ая
80	во́семьдесят[47]	восьмидеся́тый, -ое, -ая
90	девяно́сто	девяно́стый, -ое, -ая
100	сто	со́тый, -ое, -ая
200	две́сти	двухсо́тый, -ое, -ая
300	три́ста	трёхсо́тый, -ое, -ая
400	четы́реста	четырёхсо́тый, -ое, -ая
500	пятьсо́т	пятисо́тый, -ое, -ая
600	шестьсо́т	шестисо́тый, -ое, -ая
700	семьсо́т	семисо́тый, -ое, -ая
800	восемьсо́т	восьмисо́тый, -ое, -ая
900	девятьсо́т	девятисо́тый, -ое, -ая
1,000	ты́сяча	ты́сячный, -ое, -ая
1,000,000	миллио́н	миллио́ный, -ое, -ая
1,000,000,000	миллиа́рд	миллиа́рдный, -ое, -ая

Some Russian given names

Russian names have three parts: the given name (**и́мя**), the patronymic (**о́тчество**), and the surname (**фами́лия**), e.g.,

Ива́н Алекса́ндрович Петро́в,
Мари́я Алекса́ндровна Петро́ва.

The above could be the names of a brother and sister whose father is **Алекса́ндр Ива́нович Петро́в**. The given name and patronymic are used together as a polite form of address. Diminutives are used in familiar address.

---

[47] No Russian numeral has more than one soft sign in its nominative or nominative/accusative form.

NAME	DIMINUTIVE	ENGLISH EQUIVALENT

MASCULINE

NAME	DIMINUTIVE	ENGLISH EQUIVALENT
Алекса́ндр	Са́ша	*Alexander*
Алексе́й	Алёша	*Aleksej*
Андре́й		*Andrew*
Бори́с	Бо́ря	*Boris*
Ви́ктор	Ви́тя	*Victor*
Влади́мир	Воло́дя	*Vladimir*
Вячесла́в	Сла́ва	*Vjačeslav*
Евге́ний	Же́ня	*Eugene*
Ива́н	Ва́ня	*John*
Михаи́л	Ми́ша	*Michael*
Никола́й	Ко́ля	*Nicholas*
Оле́г		*Oleg*
Па́вел		*Paul*
Пётр	Пе́тя	*Peter*
Серге́й	Серёжа	*Serge*
Ю́рий	Ю́ра	*George*

FEMININE

NAME	DIMINUTIVE	ENGLISH EQUIVALENT
Алекса́ндра	Са́ша	*Alexandra*
А́нна	А́ня	*Anne*
Валенти́на	Ва́ля	*Valentina*
Варва́ра	Ва́ря	*Barbara*
Ве́ра		*Vera*
Екатери́на	Ка́тя	*Katherine*
Еле́на	Ле́на	*Helen*
Ири́на	И́ра	*Irene*
Мари́я	Ма́ша	*Maria*
Ната́лья	Ната́ша	*Natalia*
Ни́на		*Nina*
О́льга	О́ля	*Olga*
Со́фья	Со́ня	*Sophia*
Татья́на	Та́ня	*Tatjana*

Моско́вский университе́т

На Ле́нинских гора́х[1] стоя́т но́вые зда́ния Моско́вского университе́та. В но́вых зда́ниях **нахо́дятся** физи́ческий,[2] хими́ческий, математи́ческий, биологи́ческий, геологи́ческий, и географи́ческий **факульте́ты**. Филосо́фский, экономи́ческий, **юриди́ческий**, и **филологи́ческий** факульте́ты нахо́дятся в ста́ром зда́нии в це́нтре го́рода.

are

departments
law   philological

Но́вый университе́т стои́т на высо́ком берегу́[3] Москвы́-реки́ в большо́м па́рке. В па́рке **расту́т** молоды́е дере́вья[4] и **цвету́т** краси́вые **цветы́**.[5] Там студе́нты гуля́ют и отдыха́ют.

grow   bloom
flowers

На реке́ большо́й мост. На мосту́ ста́нция[6] метро́[7] «Ле́нинские го́ры».

В университе́те есть столо́вые,[8] клуб, и **чита́льные за́лы**. Студе́нты за́втракают, обе́дают, и у́жинают в студе́нческой столо́вой. Они́ занима́ются в чита́льном за́ле. В клу́бе они́ отдыха́ют, слу́шают **докла́ды** и конце́рты, смо́трят **кинофи́льмы**.

reading rooms

reports (lectures)
movies

В университе́те есть больши́е и ма́ленькие **аудито́рии**, физи́ческие и хими́ческие лаборато́рии, **лингафо́нный кабине́т**, и библиоте́ка.

classrooms (lecture halls)
language laboratory

В аудито́риях студе́нты слу́шают ле́кции. В лаборато́риях они́ де́лают **о́пыты**. В лингафо́нном кабине́те они́ изуча́ют языки́. **Студе́нты** и **аспира́нты** мно́го рабо́тают в университе́тских библиоте́ках.

experiments
undergraduates
graduate students

24

Примечáния

1 Lenin Hills—a section of Moscow.
2 All of the following adjectives are formed from the names of university disciplines. Find some adjectives in the story which are formed from other nouns in a similar way.
3 What is the case of this word? Review its declension. Find another word in the story that has the same ending in this case.
4 What is the singular of this word? Review its declension.
5 What is the singular of this word? Review its declension.
6 Review its declension. Find other words of the same declension in the story.
7 What case is this? Explain the ending.
8 A **столóвая** is a restaurant of middle quality in the Soviet Union. How is it declined?

Граммáтика

1. Basic characteristics of the Russian verb

The Russian verb has three moods—imperative, indicative, and conditional. Only the indicative has tense.

Aspect is the most notable characteristic of the Russian verb. Most verbs are either imperfective or perfective in aspect. The imperfective aspect indicates a process or a situation. The perfective points to the achievement of a result.

Tense refers to the ability of a verb to show time. The imperfective aspect has three tenses—present, past, and future. The perfective has only the past and future.

Each verb has an infinitive. The infinitive endings are **-ть, -ти, -чь**. The ending **-ть** is by far the most frequent.

The verbal system is enriched by many prefixes which permit the expression of various shades of meaning.

2. Key forms

It is useful to learn four key forms for each verb. They are the infinitive and three forms of the present or perfective future.

	to read	*to sleep*	*to begin*
Infinitive	читáть	спать	начáть *pf.*
1st person singular	читáю	сплю	начнý
2nd person singular	читáешь	спишь	начнёшь
3rd person plural	читáют	спят	начнýт

All other forms can ordinarily be derived from these. Only a few verbs have irregular forms in any tense or mood.

3. Accentuation patterns of the present and perfective future tenses

There are three basic accentuation patterns for Russian verbs in the present and perfective future tenses. It is absolutely essential to know the accentuation pattern for each verb, because many verbal forms vary accordingly. The accentuation pattern can be determined from the key forms. It often cannot be determined from the infinitive.

A. *Stem stress*. The stress is constant. All forms are stressed on the same syllable of the stem.

to think	to read	to dance	to remember	to dress
ду́мать	чита́ть	танцева́ть	по́мнить	оде́ть *pf.*
ду́маю	чита́ю	танцу́ю	по́мню	оде́ну
ду́маешь	чита́ешь	танцу́ешь	по́мнишь	оде́нешь
ду́мают	чита́ют	танцу́ют	по́мнят	оде́нут

B. *End stress*. The stress is constant. All forms are stressed on the inflexional ending.

to stand	to grow	to give
стоя́ть	расти́	дава́ть
стою́	расту́	даю́
стои́шь	растёшь	даёшь
стоя́т	расту́т	даю́т

C. *Mobile stress*. The infinitive and first person singular are stressed on the ending and then the stress is moved back one syllable for the other forms.

to look	to say	to love
смотре́ть	сказа́ть *pf.*	люби́ть
смотрю́	скажу́	люблю́
смо́тришь	ска́жешь	лю́бишь
смо́трят	ска́жут	лю́бят

This is the only type of mobile stress there is for these tenses.

All verbs with the infinitive ending **-ти** have end stress.
Perfective verbs prefixed by **вы-** are stressed on the prefix in all forms.

4. Forms of the present and perfective future tenses

Most Russian verbs belong either to the first or to the second conjugation. The present tense of imperfective verbs and the future tense of perfective verbs are similar in form and are conjugated according to the patterns given on pages 17–19.

Each verb may be said to have two stems—a past stem, which is obtained by dropping the infinitive ending, and a non-past stem, which is obtained by dropping the third person plural ending of the present or perfective future tense. Since the non-past stem is often different from the past stem, it is not always possible to determine the conjugational pattern of a verb from the infinitive. Sometimes, however, a clue for determining the non-past stem can be obtained from the infinitive. Such verbs can be conveniently grouped.

A. Verbs ending in **-овать/-евать** belong to the first conjugation. They are usually conjugated as follows:

	to dance	*to advise*
Infinitive	танцева́ть	сове́товать
1st person singular	танцу́ю	сове́тую
2nd person singular	танцу́ешь	сове́туешь
3rd person plural	танцу́ют	сове́туют

B. Verbs ending in **-давать, -ставать, -знавать** belong to the first conjugation. The syllable **-ва-** is dropped when they are conjugated. They all have end stress and are all imperfective.

	to give	*to stand up*
Infinitive	дава́ть	встава́ть
1st person singular	даю́	встаю́
2nd person singular	даёшь	встаёшь
3rd person plural	даю́т	встаю́т

C. In many verbs the final consonant of the non-past stem alternates with another consonant in certain forms of the verb. In second-conjugation verbs the change takes place in the first person singular only. In first-conjugation verbs, it takes place in all forms of the present or perfective future tense. These alternations follow a definite pattern.

с and **х** alternate with **ш**	писа́ть : пишу́	*to write*
	маха́ть : машу́	*to wave*
з and **д** alternate with **ж**	сказа́ть : скажу́	*to say*
	ви́деть : ви́жу	*to see*

т and к alternate with ч	плати́ть : плачу́	to pay
	пла́кать : пла́чу	to cry
ст and ск alternate with щ	прости́ть : прощу́	to forgive
	иска́ть : ищу́	to search for

D. Verbs with the infinitive in -чь have a consonant alternation (either г/ж or к/ч) in the first person singular and third person plural. All these verbs belong to the first conjugation.

	to be able	to bake
Infinitive	мочь	печь
1st person singular	могу́	пеку́
2nd person singular	мо́жешь	печёшь
3rd person plural	мо́гут	пеку́т

Two of these verbs have a variation in the stem.

	to lie down	to burn
Infinitive	лечь pf.	жечь
1st person singular	ля́гу	жгу
2nd person singular	ля́жешь	жжёшь
3rd person plural	ля́гут	жгут

5. Irregular verbs

When the endings of a verb do not fit either conjugational pattern, the verb is said to be irregular, as the endings cannot be derived from the key forms. Three verbs are irregular in the present tense and one in the perfective future. See also Forms of the verb **быть**, page 31.

to want	to run	to eat	to give
хоте́ть	бежа́ть	есть	дать pf.
хочу́	бегу́	ем	дам
хо́чешь	бежи́шь	ешь	дашь
хо́чет	бежи́т	ест	даст
хоти́м	бежи́м	еди́м	дади́м
хоти́те	бежи́те	еди́те	дади́те
хотя́т	бегу́т	едя́т	даду́т

Prefixed compounds of **есть** and **дать** are conjugated according to the same patterns.

6. Forms of the past tense

The past tense is formed from the past stem. For most verbs this is obtained by dropping the **-ть** from the infinitive. To the resultant stem are added:

-л	for the masculine singular
-ло	for the neuter singular
-ла	for the feminine singular
-ли	for all plurals

я, ты, он	писа́л	написа́л	конча́л	ко́нчил
оно́	писа́ло	написа́ло	конча́ло	ко́нчило
я, ты, она́	писа́ла	написа́ла	конча́ла	ко́нчила
мы, вы, они́	писа́ли	написа́ли	конча́ли	ко́нчили

There are very few exceptional forms in the past tense.

A. Some verbs with the infinitive ending **-сть** drop the **-с-** before adding past tense endings.

to eat	*to eat*	*to put*	*to fall*
есть	съесть *pf.*	класть	упа́сть *pf.*
ел	съел	клал	упа́л
е́ло	съе́ло	кла́ло	упа́ло
е́ла	съе́ла	кла́ла	упа́ла
е́ли	съе́ли	кла́ли	упа́ли

B. Some verbs with the infinitive ending **-ти** drop the **-л** in the masculine past tense.

to carry	*to transport*
нести́	везти́
нёс	вёз
несло́	везло́
несла́	везла́
несли́	везли́

C. Other such verbs retain the **-л** but drop the preceding consonant.

to lead	*to bloom*
вести́	цвести́
вёл	цвёл
вело́	цвело́
вела́	цвела́
вели́	цвели́

D. Verbs with the infinitive ending in **-чь** have **-г** or **-к** in the past tense according to their non-past stem. The **-л** is dropped in the masculine form.

to be able	to bake	to burn
мочь	печь	жечь
(мо́гут)	(пеку́т)	(жгут)
мог	пёк	жёг
могло́	пекло́	жгло
могла́	пекла́	жгла
могли́	пекли́	жгли

E. Some verbs with the infinitive ending in **-нуть** drop this syllable in the past tense; others retain this syllable. The past tense must be learned for each verb.

to get used to	to rest
привы́кнуть	отдохну́ть
привы́к	отдохну́л
привы́кло	отдохну́ло
привы́кла	отдохну́ла
привы́кли	отдохну́ли

F. The past tense forms of **идти́** and **расти́** are irregular.

to go	to grow
идти́	расти́
шёл	рос
шло	росло́
шла	росла́
шли	росли́

7. Accentuation patterns of the past tense

A number of monosyllabic verbs have a stress shift to the ending in the feminine form.

to wait	to live	to give
ждать	жить	дать *pf.*
ждал	жил	дал
жда́ло	жи́ло	да́ло
ждала́	жила́	дала́
жда́ли	жи́ли	да́ли

Other common verbs following this pattern are **брать, взять, звать, лить,** **пить, спать,** and **быть.**

Note also the stress pattern of the verb **нача́ть.** This same pattern is used by several verbs ending in **-нять** and by prefixed compounds of **дать.**

to begin	*to occupy*	*to sell*
нача́ть	заня́ть	прода́ть
на́чал	за́нял	про́дал
на́чало	за́няло	про́дало
начала́	заняла́	продала́
на́чали	за́няли	про́дали

8. Forms of the verb **быть**

The verb **быть** has no present tense. The place of this verb is sometimes indicated by a dash, especially between two nouns, or it is simply omitted.

Мой брат—студе́нт.
My brother is a student.

Я учи́тель.
I am a teacher.

The past tense of the verb **быть** is **был, бы́ло, была́, бы́ли.** Note the stress shift in the feminine form.

The future tense of the verb **быть** is:

	Singular	Plural
1st person	бу́ду	бу́дем
2nd person	бу́дешь	бу́дете
3rd person	бу́дет	бу́дут

It is used to form the future tense of imperfective verbs in the following way.

бу́ду чита́ть
бу́дешь чита́ть, etc.

9. Verbs in **-ся**

Verbs in **-ся** do not normally take a direct object in the accusative case. When a complement is needed, it will be in a case other than the accusative. Some verbs require a prepositional phrase.

-ся is added to verb forms ending in a consonant, **-ь**, **-й**, and to all forms of the participle. **-сь** is added to verb forms ending in a vowel.

Verbs in **-ся** have several different uses:

A. The real function of **-ся** with many of these verbs is to provide the verb with a means of becoming intransitive. Most of these verbs are not used intransitively without the addition of **-ся**. Such expressions are usually rendered in English by an intransitive use of the verb.

> Я возвраща́ю вам кни́гу.
> *I'm returning the book to you.*

> Я возвраща́юсь из Москвы́.
> *I'm returning from Moscow.*

> Учи́тель начина́ет уро́к в 9 часо́в.
> *The teacher begins the lesson at 9:00.*

> Уро́к начина́ется в 9 часо́в.
> *The lesson begins at 9:00.*

> О́льга одева́ет ребёнка.
> *Olga is dressing the child.*

> О́льга одева́ется.
> *Olga is getting dressed.*

B. Sometimes when **-ся** is added to a verb, it indicates a common action of two or more persons.

> Я ви́дел его́.
> *I saw him.*

> Мы ви́делись.
> *We saw each other.*

> Я встреча́ю его́ ка́ждый день.
> *I meet him every day.*

> Мы встреча́емся ка́ждый день.
> *We meet (each other) every day.*

C. Sometimes the addition of **-ся** to a verb gives it a passive meaning. This is done mainly with imperfective verbs in the third person.

> Здесь продаю́тся кни́ги.
> *Books are sold here.*

В Москве́ стро́ится мно́го домо́в.
Many houses are being built in Moscow.

D. Some verbs exist only in a form with **-ся**. Among the most common are the following:

боя́ться	*to be afraid of*
наде́яться	*to hope*
смея́ться/засмея́ться	*to laugh*
улыба́ться/улыбну́ться	*to smile*

E. Three verbs have the imperfective in **-ся** and the perfective without **-ся**.

станови́ться/стать	*to stand, to become*
сади́ться/сесть	*to sit down*
ложи́ться/лечь	*to lie down*

10. Correspondence between Russian and English

Concepts are expressed by the Russian verbal system very differently from the way they are expressed in English. Distinctions made in Russian by means of tense and aspect must be made in English by a combination of verbal forms, auxiliaries, and participles. Correspondences are never exact, and the choice of a translation is affected by context and the intent of the speaker.

Russian has only one present tense. It may be translated by any one of the three forms of the English present tense and also by the English expanded present perfect. The choice must be made with care.

Что вы де́лаете? Я отдыха́ю.
What are you doing? I am resting.

Что вы обы́чно де́лаете ле́том? Я отдыха́ю.
What do you usually do in the summer? I rest.

Я де́лаю э́то уже́ два́дцать лет.
I have been doing that for twenty years.

Similarly, it is not possible to give a single English form that will correspond to a Russian verb in the past or future tenses. There are various possible correspondences and, in the final analysis, the concept must be carefully understood and rendered in English by a nearly corresponding concept.

Что вы де́лали вчера́? Я отдыха́л.
What did you do yesterday? I rested.

Что вы де́лали, когда́ я позвони́л?
What were you doing when I called?

Я ча́сто ви́дел его́, когда́ он жил в Москве́.
I often used to see him when he lived in Moscow.

Что вы бу́дете де́лать за́втра? Я не зна́ю.
What are you going to do tomorrow? I don't know.

Я бу́ду чита́ть весь день.
I'll be reading (I'm going to read) all day.

Я прочита́ю э́ту статью́ за́втра.
I'll read (through) this article tomorrow.

Sometimes an attempt to make an exact correspondence between English and Russian is likely to lead to error. For example, in English, the simple present or present perfect tense replaces the future in most subordinate clauses. In Russian, when future time is intended, a future tense must be used.

Когда́ я бу́ду занима́ться, я вам позвоню́.
I'll call you while I am studying.

По́сле того́, как я прочита́ю кни́гу, я её вам дам.
After I have read the book, I'll give it to you.

Е́сли я ко́нчу чита́ть сего́дня ве́чером, я начну́ писа́ть.
If I finish reading tonight, I'll start to write.

11. Tenses in reported speech

Russian does not have sequence of tenses. A statement is reported in the same tense in which it was originally made.

Ива́н сказа́л: «Я чита́ю интере́сную кни́гу.»
Ivan said, "I am reading an interesting book."

Ива́н сказа́л, что чита́ет интере́сную кни́гу.
Ivan said he was reading an interesting book.

Ива́н сказа́л: «Я бу́ду чита́ть весь день.»
Ivan said, "I'm going to read all day."

Ива́н сказа́л, что бу́дет чита́ть весь день.
Ivan said that he would read all day.

Ива́н сказа́л: «Я чита́л интере́сную кни́гу.»
Ivan said, "I read an interesting book."

Ива́н сказа́л, что чита́л интере́сную кни́гу.
Ivan said that he read an interesting book.

Ива́н сказа́л: «Я уже́ прочита́л э́ту кни́гу.»
Ivan said, "I have already read that book."

Ива́н сказа́л, что уже́ прочита́л э́ту кни́гу.
Ivan said that he had already read that book.

12. Verbs of learning and teaching

There are so many verbs having to do with teaching and learning that the situation tends to become confusing. They are not strictly synonymous, and each one is rather limited in its use. Observe each one separately.

A. **Учи́ть/вы́учить** *to study, to learn,* is used with an accusative complement. It means to study, aiming at complete control, something short enough to be committed to memory.

Актёр у́чит роль.
The actor learns his role.

Студе́нты у́чат но́вые слова́.
The students are studying new words.

Я вы́учил э́то пра́вило.
I have learned this rule.

B. **Учи́ться**/no perfective *to study, to be a student at an institution,* usually named.

> Он хорошо́ у́чится.
> *He's a good student.*

> Ива́н у́чится в университе́те.
> *Ivan is studying at the university.*

C. **Учи́ться/научи́ться** *to learn,* is usually used with an infinitive complement. This is the only verb of studying that can be used with an infinitive. When there is a noun complement, it is in the dative case.

> Ива́н у́чится говори́ть по-ру́сски.
> *Ivan is learning to speak Russian.*

> Ива́н у́чится ру́сскому языку́.
> *Ivan is studying Russian.*

The latter construction is synonymous with the following one and is less frequent.

D. **Изуча́ть/изучи́ть** *to study, to learn,* is always used with an accusative complement. It is less restricted and more thoughtful than **учи́ть**.

> Ива́н изуча́ет ру́сский язы́к.
> *Ivan is studying Russian.*

> Он изуча́ет ка́рту.
> *He is studying the map.*

E. **Занима́ться**/no perfective *to be studying,* refers to the process of studying, often without any complement. When a complement is given, it is in the instrumental case.

> Он мно́го занима́ется.
> *He studies a lot.*

> Он занима́ется литерату́рой в библиоте́ке.
> *He is studying literature in the library.*

F. **Учи́ть/научи́ть** *to teach.* The person taught is in the accusative case and is normally expressed in the sentence. This verb must be used if an infinitive is required. If subject matter is expressed, the dative case is used.

> Петро́в научи́л студе́нтов говори́ть по-ру́сски.
> *Petrov taught the students to speak Russian.*

Он у́чит нас ру́сскому языку́.
He teaches us Russian.

G. **Преподава́ть**/no perfective *to teach, to be a teacher.* The subject matter, if expressed, is in the accusative case. The person taught, if expressed, is in the dative case.

Он преподаёт студе́нтам ру́сский язы́к.
He teaches students Russian.

Она́ преподава́ла хи́мию.
She taught chemistry.

Он преподаёт в университе́те.
He teaches at the university.

Упражне́ния

I.   Впиши́те глаго́лы в настоя́щем, бу́дущем, и проше́дшем времена́х:

1. Э́ти зда́ния _____ на Ле́нинских гора́х.
   <u>стоя́ть</u>

2. Где _____ юриди́ческий факульте́т?
   <u>находи́ться</u>

3. В па́рке _____ молодо́е де́рево.
   <u>расти́</u>

4. Что ты _____? Я _____ хлеб.
   <u>есть</u>   <u>есть</u>

5. В клу́бе мы _____ докла́ды и _____ кинофи́льмы.
   <u>слу́шать</u>   <u>смотре́ть</u>

6. Я _____ ру́сский язы́к. Мы все _____ ру́сский
   <u>изуча́ть</u>   <u>изуча́ть</u>
   язы́к.

7. Я _____ и _____ на Москву́-реку́.
   <u>стоя́ть</u>   <u>смотре́ть</u>

8. Что _____? Мы _____ хлеб.
   <u>есть</u>   <u>есть</u>

9. Мы _____ рабо́тать ра́но у́тром, и _____ до
   <u>начина́ть</u>   <u>рабо́тать</u>
   ве́чера.

10. Профе́ссор _____ и студе́нты _____.
    <u>спра́шивать</u>   <u>отвеча́ть</u>

11. Ива́н _____ Ве́ре краси́вые цветы́.
    <u>дава́ть</u>

12. Он _____ хлеб, а они́ _____ мя́со.
    <u>есть</u>   <u>есть</u>

13. Мы _____ в 7 часо́в.
    <u>встава́ть</u>

14. Заня́тия _____ в 9 часо́в и _____ до
     начина́ться   продолжа́ться
  двух.

15. Где ты _____? Я _____ в университе́тской
      занима́ться   занима́ться
  библиоте́ке.

16. Ребёнок _____ воды́.
      боя́ться

17. Он _____ в университе́те. Я _____ до́ма.
    жить   жить

18. Что вы _____ на за́втрак? Я _____ ко́фе.
      пить   пить

19. Ба́бушка _____ хлеб сего́дня.
       печь

20. Вы _____ ста́рые бума́ги?
   жечь

II. Впиши́те ну́жные глаго́лы в настоя́щем вре́мени:

 1. Ива́н всегда́ _одева́ется_ бы́стро.
        dresses

 2. Студе́нты _занима́ют_ места́ в аудито́рии.
      occupy

 3. Моско́вский университе́т _нахо́дится_ на Ле́нинских гора́х.
           is located

 4. Я _одева́ю_ ма́ленького ребёнка.
   dress

 5. Ма́ленький ребёнок _бои́тся_ соба́ки.
         fears

 6. Профе́ссор _начина́ет_ уро́к в 9 часо́в.
      begins

 7. Уро́к _начина́ется_ в 9 часо́в и _конча́ется_ в де́сять.
    begins   ends

 8. Студе́нты _занима́ются_ в библиоте́ке.
     study

 9. Он _открыва́ет_ магази́н ра́но у́тром.
   opens

10. В кото́ром часу́ магази́н _закрыва́ется_?
        closes

11. Ка́ждый челове́к _ест_, _поёт_, и _спит_.
      eats drinks sleeps

12. Ра́но у́тром мы _встаём_, _умыва́емся_, и _одева́емся_
      get up wash dress

13. Де́ти _мо́ют_ ру́ки, а пото́м _начина́ют_ обе́дать.
   wash   begin

14. По́сле уро́ков, мы _возвраща́ем_ кни́ги учи́телю и _закрыва́ем_ о́кна.
      return   close

15. Пото́м мы _возвраща́емся_ домо́й.
   return

16. Я обы́чно _кончаю_ _занима́ться_ в 10 часо́в.
    finish   to study
17. Мои́ заня́тия _конча́ются_ по́сле обе́да.
    finish
18. Я ча́сто _ви́жу_ дете́й, когда́ они́ _возвраща́ются_ из шко́лы.
    see   return
19. Все студе́нты _боя́тся_ э́того профе́ссора.
    fear
20. Я то́же _бою́сь_ его́.
    fear

III. Перепиши́те предложе́ния в ко́свенной ре́чи по образцу́.

Образе́ц: Ива́н сказа́л: «Я чита́ю интере́сную кни́гу.»
Ива́н сказа́л, что он чита́ет интере́сную кни́гу.

1. Ива́н сказа́л: «Я обы́чно встаю́ в 9 часо́в, но за́втра я вста́ну в 7 часо́в.»
2. Студе́нт говори́т: «Я не люблю́ встава́ть ра́но.»
3. Мать сказа́ла: «Я оде́ну ребёнка, а пото́м поза́втракаю.»
4. Муж говори́т жене́: «Ты пьёшь сли́шком мно́го ко́фе.»
5. Студе́нт говори́т: «Я не понима́ю, когда́ учи́тель говори́т бы́стро.»
6. Мать говори́т до́чери: «Ты сли́шком ма́ло занима́ешься.»
7. Оте́ц сказа́л сы́ну: «Ты сли́шком гро́мко говори́шь.»
8. Ива́н говори́т: «Я спешу́ на ста́нцию метро́.»
9. Ребёнок говори́т: «Я не бою́сь соба́ки.»
10. Сестра́ сказа́ла бра́ту: «Ты сли́шком мно́го спишь.»

IV. Впиши́те глаго́лы в бу́дущем вре́мени. Обрати́те внима́ние на вид ка́ждого глаго́ла.

1. Где вы _бу́дете_ _-_ ле́том?
    отдыха́ть
2. Мы _бу́дем_ _-_ в столо́вой, а мы _бу́дем_ _-_ до́ма.
    обе́дать   у́жинать
3. Я _поза́втракаю_, а пото́м _начну́_ рабо́тать.
    поза́втракать   нача́ть
4. Что ты _бу́дешь_ _-_ ве́чером? Я _бу́ду_ _-_.
    де́лать   рабо́тать
5. Я _спрошу́_ учи́теля об э́том.
    спроси́ть
6. Сего́дня мы _бу́дем_ _-_ упражне́ния.
    писа́ть
7. Сего́дня я _напишу́_ письмо́ сестре́.
    написа́ть

8. После того́ как я _кончу_ писа́ть упражне́ния, я
   кончить

   отдохну.
   отдохну́ть

9. В университе́те мы _будем - _ ле́кции.
   слу́шать

10. Снача́ла я _подумаю_, а пото́м _отвечу_.
    поду́мать   отве́тить

11. В лингафо́нном кабине́те студе́нты _будут - _ языки́.
    изуча́ть

12. В но́вом па́рке _будут - _ дере́вья.
    расти́

13. Мы _дадим_ студе́нтам но́вые кни́ги.
    дать

14. Что ты _дашь_ сестре́? Я _дам_ сестре́ кни́гу.
    дать   дать

15. За́втра я _встану_ в 7 часо́в.
    встать

V. Соста́вьте предложе́ния в настоя́щем вре́мени.

1. Я   ви́деть
   Мать   люби́ть
   Они́   одева́ть   ма́ленького ребёнка.
             по́мнить
             иска́ть

2. Я   танцева́ть
   Мы   жить
   Студе́нты   рабо́тать   в э́том зда́нии.
             спать
             занима́ться

3. Я   хоте́ть
   Ты   мочь   поговори́ть с ним.
   Она́   боя́ться
   Все   наде́яться

4. Я   спеши́ть
   Вы   бежа́ть   домо́й.
   Они́   возвраща́ться

VI. Впиши́те ну́жный по смы́слу глаго́л: *to study*, *to learn*.

1. В про́шлом году́ мы _изучали_ фи́зику, хи́мию, и биоло́гию.
2. Э́ти студе́нты _учатся_ в Моско́вском университе́те.
3. Я обы́чно _занимаюсь_ в библиоте́ке.
4. Что вы сейча́с _изучаете_? Я _изучаю_ то́лько исто́рию.
5. Что ты _учишь_? Я _учу_ но́вые слова́.

6. Где *у́чится* твой брат? Он *у́чится* в шко́ле.
7. Ве́ра лю́бит *занима́ется* до́ма.
8. Сейча́с я *учу́сь* игра́ть в те́ннис.
9. Когда́ я *вы́учил* все слова́, я лёг спать.
10. Он сдал экза́мен, потому́ что он мно́го *занима́лся*

Словообразова́ние

Ко́рень **-уч-**, **-ук-**, *learning*.

учи́ться - TO BE A STUDENT
учи́ть/вы́учить *to learn* - MEMORIZE
учи́ть/научи́ть *to teach*

уче́ние - STUDIES
уче́бник - TEXTBOOK
уче́бный, -ое, -ая - ACADEMIC, SCHOOL
учени́к, учени́ца - PUPIL
учи́тель, учи́тельница - TEACHER
учи́тельский, -ое, -ая - TEACHER'S
учёный *noun* - SCHOLAR
нау́ка - SCIENCE
нау́чный, -ое, -ая - SCIENTIFIC
изуча́ть/изучи́ть - TO STUDY, LEARN (WITH ACC COMPL)

I. Впиши́те ну́жные слова́.

1. *Уче́бная* кни́га называ́ется *уче́бник*. У нас но́вый
   School   textbook
   уче́бник по ру́сскому языку́.
   textbook

2. Ма́ленькие *учени́ки* *у́чатся* в шко́ле.
                  pupils   study

3. Студе́нты в университе́те *изуча́ют* *нау́ку*.
                             study   science

4. Знамени́тый *учёный* чита́ет ле́кцию в *нау́чном* чита́ль-
              scholar   scientific
   ном за́ле.

5. *Учителя́* в Сове́тском Сою́зе чита́ют *учи́тельскую* газе́ту.
   Teachers   teacher's

6. Ва́ша дочь хорошо́ *у́чится*. Она́ хоро́шая *учени́ца*
                     studies   pupil

7. Э́та ста́рая *учи́тельница* *научи́ла* меня́ игра́ть в ша́хматы.
              teacher   taught

8. Все *учени́ки* уже́ *вы́учили* э́то пра́вило.
       pupils   have learned

9. Ру́сские ча́сто говоря́т: Повторе́ние мать _учения_ .
   of learning

10. Как называ́ется ко́мната, где отдыха́ют _учителя_ ? _____.
    teachers

Ко́рень **-раст-**, **-рост-**, *growing.*

расти́/вы́расти *to grow/to grow up*

расте́ние – PLANT

расти́тельный, -ое, -ая – PLANT

рост – GROWTH, HEIGHT

во́зраст – AGE

взро́слый *noun* – ADULT

взро́слый, -ое, -ая – ADULT

II. Впиши́те ну́жные слова́.

1. В пусты́не _расти́тельный_ мир бе́ден. Зна́чит _растения_ не _растут_.
   plant   plants   grow

2. Э́тот фильм для _взрослых_
   adults

3. Во вре́мя ле́та ваш сын _вырос_ . Он тепе́рь челове́к высо́кого
   grew up

   роста .
   height

4. Его́ оте́ц — _учитель_ сре́днего _возраста_
   teacher   age

5. У неё _взрослый_ сын.
   grown

III. Что зна́чат сле́дующие слова́? Назови́те глаго́л с тем же са́мым ко́рнем.

обе́д	за́втрак	спа́льня
рабо́та	у́жин	продолже́ние
нача́ло	напи́ток	заня́тия *pl.*
коне́ц	оде́жда	о́тдых

Впиши́те ну́жные слова́.

1. Вы _____ спиртны́е _____?
   drink

2. Где вы _____? В _____, коне́чно.
   sleep

3. Она́ всегда́ хорошо́ _____; у неё краси́вая _____.
   dresses

4. Я обы́чно _____ ра́но, а по́сле _____ мо́юсь и
   eat breakfast

одева́юсь.

5. Уче́бный год _____ в ма́е. По́сле _____ уче́бного го́да, мы
        ends

   уе́дем в дере́вню _____. Нам ну́жен _____.
        to rest

6. _____ конча́ются в час, а пото́м я _____. По́сле
              eat dinner

   _____ я _____.
      study

7. Вчера́ в газе́те _____ но́вый расска́з. _____ э́того расска́за
         began

   бы́ло интере́сно.

8. За́втра _____ э́тот расска́з. Наде́юсь, что _____
       will continue

   то́же бу́дет интере́сно.

9. Я _____ до по́зднего ве́чера. По́сле _____, я _____
    work   eat supper

   а по́сле _____ я смотрю́ переда́чу по телеви́зору.

Перево́д

1. Trees and plants grow in the university park.
2. The teacher said that he would always remember this pupil.
3. The students took seats in the library and began to study.
4. The film began at 2:00 in the old building.
5. What do (they) teach in that old classroom?
6. Do you study or work? I study at the university.
7. What subjects are you studying? I study chemistry, physics, and biology.
8. Graduate students are doing experiments in the new laboratory.
9. What do you usually eat for breakfast? I never have breakfast.
10. I'm standing on the bridge and looking at the river.

Практи́ческие заня́тия

I. **Предме́ты.** Впиши́те ну́жные слова́ по образцу́.

антрополо́гия	антропологи́ческий	антропо́лог
архитекту́ра	архитекту́рный	архите́ктор
астроно́мия	астрономи́ческий	астроно́м
_____	биологи́ческий	био́лог
геогра́фия	_____	гео́граф
геоло́гия	_____	гео́лог
_____	зоологи́ческий	_____
		исто́рик
лингви́стика	_____	_____
_____	литерату́рный	

		матема́тик
	музыка́льный	———
нау́ка	———	———
педаго́гика	———	———
	полити́ческий	———
———	———	психо́лог
———	———	социо́лог
———	физи́ческий	———
———	филосо́фский	———
———	———	хи́мик
———	———	экономи́ст
юриспруде́нция	———	———

II. Отве́тьте на вопро́сы.

1. Каки́е предме́ты вы изуча́ете в э́том году́?
2. Како́й ваш люби́мый предме́т?
3. Вы лю́бите исто́рию? му́зыку?
4. Когда́ у вас бу́дет экза́мен по исто́рии? по фи́зике?
5. Когда́ у вас ле́кции по матема́тике? по астроно́мии?
6. Что де́лают студе́нты в аудито́риях? в лаборато́риях? в лингафо́нном кабине́те?
7. Где нахо́дится ваш университе́т? Он большо́й или ма́ленький?
8. Кто специали́ст по геоло́гии? по поли́тике?
9. Каки́е специали́сты рабо́тают в лаборато́риях?
10. Чем занима́ется исто́рик? лингви́ст?

Второй урок

Олéг—филателист

Олéг óчень любил собирáть **мáрки**. *stamps*
Однáжды он пришёл из шкóлы домóй,
бы́стро пообéдал и срáзу нáчал смотрéть
свои мáрки.

—Пáпа, у меня́ нóвая англи́йская мáрка.
Хóчешь посмотрéть?

—Хорошó, я потóм посмотрю́,— отвéтил
отéц Олéга. Да, **как у тебя́ делá** в шкóле? Ты *how are you doing*
не забы́л, что у тебя́ **трóйка**[1] по[2] фи́зике? Ты *"C"*
сдавáл экзáмен? *"take"*

—Нет . . . ещё не сдавáл.

—Ты **дóлжен повторя́ть** фи́зику, кáждый *should "review"*
день читáть учéбник. Éсли ты не **поймёшь**, я *understand*
помогу́ тебé.[3]

—Хорошó,—сказáл Олéг. —Я бу́ду занимáться.

На слéдующий день Олéг **гру́стно** сказáл *sadly*
отцу́:

—Я не знáю, где моя́ нóвая англи́йская
мáрка. Не могу́ найти́ её.

—Ничегó, найдёшь. А ты повторя́ешь
фи́зику?—спроси́л отéц.

—Да,—отвéтил Олéг.

—Повторя́й, я скóро **провéрю**. *check*

Чéрез два дня отéц опя́ть спроси́л:

—Ну, как делá? Повторя́ешь фи́зику?
Éсли полу́чишь **пятёрку** по фи́зике, я куплю́ *"A"*
нóвые мáрки. А англи́йскую мáрку нашёл?

—Нет, мáрку не нашёл, а фи́зику повторя́ю.

Че́рез пять дней оте́ц сказа́л:

—Е́сли ты не бу́дешь занима́ться, ты получишь **дво́йку** по фи́зике. И пото́м ты говори́шь непра́вду: ты и не открыва́л уче́бник по фи́зике.   "*F*"

—Отку́да ты зна́ешь?—спроси́л Оле́г.

Оте́ц отве́тил, и Оле́г до́лжен был сказа́ть ему́ пра́вду.

Как оте́ц Оле́га узна́л, что сын не занима́ется?

Примеча́ния

1 Soviet students are graded on a scale of 2 to 5. The grades are called colloquially:

дво́йка   "*F*"

тро́йка   "*C*"

четвёрка   "*B*"

пятёрка   "*A*"

2 The word **по** is used to refer to school subjects, as:

| экза́мен по фи́зике | *a physics exam* |
| уче́бник по фи́зике | *a physics textbook* |

3 What case is this and why?

Грамма́тика

1. Formation of aspectual pairs

Most Russian verbs exist in pairs — an imperfective member and a perfective member. Usually the perfective can be derived from the imperfective in one of several ways.

A. Many verbs add a prefix without any change in the basic lexical meaning of the verb.

де́лать/сде́лать	*to do*
есть/съесть	*to eat*
игра́ть/сыгра́ть	*to play*
петь/спеть	*to sing*
писа́ть/написа́ть	*to write*
пить/вы́пить	*to drink*
чита́ть/прочита́ть	*to read*

B. Some verbs ending in **-вать** form the perfective by dropping the syllable **-ва-**.

встава́ть/встать	*to get up*
дава́ть/дать	*to give*
забыва́ть/забы́ть	*to forget*
одева́ть/оде́ть	*to dress*
открыва́ть/откры́ть	*to open*

C. Some verbs ending in **-ать** or **-ять** form the perfective in **-ить**.

изуча́ть/изучи́ть	*to learn*
конча́ть/ко́нчить	*to finish*
объясня́ть/объясни́ть	*to explain*
повторя́ть/повтори́ть	*to repeat*
получа́ть/получи́ть	*to receive*
реша́ть/реши́ть	*to solve*

D. Some verbs in **-ать** form the perfective in **-нуть**. This type of perfective may have an added connotation of a single or sudden action.

зева́ть/зевну́ть	*to yawn*
крича́ть/кри́кнуть	*to shout*
отдыха́ть/отдохну́ть	*to rest*
чиха́ть/чи́хнуть	*to sneeze*

E. Sometimes a verb with a completely different root is used.

брать/взять	*to take*
говори́ть/сказа́ть	*to say*
класть/положи́ть	*to put*

F. There are various other changes which cannot be grouped so easily. Some examples are:

занима́ть/заня́ть	*to occupy*
начина́ть/нача́ть	*to begin*
понима́ть/поня́ть	*to understand*
принима́ть/приня́ть	*to accept*

G. One verb, **покупа́ть/купи́ть** *to buy*, is prefixed in the imperfective and not in the perfective.

H. Sometimes a prefix changes the basic lexical meaning of a verb. This new perfective verb can be made imperfective by inserting an infix, usually **-ыва-** or **-ива-**. There is sometimes a change in the stem vowel, especially from **-о-** to **-а-**, as in the examples below.

Impf.	*Pf.*		*New Impf.*
писа́ть	написа́ть	*to write*	
	переписа́ть	*to rewrite*	перепи́сывать
	подписа́ть	*to sign*	подпи́сывать
мыть	помы́ть	*to wash*	
	размы́ть	*to wash out*	размыва́ть
	умы́ть	*to wash*	умыва́ть
стро́ить	постро́ить	*to build*	
	перестро́ить	*to rebuild*	перестра́ивать
	устро́ить	*to set up*	устра́ивать

2. Basic meaning of the aspects

The most significant feature of the Russian verb is the category of aspect. Only the most general rules can be formulated for the use of the aspects, because in many cases the final choice depends *on what the speaker has in mind or on what shade of meaning he intends to express.*

In the most general terms, the imperfective aspect focuses attention upon the action itself; it indicates a process or a situation. The verb tells us whether the action is past, present, or future. Beyond that, the verb alone does not limit or describe the action in any way; there was or will be an action. The result, if any, is irrelevant and may be unknown.

Он чита́л may mean *he read, he was reading,* or *he used to read,* but another word or phrase will be needed to limit the meaning to one of the above. The verb says only that there was an action in the past; it continued for an unspecified period and then ended; and its result, if it had any, is not relevant to the present discussion.

The perfective verb limits the action far more strictly. It focuses attention away from the action itself and points to the achievement of a result; the action has been or is to be successfully completed. The perfective may point to the moment at which the action is begun or the moment at which it is completed, or it may point to the fact that the action had, will have, or was intended to have a definite result. The perfective is normally used when the speaker expresses concern about success or failure in achieving a result.

Он чита́л кни́гу *impf.* is unlimited. It means only that the action took place and is over; whether or not he completed the book is unknown or irrelevant.

Он прочита́л кни́гу *pf.* is limited. It means that the action began and ended and had a result; he read the book completely.

Он крича́л *impf.* is unlimited. It may mean *he shouted, he used to shout*, or *he was shouting*. If the meaning is to be clarified, other words must be added, as: **он ча́сто крича́л** *he often shouted.*

Он кри́кнул *pf.* is limited. It means he shouted once and that was all.

Он закрича́л *pf.* is limited. It means he began, at a certain point in time, to shout.

3. Aspects in the past tense

A. Certain verbs are, by nature, processes rather than producers of results and indicate conditions and activities which are not normally limited. They tend to be expressed by imperfective verbs. The perfective of such verbs usually imposes a time restriction on the activity rather than indicating an effect. They will be considered in two groups.

a. The first group contains verbs of mental and physical conditions. Used in the past tense, the imperfective indicates that the condition existed in the past and no longer exists or is not relevant at present. The perfective, if it is used at all, indicates that the condition originated in the past and still exists. Among such verbs are the following:

боле́ть	*to be ill*	заболе́ть	*to become ill*
люби́ть	*to like*	полюби́ть	*to start to like*
нра́виться	*to please*	понра́виться	*to start to please*
серди́ться	*to be angry*	рассерди́ться	*to get angry*
хоте́ть	*to want*	захоте́ть	*to start to want*
чу́вствовать	*to feel*	почу́вствовать	*to start to feel*

боя́ться	*to fear*
знать	*to know*
наде́яться	*to hope*
ненави́деть	*to hate*
по́мнить	*to remember*

В де́тстве мне нра́вились ска́зки.
I liked fairy tales when I was a child.
(At present, I have no more interest in them.)

Мне о́чень понра́вилась э́та пье́са.
I liked that play very much.
(The favorable impression remains.)

Вчера́ Ива́на не́ было на заня́тиях. Он боле́л.
Yesterday Ivan was not in class. He was ill.
(By now he has probably recovered.)

Ива́на не́ было на заня́тиях сего́дня. Он вчера́ заболе́л.
Ivan was not in class today. He got sick yesterday.
(He is still sick.)

Я ненави́дел э́того учи́теля.
I hated that teacher.
(There is no longer any contact with the teacher, so the feeling is no longer relevant. To show that the feeling still exists, the present tense would be used.)

b. The second group contains a number of intransitive verbs of human activities. For a statement of fact that the action took place or a statement that a period of time was filled by the named activity, the imperfective is used. The perfective in **по-** indicates that the activity had a short duration. These verbs tend to be used most frequently in a sequence of actions, where one action of short duration is completed before the next is begun.

говори́ть	*to talk*	поговори́ть	*to have a talk*
гуля́ть	*to stroll*	погуля́ть	*to take a walk*
ду́мать	*to think*	поду́мать	*to think something over*
жить	*to live*	пожи́ть	*to live for a while*
звони́ть	*to call*	позвони́ть	*to make a call*
обе́дать	*to have dinner*	пообе́дать	*to have dinner*

сиде́ть	to sit	посиде́ть	to sit for a while
спать	to sleep	поспа́ть	to take a nap

This applies also to transitive verbs of human activities when they are used without a direct object. A statement of fact that the action took place is given in the imperfective. Verbs of this type have at least two perfectives. The regular perfective is not usually used without a direct object. It shows that a relevant result has been achieved. The perfective in **по-** is used intransitively to stress the fact that the action had a short duration, especially in a sequence of several actions. Some of these verbs have a perfective in **за-**, indicating the beginning of the action.

де́лать	to do		
игра́ть	to play	поигра́ть	to play for a while
петь	to sing	попе́ть	to sing for a while
писа́ть	to write	пописа́ть	to write for a while
чита́ть	to read	почита́ть	to read for a while
игра́ть	to play	заигра́ть	to start to play
петь	to sing	запе́ть	to start to sing

Что вы де́лали на ве́чере?
What did you do at the party?
(Essentially, this asks, "How did you spend your time while you were at the party?" There is no interest in a result.)

Одни́ пе́ли и танцева́ли; други́е гуля́ли в саду́; а остальны́е про́сто сиде́ли и разгова́ривали.
Some sang and danced; others strolled in the garden; and the rest just sat and talked.
(This is just a description of activities which proceeded more or less at the same time. There is no time limit or result implied.)

Вчера́ я занима́лся.
I studied yesterday.
(This is how the time was spent. There is no mention of a result.)

Я звони́л вам сего́дня у́тром.
I called you this morning.
(This is a statement of fact.)

Я позвони́л ро́вно в 9 часо́в.
I called at 9:00.
(The action was completed at a given moment.)

Мы обéдали рáно сегóдня.
We had dinner early today.
(This is a statement of fact.)

Мы пообéдали, а потóм погуля́ли в саду́.
We had dinner and then took a walk in the garden.
(Each action has a limited duration; the first is completed before the second is begun.)

B. Other verbs are result-producers, indicating actions that usually take place in a limited time period and normally produce results. This group includes transitive verbs of human activities when they are used with a direct object. The perfective is used *to point out the achievement of a result*; it is not used if the speaker's interest is directed elsewhere.

a. For a simple statement that an action took place, the imperfective is used. The result is irrelevant.

Вы чита́ли «Войну́ и мир»? Да, чита́л.
Did you read War and Peace*? Yes, I did.*
(Did the action take place?)

Спаси́бо, мы ужé пи́ли чай.
No, thank you. We already had tea.
(This is a statement of fact; the action took place.)

Я смотрéл э́тот фильм.
I saw that movie.
(The action took place.)

Вчерá мы писáли упражнéния.
Yesterday we wrote exercises.
(Some time was spent in the activity.)

b. The perfective points to a definite, still relevant, result.

Я прочита́л э́ту кни́гу. Вы хоти́те её?
I have read this book. Do you want it?
(I am finished with it.)

Мы вы́пили стакáн чáю.
We drank a glass of tea.
(We drank a definite quantity.)

Вчерá мы написáли упражнéния.
We wrote the exercises yesterday.
(We finished the exercises.)

c. To express doubt as to whether or not a result was achieved, the imperfective is used.

> Я не зна́ю, когда́ отхо́дит по́езд. Спроси́ Бори́са. Он узнава́л.
> *I don't know when the train leaves. Ask Boris. He went to find out.*
> (This means that Boris was trying to find out, but the speaker does not know whether or not he succeeded.)

> Бори́с узна́л, что по́езд отхо́дит в 10 часо́в.
> *Boris found out that the train leaves at 10:00.*
> (The result has been achieved. Boris knows when the train leaves.)

> Мы опа́здывали на по́езд.
> *We were late for the train.*
> (So we had to hurry. Whether or not we made the train is not stated. The result is in doubt.)

> Мы опозда́ли на по́езд.
> *We missed the train.*
> (The result is definite.)

> Студе́нты реша́ли зада́чу.
> *The students were working on the problem.*
> (Whether or not they got the answer is unknown.)

> Студе́нты реши́ли зада́чу.
> *The students solved the problem.*
> (The answer was obtained.)

C. Some types of action produce results which can be reversed or annulled. Verbs indicating such actions are:

брать/взять	*to take*
включа́ть/включи́ть	*to turn on*
встава́ть/встать	*to get up*
выключа́ть/вы́ключить	*to turn off*
дава́ть/дать	*to give*
закрыва́ть/закры́ть	*to close*
засыпа́ть/засну́ть	*to fall asleep*
ложи́ться/лечь	*to lie down*
открыва́ть/откры́ть	*to open*
поднима́ться/подня́ться	*to ascend*
просыпа́ться/просну́ться	*to wake up*
сади́ться/сесть	*to sit down*
спуска́ться/спусти́ться	*to descend*

a. The perfective of these verbs shows that the result has been achieved and remains in force. If the result has been annulled, the imperfective is used. This type of imperfective shows a definite two-way motion. If a mother heard her child walking around the room at night but, opening the door, found him in bed, she would ask: «**Почему́ ты встава́л?**» *"Why were you up?"*

Он откры́л окно́.
He opened the window.
(The window remains open.)

Он открыва́л окно́.
He opened the window.
(And he shut it again. The window is shut so the result is annulled.)

Я дал ему́ журна́л.
I gave him the magazine.
(He has it.)

Я дава́л ему́ журна́л.
I gave him the magazine.
(But I have it now. The imperfective shows that the result has been annulled.)

Вчера́ я включи́л телеви́зор.
I turned the television on yesterday.
(And it's still on.)

Вчера́ я включа́л телеви́зор.
I had the television on yesterday.
(It is off now. The imperfective shows that the result has been annulled.)

b. The imperfective of these verbs may express doubt as to whether a result was achieved or, if it is known to have been achieved, whether it was annulled. If there is no doubt about the achievement of a result, the perfective is normally used.

Окно́ в ку́хне откры́то? — Я открыва́л. Éсли никто́ не закры́л, то откры́то.
Is the window in the kitchen open? — I opened it. If no one closed it, then it is open.
(The second speaker says, "*I opened it*," but he uses the imperfective because he sees the possibility that the result has been annulled.)

Э́то вы включи́ли телеви́зор?
Are you the one who turned on the television?
(The speaker knows the television is on.)

Вы включа́ли телеви́зор?
Did you turn the television on?
(The speaker wants to know whether or not the television is on.)

D. Repeated action is normally expressed by the imperfective. Again the fact that the action took place is stressed. The result is absent or irrelevant.

Он ка́ждый день объясня́л грамма́тику.
He explained grammar every day.
(This does not mean that there was any result—only that the action took place daily.)

When the word **раз** is used to indicate that a given action is immediately repeated upon completion, and that each repetition is identical, then the perfective is used.

Я прочита́л его́ письмо́ два ра́за.
I read his letter through twice.
(The action was repeated immediately.)

Я чита́л э́тот рома́н два ра́за.
I read this novel twice.
(The repetition was not immediate, and probably not identical.)

Он повторил свой вопрос несколько раз.
He repeated his question several times.
(This indicates a vain attempt to get an answer.)

Я говорил тебе это ужé сто раз!
I've told you that 100 times already!
(This is not 100 immediate repetitions of the same thing. It shows only that something has been said over and over.)

E. In a negative sentence the imperfective indicates that the action did not take place at all and that it was not intended or expected to take place. The perfective indicates that an action failed to take place on a given occasion, or that someone did not or could not achieve an intended result.

Мы не решили эту задáчу.
We did not get this problem solved.
(We tried but failed, or intended to but did not do it.)

Мы не решáли эту задáчу.
We did not do this problem.
(We overlooked it or it was not assigned.)

Вы взяли мои книги? Нет, не взял.
Did you take my books? No, I didn't.
(I intended to, but did not.)

Вы взяли мои книги? Нет, не брал.
Did you take my books? No, I didn't.
(I had no intention of taking them.)

Звонóк будильника не разбудил егó, так крéпко он спал.
The sound of the alarm clock did not wake him; he was sleeping so soundly.
(The alarm clock rang, but the expected result was not achieved.)

Мать не будила ребёнка, потомý что он пóздно лёг спать.
The mother did not wake the child because he went to bed late.
(The mother had no intention of waking the child.)

Я не сдал экзáмен.
I didn't pass the exam.
(The action did not succeed.)

Я не сдава́л экза́мен.
I didn't take the exam.
(The action did not take place.)

4. Aspects in the future tense

A. In the future, the imperfective aspect indicates that an action will take place. The result or lack of it is irrelevant. The imperfective is particularly frequent with those verbs that basically signify processes or conditions.

Мы бу́дем жить в Москве́.
We'll live in Moscow.
(This is a statement of fact.)

Я бу́ду занима́ться сего́дня ве́чером; бу́ду чита́ть грамма́тику и писа́ть упражне́ния.
I'm going to study this evening; I'll read grammar and write exercises.
(Some time will be spent in these activities; the actions are not specifically sequential.)

B. The perfective indicates that the action will be finished and that a result is anticipated or intended. Sometimes the perfective future indicates only that a person is capable of completing an action if and when he attempts it. In the first person singular, it may imply strong determination to complete the action.

Он реши́т все зада́чи. Он мно́го занима́лся.
He will solve all the problems. He studied a lot.
(He will be able to solve them when he tries.)

Сего́дня я прочита́ю грамма́тику и напишу́ упражне́ния.
Today I will read the grammar and write the exercises.
(Each action is to be completed with a result [product] expected.)

C. In negative sentences the imperfective future says that an action will not be performed. There was never any intention of performing it.

Я не бу́ду занима́ться сего́дня вечером. Я бу́ду спать.
I'm not going to study tonight. I'm going to sleep.
(I have no intention of studying.)

D. The negative perfective future describes an action which cannot be completed, which will not have a desired result.

> Он не решит все эти задачи. Он не занимался.
> *He will not solve all the problems. He didn't study.*
> (He will not be able to get all the results.)

5. Sequence of actions

A. When several actions are simultaneous or occur within the same general period of time, the imperfective aspect is used.

> Дедушка сидел и читал.
> *Grandfather was sitting and reading.*
> (The two actions are simultaneous.)

> Сегодня вечером я буду читать грамматику и писать упражнения.
> *Tonight I'll read grammar and write exercises.*
> (The actions, while not simultaneous, will take place more or less together. There is no reference to a result.)

B. When several actions are sequential and each one is completed before the next begins, the perfective aspect is used no matter how small the time lag may be. This is particularly characteristic of single actions of limited duration.

> Дедушка сел и начал читать.
> *Grandfather sat down and started to read.*
> (First he sat down, then he started to read.)

> Он встанет, оденется, и позавтракает.
> *He will get up, get dressed, and have breakfast.*
> (The actions are sequential; each is of limited duration and will be completed before the next begins.)

C. Use of both aspects in a single sentence may indicate that a long-lasting imperfective action is interrupted by a limited perfective action, or that one or more limited perfective actions are completed before a long-lasting imperfective action is begun.

> Когда я решал задачи, мой брат позвонил.
> *While I was working on the problems, my brother called.*
> (The process of solving the problems was interrupted by the telephone.)

Я оде́нусь, а пото́м бу́ду занима́ться.
I'll get dressed and then study.
(The first action will be short, completed, and produce a result; the second is to be a process with no reference to a result.)

6. Aspects in dialogue

Questions are most frequently answered in the same aspect in which they were asked.

A. A question about someone's activities with no reference to a result is normally expressed with an imperfective verb.

—Где вы бы́ли вчера́?—Я игра́л в ша́хматы в клу́бе.
"Where were you yesterday?" "I was playing chess at the club."
(This is a discussion of the day's activities. There is no reference to a result.)

—Что ты бу́дешь де́лать за́втра?—Я бу́ду чита́ть грамма́тику.
"What are you going to do tomorrow?" "I'm going to read grammar."
(Some time will be spent in the given activity.)

B. A question as to whether or not an activity took place is normally imperfective. The perfective indicates that the activity was expected or intended to take place.

—Вы смотре́ли но́вый фильм?—Нет, не смотре́л.
"Have you seen the new film?" "No, I haven't."
(This is simple conversation. Neither speaker implies that the action should have taken place.)

—Вы посмотре́ли но́вый фильм?—Нет, ещё не посмотре́л.
"Did you get to see the new film?" "No, I haven't seen it yet."
(The person asking the question knew that the other intended to see the new film.)

C. If it is a known fact that an action took place and the result remains in effect, a question about where or when it took place or who performed it can be imperfective.

Э́то интере́сная статья́. Кто писа́л её?
That's an interesting article. Who wrote it?
(It is a fact that the article has been completed. The speaker wants to know the identity of the author.)

Э́то непра́вда! Где ты чита́л тако́й вздор?
That's not true! Where did you read such nonsense?
(The question concerns the source—not the result—of the reading.)

D. Certain modifiers used in dialogue influence the choice of aspect. It is futile to attempt to make a comprehensive list of such words, but a few general observations may be helpful.

    a. A word that implies completion or describes a result is usually used with perfective verbs.

> Он написа́л все упражне́ния.
> *He wrote all the exercises.*
> (The word **все** implies completion.)

> Он написа́л три письма́.
> *He wrote three letters.*
> (A given number of letters were completed.)

> Он хорошо́ написа́л упражне́ние.
> *He wrote the exercises well.*
> (The result is being described. The exercise is well written.)

> Он наконе́ц написа́л письмо́.
> *He finally wrote the letter.*
> (The word **наконе́ц** implies completion.)

    b. A word that implies repetition is used with imperfective verbs.

> Он ча́сто писа́л пи́сьма домо́й.
> *He often wrote letters home.*
> (The word **ча́сто** implies repetition.)

    c. An expression that describes the action as lasting for a specified period of time—no matter how short—is usually used with an imperfective verb.

> Он писа́л пи́сьма два часа́.
> *He wrote letters for two hours.*
> (The activity continued for two hours. There is no reference to a result.)

> Он спал полчаса́.
> *He slept for half an hour.*
> (The activity continued for half an hour.)

Упражне́ния

I.   Перечита́йте расска́з «Оле́г—филатели́ст». Вы́пишите все глаго́лы проше́дшего и бу́дущего времён. Объясни́те употребле́ние ви́да глаго́лов.

II.   Переведи́те и объясни́те употребле́ние глаго́лов.

1. Това́рищ **буди́л** его́, но он не просыпа́лся.
    Това́рищ **разбуди́л** меня́, и я сра́зу же встал.

2. Ива́н вчера́ занима́лся; он **гото́вился** к экза́мену.
    Ива́н сдал экза́мен; он хорошо́ **приготовился**.

3. Вчера́ Ива́н **реша́л** зада́чи.
    Он **реши́л** все зада́чи.

4. Мы спеши́ли, потому́ что **опа́здывали** на ле́кцию.
    Мы спеши́ли, но всё-таки **опозда́ли** на ле́кцию.

5. Лю́ди **предъявля́ли** биле́ты и проходи́ли че́рез контро́ль.
    Ива́н **предъяви́л** биле́т и прошёл че́рез контро́ль.

6. Ива́н **сдава́л** все экза́мены.
    Ива́н **сдал** все экза́мены.

7. Что вы **де́лали** вчера́? Я **писа́л** пи́сьма.
    Что вы **сде́лали** вчера́? Я **написа́л** три письма́.

8. Ле́том я **переводи́л** кни́гу с ру́сского на англи́йский.
    Сего́дня я **перевёл** две страни́цы.

9. Де́ти **игра́ли** на у́лице.
    Де́ти **поигра́ли** на у́лице.

10. В шко́ле он **изуча́л** ру́сский язы́к.
    Он о́чень хорошо́ **изучи́л** ру́сский язы́к.

III.   Впиши́те ну́жные глаго́лы.

1. В про́шлом году́ Ива́н _____ англи́йский язы́к.
    изуча́л/изучи́л

2. Я вам дам кни́гу; я уже́ _____ её.
    чита́л/прочита́л

3. Что ты де́лал вчера́? Я _____ зада́чу.
    реша́л/реши́л

4. Зада́ча была́ тру́дная, и я до́лго _____ её.
    реша́л/реши́л

5. Наконе́ц я _____ э́ту тру́дную зада́чу.
    реша́л/реши́л

6. Где вы бы́ли вчера́ ве́чером? Я был на ста́нции. Я
    _____ бра́та.
    встреча́л/встре́тил

7. Ива́н сдал экза́мен, потому́ что он хорошо́
    _____.
    гото́вился/приготовился

8. У́тром мы _____ окно́, но сейча́с окно́
    открыва́ли/откры́ли
    закры́то.

9. Ребёнок _____ телеви́зор, и на́чал смотре́ть.
    включа́л/включи́л

10. Ребёнок _____ телеви́зор, но оте́ц сра́зу
включа́л/включи́л

_____.
выключа́л/вы́ключил

11. Вчера́ я был за́нят. Я _____ к экза́мену.
гото́вился/пригото́вился

12. Я _____ все упражне́ния.
писа́л/написа́л

13. Сего́дня мой брат _____ ва́жную телегра́мму.
получа́л/получи́л

14. Он сра́зу _____ э́ту телегра́мму не́сколько раз.
чита́л/прочита́л

15. Пото́м он _____ мне и _____ мне
звони́л/позвони́л   чита́л/прочита́л
телегра́мму.

16. Когда́ он _____ мне телегра́мму, го́лос у него́
чита́л/прочита́л
дрожа́л от волне́ния.

17. Когда́ Че́хов _____ свой после́дний расска́з, он
писа́л/написа́л
был тяжело́ больны́м.

18. — Что бы́ло на собра́нии? — Мы _____
обсужда́ли/обсуди́ли
но́вый ме́тод.

19. Они́ _____ всё, что им бы́ло ну́жно для до́ма.
покупа́ли/купи́ли

20. Аспира́нт до́лго _____ весь ну́жный материа́л
изуча́л/изучи́л
для своего́ докла́да.

IV. Переведи́те и объясни́те употребле́ние глаго́лов.

1. Мы не **реша́ли** э́ту зада́чу.
   Мы не **реши́ли** э́ту зада́чу.
2. Студе́нты не **сдава́ли** экза́мен; учи́тель заболе́л.
   Ива́н не **сдал** экза́мен; он пло́хо пригото́вился.
3. Вы взя́ли мою́ кни́гу? Нет, я не **брал**.
   Вы взя́ли мою́ кни́гу? Нет, я ещё не **взял**. За́втра возьму́.
4. В своём докла́де он не **дока́зывал** э́того.
   Он не **доказа́л** свою́ то́чку зре́ния, как ни стара́лся.

V. Впиши́те ну́жные глаго́лы.

1. Студе́нт заболе́л и не _____ экза́мен.
сдава́л/сдал

2. В комнате тепло, потому что никто не _____
   открывал/открыл
   окно сегодня.

3. Он обычно пишет письма вечером, но вчера он ничего не
   _____.
   писал/написал

4. Он _____ весь день, но ничего интересного не
   писал/написал
   _____.
   писал/написал

5. Он не _____ экзамен, потому что он не занимался.
   сдавал/сдал

6. Я вчера весь день занимался и совсем не
   _____ телевизор.
   включал/включил

7. Вы изучали английский язык? Нет, я не _____.
   изучал/изучил

8. Мы спешили на работу и к счастью не
   _____.
   опаздывали/опоздали

9. Я искал книгу, но не _____.
   находил/нашёл

10. Студент долго _____ задачу, но всё-таки не
    решал/решил
    _____.
    решал/решил

VI.   Впишите нужные глаголы в будущем времени.

1. Если вы не поняли, я _повторю_.
   will repeat

2. Сегодня вечером я _буду решать_ задачи и _готовиться (буду)_ к
   will work on   prepare
   экзамену.

3. Завтра мы все _будем сдавать_ экзамен.
   will take

4. Надеюсь, что мы _сдадим_ этот трудный экзамен.
   will pass

5. Я _разбужу_ вас завтра утром.
   will wake

6. Мать _очень будит_ меня, когда я буду дома.
   will wake

7. Завтра мы _возьмём_ машину отца.
   will take

8. Мы _б- употребим_ все новые глаголы.
   will use

9. Иван _б- брать_ книги у меня.
   will take

10. Мой брат *б- изучать* ру́сский язы́к в университе́те.
       will study

11. Где нахо́дится кни́жный магази́н? Я не *скажу*.
                                              can say

12. Ты не *сдашь* экза́мен. Ты не занима́лся.
        will pass

13. Я не *б- переводить* сего́дня.
       will translate

14. Я не *переведу* це́лый расска́з сего́дня.
       will (be able to) translate

15. Мать не *б- будить* сы́на сего́дня.
        will wake

VII. Прочита́йте диало́г. Впиши́те ну́жный глаго́л в бу́дущем вре́мени.

— Что ты _____ сего́дня ве́чером?
          де́лать/сде́лать

— Я _____ пи́сьма.
     писа́ть/написа́ть

— А что ты _____ пото́м, когда́ _____
            де́лать/сде́лать   писа́ть/написа́ть
пи́сьма?

— Когда́ я _____ пи́сьма, я _____,
           писа́ть/написа́ть   отдыха́ть/отдохну́ть
_____ газе́ту. А что ты _____?
чита́ть/прочита́ть   де́лать/сде́лать

— Я _____ но́вые слова́, а пото́м
     учи́ть/вы́учить

_____ ра́дио. Когда́ я _____ но́вые
слу́шать/послу́шать   учи́ть/вы́учить
слова́, я _____ тебе́.
          звони́ть/позвони́ть

VIII. Впиши́те ну́жный глаго́л в проше́дшем вре́мени.

брать/взять

1. Когда́ я учи́лся в университе́те, я *брал* кни́ги в университе́тской библиоте́ке.
2. У меня́ тепе́рь нет э́той кни́ги. Я *брал* её в библиоте́ке.
3. Отку́да ты *взял* э́ту вещь?
4. Э́то вы *взяли* журна́л, кото́рый лежа́л на столе́?
5. Вы *взяли* мою́ ру́чку? Нет, я не *брал*.
6. Не могу́ найти́ перочи́нный нож. Мо́жет быть, кто-нибудь *взял* его́?

Повтори́тельные упражне́ния

I. Вста́вьте в предложе́ния глаго́лы в настоя́щем вре́мени: **занима́ться, изуча́ть, учи́ть, учи́ться.**

1. Мой това́рищ _учит_ но́вые слова́, а я _учу_ стихи́.
2. Аспира́нт _изуча́ет_ ру́сскую исто́рию.
3. Где вы _у́читесь_? Мы _у́чимся_ на пе́рвом ку́рсе университе́та.
4. Каки́е нау́ки _изуча́ют_ студе́нты ва́шего факульте́та?
5. Где вы обы́чно _занима́етесь_ ве́чером? Ве́чером я _занима́юсь_ в чита́льном за́ле.
6. Как ты _у́чишься_? Я _учу́сь_ хорошо́, потому́ что я мно́го _занима́юсь_. Ка́ждый день я _учу́_ но́вые слова́.

II. Впиши́те ну́жные глаго́лы. Объясни́те употребле́ние глаго́лов.

На пра́ктике

Мы _у́чимся_ на истори́ческом факульте́те. В нача́ле ле́та, когда́
    study

конча́ются экза́мены, мы отправля́емся на пра́ктику. В про́шлом году́
  end

у нас пра́ктика была́ на се́вере. Мы до́лго _гото́вились_ к пра́ктике,
                             prepared

мы _занима́лись_ в специа́льном кружке́.
   studied

Пра́ктика _начала́сь_ пе́рвого ию́ля и _продолжа́лась_ це́лый ме́сяц.
       began   continued

На́шим руководи́телем был уже́ немолодо́й профе́ссор, но мы
забы́ли о его́ во́зрасте, так как он во всём и всегда́ был на́шим
 forgot
ста́ршим това́рищем.

Словообразова́ние

Ко́рень **-пис-,** *writing, script.*

писа́ть/написа́ть *to write*

письмо́ - LETTER
писа́тель - WRITER
пи́сьменный стол - WRITING TABLE
пи́сьменно *adv.* IN WRITING
пи́шущая маши́нка - TYPEWRITER

впи́сывать/вписа́ть *to write in*

выпи́сывать/вы́писать *to write out* (quotes), *to subscribe*

вы́писаться из больни́цы *to be discharged from the hospital*

запи́сывать/записа́ть *to take notes, to write down*

записа́ться в библиоте́ку *to join the library*

запи́ска – NOTE

опи́сывать/описа́ть *to describe*

описа́ние – DESCRIPTION

перепи́сывать/переписа́ть *to rewrite, to transcribe*

перепи́сываться *to correspond*

перепи́ска – CORRESPONDENCE

подпи́сывать/подписа́ть *to sign*

по́дпись *f.* – SIGNATURE

пропи́сывать/прописа́ть *to prescribe*

спи́сывать/списа́ть *to copy*

спи́сок – LIST

Слова́ с двумя́ ко́рнями. Что зна́чит ка́ждый ко́рень?

жи́вопись *f.* – PAINTING

живопи́с/ец, -ца – PAINTER

ле́топись *f.* – CHRONICLE

летопи́с/ец, -ца – CHRONICLER

ру́копись *f.* – MANUSCRIPT

I.   Впиши́те ну́жные слова́.

1.   Сде́лайте э́то упражне́ние не у́стно, а ___письменно___ .
       in writing

2.   Я получи́л ___запи́ску___ без ___по́дписи___ .
       note   signature

3. _Рукопись_ лежит на _письменном столе_
   A manuscript   desk

4. Это очень длинный _список_ глаголов.
   list

5. У меня новая _____.
   typewriter

6. Это хорошее _____ вашего города.
   description

7. Я говорил с _____ о _____.
   writer   letter

8. Он _____ всё, что говорит профессор.
   writes down

9. _____ только самое важное.
   Write down

10. Когда вы _____ в библиотеку?
    joined

11. _____ глаголы в нужной форме.
    Write in

12. Врач _____ аспирин.
    prescribed

13. Врачи всегда _____ аспирин.
    prescribe

14. Я _____ все упражнения, и теперь я их _____.
    wrote   will rewrite

15. Директор _____ все _____ сегодня утром.
    signed   letters

16. Мы всегда _____ новые газеты и журналы.
    subscribe to

17. На лекции учёный _____ старые _____.
    was describing   manuscripts

18. Вы вчера _____ лекцию? Нет, я не _____.
    wrote down   wrote down

19. Завтра его брат _____ из больницы.
    will be discharged

20. _____ все слова с доски!
    Copy

21. Древние русские _____ жили в монастырях. Там они
    chroniclers

    _____.
    wrote   chronicles

22. Мы _____ с людьми в Москве.
    correspond

23. Какая красивая _____!
    painting

24. _____ началась между братьями.
    A correspondence

25. Вы знаете этого _____? Он настоящий художник.
    painter

II. Что зна́чат сле́дующие слова́? Назови́те глаго́л с тем же са́мым ко́рнем.

реше́ние	повторе́ние
буди́льник	повтори́тельный, -ое, -ая
по́здно *adv.*	перево́д
объясне́ние	перево́дчик

Впиши́те ну́жные слова́.

1. Спеши́те! Уже́ _____. Мы не хоти́м _____.
    to be late
2. Звоно́к _____ _____ меня́ в 7 часо́в.
    woke
3. Учи́тель _____ уро́к, но _____ бы́ло непоня́тно.
    explained
4. Э́тот _____ _____ рома́н ру́сского писа́теля.
    translated
5. Сего́дня у́тром мы _____ фи́зику. Мы сде́лали все _____
    reviewed
   упражне́ния.
6. _____ мать уче́ния.
7. Че́рез час я начну́ писа́ть _____ э́того расска́за.
8. Вот _____ тру́дной зада́чи. Я наконе́ц _____ её.
    solved

Перево́д

1. Last night I was writing a description of our town, but I didn't finish.
2. When I lived in Moscow, I studied at Moscow University on Lenin Hills.
3. He didn't pass the exam because he didn't prepare. He didn't even open the textbook.
4. Today we studied physics and chemistry. We worked on problems all day, but we didn't solve all the problems.
5. That artist collected stamps for a long time; then he began to collect old manuscripts.
6. I didn't take those letters. They're there on the desk. The director hasn't signed them yet.
7. Oleg got sick yesterday and slept all day. The doctor was here but he didn't prescribe anything.
8. We opened the window yesterday, but today no one opened it.
9. Tomorrow all students will take an exam in French, but only the good students will pass it.
10. We review our lessons every day, because, as the Russians always say, "Repetition is the mother of learning."

Практи́ческие заня́тия

I. Впиши́те ну́жные слова́ по образцу́.

А́нглия	англича́нин	англи́йский, -ое, -ая
	англича́нка	по-англи́йски
Сове́тский Сою́з	————	————
		————
————	францу́з	————
	францу́женка	————
————	————	
	————	по-испа́нски
Герма́ния	————	————
		————
————	кита́ец	————
	китая́нка	
————	————	италья́нский, -ое, -ая
		————
Португа́лия	————	————
	————	
————	поля́к	————
	по́лька	————

II. Отве́тьте на вопро́сы.

1. На како́м языке́ говори́т Ива́н?
2. На како́м языке́ говори́т John?
3. На како́м языке́ говори́т Johann?
4. На како́м языке́ говори́т Jean?
5. На како́м языке́ говори́т Giovanni?
6. На како́м языке́ говори́т Juan?
7. На каки́х языка́х вы говори́те?
8. На како́м языке́ говоря́т в Кита́е, в Герма́нии, в А́нглии, в Ита́лии, в Испа́нии, во Фра́нции, в Сове́тском Сою́зе, в Португа́лии?
9. На каки́х языка́х говоря́т в ООН?
10. На како́м языке́ говоря́т в Соединённых Шта́тах?
11. Кто говори́т по-ру́сски, по-англи́йски, по-францу́зски, по-испа́нски, по-неме́цки, по-италья́нски, по-кита́йски, по-португа́льски, по-по́льски?
12. В како́й стране́ живу́т ру́сские, англича́не, испа́нцы, не́мцы, италья́нцы, кита́йцы, португа́льцы?
13. Ло́ндон столи́ца како́й страны́?
14. Москва́ столи́ца како́й страны́?
15. Пари́ж столи́ца како́й страны́?

16. Рим столи́ца како́й страны́?
17. Мадри́д столи́ца како́й страны́?
18. Вашингто́н столи́ца како́й страны́?
19. Варша́ва столи́ца како́й страны́?

III. Отве́тьте на вопро́сы, расска́зывая исто́рию кото́рая происхо́дит в рису́нках.

На уро́ке

Кто объясня́ет уро́к?
Пе́ред чем он стои́т?
Э́то уро́к по како́му предме́ту?

Кого́ учи́тель спра́шивает?
Кто но́сит очки́?
О чём спра́шивает учи́тель?

Что де́лает учени́к?

Он прáвильно отвечáет?
Как вы знáете?

Что дéлает учи́тель?
Он довóлен ученикóм?

Какýю отмéтку получáет учени́к?
Как вы знáете?
Что пи́шет учи́тель?
Учени́к довóлен отмéткой?

Тре́тий уро́к

После́дний чёрт

(по расска́зу Константи́на Паусто́вского)

Де́душка[1] ходи́л **за я́годами** на о́зеро и вверну́лся в дере́вню **едва́** живо́й от **стра́ха**. Он до́лго расска́зывал, что на о́зере есть че́рти. В **доказа́тельство** де́душка пока́зывал **ды́рки** на брю́ках. Чёрт хоте́л **клю́нуть** де́душку в но́гу и **порва́л** брю́ки.

for berries · *hardly* · *fear*

proof
holes · *to peck*
tore

Де́душке[2] никто́ не ве́рил. Да́же **стару́хи**[3] говори́ли, что че́рти никогда́ в жи́зни никого́ не **клева́ли**, что че́рти **вообще́** на о́зёрах не живу́т и, наконе́ц, что по́сле револю́ции чертей[4] вообще́ нет и не мо́жет быть: большевики́[5] **уничто́жили**[6] их всех до после́днего.

old women

pecked · *(not) at all*

eliminated

Но всё-таки же́нщины **переста́ли** ходи́ть на о́зеро за я́годами. Им бы́ло **сты́дно призна́ться**, что че́рез два́дцать лет по́сле револю́ции[7] они́ боя́тся чертей.[8] И поэ́тому на вопро́с, почему́ они́ туда́ не хо́дят, они́ отвеча́ли, что в э́том году́ вообще́ нет я́год. Заче́м туда́ ходи́ть . . .

stopped
ashamed to admit

Мы попроси́ли де́душку рассказа́ть нам о чёрте. Он рассказа́л, что он встре́тил чёрта на берегу́ о́зера. Там чёрт **напа́л на** де́душку и так клю́нул, что де́душка **упа́л**, закрича́л гро́мким го́лосом, а пото́м **вскочи́л** и убежа́л.

attacked
fell
jumped up

Мой друг **предложи́л** мне пойти́ на о́зеро и посмотре́ть э́того чёрта. Мы пошли́ туда́ на сле́дующий день. Я взял **ружьё**. Де́душка шёл

suggested

gun

с на́ми как **проводни́к**. Мы шли весь день. *guide*
То́лько к ве́черу мы вы́шли на бе́рег о́зера.
Мы реши́ли иска́ть чёрта за́втра у́тром и
легли́ о́коло **костра́**. *campfire*

Ра́но у́тром мы проснýлись. Бы́ли **слы́шны** *heard*
каки́е-то стра́нные **звýки**. Дéдушка сидéл у *sounds*
костра́ и **дрожа́л** от стра́ха. Мы **осторóжно** *trembled   carefully*
пошли́ к томý мéсту, где бы́ли слы́шны шум
и **крик**. *shouting*

На чёрной водé пла́вала стра́нная огрóмная
пти́ца. Её пéрья бы́ли рóзового и лимóнного
цвéта.

—Пелика́н!—с **удивлéнием** кри́кнул мой *surprise*
друг.

Тут я **вспóмнил** о газéте. Я побежа́л к *remembered*
кострý, нашёл ста́рую газéту, в котóрую я
завернýл колбасý, и прочита́л: «Из зоопа́рка *wrapped up*
убежа́л африка́нский пелика́н. У негó жёлтые
и рóзовые пéрья. Пти́ца óчень **зла́я**, не лю́бит *ill-tempered*
детéй. Кто найдёт пти́цу, **прóсим сообщи́ть.**»[9] *please inform*

Чéрез два дня дéдушка поéхал в гóрод, где
он рассказа́л о пелика́не. Из гóрода приéхал
человéк и **пойма́л** пелика́на. Дéдушка по- *caught*
лучи́л **награ́ду**, купи́л нóвые брю́ки и óчень *reward*
горди́лся и́ми.[10] *was proud*

С тех пор жéнщины не боя́тся ходи́ть на *since then*
óзеро.

Примеча́ния

1 How is this word declined? What is its gender?

2 What is the case and why?

3 **Старýха**—*old woman.* The corresponding masculine form is **стари́к.**
  What is the root?

4 What is the case and why?

5 *Bolshevik.* What is the root?

6 Note the root **ничтó**—*nothing.* Why is the word *annihilate* a good English
  equivalent?

7 The meaning of this phrase is ". . . *that twenty years after the revolution . . .*"

8 What is the case and why?

9 This is the style of an official communiqué.

10 What is the case and why?

Грамма́тика

1. Determination of the noun stem

Russian has hard- and soft-stem nouns. The stem may be determined from the ending of the nominative singular.

	Hard Stem	*Soft Stem*
Masculine	Any consonant	**-й** or consonant + **-ь**
Neuter	**-о**	**-е, -ё**, or **-мя**
Feminine	**-а**	**-я** or consonant + **-ь**

2. Determination of gender

Gender is usually determined from the ending of the nominative singular. The following rules apply:

A. Nouns ending in any consonant or in **-й** are masculine.

стол	*table*	ме́сяц	*month, moon*
кусо́к	*piece*	музе́й	*museum*
каранда́ш	*pencil*	край	*edge*
врач	*doctor*		

B. Declinable nouns ending in **-о, -е**, or **-ё** are neuter. See also p. 6.

окно́	*window*	ружьё	*gun*
ме́сто	*place*	мо́ре	*sea*
зда́ние	*building*	со́лнце	*sun*

C. Ten nouns ending in **-мя** are neuter. See p. 9.

и́мя	*name*	вре́мя	*time*
се́мя	*seed*	пле́мя	*tribe*

D. Declinable nouns ending in **-а** or **-я** are feminine unless they indicate male persons.

страна́	*country*	ста́нция	*station*
ви́лка	*fork*	семья́	*family*
неде́ля	*week*		

E. Nouns denoting *male persons* are masculine regardless of their ending. There are a few such nouns that end in **-а** or **-я**. They are declined as second-declension feminine nouns, but are of masculine gender. They are modified by masculine adjectives, require the masculine form of the past tense verb, and are replaced by masculine pronouns. The most common nouns of this type are:

дя́дя	*uncle*	де́душка	*grandfather*
судья́	*judge*	мужчи́на	*man*
глава́	*chief, head*	ю́ноша	*youth*

In addition, the diminutive forms of many masculine names are of this type.

Ива́н	Ва́ня	*Johnny*
Пётр	Пе́тя	*Pete*
Никола́й	Ко́ля	*Nick*
Алекса́ндр	Са́ша	*Alex*

Он хоро́ший судья́.
He's a good judge.

Мой ста́рый дя́дя Ко́ля жил в Москве́.
My old uncle Nick lived in Moscow.

F. Some nouns ending in **-a** have common gender. They are masculine when referring to males and feminine when referring to females. Adjectives, pronouns, and past tense verbs, when used with these nouns, are masculine when the noun is masculine and feminine when the noun is feminine. Among the most frequently used nouns of common gender are:

сирота́	*orphan*	пья́ница	*drunkard*
пла́кса	*crybaby*	уби́йца	*murderer*

Он бе́дный сирота́.
He's a poor orphan.

Она́ бе́дная сирота́.
She's a poor orphan.

G. The nouns **челове́к**, **друг**, **враг**, **това́рищ**, and words denoting certain professions may refer to men or women. They are *always* modified by masculine adjectives and have masculine declension. However, when they refer to women, they are replaced by feminine pronouns and may take the feminine form of the past tense verb, especially when a name is given.

Он хоро́ший до́ктор.
He's a good doctor.

Она́ хоро́ший до́ктор.
She's a good doctor.

До́ктор Ивано́в пришёл.
Doctor Ivanov arrived.

До́ктор Ивано́ва пришла́.
Doctor Ivanova arrived.

3. Substantivized adjectives

Substantivized adjectives are adjectives that have become nouns as a result of the dropping of the nominal part of a noun phrase. The adjective acquired the semantic meaning of the noun phrase and retained the gender of the dropped noun. However, it kept its adjectival declension. Some common substantivized adjectives are given below. For many of these words, the fact that they can be used as nouns does not preclude their being used as true adjectives also, i.e., **рабо́чий** (*noun*) *workman*, but **рабо́чий день** (*adj.*) *work day*.

больно́й (челове́к)	*patient*
взро́слый (челове́к)	*adult*
рабо́чий (челове́к)	*workman*
учёный (челове́к)	*scientist*
ва́нная (ко́мната)	*bathroom*
гости́ная (ко́мната)	*living room*
столо́вая (ко́мната)	*dining room*
бу́лочная (ла́вка)	*bakery*
моло́чная (ла́вка)	*dairy*
насеко́мое (существо́)	*insect*
живо́тное (существо́)	*animal*
шампа́нское (вино́)	*champagne*

4. Gender of nouns ending in -ь

A. Nouns ending in **-ь** are either masculine or feminine. Their gender must be determined from the genitive singular, e.g.:

	Masculine	*Feminine*
Nominative	дождь	дверь
Genitive	дождя́	две́ри

B. Several rules can be used to determine the gender of some nouns in **-ь** from the nominative singular.

a. Nouns denoting male persons are masculine. This includes most nouns in **-тель** and **-арь**.

b. Month names are masculine.

c. Most abstract nouns in **-ь** are feminine.

d. Nouns in **-жь, -чь, -шь**, and **-щь** are always feminine. The soft sign does not alter the pronunciation of the word, but simply marks it as feminine in contrast to words ending in **-ж, -ч, -ш, -щ** which are always masculine.

5. Indeclinable nouns

Nouns of foreign origin ending in **-о, -е, -и, -у, -ю**, and stressed **-а́** are indeclinable. Inanimate ones are neuter, except for **ко́фе** *coffee*, which is masculine. Animate indeclinable nouns are usually masculine except when they indicate females.

Among the most common indeclinable nouns are:

Neuter		Normally masculine	
бюро́	*bureau*	атташе́	*attaché*
кафе́	*café*	кенгуру́	*kangaroo*
кино́	*movies*	коли́бри	*hummingbird*
меню́	*menu*	ко́фе	*coffee*
метро́	*subway*	маэ́стро	*maestro*
пальто́	*coat*	шимпанзе́	*chimpanzee*
ра́дио	*radio*		
такси́	*taxi*		
шоссе́	*highway*		

Indeclinable foreign geographical names take the gender of the noun to which they refer: **Чика́го** (**го́род**—masculine). Thus, **Колора́до** is masculine if the state (**штат**) is indicated and feminine if the river (**река́**) is meant. If the word can be declined, its gender is determined by its ending: **Нью-Йо́рк** *m.*, **Филаде́льфия** *f.*

6. Forms of the nominative singular

The endings of the nominative singular are:

any consonant, **-й, -ь**	for masculine nouns
-о, -е, -ё, -мя	for neuter nouns
-а, -я, -ь	for feminine nouns

GENDER	HARD STEM		SOFT STEM		
Masculine	стол	англича́нин	музе́й	слова́рь	
	кусо́к	котёнок			
	врач				
Neuter	ме́сто		мо́ре		и́мя
	окно́		ружьё		
	со́лнце[1]		зда́ние		
Feminine	страна́		неде́ля	ло́шадь	мать
	ви́лка		семья́	вещь	
			ста́нция		

[1] After **ж, ч, ш, щ, ц** unstressed **о** becomes **е**.

7. Forms of the nominative plural

The regular endings of the nominative plural are:

-ы for masculine and feminine hard-stem nouns which are not affected by the orthographic rules

-и for masculine and feminine soft-stem nouns and for those whose stems end in **г, к, х, ж, ч, ш, щ**

-a for neuter hard-stem nouns

-я for neuter soft-stem nouns

GENDER	HARD STEM		SOFT STEM		
Masculine	столы́	англича́не	музе́и	словари́	
	куски́	котя́та			
	врачи́				
Neuter	места́		моря́		имена́
	о́кна		ру́жья		
	со́лнца		зда́ния		
Feminine	страны́		неде́ли	ло́шади	ма́тери
	ви́лки		се́мьи	ве́щи	
			ста́нции		

Some nouns have a stress shift in the nominative plural (**e** becomes **ё** under stress):

ведро́	вёдра	*buckets*
жена́	жёны	*wives*
звезда́	звёзды	*stars*
нога́	но́ги	*feet*
о́зеро	озёра	*lakes*

окно́	о́кна	*windows*
рука́	ру́ки	*hands*
сестра́	сёстры	*sisters*
сло́во	слова́	*words*

8. Exceptional forms in the masculine nominative plural

A. A large number of masculine nouns take stressed **-а́** or **-я́** in the nominative plural. This type of plural formation is increasing in contemporary Russian. Among the most useful of such nouns are:

а́дрес	адреса́	*addresses*
бе́рег	берега́	*shores*
бок	бока́	*sides*
век	века́	*centuries*
ве́чер	вечера́	*evenings*
глаз	глаза́	*eyes*
го́лос	голоса́	*voices*
го́род	города́	*cities*
дире́ктор	директора́	*directors*
до́ктор	доктора́	*doctors*
дом	дома́	*houses*
край	края́	*regions*
лес	леса́	*forests*
ма́стер	мастера́	*master craftsmen*
но́мер	номера́	*numbers*
о́стров	острова́	*islands*
па́спорт	паспорта́	*passports*
по́вар	повара́	*cooks*
по́езд	поезда́	*trains*
по́яс	пояса́	*belts*
профе́ссор	профессора́	*professors*
рука́в	рукава́	*sleeves*
снег	снега́	*snows*
сорт	сорта́	*sorts*
счёт	счета́	*bills*
учи́тель	учителя́	*teachers*
цвет	цвета́	*colors*

In a few cases there are two plurals—each with a different meaning:

пояс	пояса́	*belts*
	по́ясы	*geographical zones*
цвет	цвета́	*colors*
цвето́к	цветы́	*flowers*

B. Nouns in **-анин/-янин** have **-ане/-яне** in the nominative plural (see p. 9).

граждани́н	гра́ждане	*citizens*
крестья́нин	крестья́не	*peasants*

C. Nouns in **о́нок/-ёнок** have **-а́та/-я́та** in the nominative plural (see p. 10).

медвежо́нок	медвежа́та	*bear cubs*
котёнок	котя́та	*kittens*

D. A few masculine nouns have **-ья** in the nominative plural. The most useful ones are:

брат	бра́тья	*brothers*
лист	ли́стья	*leaves*
	(листы́)	*sheets of paper*
муж	мужья́	*husbands*
прут	пру́тья	*twigs*
стул	сту́лья	*chairs*

E. Some of these, besides having **-ья** in the nominative plural, also have changes in the stem:

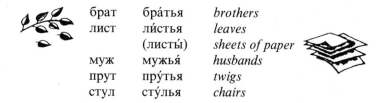

друг	друзья́	*friends*
сук	су́чья	*branches* (of a tree)
сын	сыновья́	*sons*

F. Two hard masculine nouns have soft stems in the plural:

сосе́д	сосе́ди	*neighbors*
чёрт	че́рти	*devils*

G. There are a few other exceptional forms:

господи́н	gentleman	господа́	ladies and gentlemen
ребёнок	child	де́ти	children
хозя́ин	host	хозя́ева	hosts
цвето́к	flower	цветы́	flowers
челове́к	person	лю́ди	people

9. Exceptional forms in the neuter nominative plural

A. Nouns in **-мя** have **-мена́** in the nominative plural:

вре́мя	времена́	times
и́мя	имена́	names
се́мя	семена́	seeds

B. A few neuter nouns have **-ья** in the nominative plural, e.g.:

де́рево	дере́вья	trees
крыло́	кры́лья	wings
перо́	пе́рья	feathers

C. There are a few other exceptional forms:

коле́но	коле́ни	knees
не́бо	небеса́	skies, heavens
плечо́	пле́чи	shoulders
су́дно	суда́	ships
у́хо	у́ши	ears
чу́до	чудеса́	miracles
я́блоко	я́блоки	apples

10. Exceptional forms in the feminine nominative plural

Only three feminine nouns have exceptional forms in the nominative plural.
They are:

мать	ма́тери	mothers
дочь	до́чери	daughters
ку́рица	ку́ры	hens

11. Nouns used only in the singular

Certain nouns never appear in the plural. In general they fit into the three categories given below.

A. Indivisible substances:

желе́зо	*iron*
зо́лото	*gold*
карто́фель	*potatoes*
молоко́	*milk*
мука́	*flour*
серебро́	*silver*

A noun of this type can be used in the plural if the substance can be separated into kinds, e.g.:

минера́льные во́ды	*mineral waters*

B. Collective nouns (used with a singular verb):

ме́бель	*furniture*
молодёжь	*youth*
челове́чество	*humanity*

C. Many abstract nouns:

внима́ние	*attention*
коммуни́зм	*communism*
любо́вь	*love*
ста́рость	*old age*
темнота́	*darkness*
эне́ргия	*energy*

12. Nouns used only in the plural

A number of nouns appear only in the plural; they are modified by plural adjectives, require plural verbs, and are replaced by plural pronouns.

A. "Paired" objects:

брю́ки	*pants*
весы́	*scale*

| «кавы́чки» | *quotation marks* |
| но́жницы | *scissors* |

носи́лки	*stretcher*
очки́	*eyeglasses*
са́ни	*sled*
(ско́бки)	*parentheses*

B. A number of other nouns in common use:

воро́та	*gate*
де́ньги	*money*
джу́нгли	*jungle*
дрова́	*firewood*
духи́	*perfume*
имени́ны	*name day*
кани́кулы	*school vacation*
макаро́ны	*macaroni*
о́вощи	*vegetables*
по́хороны	*funeral*
сли́вки	*cream*
су́тки	*24-hour period*
счёты	*abacus*
часы́	*clock*
черни́ла	*ink*
ша́хматы	*chess*
щи	*cabbage soup*

C. A number of nouns frequently used in the plural in Russian have only singular counterparts in English:

заня́тия	*classwork*
зна́ния	*knowledge*
изве́стия	*news*
сове́ты	*advice*
успе́хи	*success*

13. Uses of the nominative case

The nominative case answers the questions **кто?**, **что?**

A. The nominative case is used as the subject of a sentence.

Ребёнок спит.
The child is sleeping.

B. The nominative is used as the predicate of a sentence which has no expressed verb; this is called the predicate nominative. Both nouns and adjectives can be used in this way.

Мой отéц—судья́.
My father is a judge.

Он дóктор.
He is a doctor.

Нéбо си́нее.
The sky is blue.

Упражнéния

I.   Перечита́йте расска́з «Послéдний чёрт». Вы́пишите все глагóлы прошéдшего и бу́дущего времён. Объясни́те употреблéние ви́да глагóлов.

II. Найди́те в расска́зе слéдующие слова́ мнóжественного числа́. Да́йте еди́нственное числó.

брю́ки   пéрья
ды́рки   стару́хи
жéнщины   чéрти
зву́ки

III. Отвéтьте на вопрóсы. Замени́те подлежа́щее местоимéнием тогó же рóда.

Образéц: Где живёт сестра́? __Она́__ живёт в Москвé.

1. Где сиди́т гость? _____ сиди́т в столóвой.
2. Что дéлает писа́тель? _____ пи́шет рома́н.
3. Что дéлает мать? _____ одева́ет ребёнка.
4. Где виси́т календа́рь? _____ виси́т на стенé.
5. Где кóфе? _____ на столé в кофéйнике.
6. Кака́я река́ Миссиси́пи? _____ ширóкая.
7. Где нож? _____ лежи́т на столé.
8. Что дéлает дéдушка? _____ сиди́т у костра́.
9. Где рабóтает библиотéкарь? _____ рабóтает в библиотéке.
10. Где нахóдится Сан Франци́ско? _____ на за́паде США.
11. Когда́ у вас имени́ны? _____ в ма́рте.
12. Где метрó? _____ в цéнтре гóрода.
13. Где Ва́ня? _____ игра́ет в саду́.
14. Когда́ начина́ется ночь? _____ начина́ется в 12 часóв.
15. Где нахóдится цéрковь? _____ стои́т на горé.

16. Где ло́шадь? _____ в по́ле.

17. Где живёт пле́мя инде́йцев? _____ живёт на за́паде.

IV. Впиши́те и́мя прилага́тельное в ну́жной фо́рме.

1. Э́та высо́кая же́нщина _____ профе́ссор матема́тики.

　　　　　　　　　　　　　new

2. Э́то её _____ дя́дя.

　　　　　　old

3. Ме́жду э́тими города́ми _____ шоссе́.

　　　　　　　　　　　　　wide

4. Э́та де́вочка— _____ сирота́.

　　　　　　　　　poor

5. Её брат то́же _____ сирота́.

　　　　　　　　　poor

6. _____ Филаде́льфия—интере́сное ме́сто.

　　Old

7. У э́той соба́ки _____ и́мя.

　　　　　　　　　strange

8. Я люблю́ пить _____ ко́фе.

　　　　　　　　black

9. _____ шимпанзе́ игра́ет в кле́тке.

　　A young

10. У вас есть _____ пальто́?

　　　　　　new

11. А́нна Ива́новна _____ челове́к.

　　　　　　　　　　good

12. У меня́ _____ часы́.

　　　　new

V. Соста́вьте предложе́ния во мно́жественном числе́.

Образе́ц: Э́тот инжене́р рабо́тает в ста́ром зда́нии.

　　　　　Э́ти инжене́ры рабо́тают в ста́ром зда́нии.

муж	сосе́д	до́ктор	писа́тель
друг	судья́	меха́ник	профе́ссор
врач	геро́й	учи́тель	граждани́н
оте́ц	учёный	челове́к	англича́нин
брат	солда́т	рабо́чий	америка́нец

1. Э́тот _____ рабо́тает в ста́ром зда́нии.

2. Молодо́й _____ живёт в на́шей дере́вне.

<table>
<tr><td>но́вый музе́й</td><td>большо́е де́рево</td></tr>
<tr><td>но́вая апте́ка</td><td>краси́вый цвето́к</td></tr>
<tr><td>краси́вый парк</td><td>хоро́шая ста́нция</td></tr>
<tr><td>широ́кая у́лица</td><td>больша́я бу́лочная</td></tr>
<tr><td>большо́е зда́ние</td><td>хоро́шая столо́вая</td></tr>
</table>

3. В на́шем го́роде есть _____.

VI. Зако́нчите предложе́ния да́нными слова́ми.

eyeglasses	tables and chairs
milk and cream	flowers and perfume
silver and gold	potatoes and macaroni
apples and flour	books, pencils, and ink

1. В э́том магази́не продаю́тся _____.

menus	flowers and leaves
money	branches and twigs
scissors	a watch and a belt

2. _____ лежа́т на столе́.

VII. Впиши́те ну́жные слова́.

1. В э́том до́ме живу́т _____ и _____. На полу́ всегда́
                    people   hens

    _____.
    feathers

2. В лесу́ расту́т _____. Там лежа́т _____, _____, и
               trees   branches   twigs

    _____.
    leaves

3. На́ши _____ больши́е.
          cities

4. _____ и _____ зелёные.
    The forests   fields

5. Весе́нние _____ краси́вые.
            evenings

6. _____ и _____ иду́т бы́стро.
    Trains   busses

7. У ка́ждого челове́ка _____ и _____.
                    eyes   ears

8. У нас _____: _____ и _____.
          children   sons   daughters

9. В э́той реке́ _____ _____.
           beautiful   islands

Повтори́тельные упражне́ния

I. Впиши́те глаго́л **писа́ть/написа́ть**.

—Что ты де́лал вчера́ ве́чером?
—Я _____ пи́сьма.
—Ты до́лго _____ пи́сьма?
—Да, я _____ пи́сьма два часа́.
—Ты _____ пи́сьма домо́й?
—Да, я _____ домо́й. Я _____ три письма́.
—Что де́лал Ва́ня, когда́ ты _____ пи́сьма?
—Когда́ я _____ пи́сьма, Ва́ня _____ упражне́ния.
Когда́ Ва́ня _____ все упражне́ния, мы пошли́ в кино́.

II. Впиши́те ну́жный глаго́л. Объясни́те употребле́ние ви́да глаго́лов.

Ка́ждый день на́ши заня́тия _____ в 3 часа́. Вчера́ по́сле за-
                                finish
ня́тий, мой друг Ми́ша пошёл в столо́вую. Он бы́стро _____
                                                    had dinner
а пото́м час _____. В 5 часо́в он _____ гото́вить дома́шнее
              rested   began
зада́ние по ру́сскому языку́. Снача́ла он _____ упражне́ние, пото́м
                                          did
30 мину́т _____ но́вые слова́ и _____ глаго́лы, а пото́м
           studied   reviewed
он _____ но́вый текст. Ми́ша о́чень хорошо́ _____ уро́к.
    read   prepared
За́втра, когда́ мы _____ прове́рку, Ми́ша _____ её
                   will write   will write
лу́чше всех.

Словообразова́ние

Ко́рень **-им-**, *name*.

и́мя – NAME
и́менно *adv.*– NAMELY
имени́ны *pl.*– NAME DAY
имени́тельный (паде́ж) – NOMINATIVE
местоиме́ние – PRONOUN

I. Впиши́те ну́жные слова́.

1. Как ва́ше _____? Моё _____ _____.
                 name   name
2. Замени́те подлежа́щее _____ того́ же ро́да.
                          (with a) pronoun

3. На э́той неде́ле мы занима́емся _____ падежо́м.
                                                   nominative

4. _____ моего́ де́душки 13-ого апре́ля.
      The name day

5. Вы зна́ете _____ на́ших сосе́дей?
             names

6. Он повтори́л _____ то, что я сказа́л об э́той кни́ге.
               exactly

7. Слова́ **я**, **ты**, **он** — ли́чные _____.
                                   pronouns

8. Все кро́ме Бори́са бы́ли на _____ у Ната́ши.
                             name day

9. Сло́во _____ из лати́нского происхожде́ния.
            nominative

Ко́рень **-каз-**, *appearance, expression.*

    каза́ться/показа́ться *to seem*

    дока́зывать/доказа́ть *to prove*

    доказа́тельство - PROOF

    зака́зывать/заказа́ть *to order* (*food, etc.*)

    нака́зывать/наказа́ть *to punish*

    наказа́ние - PUNISHMENT

    ока́зываться/оказа́ться *to turn out to be*

    отка́зываться/отказа́ться *to refuse*

    отка́з - REFUSAL

    пока́зывать/показа́ть *to show, to display*

    прика́зывать/приказа́ть *to order*

    прика́з - ORDER

    (говори́ть)/сказа́ть *to say; to tell*

ска́зка - FAIRY TALE
ска́зочный, -ое, -ая - FAIRY TALE, FABULOUS
сказу́емое - PREDICATE
расска́зывать/рассказа́ть *to tell, to relate*

расска́з - STORY

ука́зывать/указа́ть *to show, to point to*
указа́тель *m.* - INDEX
указа́тельный, -ое, -ая   DEMONSTRATIVE

Six of these verbs may be grouped into three pairs of nearly synonymous verbs whose meanings should be carefully distinguished.

A. (говори́ть)/сказа́ть   *to tell; to say*
    расска́зывать/рассказа́ть   *to tell; to relate*

    Де́душка сказа́л нам, что он ви́дел чёрта.
    Grandfather told us that he saw a devil.

    Он рассказа́л нам о чёрте.
    He told us about the devil.

B. пока́зывать/показа́ть   *to show* (display)
    ука́зывать/указа́ть   *to show* (indicate)

    Он показа́л нам но́вую кварти́ру.
    He showed us his new apartment.

    Он указа́л нам доро́гу.
    He showed us the road.

C. зака́зывать/заказа́ть   *to order* (purchasing)
    прика́зывать/приказа́ть   *to order* (command)

    Он заказа́л чай.
    He ordered tea.

    Он приказа́л нам уйти́.
    He ordered us to leave.

II. Впиши́те ну́жные слова́.

1. Что вы _____?
          said

2. Ка́ждую неде́лю я _____ биле́ты в теа́тр.
                      order

3. В _____ де́душка _____ нам ды́рки на брю́ках.
       proof   showed

4. Кто _____ суп?
           ordered

5. Генера́л _____ солда́там напа́сть на врага́.
              ordered

6. Де́ти лю́бят слу́шать _____.
                          tales

7. Я _____, что я прав.
       will prove

8. _____, что я прав.
    It turned out

9. _____, что он прав.
    It seems

10. Я прочита́л _____ Че́хова.
                  story

11. В ка́ждом предложе́нии есть подлежа́щее и _____.
                                              predicate

12. Каки́е _____ местоиме́ния вы зна́ете?
            demonstrative

13. Достое́вский написа́л рома́н, «Преступле́ние и _____».
                                                   punishment

14. В ка́ждом уче́бнике есть _____.
                              index

15. Он _____ вы́полнить _____.
          refused   order

16. Стра́нный пелика́н _____ _____ пти́цей.
                         seemed   fantastic

17. Я пригласи́л его́, но он посла́л _____.
                                      refusal

18. Я _____ вам о пелика́не.
       will tell

19. Э́та же́нщина никогда́ не _____ своего́ сы́на.
                              punished

III. Что зна́чат сле́дующие слова́? Да́йте глаго́л с тем же са́мым ко́рнем.

ничего́	отве́т
сообще́ние	крик
нападе́ние	го́рдость *f.*

Впиши́те ну́жные слова́.

1. Почему́ вы не _____? Я не знал _____.
   answered
2. Он о́чень _____ свои́м автомоби́лем. Э́то его́ еди́нственная
   is proud

   _____.
3. Об э́том _____ по ра́дио. Вы не слы́шали _____.
   (they) reported
4. Вдруг мы услы́шали гро́мкий _____. Ребёнок почему́-то

   _____.
   shouted
5. А́рмия _____ на врага́ в по́лночь и _____ це́лую
   attacked   destroyed

   дере́вню. _____ прошло́ успе́шно; тепе́рь там _____ нет.

Перево́д

1. The American pointed out the houses where the workmen live.
2. I ordered milk and cream in the dairy.
3. Grandfather told us that he has proof.
4. My uncle showed me lakes and islands and large fields.
5. Devils don't live on lakes.
6. The women stopped going to the lake for berries.
7. I wrote a letter to the director of the factory, but I didn't sign it.
8. I didn't turn the television on yesterday.
9. My grandfather is a judge and my uncles are professors.
10. An Englishman teaches us Russian history.

Практи́ческие заня́тия

I. Цвета́.

си́ний	се́рый	ро́зовый	кори́чневый
бе́лый	жёлтый	ора́нжевый	зелёный
чёрный	кра́сный	фиоле́товый	голубо́й

II. Отве́тьте на вопро́сы.

1. Како́го цве́та маши́на ва́шего отца́?
2. Како́го цве́та ва́ше пла́тье? ва́ша руба́шка?
3. Како́го цве́та я́блоко?
4. Како́го цве́та цветы́ в саду́?
5. Како́го цве́та мо́ре?
6. Како́го цве́та ковёр в ва́шей ко́мнате?
7. Како́го цве́та ли́стья о́сенью?
8. Како́го цве́та ва́ши глаза́?
9. Како́го цве́та ва́ша соба́ка?
10. Како́го цве́та луна́?

11. Како́го цве́та такси́?
12. Како́го цве́та сте́ны э́той ко́мнаты?
13. Како́го цве́та доска́?
14. Како́го цве́та молоко́?
15. Како́й ваш люби́мый цвет?

III. Кроссво́рд.

По горизонта́ли:

1. Како́го цве́та сове́тский флаг?
2. Како́го цве́та сли́ва?
3. Како́го цве́та апельси́н?
4. Америка́нский флаг кра́сный, бе́лый, и _____.
6. Како́го цве́та не́бо но́чью?
7. Како́го цве́та ли́стья ле́том?
8. Како́го цве́та снег?
9. Како́го цве́та ро́за?
10. Како́го цве́та лимо́н?

По вертика́ли:

1. Како́го цве́та ствол де́рева?
5. Како́го цве́та не́бо, когда́ пого́да плоха́я?

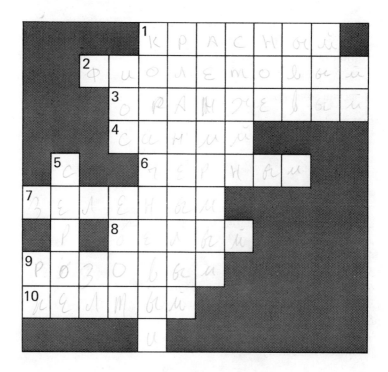

Четвёртый урок

Библиотека имени Ленина

Lenin Library

Библиотека имени В. И. Ленина находится в Москве. В старом здании библиотеки находится читальный зал. Это здание — одно из самых красивых зданий города. В другом здании — здании **современной**[1] архитектуры — находятся научные читальные залы и **книгохранилища, в которых хранится** около **семнадцати** миллионов книг.

contemporary

stacks   are kept

17

Иван записался в библиотеку в прошлом году. Записаться в библиотеку не трудно. Просто надо предъявить паспорт.[2] После **заполнения карточки,** читатель получит билет, который даёт ему **право пользоваться** библиотекой.[3]

filling in a card
right to use

Сегодня Иван идёт в библиотеку. Ему нужно готовиться к экзамену. Он **проходит через контроль** и предъявляет **читательский**[4] **билет.** На втором этаже находится большой библиотечный каталог. На карточках каталога **указаны**[5] автор и название книги, год её **издания, количество** страниц.

passes the control point
library card

are indicated
publication   number

В **предметном** каталоге карточки **расположены по отделам.** Есть отдел философии, политэкономии, истории, географии, литературы, **и так далее.**[6] В алфавитном каталоге карточки расположены по фамилиям авторов книг.

subject   are arranged
by departments

et cetera

Иван находит в каталоге названия нужных книг, выписывает их на **бланк требования,** и

call slip

93

даёт бланк библиотекарю.[7] **Через два часа** он   *two hours later*
получает книги. Он **сидит за столом** и читает.   *sits at the table*

Примечания

[1] Divide this word into prefix, root, and suffix. What does each part mean? Do the same with the English equivalent.

[2] Domestic passport, which Soviet citizens above the age of sixteen are required to carry. To obtain a library card, a foreigner also shows his passport.

[3] What is the case and why?

[4] What is the difference in meaning between **читальный** and **читательский**?

[5] The short form of a past passive participle used as the predicate of a passive sentence. Find another example in the story.

[6] **И так далее**—*et cetera* is often abbreviated in Russian as **и т. д.**

[7] The nominative is **библиотекарь**. Although the feminine form **библиоте-карша** exists, the masculine form is preferred for librarians of both sexes. What words in the story have the same root?

Грамматика

1. Forms of the genitive singular

The endings of the genitive singular are as follows:

-**а** for masculine and neuter hard-stem nouns
-**я** for masculine and neuter soft-stem nouns
-**ы** for feminine hard-stem nouns which are not affected by the ortho-graphic rules
-**и** for feminine soft-stem nouns and those affected by the orthographic rules, and for neuter nouns in -**мя**

GENDER	HARD STEM		SOFT STEM		
Masculine	стола[1]	англичанина	музея[1]	словаря	
	куска[1]	котёнка			
	врача				
Neuter	места		моря		имени
	окна		ружья		
	солнца		здания		
Feminine	страны		недели	лошади	матери
	вилки		семьи	вещи	
			станции		

[1] Many masculine nouns have, besides the normal -**а**/-**я** ending, a special -**у**/-**ю** ending in the genitive singular. This ending has certain specific uses. See pp. 99–101.

2. Forms of the genitive plural

The formation of the genitive plural is complex; its endings are rather unrelated to gender. They are as follows:

-∅ *Zero ending* (bare stem) for feminine and neuter hard-stem nouns, for feminine soft-stem nouns, and for neuter nouns in **-мя**.

A. If the stem ends in a double consonant, **-o-** or **-e-** is usually inserted between the two consonants; e.g., **ви́лка — ви́лок, ло́жка — ло́жек, окно́ — о́кон.**

B. For feminine soft-stem nouns, the softness of the stem is usually indicated by **-ь**. If the nominative singular ends in a consonant + **-ня**, then the **-ь** is omitted, e.g., **пе́сня — пе́сен.** There are two exceptions, i.e., **ку́хня — ку́хонь** and **дере́вня — дереве́нь.**

C. A few masculine nouns have zero ending in the genitive plural. In this case the genitive plural is exactly like the nominative singular, e.g.:

боти́нок	*shoe*
глаз	*eye*
раз	*time, occasion*
сапо́г	*boot*
солда́т	*soldier*
челове́к	*person* (see p. 99)
чуло́к	*stocking*

D. Nouns in **-анин/-янин** have **-ан/-ян** in the genitive plural (see p. 9).

граждани́н — гра́ждан	*citizen*
крестья́нин — крестья́н	*peasant*

E. Nouns in **-онок/-ёнок** have **-ат/-ят** in the genitive plural (see p. 10).

котёнок — котя́т	*kitten*
медвежо́нок — медвежа́т	*bear cub*

F. Most neuter nouns in **-мя** have the genitive plural in **-ён**, as **имя** — **имён**, but note the following exceptional forms: **се́мя** — **семя́н**, **стре́мя** — **стремя́н** (see p. 9).

G. Some nouns that appear only in the plural have **-∅** in the genitive plural:

брю́ки — брюк	*pants*
воро́та — воро́т	*gate*
дрова́ — дров	*firewood*
имени́ны — имени́н	*name day*
кани́кулы — кани́кул	*school vacation*
но́жницы — но́жниц	*scissors*
макаро́ны — макаро́н	*macaroni*
по́хороны — похоро́н	*funeral*
черни́ла — черни́л	*ink*
ша́хматы — ша́хмат	*chess*

H. Some nouns that appear only in the plural have **-∅** with inserted vowel in the genitive plural:

де́ньги — де́нег	*money*
кавы́чки — кавы́чек	*quotation marks*
носи́лки — носи́лок	*stretcher*
ско́бки — ско́бок	*parentheses*
сли́вки — сли́вок	*cream*
су́тки — су́ток	*24-hour period*

-ов for masculine hard-stem nouns, except those ending in **-ж, -ч, -ш, -щ**.

A. If the stem ends in **-ц** and the ending is stressed, then this ending is used, as **оте́ц** — **отцо́в**. Otherwise, **-о-** becomes **-е-** in accordance with the orthographic rule, as **ме́сяц** — **ме́сяцев**.

B. Two neuter nouns take this ending, **о́блако** — **облако́в** and the exceptional form **су́дно** — **суда́** — **судо́в**.

C. Some nouns that appear only in the plural have **-ов** in the genitive plural:

весы́ — весо́в   *scale*
духи́ — духо́в   *perfume*
очки́ — очко́в   *eyeglasses*
счёты — счётов   *abacus*
часы́ — часо́в   *watch*

-ев for masculine nouns ending in **-й**, and for masculine and neuter nouns whose *nominative plural* ends in **-ья**.

    A. If the ending is stressed, **-е-** becomes **-ё-**, as **бой — боёв**.
    B. The nouns **сын**, **друг**, and **муж** are exceptions.
    C. The neuter noun **пла́тье — пла́тьев** takes this ending.

-ий for feminine nouns with the nominative singular in **-ия** and for neuter nouns with the nominative singular in **-ие**.

-ей for all nouns whose nominative singular ends in **-ь**; for masculine nouns with their stem in **-ж**, **-ч**, **-ш**, **-щ**; for feminine nouns with their nominative singular in **-ья** and neuter nouns whose nominative singular in **-ьё**; and for neuter soft-stem nouns ending in **-е**.

    A. This ending is never preceded by **-ь**, even when all other forms of the word are.
    B. This ending is taken by a number of exceptional words:

де́ти — дете́й   *children*
друзья́ — друзе́й   *friends*
дя́дя — дя́дей   *uncles*
лю́ди — люде́й   *people*
мужья́ — муже́й   *husbands*
сосе́ди — сосе́дей   *neighbors*
сыновья́ — сынове́й   *sons*
тётя — тётей   *aunts*
у́ши — уше́й   *ears*
че́рти — черте́й   *devils*
ю́ноша — ю́ношей   *youths*

    C. Some nouns that appear only in the plural have **-ей** in the genitive plural:

джу́нгли — джу́нглей   *jungle*
о́вощи — овоще́й   *vegetables*
са́ни — сане́й   *sled*
щи — щей   *cabbage soup*

The forms of the genitive plural are illustrated in the following expanded chart.

Gender	Hard Stem		Soft Stem		
Masculine	столо́в	англича́н	музе́ев	словаре́й	
	куско́в	котя́т			
	враче́й				
	бра́тьев				
	солда́т				
Neuter	мест		море́й		имён
	о́кон		руже́й[1]		семя́н
	со́лнц		зда́ний		
	дере́вьев				
Feminine	стран		неде́ль	лошаде́й	матере́й
	ви́лок		семе́й[1]	веще́й	
			ста́нций		

[1] Observe the absence of **-ь** in the genitive plural of words of this type.

3. Uses of the genitive case

The genitive case answers the questions **кого́?**, **чего́?**, **чей?** It has many uses.

A. The genitive case is used to express possession. Word order here is the reverse of that used in English. The genitive of possession *always* follows the thing possessed.

> Э́то дом моего́ бра́та.
> *This is my brother's house.*

B. The genitive case translates various types of English phrases introduced by the preposition *of*. Usually no preposition is needed in Russian.

> Э́то президе́нт на́шей страны́.
> *This is the president of our country.*

> Труба́ на кры́ше до́ма.
> *The chimney is on the roof of the house.*

> Он—челове́к си́льной во́ли.
> *He's a man of strong will.*

> Вчера́ начала́сь распрода́жа книг.
> *The sale of books began yesterday.*

C. The genitive case is used after words expressing measure and quantity. The genitive plural is used for objects which can be counted, whereas the genitive singular is used for substances. These words usually take a neuter singular verb.

Ско́лько книг?	*How many books?*
Ско́лько воды́?	*How much water?*
Мно́го книг.	*Many books; a lot of books.*
Мно́го воды́.	*Much water; a lot of water.*
Ма́ло книг.	*Few books.*
Ма́ло воды́.	*Little water.*
Не́сколько книг.	*A few books; several books.*
Немно́го воды́.	*A little water; some water.*

Я вы́пил стака́н воды́.
I drank a glass of water.

Ско́лько у вас хле́ба?
How much bread do you have?

У него́ не́сколько дете́й.
He has several children.

When counting people, the genitive plural **люде́й** is used with **мно́го** and **ма́ло** and the special genitive plural **челове́к** is used with **ско́лько** and **не́сколько**.

Ско́лько челове́к бы́ло на собра́нии?
How many people were at the meeting?

Бы́ло мно́го люде́й на собра́нии.
There were many people at the meeting.

D. The genitive case is used in a partitive sense to express an indefinite, incomplete quantity.

Купи́ хле́ба и ма́сла.
Buy (some) bread and (some) butter.

The partitive genitive sometimes expresses a distinction made in English by the use of the definite article. Compare:

Я дал ему́ де́нег.
I gave him (some) money.

Я дал ему́ де́ньги.
I gave him the money.

Certain masculine nouns indicating substances take a special genitive ending **-y/-ю** when they are used in a partitive sense. The most common are:

бензи́н	бензи́ну	*gasoline*
виногра́д	виногра́ду	*grapes*
горо́х	горо́ху	*peas*
жир	жи́ру	*grease*
изю́м	изю́му	*raisins*
карто́фель	карто́фелю	*potatoes*
лёд	льду	*ice*
лимона́д	лимона́ду	*fruit drink*
лук	лу́ку	*onions*
наро́д	наро́ду	*people*
пе́рец	пе́рцу	*pepper*
песо́к	песку́	*sand*
рис	ри́су	*rice*
сала́т	сала́ту	*salad*
са́хар	са́хару	*sugar*
снег	снѐгу	*snow*
суп	су́пу	*soup*
сыр	сы́ру	*cheese*
таба́к	табаку́	*tobacco*
чай	ча́ю	*tea*
шокола́д	шокола́ду	*chocolate*

a. If the meaning is not partitive, these words take the normal **-a/-я** genitive ending.

> Да́йте мне, пожа́луйста, ча́ю.
> *Give me some tea, please.*

> Кака́я цена́ ча́я?
> *What is the price of tea?*

b. If the word is preceded by an adjective, the normal **-a/-я** genitive ending is usually used.

> Он вы́пил стака́н ча́ю.
> *He drank a glass of tea.*

> Он вы́пил стака́н кре́пкого ча́я.
> *He drank a glass of strong tea.*

c. If a partitive sentence is negated, the normal **-a/-я** ending is used.

> Я купи́л ча́ю.
> *I bought (some) tea.*

Я не покупа́л ча́я.
I didn't buy any tea.

E. Cardinal numerals, except **оди́н** and its compounds, are followed by
the genitive case. The numbers **два, две, три, четы́ре** and their compounds (except 12, 13, and 14) are followed by the genitive singular
of nouns and the genitive plural of adjectives. All other numbers are
followed by the genitive plural of both nouns and adjectives.

У нас два́дцать два но́вых студе́нта.
We have 22 new students.

У них два́дцать пять но́вых студе́нтов.
They have 25 new students.

When counting people and years, the special genitive plurals **челове́к**
and **лет** are used after all numerals requiring the genitive plural.

Пять челове́к жи́ли здесь во́семь лет.
Five people lived here for 8 years.

F. The genitive case is *always* used after **нет, не́ было, не бу́дет**. It is
sometimes used as the complement of a negated verb—particularly
if the negation implies that the object is nonexistent or indefinite
(see pp. 123–126).

У моего́ бра́та нет до́ма.
My brother doesn't have a house.

Я не покупа́л ча́я.
I didn't buy any tea.

G. The genitive case may be used after the short comparative form of an
adjective.

Стол нове́е сту́ла.
The table is newer than the chair.

Он умне́е меня́.
He is smarter than I.

H. The genitive case is used to indicate *on* with a specific date.

Я прие́хал сюда́ второ́го а́вгуста.
I arrived here on August 2.

Мы пра́зднуем Рождество́ два́дцать пя́того декабря́.
We celebrate Christmas on December 25.

I.   The genitive case is used with the long and short forms of the following adjectives:

досто́йный, -ое, -ая   *worthy (of)*
досто́ин, досто́йно, досто́йна

по́лный, -ое, -ая   *full (of)*
по́лон, по́лно, полна́

Ива́н всегда́ по́лон эне́ргии.
Ivan is always full of energy.

Э́та буты́лка полна́ воды́.
This bottle is full of water.

Он не досто́ин дове́рия.
He's not worthy of trust.

J.   Certain verbs take a complement in the genitive case when used in the meanings given. A partial list follows.

боя́ться	*to be afraid of*
добива́ться/доби́ться	*to strive for (pf.) to attain*
достига́ть/дости́гнуть	*to reach, to achieve*
жела́ть	*to wish*
избега́ть/избежа́ть	*to avoid*
каса́ться/косну́ться	*to concern, to touch on*
пуга́ться/испуга́ться	*to be frightened by*

боя́ться *(кого? чего?)*   пуга́ться—испуга́ться *(кого? чего?)*

Ребёнок бои́тся гро́ма.
The child is afraid of thunder.

Мы добива́емся успе́ха.
We are striving for success.

Мы всегда́ достига́ем хоро́ших результа́тов.
We always achieve good results.

Мы скоро достигли берега.
We quickly reached the shore.

Я желаю вам успеха.
I wish you success.

Он избегает разговора со мной.
He is avoiding conversation with me.

Мы коснулись вопроса о религии.
We touched on the question of religion.

Дети пугаются шума.
Children are frightened by noise.

K. A number of prepositions govern the genitive case when used in the meanings given. The most frequent ones are listed.

без   *without*

Она была на вечере без мужа.
She was at the party without her husband.

Ты написал упражнения без ошибок.
You wrote the exercises without any mistakes.

Мы приехали домой без четверти девять.
We arrived home at 8 :45.

для   *for*

Отец купил игрушки для сыновей.
The father bought toys for his sons.

Поставь на стол стаканы для воды.
Put water glasses on the table.

The second example shows a very common and important use of this word. English uses a noun phrase to express this concept. Omission of the word **для** produces a different concept. Compare:

Я положил на стол стаканы для воды.
I put water glasses on the table.

Я положил на стол стаканы воды.
I put glasses of water on the table.

до   *as far as; until, before*

Вчера мы доехали до берега моря.
Yesterday we drove as far as the seacoast.

Мы разгова́ривали до утра́.
We talked until morning.

До войны́ мы жи́ли в Берли́не.
Before the war we lived in Berlin.

из *from; (out) of*

Он прие́хал из го́рода.
He came from town.

Оди́н из мои́х друзе́й жил в Росси́и.
One of my friends lived in Russia.

из-за *from behind; because of* (something bad)

Ма́льчик вы́шел из-за две́ри.
The boy came out from behind the door.

Из-за дождя́, мы сиде́ли до́ма.
We stayed home because of the rain.

из-под *from under*

Мышь вы́шла из-под сту́ла.
The mouse came out from under the chair.

кро́ме *except, besides*

Все бы́ли на ве́чере кро́ме А́нны.
Everyone was at the party except Anna.

Кто был на собра́нии кро́ме отца́?
Who was at the meeting besides father?

ми́мо *by, past*

Поезда́ прохо́дят ми́мо на́шего до́ма.
Trains go by our house.

о́коло *near, about* (approximately)

Мы живём о́коло мо́ря.
We live near the sea.

Я ждал по́езда о́коло ча́са.
I waited about an hour for a train.

от *away from, from*

По́езд отошёл от ста́нции.
The train departed from the station.

Я получи́л письмо́ от отца́.
I received a letter from father.

Ребёнок запла́кал от испу́га.
The child began to cry from fright.

This word is used in several common idioms, e.g.:

Он принима́л лека́рство от бо́ли.
He was taking medicine for the pain.

Он потеря́л ключ от две́ри.
He lost the key to the door.

по́сле   *after*

По́сле заня́тий я пойду́ в кино́.
After class, I will go to the movies.

про́тив   *opposite, against*

Про́тив моего́ до́ма большо́й гара́ж.
Opposite my house is a large garage.

Он голосова́л про́тив меня́.
He voted against me.

с(о)   *off (of), from*

Возьми́ кни́гу со стола́.
Take the book off the table.

Он верну́лся домо́й с рабо́ты.
He returned home from work.

у   *by, at; from*

Ла́мпа стои́т у две́ри.
The lamp stands by the door.

Мы бы́ли у врача́.
We were at the doctor's.

У отца́ но́вая маши́на.
Father has a new car.

This preposition is used with certain verbs, e.g.:

взять у   *to take from*
укра́сть у   *to steal from*

Я взял э́ту кни́гу у сестры́.
I took that book from my sister.

L. A recognition knowledge of other prepositions used frequently in written Russian will assist the student in reading Russian more fluently. Those that take the genitive case are given here for reference.

близ	*near*
ввиду́	*on account of*
вдоль	*along*
вме́сто	*instead of*
вне	*outside of*
внутри́	*inside of*
во́зле	*near*
вокру́г	*around*
впереди́	*in front of*
вро́де	*like*
напро́тив	*across from*
позади́	*behind*
посреди́	*in the middle of* (place only)
ра́ди	*for the sake of*
сверх	*above*
сзади́	*in back of*
среди́	*among*, *in the middle of* (time or place)

Упражне́ния

I.   Перечита́йте чте́ние «Библиоте́ка и́мени Ле́нина». Вы́пишите все существи́тельные роди́тельного падежа́ (о́коло 25-и форм). Объясни́те употребле́ние падежа́.

II.   Отве́тьте в еди́нственном числе́, а пото́м во мно́жественном числе́.

Образе́ц: Чей э́то дом? Мой сын.
　　　　　Э́то дом моего́ сы́на.
　　　　　Э́то дом мои́х сынове́й.

1. Чья э́то маши́на?

мой брат	молодо́й врач
мой дя́дя	э́тот челове́к
ваш сосе́д	но́вый рабо́чий
твой друг	но́вый профе́ссор
наш гость	сове́тский граждани́н
⋅ у́мный геро́й	

2. Чья э́то кварти́ра?

твоя́ дочь	э́та де́вушка
на́ша тётя	ва́ша сосе́дка
моя́ сестра́	молода́я студе́нтка
моя́ подру́га	но́вая секрета́рша
на́ша вну́чка	хоро́шая учи́тельница

III.   Отве́тьте на вопро́сы да́нными слова́ми.

Образе́ц: Ско́лько у О́льги шляп? (2)
   У О́льги две шля́пы.

1. Ско́лько у Ива́на друзе́й? (3)
2. Ско́лько у де́душки домо́в? (1)
3. Ско́лько у студе́нтов вре́мени? (little)
4. Ско́лько у Ва́ни я́блок? (1)
5. Ско́лько у Ни́ны пла́тьев? (3)
6. Ско́лько у челове́ка уше́й и глаз? (2 and 2)
7. Ско́лько челове́к бы́ло на собра́нии? (many)
8. Ско́лько лет вы жи́ли в Москве́? (3)
9. Ско́лько солда́т в а́рмии? (many)
10. Ско́лько раз вы бы́ли в Росси́и? (4)
11. Ско́лько о́кон в э́том зда́нии? (6)
12. Ско́лько такси́ стоя́ло на пло́щади? (8)
13. Ско́лько воды́ в стака́не? (little)
14. Ско́лько у ко́шки котя́т? (4)
15. Ско́лько америка́нцев живёт в Кита́е? (a few)

IV.   Впиши́те ну́жные слова́.

1. У _____ _____ нет _____.
      my   son   watch

2. О́коло_____ _____ расту́т краси́вые _____ и _____.
            our   house   trees   flowers

3. _____ и _____ живу́т в э́той гости́нице.
   Teachers   writers

4. У _____ _____ нет _____.
     these   girls   money

5. Мой _____ и _____ рабо́тают недалеко́ от _____
        uncles   aunts   big

   _____.
   city

6. У _____ _____ пять _____ _____: три
     my   daughter   little   children

   _____ и два _____.
   daughters   sons

7. У _____ _____ шесть _____.
      our   grandfather   granddaughters

8. Постро́или мно́го _____ _____ для _____.
                new   houses   peasants

V.   Поста́вьте ну́жные слова́ в роди́тельном падеже́.

    1. Все бы́ли на ве́чере кро́ме (А́нна и Мари́я).
    2. Я получи́ла пять (письмо́) от (муж) из (Москва́).
    3. У (меха́ник) три (но́вый стул) для (жена́).
    4. Такси́ стоя́ло посреди́ (пло́щадь) среди́ (ночь).
    5. Она́ всё де́лает ра́ди (де́ти).
    6. По́сле (ле́кция) никто́ не вы́шел из (аудито́рия).
    7. У (студе́нты) нет (вре́мя) игра́ть.
    8. Я услы́шал э́ту но́вость от (това́рищи).
    9. Про́тив (наш дом) две (хоро́шие бу́лочные).
  10. Сейча́с бу́дет фи́зика вме́сто (матема́тика).
  11. О́коло (ста́рое зда́ние) стоя́ло три (такси́).
  12. Тру́дно жить без (хоро́шие друзья́).
  13. Вокру́г (э́ти зда́ния) был забо́р. А тепе́рь нет (забо́р).
  14. Я получи́л паке́т от (гра́ждане) (Сове́тский Сою́з).
  15. Генера́л идёт впереди́ (солда́ты).
  16. У (э́тот ребёнок) нет ни (боти́нки) ни (чу́лки).
  17. Я люблю́ гуля́ть вдоль (бе́рег) (река́).
  18. У (э́ти молоды́е лю́ди) нет (но́вые маши́ны).

VI.   Соста́вьте предложе́ния.

1. Я		больши́е соба́ки.
Мы	боя́ться	живо́тные.
Де́ти		э́тот учи́тель.
		вода́.
		успе́х.
2. Мы		сча́стье.
Все	жела́ть вам	здоро́вье.
Я		всё хоро́шее.
		счастли́вый путь.
		э́та же́нщина.
3. Я	избега́ть	э́ти лю́ди.
Мы		разгово́р с ним.
		встре́ча с ним.
		шум.
4. Она́	пуга́ться	взры́вы.
Де́ти		гро́мкие голоса́.

VII. Впиши́те слова́ в ну́жной фо́рме.

1. Мой сын _____ (темнота́).
     fears

2. Альпини́сты _____ (верши́на) (гора́).
              reached

3. Учи́тель _____ (хоро́шая дисципли́на) в своём кла́ссе.
            attained

4. На́ши спортсме́ны _____ (хоро́шие результа́ты).
                    achieved

5. На своём автомоби́ле он _____ (огро́мная ско́рость).
                           reached

6. Мы _____ (успе́х) во всём.
      strive for

7. В своём докла́де он _____ (э́тот вопро́с).
                       touched on

8. Э́то _____ (гра́ждане) (э́та дере́вня).
        concerns

9. Он, ка́жется, _____ (свои́ това́рищи).
                 is avoiding

10. Э́тот стака́н _____ (молоко́).
                 is full

11. В э́том до́ме _____ (челове́к).
                 are many

12. Мои́ де́ти _____ (все живо́тные).
               fear

13. Я, вообще́, _____ (врачи́).
                fear

VIII. Впиши́те чи́сла слова́ми.

1. О́льга прие́хала сюда́ _____ апре́ля.
                         1

2. Ива́н уе́хал в Пари́ж _____ а́вгуста.
                        22

3. Заня́тия начали́сь в университе́те _____ сентября́.
                                     4

4. Экза́мены бу́дут _____ октября́.
                   16

5. Заня́тия ко́нчатся _____ ма́я.
                     30

6. Пра́здник бу́дет _____ ию́ля.
                   8

7. Рождество́ _____ декабря́.
              25

8. Ва́ня роди́лся _____ февраля́.
                 17

9. О́льга родила́сь _____ ноября́.
                   19

10. Я роди́лся (роди́лась) _____ _____.

IX.   Впишите предлог, когда нужен.

   1. Я не спал вчера ночью; я занимался _____ утра.
   2. Он выпил стакан _____ вина.
   3. Это одно _____ самых старых зданий _____ города.
   4. Я получил письмо _____ брата _____ Берлина.
   5. Поставьте эти книги на полку _____ книг.
   6. Мы _____ войны.
   7. Он не достоин _____ награды.
   8. Где ключ _____ двери?
   9. Я избегаю _____ моего брата.
   10. Он купил подарок _____ своей жены.

Повторительные упражнения

I.   Впишите глагол в нужной форме.

   1. Каждый день я _____ домашнее задание.
      prepare
   2. Сейчас мы _____ к экзамену.
      are preparing
   3. Эти студенты хорошо _____ к экзаменам.
      prepared
   4. Когда я _____ в родину, я буду работать на заводе.
      return
   5. Мать спрашивает в письме, когда сын _____ домой.
      will return
   6. Вчера он _____ мне мою книгу.
      returned
   7. Скоро _____ экзамены и студенты уже _____
      will begin   are preparing
      к ним.
   8. Студент _____ дверь и вошёл в аудиторию.
      opened
   9. Когда я _____ заниматься, я _____ окно.
      began   opened
   10. Вы не знаете, когда _____ наша столовая?
      opens
   11. Эта студентка хорошо _____. Она _____ новые слова
      studies   studied
      целый час и наконец хорошо _____ все слова.
      learned
   12. Ребёнок очень медленно _____.
      was dressing
   13. Наконец он _____ и ушёл в школу.
      dressed

14. Медсестра́ _____ больно́го.
     will dress

15. Я _____ окно́ у́тром, но тепе́рь опя́ть ду́шно в ко́мнате.
     opened

Словообразова́ние

Ко́рень **-род-**, **-рожд-**, *birth, nature, tribe.*

рожда́ться/роди́ться *to be born*
рожде́ние - BIRTH
Возрожде́ние - RENAISSANCE
Рождество́ - CHRISTMAS
род - SORT, KIND, GENDER
роди́тельный (паде́ж) - GENITIVE NOM
роди́тели *pl.* - PARENTS
ро́дственник - RELATIVE
родно́й, -о́е, -а́я - NATIVE, DEAR
ро́дина - NATIVE LAND
наро́д - PEOPLE, NATION
наро́дный, -ое, -ая - PEOPLE'S FOLK
приро́да - NATURE
урожа́й - HARVEST

I. Слова́ с двумя́ ко́рнями. Что зна́чит ка́ждый ко́рень?

двою́родный брат - FIRST COUSIN
двою́родная сестра́ - FIRST COUSIN
водоро́д - HYDROGEN
кислоро́д - OXYGEN

Впиши́те ну́жные слова́.

1. Мы пе́ли _____ пе́сни.
                folk

2. _____ пра́зднуется 25-ого декабря́.
   Christmas

3. В СССР де́ти _____ в роди́льном до́ме.
                are born

4. В Пари́же мы жи́ли у _____ моего́ отца́.
                        relatives

5. В Ита́лии бы́ло мно́го худо́жников во вре́мя _____.
                                              Renaissance

6. Мы е́дем в Евро́пу без мои́х _____.
                                parents

7. В э́том году́ бы́ло ма́ло дождя́; зна́чит не бу́дет бога́того
   _____.
   harvest

8. За́втра бу́дет день _____ моей ма́тери.
                        of birth

9. На луне́ нет ни _____ ни _____.
                   oxygen   hydrogen

10. Мы изуча́ем _____ падёж.
               genitive

11. Тру́дно жить далеко́ от _____.
                           native land

12. Э́то зако́н _____.
               of nature

13. Како́й ваш _____ го́род?
              native

14. Сын моего́ дя́ди — э́то мой _____, и его́ дочь моя́ _____.
                                cousin   cousin

15. В кото́ром часу́ он _____?
                       was born

16. Како́го _____ сло́во «смерть»?
            gender

17. Э́та ко́мната полна́ _____.
                        of people

II. Что зна́чат сле́дующие слова́? Да́йте глаго́л с тем же са́мым
ко́рнем.

испу́г FRIGHT   достиже́ние ACHIEVEMENT
назва́ние TITLE книгохрани́лище BOOKSTACK
пра́здник HOLIDAY полезный, -ое, -ая USEFULL
пожела́ние WISH

Впиши́те ну́жные слова́.

1. Он обы́чно _____ успе́хов и всегда́ говори́т о свои́х _____.
             achieves

2. Как _____ ваш но́вый рома́н? _____ рома́на «Ска́зочное
       is called
   де́рево».

3. В э́тих _____ _____ пять ты́сяч книг.
          are kept

4. Ребёнок пла́чет от _____. Чего́ он _____?
                                        is frightened

5. Мы _____ но́вым учебником. Это о́чень _____ уче́бник.
      use

6. Он посла́л нам лу́чшие _____ на но́вый год. Он _____ нам
                          wishes   wishes
   сча́стья и здоро́вья.

7. За́втра _____ на моей ро́дине. Что вы _____?
                                          are celebrating

Перево́д

1. My little brothers are afraid of animals.
2. I am avoiding my children's teacher.
3. It seems our daughters have many new dresses.
4. I bought five presents for my sisters' sons.
5. That poor orphan has no shoes.
6. In the center of our town are two small cafés and three bakeries.
7. Several librarians work in the reading room of the city library.
8. How many uncles and aunts do you have?
9. I have one uncle, two aunts, and two cousins (*m*).
10. He said that he would order a glass of tea in the dining room.

Практи́ческие заня́тия

I.   **Чле́ны семьи́.**

бра́т
BROTHER

вну́к
GRANDSON

сестра́

вну́чка

двою́родный бра́т
FIRST COUSIN

дво́юродная сестра́

де́душка
GRANDFATHER

ба́бушка

дя́дя
UNCLE

тётя

му́ж
HUSBAND

жена́

оте́ц
FATHER

ма́ть

племя́нник
NEPHEW

племя́нница

пра́внук
GREAT GRANDSON

пра́внучка

пра́дед
GREAT GRANDFATHER

прабабушка

сы́н
SON

до́чь

Отве́тьте, употребля́я чи́сла 1, 2, 5.

Образе́ц: Ско́лько у Ива́на бра́тьев?
У Ива́на 1 брат; 2 бра́та; 5 бра́тьев.

1. Ско́лько у О́льги сестёр?
2. Ско́лько у Петро́ва сынове́й?
3. Ско́лько у де́душки вну́ков?
4. Ско́лько у Мари́и дете́й?
5. Ско́лько у Жу́кова дочере́й?
6. Ско́лько у Ни́ны племя́нниц?
7. Ско́лько у А́нны дя́дей?
8. Ско́лько у Ве́ры тётей?

II. Впиши́те ну́жные слова́.

1. Сын мое́й до́чери — э́то мой _____.
2. Сын мое́й _____ — э́то мой племя́нник.
3. _____ моего́ бра́та — э́то моя́ племя́нница.
4. Мать мое́й ма́тери — э́то моя́ _____.
5. Сын моего́ дя́ди — э́то мой _____.
6. Племя́нник мое́й ма́тери — э́то мой _____.
7. Сестра́ моего́ _____ — э́то моя́ тётя.
8. _____ мое́й ма́тери — э́то мой де́душка.
9. Дочь моего́ _____ — э́то моя́ вну́чка.
10. Брат мое́й ма́тери — э́то мой _____.
11. Оте́ц моего́ де́душки — э́то мой _____.
12. Сын мое́й _____ — э́то мой оте́ц.
13. Жена́ моего́ _____ — э́то моя́ ба́бушка.
14. Дочь мое́й вну́чки — э́то моя́ _____.
15. Муж мое́й _____ — э́то мой дя́дя.

III. Отве́тьте на вопро́сы.

1. Ва́ша семья́ больша́я и́ли ма́ленькая?
2. Ско́лько в ней чле́нов?
3. Кто са́мый ста́рший член ва́шей семьи́?
4. У вас есть пра́дед? прраба́бушка?
5. Ско́лько у вас де́душек и ба́бушек?
6. Они́ живу́т у вас?
7. Они́ родили́сь в Аме́рике?
8. Ваш де́душка рабо́тает и́ли получа́ет пе́нсию?
9. Кто ваш оте́ц по специа́льности?
10. Ско́лько у вас бра́тьев и сестёр?
11. Они́ живу́т у вас?
12. Они́ рабо́тают и́ли у́чатся?

13. Ва́ши бра́тья жена́ты?
14. Ва́ши сёстры за́мужем?
15. У вас есть племя́нники?
16. Кто са́мый мла́дший член ва́шей семьи́?

Бу́ква «К»

(по расска́зу А. Приста́вкину)

У Сла́вы Га́лкина не́ было отца́ и ма́тери. Ему́ бы́ло де́вять лет, он жил в де́тском до́ме и учи́лся в шко́ле. Фами́лия его́ учи́тельницы была́ Га́лина.

Всем ученика́м роди́тели дава́ли **вку́сные** за́втраки, а Сла́ве никто́ не дава́л. И Сла́ва иногда́ на уро́ках **мечта́л** о том, что кто́-то по оши́бке написа́л **ли́шнее** «К» в его́ фами́лии, и учи́тельница ока́жется его́ ма́мой и бу́дет дава́ть ему́ в шко́лу за́втраки. И Сла́ва не люби́л бу́кву «К» и **пропуска́л** её. В **дикта́нтах** у него́ бы́ли оши́бки и учи́тельница ста́вила ему́ дво́йки. Одна́жды она́ рассерди́лась на него́[1] и сказа́ла:

— Почему́ ты, Га́лкин, пропуска́ешь в слова́х бу́кву «К»? Никто́ не де́лает таки́х стра́нных оши́бок. Смотри́, что́ ты написа́л. Э́то про́сто непоня́тно. За́втра пе́ред уро́ком придёшь ко мне.

Сла́ва пришёл к учи́тельнице, написа́л дикта́нт, и опя́ть пропусти́л в слова́х бу́кву «К». Учи́тельница рассерди́лась, а пото́м спроси́ла Сла́ву о роди́телях. Когда́ он уходи́л, она́ сказа́ла, чтобы он приходи́л ещё.[2] И дала́ ему́ в шко́лу хоро́ший за́втрак.

Сла́ва бы́стро побежа́л в шко́лу. Во вре́мя **перерыва** он ел свой за́втрак.

tasty

daydreamed
unneeded

left out   *dictations*

recess

Когда́ учи́тельница проверя́ла но́вый дикта́нт, она́ **осо́бенно внима́тельно** про-ве́рила рабо́ту Сла́вы. В дикта́нте не́ было ни одно́й оши́бки. И все бу́квы «К» стоя́ли на свои́х места́х. Оши́бка была́ то́лько в одно́м сло́ве. В тетра́ди была́ по́дпись «Сла́ва Га́лин», но учи́тельница, наве́рно, не **заме́тила** э́той оши́бки, и не **испра́вила** её.[3]

especially   attentively

notice   correct

Примеча́ния

[1] What is the case and why?
[2] Discuss the use of aspect in this sentence.
[3] What is the case and why?

Грамма́тика

1. Есть and нет

A. The invariable form **есть** is used to establish the existence of some-thing. It is frequently used with the phrase **у** + genitive, meaning *to have*, and with expressions of location. If, however, there is no question of existence and something is being described in some way, then **есть** is frequently omitted.

В до́ме есть библиоте́ка.
There is a library in the house.
(A library exists in the house.)

У меня́ есть бра́тья.
I have brothers.
(This establishes the fact that the brothers exist.)

У меня́ три бра́та.
I have three brothers.
(Here the number of brothers is established — not their existence.)

У меня́ све́тлые во́лосы.
I have light hair.
(The hair is being described. Its existence is not in question.)

У него́ грипп.
He has the grippe.
(He is ill. The word *grippe* is a description of his illness.)

B. The use of the word **есть** sometimes differentiates a sentence establishing the existence of something from one showing the presence of something.

> У меня́ есть маши́на.
> *I have a car.*
> (The speaker is stating that he owns a car.)

> У меня́ маши́на.
> *I have the car.*
> (The speaker is stating that he has his car with him.)

C. The forms **был, бы́ло, была́, бы́ли** serve as the past tense of **есть**. They agree in gender and number with the subject.

> В до́ме была́ библиоте́ка.
> *There was a library in the house.*

> У него́ был грипп.
> *He had the grippe.*

D. **Бу́дет** and **бу́дут** are used as the future tense of **есть** and agree in number with the subject.

> В до́ме бу́дет библиоте́ка.
> *There will be a library in the house.*

> У меня́ бу́дут бра́тья.
> *I will have brothers.*

E. The negative of **есть** is **нет**; it is always followed by the genitive case. This expression tends to deny the existence of something.

> У меня́ нет маши́ны.
> *I don't have a car.*
> (The speaker does not own a car.)

To show that something exists but is not now present requires more explanation.

> У меня́ нет маши́ны. Она́ в гараже́.
> *I don't have the car. It's in the garage.*
> (The speaker owns a car, but he does not have it with him.)

F. The past tense of **нет** is **не́ было** (note stress). It does not change for gender or number and is always followed by the genitive case.

У меня́ не́ было бра́тьев.
I had no brothers.

У него́ не́ было гри́ппа.
He didn't have the grippe.

G. The future of **нет** is **не бу́дет**. It is invariable and is always followed by the genitive case.

В до́ме не бу́дет библиоте́ки.
There will not be a library in the house.

2. Forms of the accusative singular

Masculine inanimate nouns, neuter nouns, and feminine nouns ending in **-ь** have the accusative singular like the nominative singular.

Masculine animate nouns have the accusative singular like the genitive singular.

Nouns ending in **-а/-я** (masculine and feminine) have **-у/-ю**. This is the only special ending for the accusative case.

GENDER	HARD STEM		SOFT STEM		
Masculine	стол	англича́нина	музе́й	слова́рь	
	кусо́к	котёнка			
	врача́				
Neuter	ме́сто		мо́ре		и́мя
	окно́		ружьё		
	со́лнце		зда́ние		
Feminine	страну́		неде́лю	ло́шадь	мать
	ви́лку		семью́	вещь	
			ста́нцию		

3. Forms of the accusative plural

In the plural, animate nouns of all declensions have the accusative like the genitive, whereas inanimate nouns have the accusative like the nominative, e.g., **друг—друзе́й, оте́ц—отцо́в, гость—госте́й, пти́ца—птиц, вну́чка —вну́чек, тётя—тётей, ю́ноша—ю́ношей.**

Adjectives and pronouns follow these same rules. Note, however, that the accusative of **оно́** (inanimate) is **его́**.

GENDER	HARD STEM		SOFT STEM		
Masculine	столы́	англича́н	музе́и	словари́	
	куски́	котя́т			
	враче́й				
Neuter	места́		моря́		имена́
	о́кна		ру́жья		
	со́лнца		зда́ния		
Feminine	стра́ны		неде́ли	лошаде́й	матере́й
	ви́лки		семьи́	ве́щи	
			ста́нции		

4. Uses of the accusative case

The accusative case answers the questions **кого́?, что?**

A. The accusative case is used to express the direct object of a transitive verb.

> Ребёнок чита́ет кни́гу.
> *The child is reading a book.*

B. The accusative case is used with intransitive verbs to show what length of time some action lasts, and also to show repetition of an action.

> Мы бы́ли там неде́лю.
> *We were there for a week.*

> Мы говори́м с ним ка́ждую неде́лю.
> *We speak with him every week.*

If the time expression contains a numeral, then the word following the numeral will be in the genitive case as required, but the time expression, considered as a linguistic unit, is still in the accusative case.

> Я бу́ду спать два часа́.
> *I'm going to sleep for two hours.*

> Он смотре́л э́тот фильм три ра́за.
> *He saw this film three times.*

C. Similarly the accusative case is used with intransitive verbs to show distance covered, or the price or weight of an object.

> Он прое́хал ми́лю.
> *He drove for a mile.*

Грузови́к ве́сит то́нну.
The truck weighs a ton.

Газе́та сто́ит две копе́йки.
A newspaper costs two kopecks.

D. The following prepositions require the accusative case when used in the meanings given:

в(о)   *into, to, at*

Они́ уже́ прие́хали в го́род.
They have already arrived in town.

Они́ прие́хали сюда́ в два часа́.
They arrived here at 2:00.

Собра́ние бу́дет в сре́ду.
The meeting will be on Wednesday.

за   *behind, beyond; in the course of;*
     in place of; in exchange for

Мы положи́ли каранда́ш за кни́гу.
We put the pencil behind the book.

Мы е́дем за лес.
We're going beyond the forest.

За год я написа́л рома́н.
In (the course of) a year, I wrote a novel.

Я сего́дня преподаю́ за това́рища.
I am teaching in place of my friend today.

Он заплати́л копе́йку за ма́рку.
He paid a kopeck for a stamp.

на   *onto, to, for* (time)

Поста́вьте таре́лки на стол.
Put the plates on the table.

Я иду́ на по́чту.
I'm going to the post office.

Он прие́хал сюда́ на пра́здник.
He came here for the holiday.

Он вы́шел на час.
He went out for an hour.

под(о)   *under*

Мы се́ли под де́рево.
We sat down under a tree.

че́рез   *across, through; in* (time)

Мы перешли́ че́рез у́лицу.
We walked across the street.

Я бу́ду там че́рез неде́лю.
I'll be there in a week.

E. A recognition knowledge of other prepositions used frequently in written Russian will assist the student in reading Russian more fluently. Those that take the accusative case are given here for reference.

несмотря́ на	*in spite of*
о	*against*
по	(See Unit 9)
про	*about, concerning* (colloquial)
сквозь	*through*

F. The following verbs require the prepositions **на** or **в** and the accusative case when used in the meanings given:

ве́рить в/пове́рить в	*to believe in*
жа́ловаться на/пожа́ловаться на	*to complain about*
игра́ть в	*to play* (a game)
крича́ть на/кри́кнуть на	*to shout at*
наде́яться на	*to hope for; to rely on*
превраща́ться в/преврати́ться в	*to turn into* (become)
серди́ться на/рассерди́ться на	*to be angry at*

Он ве́рит в Бо́га.
He believes in God.

Она́ на всё жа́луется.
She complains about everything.

Не́которые лю́ди хорошо́ игра́ют в ша́хматы.
Some people play chess well.

Э́та же́нщина всё вре́мя кричи́т на дете́й.
This woman is always shouting at her children.

Учёный наде́ется на хоро́шие результа́ты.
The scientist is hoping for good results.

Он наде́ется на свою́ семью́.
He's relying on his family.

Зимо́й вода́ превраща́ется в лёд.
In winter water turns to ice.

Мари́я о́чень рассерди́лась на бра́та.
Maria got very angry at her brother.

The verbs **смотре́ть/посмотре́ть** take an accusative complement without a preposition when they mean *to watch*; in the meaning *to look at*, they take **на** + the accusative case.

Он смотре́л на Ива́на.
He was looking at Ivan.

Он смотре́л э́тот фильм.
He saw that film.

5. The direct object of a negated verb

The direct object of a negated transitive verb is sometimes in the accusative and sometimes in the genitive case. Usage is not firmly fixed and definite rules cannot be stated. The following are guidelines for normal usage. They do not apply to all situations without exception.

A. The genitive case is normally used:

a. when the negation is intensified by another word.

Он не сказа́л ни сло́ва.
He didn't say a single word.

b. when there is a partitive sentence that is negated. The special partitive genitive ending is replaced under negation by the regular genitive ending.

Мы не купи́ли ча́я.
We didn't buy any tea.

c. after verbs expressing perception, thinking, and expectation.

вúдеть/увúдеть	*to see*
дýмать/подýмать	*to think*
ждать/подождáть	*to wait for*
замечáть/замéтить	*to notice*
знать	*to know*
понимáть/поня́ть	*to understand*
слы́шать/услы́шать	*to hear*
хотéть	*to want*
чýвствовать/почýвствовать	*to feel*

d. when the direct object expresses an abstract concept.

Он не теря́ет врéмени.
He doesn't waste time.

Я не говорúл э́того.
I didn't say that.

B. The accusative case is normally used after negated verbs:

a. when a known person or thing is named.

Я не вúдел Áнну.
I didn't see Anna.

Я не люблю́ егó машúну.
I don't like his car.

b. when the use of the genitive might result in ambiguity.

Я не читáл газéты.
I didn't read the newspaper.
I didn't read the newspapers.

In such a case, the accusative would be used in the singular, and the genitive in the plural.

Я не читáл газéту.
I didn't read the newspaper.

Я не читáл газéт.
I didn't read the newspapers.

c. when the noun is really the object of a non-negated infinitive.

Он не хотéл читáть э́то письмó.
He didn't want to read this letter.

C. As is apparent from observation of the examples, these guidelines overlap and sometimes contradict each other. In such cases there is one general rule which can assist the student in acquiring more nearly normal speech. The use of the accusative case indicates that the given object is unaffected by the action of the verb. The use of the genitive case shows that the object itself is indefinite and perhaps does not even exist. The genitive is preferred when the direct object is any member of a class of things (a house). The accusative is preferred when one specific member of a class is named (this house).

Я не купи́л до́ма.
I didn't buy a house.
(This sentence implies an unrealized intention to buy a house, but with no particular house in mind.)

Я не купи́л э́тот дом.
I didn't buy this house.
(Here a definite, specific house was considered and rejected.)

Почему́ вы не вы́пили вино́?
Why didn't you drink your wine?
(This refers to a specific glass of wine.)

Я не пью вина́.
I don't drink wine.
(This refers to wine in general.)

Care must be exercised in determining whether a given word is actually the direct object of a negated verb. If the negative particle does not directly precede the verb, then the verb is not negated and the direct object *must* be in the accusative case.

Я купи́л не э́тот дом.
I didn't buy this house.
(I bought some other house.)

Не я купи́л э́тот дом.
I didn't buy this house.
(Someone else bought it.)

Он потеря́л не ру́чку, а каранда́ш.
He lost his pencil, not his pen.
(Something was lost. The verb is not negated.)

Я не всё ви́дел.
I didn't see everything.
(I saw something, but not everything. The verb is not negated.)

These guidelines apply only to verbs that take an accusative complement. A verb that requires a complement in the genitive, dative, or instrumental case will continue to require that case when it is negated.

6. Affirmative verbs with non-specific objects

The verbs **ждать**, **искáть**, **просѝть**, **трéбовать**, and **хотéть** regularly take a genitive complement when the object is abstract or non-specific. With **просѝть**, **трéбовать**, and **хотéть** a non-specific object is usually partitive. In this sense the genitive case can be used with other verbs such as **взять**, **дать**, **купѝть**.

Мы ждём пóмощи.
We're waiting for help.
(Abstract object.)

Я жду автóбуса.
I'm waiting for a bus.
(Non-specific object.)

Я жду пя́тый автóбус.
I'm waiting for the No. 5 bus.
(Specific, identified object.)

Он и́щет прáвды.
He's searching for truth.
(Abstract object.)

Холостя́к и́щет жены́.
The bachelor is looking for a wife.
(Non-specific object.)

Я и́щу жену́.
I'm looking for my wife.
(Specific, identified object.)

Мáльчик прóсит извинéния.
The boy is asking for forgiveness.
(Abstract object.)

Больнóй прóсит воды́.
The patient is asking for water.
(Non-specific object.)

Ребёнок прóсит стакáн молокá.
The child is asking for a glass of milk.
(Specific, identified object.)

Ребёнок тре́бует внима́ния.
The child is demanding attention.
(Abstract object.)

Вор тре́бует де́нег.
The thief is demanding money.
(Non-specific object.)

Я тре́бую мою́ кни́гу.
I demand my book.
(Specific, identified object.)

Все хотя́т ми́ра.
Everyone wants peace.
(Abstract object.)

Я хочу́ де́нег.
I want money.
(Non-specific object.)

Он хо́чет кни́гу.
He wants the book.
(Specific, identified object.)

7. The verbs **проси́ть/попроси́ть** and **спра́шивать/спроси́ть**

    A. The verbs **проси́ть/попроси́ть** *to ask, to request* are used in requesting an item or an action. The item requested is expressed in the accusative case for specific, identifiable objects, or the genitive case for non-specific objects; the person from whom it is requested is expressed by **y** + the genitive. If an action is being requested, the person from whom it is requested is expressed in the accusative case. The requested action is expressed by an infinitive.

        Он попроси́л стака́н воды́.
        He asked for a glass of water.

        Они́ про́сят у меня́ де́нег.
        They are asking me for money.

        Она́ попроси́ла меня́ спеши́ть.
        She asked me to hurry.

    B. The verbs **спра́шивать/спроси́ть** *to ask, to inquire* are used in asking a question. The person asked is expressed in the accusative case. These verbs are not followed by an infinitive and cannot take an inanimate complement.

Она́ спроси́ла меня́, почему́ я спешу́.
She asked me why I was hurrying.

C. The expressions *to ask a question, to ask questions* are rendered in Russian by the expressions **задава́ть/зада́ть вопро́с(ы)**. The person asked is expressed in the dative case.

Он за́дал мне стра́нный вопро́с.
He asked me a strange question.

8. Specific time expressions

Certain time expressions take the accusative case. They are close in meaning and should be carefully observed and compared.

A. The duration of an action is expressed by the accusative case with no preposition. Such expressions indicate that the action is continuous from the beginning to the end of the time period named. The verb is usually imperfective.

Он спал час.
He slept for an hour.
(The activity lasted for an hour.)

Я бу́ду чита́ть весь ве́чер.
I'm going to read all evening.
(The activity will last through the evening.)

B. The time within which an action is completed or a result is achieved is expressed by **за** + the accusative case. It is unimportant whether or not the action was continuous throughout the time period named. The fact of completion is being stressed and the verb is perfective.

Он написа́л э́тот рома́н за год.
He wrote this novel in a year.
(It took a year to write the novel.)

Я прочита́ю э́ту статью́ за два часа́.
I'll read this article in two hours.
(It will take two hours to read the article.)

C. When the time period named begins only after the action expressed by the verb has been completed, the preposition **на** + the accusative case is used. The verb normally indicates some kind of motion; the aspect is perfective.

Они́ уе́хали на всё ле́то.
They left for the whole summer.
(Summer began after they left.)

Я ля́гу на полчаса́.
I'm going to lie down for half an hour.
(The act of lying down only takes a minute; it will be completed before the rest period begins.)

D. When the action expressed by the verb begins after the completion of the time period named, the preposition **че́рез** + the accusative case is used. The verb is most frequently perfective, but if completion is not implied, the imperfective may be used.

Он верну́лся че́рез час.
He came back in an hour.
(The hour passed before he returned.)

Че́рез неде́лю он бу́дет писа́ть статью́.
Че́рез неде́лю он начнёт писа́ть статью́.
He will begin to write an article in a week.
(A week will pass before he starts to write.)

Упражне́ния

I.   Перечита́йте расска́з «Бу́ква К». Объясни́те употребле́ние ви́да глаго́лов во второ́м и в после́днем пара́графах.

II.   Найди́те в расска́зе сле́дующие предложе́ния и объясни́те употребле́ние падежа́ по́сле глаго́ла с отрица́нием.

1. И Сла́ва не люби́л бу́кву «К».
2. Никто́ не де́лает таки́х стра́нных оши́бок.
3. Но учи́тельница не заме́тила э́той оши́бки.

III.   Соста́вьте предложе́ния.

Образе́ц: В на́шем го́роде нет (парк).
В на́шем го́роде нет па́рка.

В на́шем го́роде нет_____.

но́вая больни́ца	большо́й музе́й
краси́вые дома́	ста́рые зда́ния
большо́й университе́т	хоро́шая бу́лочная
хоро́шая це́рковь	молоды́е солда́ты
краси́вые же́ншины	

IV.   Да́йте отрица́тельный отве́т.

Образе́ц: У вас есть маши́на?
Нет, у меня́ нет маши́ны.

1. В до́ме бу́дет библиоте́ка?
2. У Ива́на был грипп?
3. В па́рке есть дере́вья?
4. У профе́ссора есть но́вая тео́рия?
5. В университе́те есть столо́вые?
6. В го́роде есть метро́?
7. У ребёнка есть каранда́ш?
8. В саду́ бу́дут цветы́?
9. На реке́ есть мост?
10. В университе́те за́втра бу́дут ле́кции?
11. У сироты́ есть роди́тели?
12. В дере́вне есть музе́и?
13. У О́льги есть бра́тья и сёстры?
14. На собра́нии бы́ли де́ти?
15. У вас есть вре́мя?
16. В до́ме бу́дут кварти́ры?
17. У де́душки есть вну́чки?
18. В дере́вне бу́дет це́рковь?

V.   Поста́вьте да́нные слова́ в вини́тельном падеже́.

1. Он пришёл на (собра́ние) во́время.
2. Она́ прие́хала в (Москва́) в (среда́).
3. Мы сего́дня идём на (но́вая пье́са).
4. Я заплати́л пять копе́ек за (сего́дняшняя газе́та).
5. Мы положи́ли (бума́га) под (ла́мпа).
6. Он прие́хал сюда́ в (воскресе́нье) и уе́дет че́рез (неде́ля).
7. Он смо́трит на (мой бра́тья).
8. Мы ча́сто ви́дим (на́ши друзья́).

9. Они́ перешли́ че́рез (широ́кая у́лица) и вошли́ на (ста́нция).
10. Я поста́вил (буты́лка) за (дверь).
11. Мы ко́нчили (на́ша рабо́та) за (неде́ля).
12. Мы встре́тили (моя́ мать) в (суббо́та).
13. В зоопа́рке мы ви́дели (живо́тные).
14. Я изуча́ю (хи́мия) и (фи́зика).

VI.   Соста́вьте предложе́ния.

		своя́ мать.
		успе́х.
1. Я		свой каранда́ш.
Мы	иска́ть	сча́стье.
Они́		рабо́та.
		А́нна.
		мир.

		чай.
2. Мы		хлеб.
Я	хоте́ть	э́та кни́га.
Он	проси́ть	мир.
Они́		сове́т.
		сего́дняшняя газе́та.

VII.   Впиши́те слова́ в ну́жной фо́рме.

1. Мы не ＿＿＿＿＿＿＿ (по́мощь) от (семья́).
       wait (expect)

2. Э́тот профе́ссор всегда́ ＿＿＿＿＿＿ (но́вые зна́ния).
                          searches for

3. Меха́ник ＿＿＿＿＿ (жена́).
          waits for

4. Докла́дчик ＿＿＿＿＿ (внима́ние).
            asked for

5. На ста́нции лю́ди ＿＿＿＿＿ (поезда́) и (такси́).
                  wait for

6. Больно́й ＿＿＿＿＿＿ (головна́я боль).
        complains   of

7. Ма́льчики ча́сто ＿＿＿＿ ＿＿＿ (футбо́л).
                  play

8. Вы ＿＿＿＿ ＿＿ (че́рти)?
     believe   in

9. Когда́ лёд обы́чно ＿＿＿＿ ＿＿ (вода́)?
                  turns   into

10. Я не ＿＿＿＿ ＿＿ (мои́ друзья́).
      rely   on

11. Он ＿＿＿＿＿ (отве́т) на свой вопро́с.
     demands

12. Оте́ц иногда́ _____ _____ (сыновья́), а сыновья́
    <u>gets angry</u>   <u>at</u>
    иногда́ _____ _____ (оте́ц).
    <u>get angry</u>   <u>at</u>
13. Э́ти де́вушки _____ _____ (своя́ мать).
    <u>got angry</u>   <u>at</u>
14. Почему́ э́тот стари́к так _____ _____ (свои́ вну́чки)?
    <u>is shouting</u>   <u>at</u>
15. Учителя́ обы́чно _____ _____ (студе́нты)?
    <u>shout</u>   <u>at</u>
16. Я никогда́ не _____ _____ (мой ребёнок).
    <u>shout</u>   <u>at</u>
17. Мы _____ (по́лная тишина́).
    <u>demand</u>

VIII. Перепиши́те предложе́ния с отрица́нием **не**.

   Образцы́: 1. Я прочита́л э́ту кни́гу.
             Я не прочита́л э́ту кни́гу.
          2. Я чита́ю рома́ны.
             Я не чита́ю рома́нов.

   1. Моя́ мать говори́т э́то.
   2. Вчера́ я купи́л са́хару.
   3. Я купи́л э́ту маши́ну.
   4. Я слы́шу голоса́.
   5. Он получи́л письмо́ от меня́.
   6. У меня́ но́вая маши́на.
   7. У нас за́втра бу́дут экза́мены.
   8. Мы ви́дели авто́бус на пло́щади.
   9. Я люблю́ ночь.
   10. Он зна́ет отве́т на э́тот вопро́с.
   11. Я ви́жу ли́стья на у́лице.
   12. Ва́ня хо́чет писа́ть письмо́.
   13. Мы изуча́ем исто́рию.
   14. Э́тот ребёнок говори́т пра́вду.
   15. Я ем о́вощи.

IX.   Впиши́те глаго́лы **проси́ть/попроси́ть**, **спра́шивать/спроси́ть** в
      ну́жной фо́рме в проше́дшем вре́мени.

   1. Я _____, где нахо́дится библиоте́ка.
   2. Ребёнок _____ игру́шку.
   3. Преподава́тель _____ и студе́нты отвеча́ли.
   4. Това́рищ ча́сто _____ о мои́х дела́х.
   5. Това́рищ _____ меня́ встре́тить его́ в универси́те́те.
   6. Роди́тели _____ сы́на писа́ть, как он живёт.

7. Учи́тель _____ ученика́, где он живёт.

8. Я _____ мужчи́ну, как называ́ется э́та у́лица.

9. Мы _____ де́вушку, где нахо́дится метро́.

10. Э́тот челове́к _____ ча́шку ча́ю.

X.   Впиши́те предло́г, когда́ ну́жен.

1. Мы прочита́ли э́тот текст _____ неде́лю.

in

2. Я _____ два го́да писа́л э́тот рома́н.

for

3. Мы гото́вились к зачёту _____ два дня.

for

4. Я начну́ занима́ться _____ час.

in

5. Он уе́дет в Москву́ _____ ме́сяц.

for

6. Он вы́шел _____ полчаса́ и верну́лся то́лько _____ два часа́.

for
in

7. Она́ написа́ла все упражне́ния _____ со́рок мину́т.

in

8. _____ неде́лю мы уе́дем в Евро́пу _____ ле́то.

In
for

9. Мы отдыха́ли в дере́вне _____ неде́лю.

for

10. _____ неде́лю мы хорошо́ отдохну́ли.

In

Повтори́тельные упражне́ния

I. Впиши́те ну́жный глаго́л.

1. Ма́льчик весь день _____ уро́ки.

гото́вил/пригото́вил

2. Вчера́ я _____ письмо́ от моего́ бра́та.

получа́л/получи́л

3. Я _____ мое́й ма́тери и _____

бу́ду звони́ть/позвоню́
бу́ду чита́ть/прочита́ю

ей э́то письмо́.

4. Когда́ ма́льчик _____ уро́ки, он пошёл гуля́ть.

гото́вил/пригото́вил

5. Что вы _____ всё ле́то?

бу́дете де́лать/сде́лаете

6. Я _____ все э́ти упражне́ния и _____

писа́л/написа́л
де́лал/сде́лал

то́лько две оши́бки.

7. Ско́лько вы _____ за э́ту руба́шку?

плати́ли/заплати́ли

8. Он сего́дня _____ свои́ кни́ги.
   забыва́л/забы́л

9. Наш учи́тель за́втра _____ на собра́нии.
   бу́дет говори́ть/ска́жет

10. Я ре́дко _____ ра́но у́тром.
   встава́л/встал

Словообразова́ние

Ко́рень **-вин-**, *blame, fault.*

вини́ть *to blame*
вина́ - FAULT
винова́т, -о, -а - GUILTY
вини́тельный (паде́ж) ACCUSITIVE
извиня́ть/извини́ть *to excuse*
извине́ние - FORGIVENESS
обвиня́ть/обвини́ть *to accuse*
обвине́ние - ACCUSATION
обвини́тель - PROSECUTOR

Ко́рень **-суд-**, **-сужд-**, *judgment.*

суди́ть *to judge*
суд - COURT
судья́ *m.* JUDGE
судьба́ FATE
подсуди́мый *noun*
обсужда́ть/обсуди́ть *to discuss*
обсужде́ние - DISCUSSION

I. Впиши́те ну́жные слова́.

1. Мы изуча́ем _____ паде́ж.
   accusative

2. Э́то моя́ _____. Я в э́том _____.
   fault   guilty

3. _____, пожа́луйста.
   Excuse (me)

4. Госуда́рственный _____ говори́л вчера́ в _____.
   prosecutor   court

5. Мы ещё не _____ э́того вопро́са.
   discussed

6. Я вас не _____.
   blame

7. Ско́лько _____ в наро́дном _____?
              judges   court

8. Я _____ по тому́, что я ви́жу.
      judge

9. Мы _____ _____ э́тих стра́нных люде́й.
      are discussing   the fate

10. У него́ всегда́ мно́го _____, но я про́сто не ве́рю ему́.
                    excuses

11. Он _____ меня́ во лжи. По-мо́ему э́то _____ не
      accused   accusation
справедли́во.

12. _____ отвеча́л на вопро́сы _____.
    The defendant   of the judge

Ко́рень **-чт-, -чит-, -чет-,** *reading, counting.*

чита́ть/прочита́ть *to read*
чте́ние - READING
чита́льный, -ое, -ая READING
чита́тель *m.* READER
чита́тельский, -ое, -ая READERS
зачёт TEST
перечи́тывать/перечита́ть *to reread*
счита́ть/сосчита́ть *to count*
счёт BILL
счёты ABACUS
чётный EVEN
нечётный ODD

II. Впиши́те ну́жные слова́.

1. Я сове́тую вам зако́нчить всё _____ до _____.
                        reading   exam

2. _____ сиде́ли в _____ за́ле.
    The readers   reading

3. 1, 3, 5 — э́то _____ чи́сла, а 2, 4, 6 — _____.
               odd   even

4. _____ э́то на _____.
   Count   abacus

5. _____ расска́з «После́дний чёрт».
   Reread

6. Предъяви́те, пожа́луйста, _____ биле́т.
                    reader's

7. Я _____ весь расска́з за час.
  read

III. Что зна́чат сле́дующие слова́? Да́йте глаго́л с тем же са́мым ко́рнем.

игра́   наде́жда
игру́шка   замеча́ние
ве́ра   серди́т, -о, -а, -ы
мечта́

Впиши́те ну́жные слова́.

1. Де́ти не уме́ют _____ в ша́хматы. Э́то тру́дная _____.
                       to play

2. Мари́я вчера́ _____ на своего́ бра́та, и она́ всё ещё _____
                    got angry
   сего́дня.

3. У ва́шего дя́ди есть _____ в люде́й? Да, он _____ во
                                                         believes
   всех.

4. Я _____, что всё бу́дет хорошо́. Нельзя́ жить без _____.
       hope

5. Он сде́лал не́которые то́чные _____. Что он _____?
                                                        noticed

6. У на́шего ребёнка сли́шком мно́го _____. Он всё вре́мя
   _____.
     plays

7. Э́тот ребёнок всегда́ _____ на уро́ке. Наве́рно, у него́
                          daydreams
   интере́сные _____.

Перево́д

1. This man complains about his children, and they complain about their father.
2. We wait for the bus near the station.
3. I didn't hear (any) shouting.
4. Ivan hopes that his mother will not get angry at him.
5. The child is asking for a toy.
6. Thirty-two young men and girls are demanding attention from the president.
7. You wrote this dictation very well. There is not one mistake in your work.
8. Do you have recess in your school? The little children do.
9. That child has three kittens and many toys.
10. I didn't hear the question, and so I don't know either the question or the answer.

Практи́ческие заня́тия

I.   **Живо́тные.**

1. Дома́шние живо́тные.

коро́ва	*cow*	телёнок	*calf*
кот, ко́шка	*cat*	котёнок	*kitten*
ло́шадь	*horse*	жеребёнок	*colt*
овца́	*sheep*	ягнёнок	*lamb*
свинья́	*pig*	поросёнок	*young pig*
соба́ка	*dog*	щено́к (*pl.* щенки́)	*puppy*

2. Ди́кие живо́тные.

верблю́д	*camel*		
волк	*wolf*	волчо́нок	*wolf cub*
жира́ф	*giraffe*		
за́яц (*pl.* за́йцы)	*hare*	зайчо́нок	*young hare*
зе́бра	*zebra*		
кенгуру́	*kangaroo*		
кит	*whale*		
кро́лик	*rabbit*		
лев	*lion*		
медве́дь	*bear*	медвежо́нок	*bear cub*
морско́й лев	*sea lion*		
мышь	*mouse*	мышо́нок	*young mouse*
носоро́г	*rhinoceros*		
обезья́на	*monkey*		
слон	*elephant*	слонёнок	*elephant calf*
тигр	*tiger*	тигрёнок	*tiger cub*
шимпанзе́	*chimpanzee*		

II. Соста́вьте предложе́ния во мно́жественном числе́.

1. В джу́нглях живёт_____.

тигр	носоро́г
лев	обезья́на
слон	шимпанзе́
зе́бра	жира́ф

2. У нас в до́ме_____.

соба́ка	мышь
котёнок	щено́к

3. В лесу́ живу́т_____.

волк   за́яц
медвежо́нок   медве́дь

4. У нас в колхо́зе_____.

коро́ва   поросёнок
овца́   жеребёнок
ло́щадь   ку́рица
свинья́

III. Назови́те молодо́е живо́тное.

Образе́ц: У ко́шки_____.
              У ко́шки котёнок.

1. У соба́ки _____.   5. У овцы́ _____.
2. У ло́шади _____.   6. У свиньи́ _____.
3. У коро́вы _____.   7. У медве́дя _____.
4. У во́лка _____.   8. У слона́ _____.

IV. Отве́тьте на вопро́сы.

1. Каки́е проду́кты мы получа́ем от коро́вы, от свиньи́, от ку́рицы?
2. Из ко́жи каки́х живо́тных мо́жно сде́лать ковры́, пальто́?
3. Каки́х живо́тных мы ви́дим в зоопа́рке?
4. Каки́х живо́тных мы ви́дим в ци́рке?
5. Каки́е живо́тные живу́т в А́фрике, в Австра́лии, в Евро́пе, в Аме́рике?
6. Каки́е есть подо́пытные живо́тные?
7. Каки́е живо́тные живу́т в мо́ре?
8. У како́го живо́тного дли́нный хо́бот?
9. У како́го живо́тного дли́нная ше́я?
10. Како́е живо́тное са́мое у́мное?
11. Како́е живо́тное лу́чший друг челове́ка?
12. Каки́е живо́тные пры́гают?
13. У вас есть живо́тное? Како́е?
14. Како́е ва́ше люби́мое живо́тное?

V. Впиши́те назва́ния живо́тных.

_____   _____   _____

_____   _____   _____

_____   _____   _____

_____   _____   _____

_____

_____   _____

На экзáмене

(по расскáзу Г. Патарúдзе)

Недáвно я был на экзáмене по литератýре в университéте.[1] Принимáл экзáмены мой стáрый друг. Когдá экзáмен начался́, мой друг **надéл** очкú, и егó лицó стáло холóдным и **стрóгим**.[2] В аудитóрию вошлá пéрвая студéнтка. Дéвушка подошлá к столý и сéла отвечáть.

put on
stern

—Что вы знáете о велúком немéцком писáтеле Шúллере?—спросúл мой друг.

—Шúллер родúлся во вторóй половúне восемнáдцатого вéка. Он был блúзким дрýгом немéцкого поэ́та Гёте. Поэ́тому в ты́сяча семьсóт девянóсто девя́том годý он приéхал в Вéймар, где Гёте был **пéрвым мини́стром**. В э́том же годý родúлся велúкий францýзский писáтель Онорé де Бальзáк . . .

prime minister

И дéвушка óчень хорошó и **подрóбно** рассказáла о **твóрчестве**[3] Бальзáка. Мой друг с удовóльствием слýшал её. Дéвушка сдалá экзáмен на «**отлúчно**».

in detail
work
outstanding

Вошёл вторóй студéнт.

—Ааа! Э́то вы не **посещáли** лéкции?[4] Посмóтрим,[5] что вы знáете о ромáнах францýзского писáтеля Гюгó.

attend

—Гюгó,—нáчал студéнт,—велúкий францýзский писáтель. Нáдо сказáть, что крóме Гюгó в э́то врéмя во Фрáнции писáл Бальзáк . . .

С э́того момéнта студéнт заговори́л[6] так бы́стро, что мой друг **ника́к не** мог егó останови́ть. Студéнт расска́зывал о Бальза́ке **до сих пор, пока́** ему́ **не** поста́вили пятёрку.

in no way

until

Седьмо́й и́ли восьмо́й студéнт сдава́л экза́мен, а отвéты их всех бы́ли **похо́жи** оди́н на другóй.

similar

Слéдующему студéнту мой друг предложи́л рассказа́ть о вели́ком италья́нском поэ́те Да́нте.

—**Велича́йший** поэ́т Ита́лии Да́нте роди́лся в концé трина́дцатого вéка, —на́чал студéнт. —Он **оказа́л** большóе **влия́ние** на европéйскую литерату́ру, осóбенно егó **произведéние**[3] «Божéственная комéдия». Интерéсно, что Онорé де Бальза́к назва́л **сéрию** свои́х рома́нов «Человéческая комéдия». Так что Бальза́к . . .

very great

"had"   influence

work

series

Одни́м слóвом, опя́ть Бальза́к. И э́тот студéнт сдал экза́мен на «отли́чно».

in short

Послéдняя пятёрка была́ поста́влена. Экза́мены кóнчились.

—**Неужéли** ты не замéтил,[7] что все студéнты расска́зывали[7] о Бальза́ке? —спроси́л я своегó дру́га.

is it possible

—Конéчно, замéтил. Но одна́жды я прочита́л **неизвéстное** письмó Онорé де Бальза́ка, в котóром он писа́л: «Лу́чше знать хорошó оди́н вопрóс, чем илóхо знать мнóгие вопрóсы». Бальза́к был таки́м **гениа́льным**[8] писа́телем, что . . .

little-known

brilliant

Но я ужé не мог бóльше слу́шать о Бальза́ке . . .

Я вспóмнил,[9] что мой друг **защити́л**[10] неда́вно диссерта́цию о Бальза́ке. А студéнты пóмнили[9] об э́том.

defended

Примеча́ния

[1] Final exams in Soviet universities are oral.

[2] What is the case and why?

[3] **Тво́рчество** is the creative activity of an artist—his work in general.

Произведéние is a product of the artist's creative activity—a work.

⁴ Discuss the use of case and aspect in this sentence.
⁵ What form is this? What is the English equivalent?
⁶ Give a synonymous expression in Russian.
⁷ What is the aspect and why?
⁸ Give a noun with the same root.
⁹ What is the difference in meaning between **по́мнить** and **вспо́мнить**?
¹⁰ Was the defense successful?

Грамма́тика

1. Formation of the imperative

The imperative is formed according to one of several patterns from the non-past stem. To obtain this stem, remove the endings **-ут, -ют, -ат, -ят** from the third person plural of the present or perfective future verb.

Verbs in **-ся** form their imperatives regularly. If the imperative ends in **-й** or **-ь**, then **-ся** is added; if it ends in **-и**, then **-сь** is added. The plural or formal form always takes **-сь**.

A. If the stem ends in a vowel, the imperative will end in **-й** (singular, familiar), **-йте** (plural or formal).

> ду́мать: ду́маю, ду́ма-ют: ду́май, ду́майте
> отвеча́ть: отвеча́ю, отвеча́-ют: отвеча́й, отвеча́йте
> стоя́ть: стою́, сто-я́т: сто́й, сто́йте
> танцева́ть: танцу́ю, танцу́-ют: танцу́й, танцу́йте
> теря́ть: теря́ю, теря́-ют: теря́й, теря́йте
>
> одева́ться: одева́юсь, одева́-ются: одева́йся, одева́йтесь

B. If the stem ends in a consonant and the first person singular is not stressed on the ending, the imperative will end in **-ь, -ьте**.

> гото́вить: гото́влю, гото́в-ят: гото́вь, гото́вьте
> отве́тить: отве́чу, отве́т-ят: отве́ть, отве́тьте
>
> оде́ться: оде́нусь, оде́н-утся: оде́нься, оде́ньтесь

There are two groups of exceptions where a verb of this type has its imperative in unstressed **-и**.

a. If the stem ends in a double consonant:

> по́мнить: по́мню, по́мн-ят: по́мни, по́мните

b. All perfectives with prefix **вы-**, where the prefix takes a stress normally on the ending.

сказа́ть: скажу́, ска́ж-ут: скажи́, скажи́те
вы́сказать: вы́скажу, вы́скаж-ут: вы́скажи, вы́скажите

C. If the stem ends in a consonant and the first person singular is stressed on the ending, the imperative will end in stressed **-й, -йте**.

говори́ть; говорю́, говор-я́т: говори́, говори́те
помо́чь: помогу́, помо́г-ут: помоги́, помоги́те
сказа́ть: скажу́, ска́ж-ут: скажи́, скажи́те

сади́ться: сажу́сь, сад-я́тся: сади́сь, сади́тесь

D. Verbs ending in **-давать, -ставать, -знавать** form their imperatives from the past stem rather than from the non-past stem.

дава́ть: дава́-ть: дава́й, дава́йте
встава́ть: встава́-ть: встава́й, встава́йте

E. The following verbs and their compounds are exceptions:

	бить: бей, бе́йте	*to beat*
	быть: будь, бу́дьте	*to be*
	вить: вей, ве́йте	*to twist*
	дать: дай, да́йте	*to give*
	есть: ешь, е́шьте	*to eat*
	лечь: ляг, ля́гте	*to lie down*
	лить: лей, ле́йте	*to pour*
	пить: пей, пе́йте	*to drink*
	шить: шей, ше́йте	*to sew*

F. The following verbs have no imperative:

ви́деть	*to see*
мочь	*to be able*
слы́шать	*to hear*
хоте́ть	*to want*

VERB STEM (3rd person plural)	STRESS (1st person singular)	IMPERATIVE ENDING
Vowel отвеча́ют: отвеча- одева́ются: одева—ся	Stem Stress отвеча́- одева́—ся	-й, -йте отвеча́й, отвеча́йте одева́йся, одева́йтесь
Single Consonant отве́тят: ответ- оде́нутся: оден—ся	Stem Stress отве́т- оде́н—ся	-ь, -ьте отве́ть, отве́тьте оде́нься, оде́ньтесь
Consonant Cluster по́мнят: помн- ко́нчат: конч-	Stem Stress по́мн- ко́нч-	-и, -ите по́мни, по́мните ко́нчи, ко́нчите
Single Consonant говоря́т: говор- отка́жутся: отказ—ся	End Stress говор́- отказ́—ся	-й, -и́те говори́, говори́те откажи́сь, откажи́тесь

2. Aspects in the imperative

A. A request to perform an action is usually made in the perfective aspect. It is implied that the action be completed, producing whatever result is specified by the verb.

> Да́йте мне, пожа́луйста, стака́н ча́ю.
> *Give me a glass of tea please.*
> (When the action is performed, I will have a glass of tea.)

> Положи́те кни́ги на стол.
> *Put the books on the table.*
> (When the action is performed, the books will be on the table.)

> Повтори́те предложе́ние.
> *Repeat the sentence.*
> (When the action is performed, the sentence will have been repeated.)

B. A request to perform an action with no specific result and no implication of completion is made in the imperfective. Sometimes a sentence of this sort contains an adverb telling how or where an action is to be performed.

> Бери́те кни́ги в библиоте́ке.
> *Take books from the library.*
> (This suggests that the action be performed habitually.)

Отдыхáйте в дерéвне. Там красúво.
Rest in the country. It's beautiful there.
(This suggests a place to rest.)

Читáйте грóмче. Вас не слы́шно.
Read louder. We can't hear you.
(This is a request to perform an action in a certain way.)

C. The imperfective may be used to convey a sense of urgency—the action must be performed immediately.

Спешúте! Ужé пóздно!
Hurry! It's late!
(The action is to be performed immediately.)

D. If a request must be repeated before it is implemented, it is repeated in the imperfective, even if the original request was perfective. The person is being urged to proceed with the requested action as soon as possible. The perfective, on the other hand, simply asks that the action be completed and suggests that it may be done at the convenience of the person being requested.

Открóйте, пожáлуйста, окнó.
Open the window, please.
(When the action is performed, the window will be open.)

If the person receiving this request hesitates, the person making the request will say:

Ну, открывáйте!
Well, go on—open it!
(The action is to be undertaken immediately.)

E. The negative imperative is normally imperfective, regardless of whether the corresponding affirmative imperative was perfective or imperfective.

Не читáйте э́ту кнúгу. Онá неинтерéсна.
Don't read this book. It's not interesting.
(This is a negative request.)

Не читáйте так грóмко!
Don't read so loudly!
(This is a negative request.)

F. The perfective of a negative imperative is used to warn someone against an undesired action which he might otherwise perform inadvertently against his own will. It may be accompanied by the form

смотри (смотри́те) *Be careful!*, making it more emphatic. This usage is most characteristic for verbs that denote undesirable actions that no one would purposely perform. However, it may be used to express a warning against accidentally performing any undesired action.

Не упади́те! Здесь ско́льзко.
Don't fall! It's slippery here.
(No one would fall purposely.)

Не потеря́й де́ньги.
Don't lose the money.
(No one would lose money purposely.)

Не возьми́те случа́йно мою́ кни́гу.
Don't take my book by mistake.
(It is implied that the action would not be performed purposely.)

Смотри́те, не забу́дьте зо́нтик.
Be careful, don't forget your umbrella.
(It is implied that the action would not be performed purposely.)

3. Third-person imperatives

Let him, let her, let them is expressed in Russian by the word **пусть**, or more colloquially **пуска́й**, and the appropriate form of the verb. The subject is expressed unless it is absolutely clear to whom reference is made. The verb may be either perfective or imperfective, depending on the sense.

Пусть он читáет.
Let him read.

Пусть Óльга читáет.
Let Olga read.

Пусть они́ читáют.
Let them read.

Пусть Ивáн прочитáет письмó.
Let Ivan read the letter.

Пусть онá прочитáет письмó.
Let her read the letter.

Пусть дéти прочитáют письмó.
Let the children read the letter.

4. Inclusive imperatives

A. If an imperfective verb is needed, *let's* is usually expressed by the form **давáй** (singular, familiar) or **давáйте** (plural or formal) plus the *imperfective infinitive.*

Давáй отдыхáть.
Let's rest.

Давáйте сидéть и читáть.
Let's sit and read.

B. If a perfective verb is needed, *let's* is expressed by the first person plural *perfective future* without a subject. The words **давáй** or **давáйте** may be added or omitted without appreciably affecting the meaning.

Прочитáем э́то письмó.
Давáйте прочитáем э́то письмó.
Let's read this letter.

Начнём рабóтать.
Давáй начнём рабóтать.
Let's start to work.

5. Aspects in the infinitive

A. The following verbs take an imperfective infinitive when used in the meanings given:

кончать/кончить	*to end*
начинать/начать	*to begin*
отвыкать/отвыкнуть	*to get unused to*
переставать/перестать	*to stop*
/полюбить	*to take a liking to*
привыкать/привыкнуть	*to get used to*
продолжать	*to continue*
разучиваться/разучиться	*to unlearn, to forget how*
/стать	*to begin*
учиться/научиться	*to learn*

Он долго жил на юге и разучился кататься на лыжах.
He lived in the south for a long time and forgot how to ski.

Мы уже привыкли говорить по-русски.
We are already used to speaking Russian.

B. Several *perfective* verbs referring to success or lack of success in performing an action are followed by perfective infinitives.

удаться	*to succeed*
успеть	*to have time to*
забыть	*to forget*

Мне удалось увидеть его.
I succeeded in seeing him.

Я забыл написать последнее упражнение.
I forgot to write the last exercise.

C. With other words that take infinitives, the aspect is chosen by the speaker according to his intended meaning. The perfective aspect is more likely, unless the action is repeated or lacks any intended or relevant result.

Мне надо написать письмо.
I have to write a letter.
(The letter is to be completed.)

Мне надо писать письма.
I have to write letters.
(The action is to be performed; achievement of a result is not implied.)

Я хочý вы́пить э́тот стакáн чáю.
I want to drink this glass of tea.
(I want to drink a specific quantity of tea; the action is limited.)

Я хочý пить.
I'm thirsty.
(I want to drink in general; the action is potentially unlimited.)

Я совéтую вам прочитáть э́ту кни́гу.
I advise you to read this book.
(Completion is suggested.)

Прошý вас поговори́ть с ним об э́том.
Please speak to him about this.
(The action is to be of limited duration.)

Он обещáл вернýться в час.
He promised to return at 1:00.
(The action is to be completed at the given moment.)

D. A negated infinitive tends to be imperfective. A perfective infinitive would express concern or warning about inadvertently performing an undesired action.

Я совéтую вам не читáть э́ту кни́гу.
I advise you not to read this book.
(The action should not be performed.)

Прошý вас не говори́ть емý об э́том.
Please don't tell him about this.
(The action should not be performed.)

Прошý вас не сказáть емý об э́том.
Please don't in any way tell him about this.
(This sentence is more urgent. It is much like using a perfective imperative in a negative sentence.)

E. The imperfective infinitive is used to express the fact that an action is useless, unnecessary, inadvisable, or not permitted.

Не нáдо так говори́ть.
You shouldn't talk that way.
(The action is inadvisable.)

Не стóит смотрéть э́тот фильм.
That film isn't worth seeing.
(The action is useless.)

Нéзачем говорúть емý об э́том.
There is no reason to tell him about this.
(The action is unnecessary.)

F. A perfective infinitive is used to express the fact that an action cannot
    be performed successfully. In some cases this may be contrasted with
    a corresponding imperfective infinitive, meaning that an action is
    forbidden.

Нельзя́ открывáть дверь. Идýт заня́тия.
The door should not be opened. Class is being held.
(The action is not permitted.)

Нельзя́ откры́ть дверь. Онá запертá.
It's impossible to open the door. It's locked.
(The action cannot be successfully performed. The desired result
cannot be achieved.)

Я не могý отвечáть.
I'm not allowed to answer.
(The action is not permitted.)

Я не могý отвéтить.
I don't know the answer.
(The action cannot be successfully completed.)

6. The verbs мочь/смочь and умéть/сумéть

A. The verbs **мочь/смочь** *to be able* refer to the physical or mental
    capability of the individual concerned, or to surrounding conditions.

Я не могý прийтú сегóдня.
I can't come today.

Вы смóжете купúть э́ту кнúгу в магазúне.
You'll be able to buy that book in the store.

The verb **мочь** does not form the compound future with **бýду** +
imperfective infinitive and it has no imperative. The future can be
expressed only by using the perfective form **смочь**.

B. The verbs **умéть/сумéть** *to be able*, *to know how* refer to a skill or an
    ability acquired by the individual.

Я умéю игрáть в шáхматы.
I know how to play chess.

Мáленький ребёнок не умéет писáть.
The small child cannot write.

C. The perfective verbs **смочь** and **сумéть** generally indicate an effort of some sort. They are usually followed by a perfective infinitive.

Я не смог откры́ть окнó.
I couldn't get the window open.

Я сумéл прочитáть егó письмó.
I managed to read his letter.

Упражнéния

I. Перечитáйте расскáз «На экзáмене». Найди́те в расскáзе слéдующие инфинити́вы. Объясни́те употреблéние ви́да глагóлов.

1. . . . и сéла **отвечáть** . . .
2. . . . нáдо **сказáть** . . .
3. . . . никáк не мог егó **останови́ть** . . .
4. . . . предложи́л **рассказáть** . . .

II. Переведи́те и объясни́те употреблéние ви́да глагóлов.

1. **Читáйте** мéдленно и я́сно.
   Прочитáйте пéрвое предложéние.
2. **Пиши́те** упражнéния дóма.
   Напиши́те э́то слóво на доскé.
3. **Говори́те** грóмче.
   Скажи́те э́то слóво ещё раз.
4. **Смотри́те** на дóску.
   Посмотри́те э́то слóво в словарé.
5. **Пóйте** с нáми.
   Спóйте нóвую пéсню.

III. Впиши́те глагóлы в повели́тельном наклонéнии.

1. Регуля́рно _____ лéкции; учéбника по
   запи́сывать/записáть
   э́тому предмéту нет.
2. _____ нóмер телефóна.
   Запи́сывать/записáть
3. _____ дóма э́тот расскáз.
   Читáть/прочитáть
4. _____ грóмче, я плóхо слы́шу.
   Читáть/прочитáть
5. _____ телеви́зор, ужé 7.
   Включáть/включи́ть
6. _____ телеви́зор, мóжет быть сегóдня чтó-
   Включáть/включи́ть
   нибудь интерéсное.

7. _____ окно́, в ко́мнате ду́шно.
    Открыва́ть/откры́ть

8. Ну, почему́ вы стои́те? _____.
                    Открыва́ть/откры́ть

9. _____, пожа́луйста, на тре́тий вопро́с.
    Отвеча́ть/отве́тить

10. Я жду, _____.
         отвеча́ть/отве́тить

11. _____ тепло́; на у́лице хо́лодно.
    Одева́ться/оде́ться

12. _____, уже́ по́здно.
    Одева́ться/оде́ться

13. _____ мне но́вое пра́вило.
    Объясня́ть/объясни́ть

14. Не _____, я уже́ зна́ю всё э́то.
      объясня́ть/объясни́ть

15. Не _____ ка́ждое сло́во;
      запи́сывать/записа́ть

    _____ са́мое ва́жное.
    запи́сывать/записа́ть

16. Не _____ мне об э́том; э́то не интере́сно.
      говори́ть/сказа́ть

17. Не _____ так гро́мко; па́па спит.
      крича́ть/закрича́ть

18. Смотри́те, не _____ ему́ об э́том. Он не
                говори́ть/сказа́ть
    до́лжен знать.

IV. Впиши́те глаго́лы в ну́жной фо́рме.

1. Э́то мне о́чень тру́дно. _____ мне пожа́луйста.
                      Help

2. Не _____ мне ве́чером. Я не бу́ду до́ма.
    call

3. Не _____ взять с собо́й пальто́. На у́лице хо́лодно.
    forget

4. _____ меня́, когда́ я говорю́.
  Listen

5. _____ ма́ме.
  Let's help

6. _____ окно́. Здесь о́чень ду́шно.
  Open

7. Нет, не _____ окна́. _____ дверь.
      open   Open

8. _____ окно́.
  Let Ivan open

9. _____ музе́й в э́том году́.
  Let's visit

10. _____ с дире́ктором об э́том.
  Let's speak

11. _____ с дирéктором.
      Let Olga speak
12. _____!
      Let's dance

V.   Переведи́те и объясни́те употреблéние ви́да глагóлов.

   1. Совéтую вам **купи́ть** нóвый учéбник.
      Совéтую вам **покупáть** óвощи в э́том магази́не.
   2. Автóбус здесь хóдит рéдко; боюсь **опоздáть** на рабóту.
      Автóбус здесь хóдит рéдко; боюсь **опáздывать** на рабóту.
   3. Я хочу́ **спроси́ть** егó о егó плáнах.
      Зачéм егó **спрáшивать**?
   4. Я прошу́ тебя́ **сказáть** ему́ об э́том.
      Я прошу́ тебя́ не **говори́ть** ему́ об э́том.
      Я прошу́ тебя́ не **сказáть** ему́ об э́том.

VI. Впиши́те ну́жный инфинити́в.

   1. Ивáн кóнчил _____ и нáчал _____
                   читáть/прочитáть   писáть/написáть
      упражнéния.
   2. Вéра забы́ла _____ хлеб.
                 покупáть/купи́ть
   3. Он обещáл _____ в 7.
              звони́ть/позвони́ть
   4. Он обещáл не _____ об э́том.
             спрáшивать/спроси́ть
   5. Мы совéтуем вам бóльше _____ и мéньше
                     слу́шать/послу́шать
   _____.
    говори́ть/поговори́ть
   6. Мне нáдо _____ с вáми.
           говори́ть/поговори́ть
   7. Дéтям нельзя́ _____ спиртны́е напи́тки.
             пить/вы́пить
   8. Нельзя́ так _____.
           говори́ть/поговори́ть
   9. Э́то óчень хорóший фильм. Я совéтую _____
                      смотрéть/посмотрéть
      егó.
  10. Мы привы́кли _____ окнó нóчью.
             открывáть/откры́ть
  11. Нельзя́ _____ письмó. У меня́ нет карандашá.
       писáть/написáть
  12. Ты мóжешь не _____ э́ту задáчу.
           решáть/реши́ть

13. Ты не смо́жешь _____ э́ту зада́чу. Она́ тру́дная.
реша́ть/реши́ть

14. Докла́дчик ко́нчил _____ и ждал вопро́сов.
говори́ть/сказа́ть

15. Я отвыка́ю _____.
кури́ть/покури́ть

16. Э́тому ма́льчику нельзя́_____. Он никогда́ не
ве́рить/пове́рить
говори́т пра́вды.

17. Что вы собира́етесь _____ ле́том?
де́лать/сде́лать

18. Мо́жно _____ окно́? Здесь ду́шно.
открыва́ть/откры́ть

19. Больно́й у́мер. Врач не смог _____ ему́.
помога́ть/помо́чь

20. Мы всегда́ должны́ _____ на́шим сосе́дям.
помога́ть/помо́чь

VII. Впиши́те глаго́лы: **мочь, уме́ть, знать**.

1. Моя́ тётя хорошо́ _____ англи́йский язы́к.
2. —Ты _____ игра́ть в волейбо́л? —Нет, но я хорошо́ игра́ю в баскетбо́л.
3. —Почему́ ты не́ был вчера́ на ве́чере? —Я не _____. Я встреча́л бра́та.
4. Его́ брат ма́ленький. Он ещё не _____ чита́ть.
5. Мы хорошо́ _____ ваш го́род.
6. —Вы _____ тепе́рь игра́ть в те́ннис? —Нет, не _____. Я иду́ на заня́тия.
7. Де́душка не _____ чита́ть. Он пло́хо ви́дит.
8. Мы _____ е́хать в университе́т на метро́.
9. Вы _____ прийти́ ко мне, когда́ хоти́те.
10. В девятна́дцатом ве́ке, крестья́не вообще́ не _____ чита́ть и писа́ть.

Повтори́тельные упражне́ния

I. Впиши́те ну́жные слова́. Вста́вьте предло́г, когда́ ну́жен.

1. Э́ти студе́нты _____ (экза́мены).
fear

2. (Что) он _____? (каранда́ш).
is searching for

3. Э́то де́ло _____ (ва́ши роди́тели).
concerns

4. Мои́ де́ти _____ (те́ннис).
are playing

5. На (что) вы _____?
              are complaining

6. Я _____ (сыр, хлеб и мáсло).
     want

7. Он _____ (э́тот вопрóс).
      is avoiding

8. Я не _____ (никакóй грузови́к) на у́лице.
      noticed

9. Лёд скóро _____ (водá).
        will turn into

10. Ивáн _____ (больши́е успéхи) во всём.
        achieves

11. Мы _____ вам (счастли́вый путь).
     wish

12. Грáждане нáшей страны́ _____ (англичáне).
                complain about

13. Э́тот студéнт никогдá не _____ (лéкции) и он обы́чно
                     attends

    _____ (плохи́е отмéтки).
   receives

14. Я не _____ (ваш отвéт). _____, пожáлуйста.
      understood   Repeat

15. _____ (газéта) из-под (кни́ги).
   Take

16. Я не могу́ _____ (мой очки́).
        to find

17. Без (очки́) я ничегó не _____.
             see

18. _____ мне _____ (мой очки́).
   Help   to look for

19. Э́тот стари́к не _____ _____. Он никогдá не
                 knows how   to read

    _____ читáть.
   learned

Словообразовáние

Кóрень **-говóр-**, *speech*.

говори́ть/(сказáть) *to say, to tell*
(говори́ть)/заговори́ть *to start to talk*
(говори́ть)/поговори́ть *to have a talk*
поговóрка- SAYING, PROVERB

догова́риваться/договори́ться *to negotiate/pf. to come to an agreement*
догово́р - AGREEMENT, TREATY

отгова́ривать/отговори́ть *to dissuade*
перегово́ры *pl. negotiations*
пригова́ривать/приговори́ть *to sentence*
пригово́р - SENTENCE

разгова́ривать *to converse*
разгово́р - CONVERSATION
разгово́рный, -ое, -ая
угова́ривать/уговори́ть *to persuade*

I.   Впиши́те ну́жные слова́.

1. Кто вчера́ _____ на собра́нии?
            spoke

2. Он на́чал _____ меня́ _____ с
               to persuade   to come to an agreement
   ним.

3. В ру́сском языке́ мно́го _____.
                              sayings

4. Ребёнок споко́йно _____ с сестро́й.
                        was conversing

5. Ми́рные _____ продолжа́лись три го́да, но наконе́ц
              negotiations
   был подпи́сан _____ о ми́ре.
                    treaty

6. Я постара́юсь _____ моего́ бра́та от э́той иде́и.
      to dissuade

7. Суд _____ пья́ницу к трём года́м лише́ния свобо́ды. Э́то
      sentenced

   тяжёлый _____.
         sentence

8. Э́то уже́ _____ речь.
      colloquial

9. По́сле коро́ткого молча́ния, Ива́н вдруг _____.
                                    began to speak

10. У меня́ был дли́нный и интере́сный _____ с моло-
                                 conversation

    ды́м писа́телем.

Ко́рень **-прос-**, **-праш-**, *asking, request.*

проси́ть/попроси́ть *to make a request*

про́сьба-ᴇᴇᴏᴜᴇꜱᴛ

вопро́с-ᴏᴜᴇꜱᴛɪᴏɴ

вопроси́тельный, -ое, -ая

допра́шивать/допроси́ть *to interrogate*

допро́с -ɪɴᴏᴜᴇꜱᴛ

спра́шивать/спроси́ть *to ask* (a question)

II. Впиши́те ну́жные слова́.

1. Зри́тели _____ компози́тора сыгра́ть пе́сню о Москве́.
         asked

2. В магази́не я _____, ско́лько сто́ит сыр.
            asked

3. Вдруг студе́нт встал и за́дал стра́нный _____.
                                       question

4. На конце́ предложе́ния напиши́ _____ знак.
                              question

5. Я не понима́ю ва́шу _____.
                  request

6. Обвини́тель _____ подсуди́мого. _____ был
               interrogated   The inquest

   дли́нный.

III. Что зна́чат сле́дующие слова́? Да́йте глаго́л с тем же са́мым
     ко́рнем.

   па́мять *f.*   могу́чий
   защи́та   у́мный
   рожде́ние   привы́чка

Впишите нужные слова.

1. Он недавно _____ свою диссертацию. _____ прошла
   defended
   успешно.
2. Я _____ вставать рано. Это полезная _____.
   got used to
3. Этот человек _____ всё сделать и _____ всё
   knows how   is able
   сделать. Он очень _____ и _____.
4. Когда _____ ваш сын? День его _____ в феврале.
   was born
5. Наш профессор ничего не _____. У него очень плохая
   remembers

   _____.

Перевод

1. We negotiated for a long time, but we did not come to an agreement.
2. Be careful! Don't fall in the river. It's slippery on the bank.
3. Don't turn on the television set, Ivan. You have to write out the exercises. Sit and write.
4. We hurried to the station because we were late for the train.
5. We did not have time to buy tickets, but we didn't miss the train.
6. I have not danced in a long time and I think I have forgotten how to dance.
7. If you don't attend lectures, you will not receive good grades.
8. That graduate student successfully defended his dissertation in April of last year.
9. Let's play chess. I don't know how to play chess.
10. Does your grandmother believe in devils? Of course not! My grandmother is an intelligent old woman.

Практические занятия

I.   **Части человеческого тела.**

1. Тело.

голова	спина	рука	палец
шея	бок	локоть	нога
плечо	живот	ладонь	колено
грудь *f.*			

2. Голова.

лоб	ухо	подбородок	бровь *f.*
глаз	усы	волосы	верхняя губа
нос	щека	борода	нижняя губа

II.   Впишúте назвáния частéй тéла.

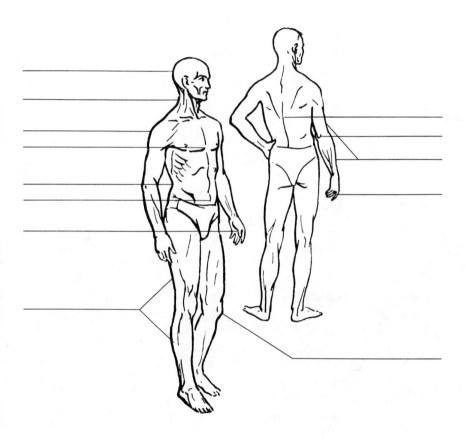

III. Впиши́те назва́ния часте́й головы́.

IV. Отве́тьте на вопро́сы.

1. Как называ́ется часть челове́ческого те́ла ме́жду голово́й и плеча́ми?
2. Ско́лько у челове́ка па́льцев?
3. Где нахо́дятся па́льцы?
4. Ско́лько у вас локте́й?
5. Ско́лько у вас коле́ней?
6. Ско́лько у вас ладо́ней?
7. Чем вы слы́шите?
8. Чем вы ви́дите?
9. Каки́е у вас во́лосы? бро́ви?
10. Како́го цве́та ва́ши во́лосы?
11. У вас есть борода́ и́ли усы́?
12. Како́го цве́та ва́ши глаза́?

Седьмо́й уро́к

Моли́тва Мада́м Бовэ́   *prayer*

(*по расска́зу Константи́на Паусто́вского*)

Мада́м была́ ста́рая, но ходи́ла и говори́ла бы́стро, как молода́я. Уже́ давно́ мада́м жила́ в Росси́и, учи́ла дете́й францу́зскому языку́. Она́ почти́ забы́ла Норма́ндию, где она́ жила́ в де́тстве.

Начала́сь война́. Не́мцы вошли́ во Фра́нцию. У́тром мада́м не вы́шла за́втракать.[1] Де́ти — две де́вочки — ти́хо расска́зывали, что ви́дели, как мада́м стоя́ла в свое́й ко́мнате и пла́кала.

— Она́ пла́чет, потому́ что у неё тепе́рь нет Фра́нции, — сказа́ла одна́ де́вочка.

— Фра́нция бу́дет, — отве́тил оте́ц.

Ле́том Герма́ния напа́ла на Сове́тский Сою́з. В э́то тру́дное вре́мя все **удивля́лись**   *were surprised* энэ́ргии мада́м Бовэ́. Ка́ждое у́тро она́ встава́ла и рабо́тала весь день: помога́ла лю́дям, ши́ла тёплую оде́жду для солда́т[2] на фро́нте и ти́хо пе́ла пе́сню: «Когда́ опя́ть зацветёт[3] **сире́нь»** . . .   *lilac*

— Почему́ вы всё вре́мя поёте э́ту пе́сню? — спроси́ла её ста́ршая де́вочка.

— О, — мада́м отве́тила де́вочке, — э́то ста́рая пе́сня. Когда́ ну́жно бы́ло **терпе́ть** и   *to suffer* ждать, мать всегда́ говори́ла мне: «Ничего́, Жа́нна, э́то случи́тся, когда́ опя́ть зацветёт сире́нь.»

—А сейча́с чего́[4] вы ждёте? —спроси́ла
де́вочка.

—Не спра́шивай[5] меня́ об э́том, —отве́-
тила мада́м.

Наступи́л 1944 год. Была́ тёплая весна́. В   *arrived*
саду́ зацвела́ сире́нь. Мада́м ка́ждый ве́чер
сиде́ла на ста́рой **скаме́йке** о́коло сире́ни.   *bench*

Одна́жды она́ уви́дела ма́льчика Ва́ню с
сосе́дней **да́чи**. Он бежа́л домо́й, а лицо́ у него́   *cottage*
бы́ло ра́достное, счастли́вое.

—Ва́ня, —**позвала́** мада́м.   *called*

—Я из Москвы́, —кри́кнул Ва́ня. —А́рмия
сою́зников[6] вошла́ в Норма́ндию. Наконе́ц!   *allies*

Мада́м **закры́ла** лицо́ рука́ми и бы́стро   *covered*
пошла́ к себе́ в ко́мнату. В столо́вой сиде́л
хозя́ин до́ма. Он чита́л кни́гу.

—Они́ вошли́ к нам . . . в Норма́ндию . . .
Я говори́ла . . . когда́ зацветёт сире́нь . . .

Хозя́ин бро́сил кни́гу на стол и пошёл на
сосе́днюю да́чу узнава́ть[7] но́вости. Когда́ он
верну́лся в столо́вую, он не узна́л её.[7] Все
ла́мпы **я́рко горе́ли**, на столе́ стоя́ли две   *brightly burned*
буты́лки шампа́нского и **всю́ду**—на столе́,   *everywhere*
на о́кнах, на роя́ле, на полу́—была́ сире́нь.
Мада́м ста́вила на стол **бока́лы**. Хозя́ин не   *wine glasses*
сра́зу узна́л ста́рую мада́м.[8] Пе́ред ним
стоя́ла высо́кая **седа́я** же́нщина в **се́ром**   *gray-haired*
шёлковом пла́тье. Таки́е краси́вые, но старо-   *gray silk*
мо́дные[9] пла́тья хозя́ин ви́дел то́лько в
де́тстве на бала́х. Мада́м **улыбну́лась** хозя́-   *smiled*
ину и сказа́ла:

—Прости́те **месье́**, но я ду́маю, тепе́рь   *monsieur*
мо́жно позва́ть де́вочек.[10]

—Да . . . , коне́чно, —отве́тил хозя́ин.

Когда́ де́вочки вошли́ в ко́мнату, мада́м
подошла́ к роя́лю и заигра́ла.

Великоле́пная мело́дия Марселье́зы за-   *magnificent*
полни́ла весь дом, весь сад, всю ночь. **Слёзы**   *tears*
текли́ по лицу́ мада́м, но она́ продолжа́ла   *flowed*
игра́ть.[11]

Примеча́ния

[1] Discuss the use of aspect in this sentence.

2 What case is this?
3 Give a synonymous expression in Russian.
4 What case is this and why?
5 Explain the use of aspect in this sentence.
6 Find the root of this word. What does it mean?
7 Discuss the use of aspect in this and the following sentence.
8 Explain the use of case.
9 What are the roots of this word?
10 Discuss the use of aspect in this sentence.
11 Discuss the use of aspect and case in this sentence.

Грамма́тика

1. Forms of the dative singular

The endings of the dative singular are:

-**у**   for masculine and neuter hard-stem nouns
-**ю**   for masculine and neuter soft-stem nouns
-**и**   for feminine nouns of the third declension; for those ending in -**ия**; and for neuter nouns in -**мя**
-**е**   for all other feminine nouns

Gender	Hard Stem		Soft Stem		
Masculine	столу́ кускý врачу́	англича́нину котёнку	музе́ю	словарю́	
Neuter	ме́сту окну́ со́лнцу		мо́рю ружью́ зда́нию		и́мени
Feminine	стране́ ви́лке		неде́ле семье́ ста́нции	ло́шади ве́щи	ма́тери

2. Forms of the dative plural

The endings of the dative plural are:

-**ам**   for all hard-stem nouns
-**ям**   for all soft-stem nouns

Gender	Hard Stem		Soft Stem		
Masculine	столáм кускáм врачáм	англичáнам котя́там	музéям	словаря́м	
Neuter	местáм óкнам сóлнцам		моря́м ру́жьям здáниям		именáм[1]
Feminine	стрáнам ви́лкам		недéлям сéмьям стáнциям	лошадя́м веща́м[2]	матеря́м

[1] Nouns of this type take hard endings in the dative plural.
[2] The appearance of -a- here is in accordance with the orthographic rules.

3. Uses of the dative case

The dative case answers the questions **комý?**, **чемý?**

A. The dative case is used as the indirect object of a verb. It expresses the recipient of some action or object.

> Я написáл письмó отцý.
> *I wrote my father a letter.*

> Мáльчик читáет кни́гу сестрé.
> *The boy is reading a book to his sister.*

B. The dative is used to express age.

> Скóлько лет вáшему сы́ну?
> *How old is your son?*

> Емý четы́ре гóда.
> *He's four years old.*

C. The dative is used to express the logical subject of various types of impersonal expressions.

> a. Constructions with short adjectives.

>> Ивáну легкó говори́ть по-рýсски.
>> *It is easy for Ivan to speak Russian.*

>> Студéнтам бы́ло скýчно на лéкции.
>> *The students were bored at the lecture.*

> b. *Verbal constructions.* Some verbs may be used in the third person singular or the neuter past tense without a subject. They are called impersonal verbs and they express processes of nature or other situations which do not refer specifically to any person or thing.

Становится хо́лодно.
It is getting cold.

Ста́ло темно́.
It got dark.

If these expressions have a logical subject, this subject is expressed in the dative case.

Отцу́ ка́жется, что я ещё молодо́й.
Father thinks that I am still young.

Де́тям стано́вится хо́лодно.
The children are getting cold.

c. Some verbs which are normally personal become impersonal when **-ся** is added. The logical subject is in the dative case and is less directly responsible or involved.

Я хочу́ вас ви́деть.
I want to see you.

Мне хо́чется посмотре́ть но́вый фильм.
I feel like seeing the new movie.

Он спит.
He's asleep.

Ему́ не спи́тся.
He can't sleep.

D. The dative case is used with the long and short forms of the following adjectives:

благода́рный, -ое, -ая	*grateful (to)*
благода́рен, благода́рно, благода́рна	
ве́рный, -ое, -ая	*faithful (to)*
ве́рен, ве́рно, верна́	
подо́бный, -ое, -ая	*similar (to)*
подо́бен, подо́бно, подо́бна	

and with **рад, ра́да, ра́ды** *happy*, which exists only in the short form.

Мы о́чень благода́рны роди́телям.
We are very grateful to our parents.

Он всегда́ ве́рен своему́ сло́ву.
He's always true to his word.

У меня́ соба́ка подо́бная ва́шей.
I have a dog like yours.

Мы о́чень ра́ды э́тому.
We're very happy about that.

E. The noun **па́мятник** *monument* requires the dative case, and so do a number of nouns formed from verbs requiring the dative case.

Вот стои́т па́мятник Пу́шкину.
There is a monument to Pushkin.

Э́то лека́рство оказа́лось большо́й по́мощью больно́му.
This medicine turned out to be a great help to the sick man.

F. Certain verbs take a complement in the dative case when used in the meanings given. A partial list follows:

аплоди́ровать	*to applaud*
ве́рить/пове́рить	*to believe*
доверя́ть/дове́рить	*to trust*
зави́довать/позави́довать	*to envy*
звони́ть/позвони́ть	*to call on the phone*
изменя́ть/измени́ть	*to betray*
меша́ть/помеша́ть	*to annoy, to prevent*
нра́виться/понра́виться	*to please*
отвеча́ть/отве́тить	*to answer*
помога́ть/помо́чь	*to help*
прика́зывать/приказа́ть	*to order*
принадлежа́ть	*to belong*
ра́доваться/обра́доваться	*to rejoice*
сове́товать/посове́товать	*to advise*
удивля́ться/удиви́ться	*to be surprised*
улыба́ться/улыбну́ться	*to smile (at)*
учи́ться/научи́ться	*to study*

Зри́тели бу́рно аплоди́ровали арти́стам.
The audience enthusiastically applauded the actors.

Я тебе́ не ве́рю. Ты не всегда́ говори́шь пра́вду.
I don't believe you. You don't always tell the truth.

Он мой друг. Я вполне́ доверя́ю ему́.
He's my friend. I trust him completely.

Нельзя́ зави́довать сосе́дям.
One should not envy one's neighbors.

Позвони́те мне в 2 часа́.
Call me at 2:00.

А́нна Каре́нина измени́ла своему́ му́жу.
Anna Karenina was unfaithful to her husband.

Шум не меша́ет де́тям.
Noise doesn't bother children.

Де́ти меша́ют мне рабо́тать.
The children are preventing me from working.

Ваш костю́м мне о́чень нра́вится.
I like your suit very much.
(Your suit pleases me very much.)

Ива́н не отве́тил своему́ отцу́.
Ivan did not answer his father.

Ни́на всегда́ помога́ет ма́тери.
Nina always helps her mother.

Генера́л приказа́л солда́там встать.
The general ordered the soldiers to stand up.

Э́то зда́ние принадлежи́т университе́ту.
This building belongs to the university.

Все ра́дуются его́ успе́хам.
Everyone rejoices at his success.

Я сове́тую вам прийти́.
I advise you to come.

Мы удиви́лись э́тому вопро́су.
We were surprised at that question.

Ребёнок улыба́ется ма́тери.
The child is smiling at his mother.

Э́ти студе́нты у́чатся ру́сскому языку́.
These students are studying Russian.

G. Several prepositions require the dative case when used in the meanings given.

к(о)   *toward, to*

Они́ пошли́ к реке́.
They went off toward the river.

Она́ прие́хала сюда́ к ве́черу.
She arrived here toward evening.

This preposition may be used with persons to indicate going to someone's house or office.

Я иду́ к врачу́.
I'm going to the doctor's.

This preposition is used in combination with several verbs:

гото́виться к/пригото́виться к	*to prepare for*
привыка́ть к/привы́кнуть к	*to get used to*
принадлежа́ть к	*to belong to* (an organization)

Студе́нты гото́вятся к экза́менам.
The students are preparing for exams.

Мы наконе́ц привы́кли к жи́зни в дере́вне.
We finally got used to life in the country.

Он принадлежи́т к коммунисти́ческой па́ртии.
He belongs to the Communist Party.

Remember that the preposition **к** is used with the verb **принадлежа́ть** *only* to refer to membership. Otherwise, the dative case is used without a preposition.

Э́тот стол принадлежи́т отцу́.
This table belongs to father.

по   *along; according to;* and idiomatically

Они́ ме́дленно шли по у́лице.
They walked slowly along the street.

This preposition is used more in set expressions than in any general usage. It expresses means, manner, succession of times or places. Some of the most useful of these expressions are illustrated.

Мы поговори́ли по телефо́ну.
We spoke on the phone.

Передава́ли му́зыку по ра́дио.
Music was broadcast on the radio.

За́втра у меня́ экза́мен по фи́зике.
I have an exam in physics tomorrow.

Он специали́ст по ру́сскому языку́.
He's a specialist in Russian.

H. Several other prepositions also take the dative case. Among them are:

благодаря́	*thanks to, because of*
вопреки́	*in spite of*
навстре́чу	*toward* (to meet)

4. Modal expressions

Careful attention must be given to the proper use of the various Russian expressions of necessity, possibility, permission, etc. Each group should be observed separately and thoroughly learned.

A. **На́до, ну́жно, необходи́мо** *it is necessary.*

a. These words are synonyms; **необходи́мо** is more formal and not so frequently used in conversation. To form the past tense, **на́до, ну́жно, необходи́мо** are followed by **бы́ло**. To form the future tense, they are followed by **бу́дет**.

На́до (ну́жно) занима́ться.
It is necessary to study.

Э́тот план необходи́мо вы́полнить.
It is necessary to carry out this plan.

На́до (ну́жно) бы́ло занима́ться.
It was necessary to study.

На́до (ну́жно) бу́дет прийти́ во́время.
It will be necessary to arrive on time.

b. If there is a logical subject, it is expressed in the dative case. Such sentences are expressed in English by various, nearly synonymous constructions. In the past and future tenses, there is less variety of English equivalents. Compare:

Мне на́до (ну́жно) занима́ться.
I have to study.
I must study.
I need to study.
I've got to study.

Мне на́до (ну́жно) бы́ло занима́ться.
I had to study.

Мне на́до (ну́жно) бу́дет занима́ться.
I'll have to study.

c. When there is a logical subject, this concept is sometimes expressed by the forms **прихо́дится** *it is necessary*, **приходи́лось/пришло́сь** *it was necessary*, or **придётся** *it will be necessary* and the dative case. They are usually followed by a perfective infinitive.

Ива́ну пришло́сь пое́хать на юг.
Ivan had to go south.

d. The negative form — especially **не на́до** — is used rather frequently in conversation with the meaning of a polite negative imperative. Compare:

Не на́до так гро́мко говори́ть.
One shouldn't talk so loud.

Не говори́ так гро́мко.
Don't talk so loud.

e. The form and word order of constructions with **на́до (ну́жно)** are invariable. Observe the sentence:

Мне на́до бу́дет прийти́ во́время.
I will have to arrive on time.

The proximity of **бýдет** to **прийтú**—a perfective infinitive—is coincidental. They have no functional relationship in the way that **бýдет** + an imperfective infinitive can have in the formation of the compound future tense. This sentence must be read as:

Мне   нáдо бýдет   прийтú   вóвремя.
I   *will have to*   *arrive*   *on time.*

B. **Дóлжен, должнó, должнá, должны́** *ought.*

a. This is a personal expression, and it requires a subject in the nominative case. The word **дóлжен** agrees with the subject in number and gender. As with **нáдо (нýжно)**, there is a variety of English translations.

Он дóлжен занимáться.
He should study.
He ought to study.

b. The past tense is formed with **дóлжен** + the past tense of **быть**. These words agree in number and gender with the subject of the sentence. The future tense is formed with **дóлжен** + the future tense of **быть**. The word **дóлжен** agrees with the subject in number and gender; the verb agrees with the subject in number and person.

Я дóлжен был занимáться.
Я должнá былá занимáться.
I should have studied.

Я дóлжен бýду занимáться.
Я должнá бýду занимáться.
I'll have to study.

c. The word order of expressions with **дóлжен** is invariable. Observe the form of a future tense statement with a perfective infinitive.

Зáвтра вы должны́ бýдете встрéтиться.
Tomorrow you will have to meet.

The proximity of **бýдете** to **встрéтиться** has no functional relationship in the way that **бýдете** + an imperfective infinitive can have in the formation of the compound future tense. This sentence must be read as:

Зáвтра   вы   должны́ бýдете   встрéтиться.
Tomorrow   *you*   *will have to*   *meet.*

d. The difference between **дóлжен** and **нáдо (нýжно)** is more a difference of degree than of basic meaning. The construction with должен, having its subject in the nominative case, is a direct, personal statement; the subject is directly responsible for his action. The construction with надо (нужно) is impersonal; the dative subject is in the position of recipient rather than doer. As the recipient, he is less directly responsible, and has less control over whether or not he will perform the necessary action.

Я до́лжен занима́ться.
I should study.
(But maybe I'll go to the movies and study tomorrow.)

Мне на́до занима́ться.
I must study.
(I really have no choice.)

C. **Ну́жен, ну́жно, нужна́, ну́жны** *to be needed.*

a. The subject of this construction is the needed person or thing. The person who needs it—the logical subject—is in the dative case. The word **ну́жен** agrees with its nominative subject in number and gender.

Мне ну́жен Ива́н.
I need Ivan.

Ива́ну ну́жно пальто́.
Ivan needs a coat.

b. The past tense is formed with **ну́жен** + the past tense of **быть**. These words agree in number and gender with the subject of the sentence. The future tense is formed with **ну́жен** + the future tense of **быть**. The word **ну́жен** agrees with its subject in number and gender; the verb agrees with the subject in number and person.

Мне ну́жен был Ива́н.
I needed Ivan.

Ива́ну ну́жны бу́дут пальто́ и шля́па.
Ivan will need a coat and a hat.

c. Variations in word order are possible with this construction. Varying the word order may cause a change in the emphasis of the sentence.

Ива́н мне бу́дет ну́жен.
I'll need Ivan.
(I'll need Ivan, and no one else.)

Мне Ива́н бу́дет ну́жен.
I'll need Ivan.
(I, and no one else, will need Ivan.)

d. This construction must not be confused with the invariable form **ну́жно (на́до)**. Forms of **ну́жен**, including the neuter **ну́жно**, are used only with noun or pronoun subjects, whereas **ну́жно (на́до)** is used only with infinitives. Compare:

Ива́ну ну́жно занима́ться.
Ivan has to study.

Ива́ну ну́жно пальто́.
Ivan needs a coat.

D. **Мо́жно** *it is possible, it is permitted.*

a. This word has two meanings which can be distinguished only by context.

Здесь мо́жно кури́ть.
Smoking is permitted.

Здесь мо́жно покупа́ть уче́бники.
It is possible to buy textbooks here.

b. To form the past tense, **мо́жно** is followed by **бы́ло**; to form the future tense, it is followed by **бу́дет**.

Здесь мо́жно бы́ло кури́ть.
Smoking was permitted here.

Здесь мо́жно бу́дет покупа́ть уче́бники.
It will be possible to buy textbooks here.

c. If there is a logical subject, it is expressed in the dative case:

Мо́жно мне кури́ть?
May I smoke?

d. The word **мо́жно** cannot be used with a negative particle; its negative counterpart **нельзя́** must be used for negation.

E. **Нельзя́** *it is impossible, it is not permitted.*

a. This word is the negative counterpart of **мо́жно**, which can never be used with negation.

Здесь мо́жно кури́ть.
Smoking is permitted.

Здесь нельзя́ кури́ть.
Smoking is not permitted.

b. To form the past tense, **нельзя́** is followed by **бы́ло**; to form the future tense, it is followed by **бу́дет**.

Здесь нельзя́ бы́ло кури́ть.
Smoking was not permitted here.

Здесь нельзя́ бу́дет кури́ть.
Smoking will not be permitted here.

c. If there is a logical subject, it is expressed in the dative case.

Де́тям нельзя́ кури́ть.
Children are not permitted to smoke.

d. When used with an imperfective infinitive, **нельзя́** usually means *it is not permitted*. When used with a perfective infinitive, it means *it is impossible*.

Нельзя́ входи́ть; иду́т заня́тия.
No one is permitted to enter; class is being held.

Нельзя́ войти́; дверь заперта́.
It is impossible to go in; the door is locked.

e. With infinitives used normally in the imperfective, the meaning of **нельзя́** must be determined from the context.

Здесь нельзя́ занима́ться; сли́шком шу́мно.
It's impossible to study here. It's too noisy.

F. **Возмо́жно** *it is possible* (in the sense of *perhaps*).

a. This word is most often followed by a clause.

Возмо́жно, что он был на заня́тиях.
It is possible that he was in class.

Э́то возмо́жно.
That may be (so).

G. **Невозмо́жно** *impossible*.

a. This word takes a nominative subject.

Э́то про́сто невозмо́жно.
That's simply impossible.

Ка́жется, он мо́жет де́лать то, что невозмо́жно.
It seems that he can do the impossible.

5. The verbs любить/полюбить and нравиться/понравиться

Both of these verbs may translate the English verb *to like*. The difference is basically one of degree.

A. Любить/полюбить.

a. Only **любить** means *to love*.

> Мать любит своего сына.
> *The mother loves her son.*

b. The verb **любить** expresses an emotional relationship toward a known person or thing.

> Мы очень любим вашего отца.
> *We like your father very much.*

> Дети любят мороженое.
> *Children like ice cream.*

c. The perfective **полюбить** means *to take a liking to*. It is rarely used.

Он любит девушку.

Он любит читать.

Он любит книги.

B. Нра́виться/понра́виться.

a. The verbs **нра́виться/понра́виться** express judgment on contact. They are more rational and less emotional. The person or thing being judged is the subject. The one who receives the impression is in the dative case.

> Мне нра́вится ваш костю́м.
> *I like your suit.*

> Как вам нра́вится мой но́вый друг?
> *How do you like my new friend?*

b. In the past tense the perfective shows a lasting impression. The imperfective indicates an impression that existed in the past; whether or not it continues to exist is unknown or irrelevant.

> Мне о́чень понра́вилась э́та пье́са.
> *I really enjoyed that play.*

> В де́тстве мне нра́вилась э́та ска́зка.
> *In childhood I liked that fairy tale.*

Мне нра́вится э́та де́вушка!

Ему́ нра́вятся цветы́.

Упражне́ния

I.   Перечита́йте расска́з «Моли́тва Мада́м Бовэ́». Найди́те сле́-дующие фра́зы и объясни́те употребле́ние падежа́.

1. . . . учи́ла дете́й францу́зскому языку́ . . .
2. . . . все удивля́лись эне́ргии Мада́м Бовэ́ . . .
3. . . . помога́ла лю́дям . . .
4. . . . мада́м отве́тила де́вочке . . .
5. . . . мада́м улыбну́лась хозя́ину . . .

II.   Соста́вьте предложе́ния.

1. Я дам но́вую кни́гу_____.

моя́ жена́	хоро́шие де́ти
молодо́й сын	на́ша дочь
ва́ши сосе́ди	интере́сный гость
э́та де́вочка	сове́тские гра́ждане

2. _____нужна́ но́вая маши́на.

Э́ти лю́ди	Молодо́й врач
На́ши друзья́	Э́тот ге́ний
Мой ста́рый друг	Мари́я
Моя́ мать	Ва́ня
Но́вый учи́тель	Э́тот крестья́нин
Мои́ сыновья́	

3. На ле́кции ску́чно_____.

ма́ленькие де́ти	студе́нты
мой мла́дший брат	ста́ршая де́вочка

III.   Напиши́те предложе́ния в проше́дшем вре́мени; пото́м в бу́дущем вре́мени.

1. Вы должны́ поговори́ть с ним.
2. Я до́лжен бо́льше говори́ть по-ру́сски.
3. Больно́му на́до избега́ть волне́ния.
4. Мы не мо́жем прийти́ к вам.
5. Здесь нельзя́ игра́ть в мяч.
6. Она́ должна́ написа́ть письмо́ роди́телям.
7. Э́тим профессора́м нужна́ ва́ша статья́.
8. Э́ту дверь нельзя́ закры́ть.
9. Ему́ на́до взять маши́ну бра́та.
10. Он до́лжен взять маши́ну бра́та.

IV.   Перепиши́те предложе́ния. Замени́те сло́во **до́лжен** сло́вом **на́до**; замени́те глаго́л **мочь** сло́вом **мо́жно** и́ли сло́вом **нельзя́**.

1. Э́ти лю́ди должны́ спеши́ть.
2. Э́тот рабо́чий до́лжен бу́дет пойти́ на собра́ние.
3. Моя́ сестра́ не мо́жет до́лго чита́ть.
4. Студе́нты сда́ли экза́мены; тепе́рь они́ мо́гут отдыха́ть.
5. Мои́ бра́тья должны́ бы́ли пое́хать на ста́нцию.
6. Э́ти англича́не не мо́гут есть о́вощи.
7. Мы должны́ вы́учить э́ти слова́.

8. А́нна должна́ бу́дет повтори́ть после́дний уро́к.

9. Он до́лжен купи́ть но́вый слова́рь.

10. Вы мо́жете купи́ть слова́рь в э́том магази́не.

11. Он мо́жет не покупа́ть слова́рь. У него́ есть слова́рь.

12. Они́ мо́гут не писа́ть упражне́ния; они́ уже́ зна́ют уро́к.

V.   Поста́вьте слова́ в да́тельном падеже́.

1. Учи́тель подошёл к (доска́) и на́чал писа́ть.

2. Благодаря́ (ваш сове́т), всё ко́нчилось хорошо́.

3. О́льга всегда́ благода́рна (свой роди́тели).

4. Мы о́чень ра́ды (ва́ши успе́хи).

5. Де́ти иду́т в шко́лу по (на́ша у́лица).

6. Ребёнок бежа́л навстре́чу (своя́ мать).

7. (Наш гость) бы́ло тру́дно говори́ть по-англи́йски.

8. (Мари́я) ну́жно бы́ло купи́ть шля́пу.

9. На ве́чере (студе́нты) бы́ло о́чень интере́сно, но (профессора́) бы́ло ску́чно.

10. Я сказа́л (э́ти гра́ждане), где мо́жно купи́ть са́ни.

VI.   Соста́вьте предложе́ния.

		своя́ сестра́.
1. Она́		свои́ сёстры.
Я	помо́чь	тётя Мари́я.
Мы	отве́тить	но́вая учи́тельница.
		своя́ мать.
		ма́ленькая де́вочка.

		э́ти геро́и.
		э́тот учёный.
2. Я		на́ши сосе́ди.
Он	зави́довать	свои́ бра́тья.
Они́	нра́виться	э́ти лю́ди.
		на́ши до́чери.
		англича́не.

VII.   Впиши́те слова́ в ну́жной фо́рме.

1. Я _____ его́ (слова́).
       was surprised at

2. Э́тот дом _____ (наш оте́ц).
       belongs to

3. Он до́лго _____ (биоло́гия).
       is studying

4. Э́та де́вочка _____ (моя́ дочь).
       envies

5. За́втра я _____ (дя́дя Ива́н).
   will answer

6. Ты _____ её (отве́т).
   will be surprised at

7. Он _____ (своя́ ро́дина).
   betrayed

8. Хоро́шие де́ти всегда́ _____ (роди́тели).
   help

9. Шум в го́роде _____ (лю́ди).
   annoys

10. Студе́нты ре́дко _____ (учителя́).
    applaud

11. Никто́ не _____ (э́тот челове́к).
    believe

12. Э́та ва́за _____ (госуда́рственный музе́й).
    belongs to

13. Я _____ (Мари́я) ка́ждую неде́лю.
    call

14. Ученики́ должны́ _____ (учи́тельницы).
    to answer

15. Я про́сто не _____ (ва́ши друзья́).
    trust

16. За́втра я _____ (но́вый рабо́чий).
    will help

17. Мы _____ (ва́ши успе́хи).
    rejoice at

18. Я _____ (де́ти) учи́ться.
    advise

19. Де́ти _____ (исто́рия и англи́йский язы́к).
    are studying

20. Твоё пла́тье _____ (мой де́душка).
    did not please

21. Э́ти но́жницы _____ (твоя́ племя́нница).
    belong to

22. Он _____ (моя́ мать) пое́хать туда́ на маши́не.
    advised

23. Я _____ (ва́ша иде́я).
    am surprised at

24. Сосе́ди _____ (моя́ семья́).
    annoy

VIII. Отве́тьте на вопро́сы да́нными слова́ми по образцу́.

Образе́ц: Ско́лько лет Ива́ну? (2)
           Ему́ два го́да.

1. Ско́лько лет э́тому студе́нту? (23)
2. Ско́лько лет Мари́и? (17)
3. Ско́лько лет ва́шему пра́деду? (101)

   4. Ско́лько лет ва́шим друзья́м? (19)
   5. Ско́лько лет ва́шей ма́тери? (44)
   6. Ско́лько лет э́тому ребёнку (5 months)
   7. Ско́лько лет э́тому де́реву? (500)
   8. Ско́лько лет ва́шим ученика́м? (6)
   9. Ско́лько лет ва́шей сестре́? (12)
  10. Ско́лько вам лет?

IX.   Впиши́те предло́г, когда́ ну́жен.

   1. Я гото́влюсь _____ экза́мену _____ матема́тике.
   2. Э́то мой това́рищ _____ рабо́те.
   3. Э́ти часы́ принадлежа́т _____ моему́ дя́де.
   4. Мой ма́ленький сын хо́дит в шко́лу _____ утра́м.
   5. Я не принадлежу́ _____ э́той организа́ции.
   6. Э́та кни́га принадлежа́ла _____ библиоте́ке, а я купи́л её
       _____ мое́й жене́.
   7. Я смотре́л переда́чу _____ телеви́зору.
   8. Моя́ кварти́ра не понра́вилась _____ моему́ отцу́.
   9. Всю ночь он не спал, но _____ утру́ он засну́л.
  10. Я ещё не привы́к _____ жи́зни в Росси́и.

Повтори́тельные упражне́ния

I. Вы́берите ну́жный глаго́л.

У одного́ ста́рого челове́ка был сын. Одна́жды стари́к
_____. Он _____ жену́ и _____
  болéл/заболéл   звал/позва́л   говори́л/сказа́л
ей:
—Когда́ я _____, _____ мой вéщи
        бу́ду умира́ть/умру́   дава́й/дай
чужо́му челове́ку. Наш сын лени́вый челове́к, он не лю́бит рабо́тать
и не зна́ет, что зна́чит труд. Я не хочу́, что́бы он _____
                             получа́л/получи́л
мой де́ньги и ве́щи.
   Мать _____ _____ сы́ну. Она́
        реша́ла/реши́ла   помога́ть/помо́чь
_____ ему́ де́ньги и _____ — _____
  дава́ла/дала́   говори́ла/сказа́ла   говори́/скажи́
отцу́, что ты _____ э́ти де́ньги.
        зараба́тывал/зарабо́тал

Це́лый день сын _____, а ве́чером _____
gулял/погуля́л гуля́л/погуля́л   приходи́л/пришёл
к отцу́ и _____ ему́ де́ньги. Оте́ц _____ де́ньги и
дава́л/дал   брал/взял
_____ их в ого́нь.
броса́л/бро́сил
—Э́ти де́ньги _____ не ты, —сказа́л оте́ц.
зараба́тывал/зарабо́тал
Сын _____ и _____ на у́лицу к друзья́м.
смея́лся/засмея́лся   бежа́л/побежа́л
А мать _____, что нельзя́ _____
понима́ла/поняла́   обма́нывать/обману́ть
отца́.
На друго́й день, она́ сказа́ла сы́ну:
—Тебе́ на́до _____ де́ньги самому́. Сын ушёл
зараба́тывать/зарабо́тать
и всю неде́лю _____. Когда́ он _____
рабо́тал/порабо́тал   приходи́л/пришёл
домо́й и _____ де́ньги отцу́, оте́ц опя́ть _____
дава́л/дал   броса́л/бро́сил
де́ньги в ого́нь. Сын _____:
крича́л/закрича́л
—Что ты _____! Я _____ всю
де́лал/сде́лал   рабо́тал/порабо́тал
неде́лю, а ты _____ мой де́ньги в ого́нь.
броса́л/бро́сил
И сын _____ де́ньги из огня́.
достава́л/доста́л
Тогда́ оте́ц сказа́л:
—Тепе́рь я ве́рю, что э́ти де́ньги _____ ты сам.
зараба́тывал/ зарабо́тал

Словообразова́ние

Ко́рень -дат-, *giving*.

дава́ть/дать *to give*

да́тельный (паде́ж)

да́нные *pl. noun* - DATA

задава́ть/зада́ть *to assign*

задава́ть вопро́с - ASK A QUESTION

зада́ние - ASSIGNMENT

зада́ча - PROBLEM

издава́ть/изда́ть *to publish*

изда́ние - PUBLICATION

изда́тельство - PUBLISHING HOUSE

отдава́ть/отда́ть *to return* (*tr.*)

передава́ть/переда́ть *to transmit, to convey*

переда́ча - *BROADCAST*

преподава́ть *to teach*

преподава́тель - *TEACHER*
преподава́ние - *INSTRUCTION*

продава́ть/прода́ть *to sell*

продаве́ц - *SALESMAN*
продавщи́ца - *SALESWOMAN*
прода́жа - *SALE*

раздава́ть/разда́ть *to distribute*

сдава́ть/сдать *to give up*

сдава́ть/сдать экза́мен - *TO TAKE/PASS EXAM*
сда́ча - *CHANGE*

удава́ться/уда́ться *imper. to succeed*

уда́ча - *SUCCESS*
уда́чно - *SUCCESFUL*

I. Впиши́те ну́жные слова́.

1. Мы изуча́ем _____ паде́ж.
                   dative

2. Э́то уже́ второ́е _____ э́той кни́ги.
                        edition

3. Я позвони́л _____ по телефо́ну.
                    instructor

4. Мы слы́шали интере́сную _____ по ра́дио.
                                broadcast

5. Весь э́тот шум меша́ет _____ рабо́тать.
                              salesmen

6. Все студе́нты за́втра _____ экза́мены.

will take

7. Э́то о́чень тру́дная _____.

problem

8. _____ мне _____ _____.

The saleswoman   gave   change

9. Мой сын всегда́ _____ вопро́сы.

asks

10. Мы _____ после́дние изве́стия.

broadcast

11. Я уже́ _____ кни́ги в библиоте́ку.

returned

12. Я не доверя́ю _____.

salesman

13. Мы ра́дуемся его́ _____.

success

14. В на́шем го́роде большо́е _____.

publishing house

15. Мы _____ уче́бники.

publish

16. Я _____ исто́рию и хи́мию.

teach

17. Студе́нт _____ _____ экза́мен.

successfully   passed

18. У вас есть в _____ э́та кни́га?

sale

II. Что зна́чат сле́дующие слова́? Да́йте глаго́л с тем же са́мым ко́рнем.

сове́т	по́мощь *f.*
звоно́к	помо́щник
дове́рие	за́висть *f.*
улы́бка	

Впиши́те ну́жные слова́.

1. Кто _____ вам? Мой _____.

helped

2. Я не _____ э́тому челове́ку. Он не досто́ин _____.

trust

3. Вы хорошо́ _____ мне. Спаси́бо за _____.

helped

4. Я _____ вам сего́дня у́тром, но ка́жется _____ телефо́на

called

вас не разбуди́л.

5. Ребёнок вдруг _____ мне. Кака́я у него́ краси́вая _____!

smiled

6. Что вы _____ мне де́лать? Я никогда́ не даю́ _____.
   advise

7. Э́то про́сто _____. Почему́ ты _____ твои́м друзья́м?
   envy

Перево́д

1. The soldiers didn't like the new orders.
2. You shouldn't envy the success of your friends.
3. The salesman will give the change to my assistant.
4. This car belongs to your instructor.
5. Everyone was surprised at the fact that he had betrayed his native land.
6. My little brothers were shouting and laughing, and the noise prevented me from studying.
7. Don't shout so loud! Father doesn't like noise.
8. Every evening the news is broadcast on the radio.
9. Today I must sit home and study, because tomorrow I will take an exam in French. I hope to receive a good grade.
10. Thanks to the rain, there will be a rich harvest.

Практи́ческие заня́тия

I. Профе́ссии.

A. Медици́на.

врач	хиру́рг
зубно́й врач	ветерина́р
педиа́тр	медсестра́

B. Юриспруде́нция.

юри́ст	защи́тник
обвини́тель	судья́
секрета́рь	свиде́тель
обвиня́емый	заседа́тель

C. Иску́сство.

актёр, (арти́ст)	худо́жник
актри́са	ску́льптор
певе́ц, певи́ца	поэ́т, поэте́сса
музыка́нт	писа́тель

II. Отве́тьте на вопро́сы.

1. К кому́ идёт челове́к когда́ у него́ боли́т голова́?
2. К кому́ идёт челове́к когда́ у него́ боли́т зуб?

3. Кто помогает врачу́ в больни́це?
4. К кому́ идёт мать когда́ у неё боле́ет ребёнок?
5. Кто ле́чит живо́тных?
6. Кто де́лает опера́цию?
7. Кто игра́ет в орке́стре?
8. Кто игра́ет роль на сце́не?
9. Кто поёт на сце́не в о́перном теа́тре?
10. Кто пи́шет стихи́?
11. Кто пи́шет рома́ны, расска́зы, и статьи́?
12. Кто ле́пит скульпту́ру?
13. Кто пи́шет карти́ну?

III. Впиши́те назва́ния лиц. Объясни́те что происхо́дит на карти́не.

_____   _____

_____   _____

_____   _____

_____   _____

IV. Впиши́те назва́ния лиц.

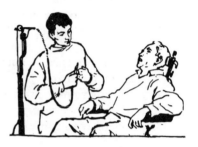

_____

_____

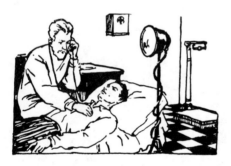

_____

_____

_____

_____

М. В. Ломонóсов

Михаúл Васúльевич Ломонóсов был рýс-
ским учёным. Он родúлся в 1711 годý в
дерéвне на берегý Бéлого мóря. Егó отéц был
крестья́нином. Он занимáлся **земледéлием**[1]   *farming*
и **ры́бной лóвлей.** Вмéсте с отцóм Ломонóсов   *fishing*
ловúл ры́бу, рабóтал в пóле.

Óчень рáно у Ломонóсова **появúлось**   *appeared*
желáние учúться. В то врéмя сы́ну кресть-   *desire*
я́нина трýдно бы́ло получúть **образовáние.**   *education*
Но мáльчик нáчал учúться. Когдá емý бы́ло
10 лет, он научúлся читáть, в 15 лет **само-**   *on his own*
стоя́тельно[1] нáчал изучáть граммáтику и
арифмéтику. А когдá емý бы́ло 19 лет, он
тайкóм[2] от отцá отпрáвился в Москвý, чтóбы   *secretly*
поступúть в шкóлу. Он **пешкóм**[2] прошёл   *to enroll   on foot*
длúнный путь от Бéлого мóря до Москвы́.

С большúм трудóм Ломонóсов поступúл в
шкóлу. В шкóле бы́ли ученикú на мнóго лет
молóже его. Мнóгие ученикú смея́лись над
ним, но он **упóрно** шёл к своéй **цéли.** Трýдно   *stubbornly   goal*
бы́ло Ломонóсову. Чтóбы **догнáть** в знáниях   *to catch up to*
товáрищей, он óчень мнóго занимáлся. Отéц
отказáлся помогáть емý. Все удивля́лись егó
трудолю́бию[3] и **спосóбностям.** Скóро он   *ability*
достúг большúх успéхов.[4] Ломонóсова по-
слáли продолжáть образовáние в Петербýрг,
а потóм **за гранúцу.**[5]   *abroad*

За гранúцей[5] Ломонóсов изучáл фúзику,
хúмию, астронóмию, математику. Он инте-

190

ресова́лся все́ми после́дними нау́чными **откры́тиями**. В ию́не 1741 го́да Ломоно́сов *discoveries* верну́лся в Росси́ю и на́чал рабо́тать в Акаде́мии нау́к. Че́рез четы́ре го́да он стал профе́ссором хи́мии и чле́ном Акаде́мии нау́к. Он занима́лся фи́зикой, хи́мией, геоло́гией, астроно́мией, грамма́тикой, и поэ́зией. Пу́шкин назва́л Ломоно́сова «пе́рвым ру́сским университе́том.» Ломоно́сов был а́втором пе́рвой нау́чной грамма́тики ру́сского языка́.

Ломоно́сов **явля́ется** основа́телем пе́рвого *is* ру́сского университе́та. Сейча́с э́тот университе́т но́сит и́мя Михаи́ла Васи́льевича Ломоно́сова. Э́то Моско́вский госуда́рственный университе́т. Ру́сский наро́д горди́тся свои́м вели́ким учёным, поэ́том и патрио́том —Михаи́лом Васи́льевичем Ломоно́совым.[6]

Примеча́ния

[1] What are the roots of this word?
[2] What do these adverbs resemble?
[3] What are the roots of this word? What accounts for its case?
[4] What case is this and why?
[5] What is the literal meaning of this expression? What accounts for the change in case?
[6] Masculine surnames take the adjectival ending in the instrumental case and nominal endings in the other cases in the singular.

Грамма́тика

1. Forms of the instrumental singular

The endings of the instrumental singular are:

-ом for masculine and neuter hard-stem nouns which are not affected by the orthographic rules.

-ем for masculine and neuter soft-stem nouns and for hard-stem nouns ending in **-ж, -ч, -ш, -щ, -ц** when the ending is unstressed. This includes neuter nouns in **-мя**.

-ём for masculine and neuter soft-stem nouns when the ending is stressed.

-ой for feminine hard-stem nouns which are not affected by the orthographic rules.

-ей   for feminine soft-stem nouns and hard-stem nouns ending in **-ж, -ч, -ш, -щ, -ц** when the ending is unstressed.

-ёй   for feminine soft-stem nouns when the ending is stressed.

-ью   for third-declension feminine nouns ending in **-ь**.

Gender	Hard Stem		Soft Stem		
Masculine	столо́м	англича́нином	музе́ем	словарём	
	куско́м	котёнком			
	врачо́м				
Neuter	ме́стом		мо́рем		и́менем
	окно́м		ружьём		
	со́лнцем		зда́нием		
Feminine	страно́й[1]		неде́лей[1]	ло́шадью	ма́терью
	ви́лкой[1]		семьёй[1]	ве́щью	
			ста́нцией[1]		

[1] Expanded forms with the ending **-о́ю/-е́ю (-ёю)** can be found in poetry or bookish language.

2. Exceptional forms in the instrumental singular

A. The masculine noun **путь**, which takes third declension endings in the other cases, takes the *masculine* ending **-ём** in the instrumental singular.

B. The feminine nouns **це́рковь, любо́вь,** and **ложь** retain the vowel **-о-** in the instrumental singular.

3. Forms of the instrumental plural

The endings of the instrumental plural are:

-ами   for all hard-stem nouns
-ями   for all soft-stem nouns

Gender	Hard Stem		Soft Stem		
Masculine	стола́ми	англича́нами	музе́ями	словаря́ми	
	куска́ми	котя́тами			
	врача́ми				
Neuter	места́ми		моря́ми		имена́ми[1]
	о́кнами		ру́жьями		
	со́лнцами		зда́ниями		
Feminine	стра́нами		неде́лями	лошадьми́[2]	матеря́ми
	ви́лками		се́мьями	веща́ми[3]	
			ста́нциями		

[1] Nouns of this type take hard endings in the instrumental plural.
[2] See Exceptional forms in the instrumental plural which follows.
[3] The appearance of **-a-** is in accordance with the orthographic rules.

4. Exceptional forms in the instrumental plural

A. The instrumental plural of the suppletive-stem nouns **дéти (ребёнок)** and **лю́ди (человéк)** are formed by adding the ending **-ьми**, i.e., **детьми́** and **людьми́**.

B. Three feminine nouns—**дочь, дверь,** and **лóшадь**—form two instrumental plurals: the normal instrumental plural in **-ами/-ями** and a second form in **-ьми**. For the noun **дочь**, the form **дочерьми́** is preferred, whereas two acceptable forms exist for the nouns **дверь** and **лóшадь**, i.e., **дверь—дверя́ми, дверьми́** and **лóшадь—лошадьми́, лошадя́ми**.

5. Uses of the instrumental case

The instrumental case answers the questions **кем?, чем?, как?, каки́м óбразом?**

A. The instrumental case expresses the instrument or means by which something is done.

Мы еди́м суп лóжкой.
We eat soup with a spoon.

Мы пи́шем на доскé мéлом.
We write on the board with chalk.

Мы éдем трамвáем.
We're going by trolley.

B. The instrumental case expresses the agent in a passive construction.

Это письмó бы́ло напи́сано моéй мáтерью.
This letter was written by my mother.

Дом стрóится рабóчими.
The house is being built by workmen.

C. The instrumental case shows the manner in which something is done.

Он говори́т ти́хим гóлосом.
He speaks in a quiet voice.

Он у́мер герóем.
He died a hero.

D. With parts of the day and seasons of the year, the instrumental case expresses *in, at*.

Мы рабóтаем нóчью и спим днём.
We work at night and sleep during the day.

В Сибири очень холодно зимой, а летом очень жарко.
In Siberia it's very cold in winter and very hot in summer.

E. The instrumental case is used with the long and short forms of several adjectives:

бедный, -ое, -ая	*poor (in)*
беден, бедно, бедна	
богатый, -ое, -ая	*rich (in)*
богат, богато, богата	
довольный, -ое, -ая	*satisfied (with)*
доволен, довольно, довольна	
недовольный, -ое, -ая	*dissatisfied (with)*
недоволен, недовольно, недовольна	

Пустыня бедна растительностью.
The desert is poor in plant life.

Мы живём в области, богатой золотом.
We live in a region rich in gold.

Мы довольны вашей работой.
We're satisfied with your work.

Она недовольна своей жизнью.
She's dissatisfied with her life.

F. The instrumental case is used for the complement of a verb of being or condition, e.g.:

казаться/показаться	*to seem*
оказываться/оказаться	*to turn out to be*
оставаться/остаться	*to remain*
становиться/стать	*to become*
считаться	*to be considered*
являться/явиться	*to be, to appear*

Москва мне казалась очень большим городом.
Moscow seemed to me a very large city.

Мальчик оказался хорошим музыкантом.
The boy turned out to be a fine musician.

Она всегда остаётся спокойной.
She always stays calm.

Ива́н ско́ро ста́нет инжене́ром.
Ivan will soon become an engineer.

Он счита́ется са́мым лу́чшим студе́нтом.
He is considered the best student.

Пу́шкин явля́ется вели́ким ру́сским поэ́том.
Pushkin is a great Russian poet.

The same principle applies with the verbs **рабо́тать** *to work* and **служи́ть** *to work*, when they are used simply to name the type of work the subject performs.

Он рабо́тает учи́телем.
He is a teacher.

Она́ слу́жит секрета́ршей.
She is a secretary.

G. The verb **быть** *to be* takes either a nominative or instrumental complement. In the present tense, when the verb is not expressed, the complement must be in the nominative case.

Ива́н—студе́нт.
Ivan is a student.

The past tense of **быть** usually takes an instrumental complement, especially if the complement is a noun. If the complement is an adjective describing a permanent quality of the subject, it may appear in the nominative case.

В про́шлом году́ Ива́н был студе́нтом; тепе́рь он учи́тель.
Last year Ivan was a student; now he is a teacher.

Мой оте́ц был ру́сский.
My father was Russian.

In the future tense and the infinitive, **быть** normally takes an instrumental complement. Use of the instrumental case in this type of construction is increasing in contemporary Russian.

Он ско́ро бу́дет учи́телем.
He soon will be a teacher.

Она́ хо́чет быть учи́тельницей.
She wants to be a teacher.

H. A number of other verbs take a complement in the instrumental case when used in the meanings given. A partial list follows.

боле́ть/заболе́ть	*to be ill* (*with*)
горди́ться	*to be proud* (*of*)
занима́ться	*to study, to be occupied* (*with*)
интересова́ться/заинтересова́ться	*to be interested* (*in*)
любова́ться/полюбова́ться	*to admire*
по́льзоваться/воспо́льзоваться	*to use, to enjoy*
руководи́ть	*to direct*
увлека́ться/увле́чься	*to be extremely interested* (*in*), *to be fascinated* (*by*)
управля́ть	*to govern*

Ива́н боле́ет гри́ппом.
Ivan is ill with the flu.

Мать горди́тся свои́м сы́ном.
The mother is proud of her son.

Мы занима́емся ру́сским языко́м.
We are studying Russian.

Ва́ня интересу́ется то́лько спо́ртом.
Johnny is interested only in sports.

Мы любу́емся ви́дом.
We're admiring the view.

Я всегда́ по́льзуюсь его́ сове́том.
I always take his advice.

Но́вая кни́га по́льзуется больши́м успе́хом.
The new book is enjoying great success.

Он руководи́т рабо́той на э́том заво́де.
He is in charge of work at this factory.

Э́тот ребёнок увлека́ется ша́хматами.
This child is fascinated by chess.

Президе́нт управля́ет страно́й.
The president governs the country.

I.   A number of prepositions require the instrumental case when used in
the meanings given.

за   *behind, beyond; to get; after*
        (following); during

Ма́льчик игра́ет за две́рью.
The boy is playing behind the door.

За ле́сом река́.
Beyond the forest is a river.

Оле́г пошёл на по́чту за ма́рками.
Oleg went to the post office for stamps.

Она́ покупа́ет пла́тье за пла́тьем.
She buys dress after dress.

За обе́дом мы обсужда́ли рома́н.
During dinner we discussed the novel.

ме́жду   *between*

Ме́жду апте́кой и це́рковью нахо́дится но́вая по́чта.
Between the drugstore and the church there is a new post office.

Есть больша́я ра́зница ме́жду э́тими бра́тьями.
There is a big difference between these brothers.

над(о)   *above, over*

Над крова́тью виси́т ла́мпа.
A lamp hangs above the bed.

Пти́цы лета́ют над ле́сом.
Birds are flying over the forest.

This preposition is used in combination with several verbs:

смея́ться над   *to laugh at*
рабо́тать над   *to work on*

Ребёнок смеётся над сестро́й.
The child is laughing at his sister.

А́втор рабо́тает над но́вым рома́ном.
The author is working on a new novel.

пе́ред(о)   *in front of; before*

Маши́на стои́т пе́ред до́мом.
The car is in front of the house.

Both **пе́ред** and **до** mean *before* (in time), however, **пе́ред** is more immediate. Compare:

Помо́й ру́ки пе́ред обе́дом.
Wash your hands before dinner.

Он занима́лся до обе́да.
He studied before dinner.

под(о) *under*

Мы сиди́м под де́ревом.
We're sitting under a tree.

с(о) *with* (accompaniment)

Э́тот челове́к всегда́ спо́рит с жено́й.
This man is always arguing with his wife.

Я пью чай с молоко́м.
I drink tea with milk.

Он сде́лал э́то с трудо́м.
He did that with difficulty.

This preposition translates *with* only in the sense of accompaniment. When *with* refers to the means of performing an action, it is translated by the instrumental case without a preposition.

Он писа́л на доске́ ме́лом.
He wrote on the board with chalk.

6. Russian equivalents of English *for*

The preposition *for* has many rather unrelated meanings. Its function in a given context must be carefully observed before it can be translated into Russian.

A. **Для** + the genitive case translates:

a. purpose or use.

Э́та по́лка для книг.
This shelf is for books.

b. the recipient of some object.

Он купи́л игру́шку для сы́на.
He bought a toy for his son.

Here Russian, like English, has a nearly synonymous construction using the dative case without a preposition.

Он купи́л сы́ну игру́шку.
He bought his son a toy.

B. **За** + the instrumental case translates going to get something.

О́льга пошла́ за газе́той.
Olga went for a paper.

C. **За** + the accusative case translates:

a. exchange.

Я вам дам рубль за биле́т.
I'll give you a rouble for the ticket.

Спаси́бо за по́мощь.
Thanks for your help.

b. favor.

Я за ва́шу иде́ю.
I'm for your idea.

Мы голосова́ли за президе́нта.
We voted for the president.

D. **В** + the accusative case translates destination.

Они́ уе́хали в Москву́.
They have left for Moscow.

E. **На** + the accusative case translates:

a. duration of the *result* of an action.

Президе́нт был и́збран на четы́ре го́да.
The president was elected for four years.

Мы пое́дем туда́ на неде́лю.
We'll go there for a week.

b. destination (with nouns that require **на**).

Они́ уе́хали на Кавка́з.
They have left for the Caucasus.

F. The accusative case without a preposition translates the duration of an action.

Мы рабо́тали неде́лю.
We worked for a week.

G. Observe the following also:

Что вы еди́те на за́втрак?
What are you having for breakfast?

Мы пригласи́ли госте́й на обе́д.
Мы пригласи́ли госте́й к обе́ду.
We invited guests for dinner.

Я подари́л ему́ кни́гу на день рожде́ния.
Я подари́л ему́ кни́гу ко дню рожде́ния.
I gave him a book for his birthday.

Упражне́ния

I. Перечита́йте чте́ние «М. В. Ломоно́сов».

1. Найди́те сле́дующие предложе́ния. Объясни́те что зна́чит ка́ждый глаго́л.

«Он занима́лся земледе́лием и ры́бной ло́влей.»
«Он о́чень мно́го занима́лся.»
«Он занима́лся фи́зикой, хи́мией, и т. д.»

2. Найди́те сле́дующие фра́зы. Объясни́те употребле́ние падежа́.

«Его́ оте́ц был крестья́нином.»
«Мно́гие ученики́ смея́лись над ним.»
«Он интересова́лся . . . нау́чными откры́тиями.»
«Он стал профе́ссором хи́мии.»
«Ломоно́сов явля́ется основа́телем . . . университе́та.»
«Ру́сский наро́д горди́тся свои́м вели́ким учёным.»

II. Отве́тьте на вопро́сы да́нными слова́ми.

Образе́ц: Чем вы э́то сде́лали? (рука́)
              Я э́то сде́лал(а) руко́й.

1. Чем вы э́то сде́лали?

ле́вая нога́	па́льцы
кра́сный каранда́ш	большо́й па́лец
си́няя ру́чка	ча́йная ло́жка
о́стрый нож	э́ти но́жницы
маши́на	

2. Каким транспортом вы едете?

машина	троллейбус
автомобиль	пароход
скорый поезд	лодка
трамвай	

3. Когда вы это сделали?

весна	утро
вечер	ночь
осень	зима
лето	день

4. Кем это было сделано?

доктор	наш гость
мой брат	тётя Мария
мой братья	дядя Иван
новый врач	старый судья
молодой гений	хороший учитель
моя мать	ваша секретарша
наши дочери	эти граждане

III.   Поставьте слова в творительном падеже.

1. Я ем суп (ложка) и мясо (вилка).
2. Поля были покрыты (снег).
3. Небо было покрыто (белые облака).
4. Иван оказался (хороший студент).
5. Мой дом находится между (большая церковь) и (станция).
6. Он долго говорил с (судья).
7. Мы видим (глаза) и слышим (уши).
8. Мать довольна (свой сыновья) и (дочери).
9. Наша улица покрыта (листья).
10. Он убил медведя (ружьё).
11. Надо помыть руки перед (обед).
12. Петров считается (лучший учитель) в школе.
13. Почему ты смеёшься над (братья)?
14. Андрей пошёл за (врач).
15. Отец умер и Ваня остался (сирота).
16. Профессор долго работал над (новый учебник).
17. Карандаш лежит на столе между (деньги) и (мой очки).
18. Я познакомился с (девушка) со (странное имя).
19. Я продолжаю работать над (моя статья).
20. Он поехал на станцию за (наш гость).
21. Она выпила чашку кофе со (сливки).

IV.   Соста́вьте предложе́ния.

		ру́сский язы́к.
		матема́тика.
1. Я		биоло́гия.
Ива́н	занима́ться	англи́йская литерату́ра.
Мы	интересова́ться	есте́ственные нау́ки.
Они́		исто́рия.

		ру́сский кружо́к.
2. Я		гру́ппа тури́стов.
Она́	руководи́ть	рабо́та.
Мы		лю́ди.
		дела́.

		успе́х.
		дове́рие.
3. Мы		влия́ние.
Вы	по́льзоваться	любо́вь.
Ты		но́вый уче́бник.
		э́та библиоте́ка.

V.   Впиши́те слова́ в ну́жной фо́рме.

1. Э́тот студе́нт до́лго _____ (серьёзная боле́знь).
      was ill

2. Ра́ньше царь _____ (Росси́я).
      ruled

3. Мы гуля́ли в лесу́ и _____ (приро́да).
      admired

4. Она́, ка́жется, _____ (своя́ семья́).
      is dissatisfied

5. Э́тот генера́л _____ (солда́ты).
      commands

6. Он совсе́м _____ (свои́ дела́), и он забы́л пойти́
      was absorbed in
на ле́кцию.

7. Он так _____ (своя́ рабо́та), что он никогда́ не
      is fascinated by
отдыха́ет.

8. Я никогда́ _____ (сове́ты).
      take (use)

9. Ни́на _____ (плоха́я учени́ца), но в университе́те она́
      used to be
_____ (отли́чная студе́нтка).
      became

10. Она́ _____ (краси́вый вид).
         is admiring

11. Я _____ (мои́ де́ти).
       am proud of

12. То́лько в университе́те она́ _____ (свои́ заня́тия).
                got interested in

13. Ра́ньше мой сын _____ то́лько (ло́шади).
           was interested in

14. Я о́чень _____ (жизнь) в СССР.
        am interested in

15. Он _____ (по́мощь) свое́й жены́.
       makes use of

16. Вы _____ (ша́хматы)?
       are interested in

VI.   Соста́вьте предложе́ния.

Образе́ц: Я иду́ к врачу́ без (сестра́).
            Я иду́ к врачу́ без сестры́.

1. Мы бу́дем обе́дать без_____.
2. Мы бу́дем обе́дать с_____.

мои́ сёстры	э́ти англича́не
мои́ бра́тья	молодо́й рабо́чий
моя́ мать	твой дя́дя
наш оте́ц	Мари́я
на́ши това́рищи	Ната́ша
ва́ши до́чери	э́ти лю́ди

3. Я прочита́ю его́ письмо́ пе́ред_____.
4. Я прочита́ю его́ письмо́ по́сле_____.

обе́д	ве́чер
заня́тия	у́жин
собра́ние	

VII.   Впиши́те предло́г когда́ ну́жен. Напиши́те слова́ в ну́жной фо́рме.

1. Я иду́ в апте́ку _____ (лека́рство).
         for

2. Спа́сибо _____ (сего́дняшняя газе́та).
       for

3. Муж купи́л ко́шку _____ (своя́ жена́).
        for

4. Вот стака́ны _____ (вода́).
       for

5. Вот стака́н _____ (вода́).
      of

6. Мой сын поéхал на юг _____ (зимá).
   for

7. Я голосýю _____ (мой друзья́).
   for

8. Мы жи́ли в Москвé _____ (год)..
   for

9. Я дал емý рубль _____ (стра́нная шля́па).
   for

10. Он пошёл на по́чту _____ (ма́рки).
   for

VIII. Впиши́те предло́г **с**, когда́ ну́жен.

1. Я ви́дела Ива́на _____ О́льгой.
2. Он был в теа́тре _____ ма́терью.
3. Не пиши́те дома́шней рабо́ты _____ карандашо́м.
4. Я пью чай _____ лимо́ном.
5. Дирéктор дово́лен _____ на́шей рабо́той.
6. Он прочита́л письмо́ _____ трудо́м.
7. Мы разгова́риваем _____ врачо́м.
8. Мы еди́м суп _____ ло́жкой.
9. Они́ едя́т суп _____ аппети́том.
10. Не конча́йте предложéния _____ предло́гом.
11. Он ест суп _____ хле́бом.
12. Она́ болéла _____ серьёзной болéзнью.

Повтори́тельные упражнéния

I. Впиши́те слова́ **что** и́ли **кто** в ну́жной фо́рме. Пото́м отвéтьте на вопро́сы да́нными слова́ми.

   Образéц: _____ вы пи́шете? (каранда́ш)

   **Чем** вы пи́шете? Я пишу́ карандашо́м.

1. За _____ вы поста́вили зо́нтик? (дверь)
2. Для _____ вы купи́ли ма́рки? (отéц)
3. _____ он дости́г? (больши́е успéхи)
4. _____ вы помога́ете? (мать)
5. _____ он занима́ется? (хи́мия и фи́зика)
6. Во _____ вéрит э́та стару́ха? (чéрти)
7. _____ вы доверя́ете? (мой друзья́)
8. _____ емý понра́вилось? (но́вая пьéса)
9. _____ вы удиви́лись? (его́ трудолю́бие)
10. _____ он избега́ет? (свои́ сосéди)
11. Ми́мо _____ он бежи́т? (своя́ шко́ла)
12. _____ они́ ждут? (авто́бус)

II. Прочитáйте диалóги. Впишúте глагóлы в нýжной фóрме.

1. —Вы _____ сегóдня окнó? Óчень дýшно.
　　　　открывáли/открыли
   —Да, ýтром я _____. Éсли хотúте, мóжно
　　　　　　　　открывáл/открыл
   _____ ещё раз.
   открывáть/открыть
   —Пожáлуйста, _____ егó.
　　　　　　　открывáйте/открóйте

2. —У тебя моя тетрáдь с лéкциями?
   —Нет, ты _____ мне свои лéкции, но я тебé их
　　　　　давáл/дал
   _____ чéрез два дня.
   возвращáл/вернýл

Словообразовáние

Кóрень **-твор-**, *creating.*

творúть/сотворúть *to create*
твóрчество ~CREATIVE WORK~
творúтельный (падéж)
растворять(ся)/растворúть(ся) *to dissolve*
раствóр ~SOLUTION
растворúтель *m.* SOLVENT

I. Впишúте нýжные словá.

1. _____ Пýшкина вездé извéстно.
   The work
2. Мы занимáемся _____ падежóм.
　　　　　　　　instrumental
3. Нóвый учúтель _____ чудесá.
　　　　　　　creates
4. Сáхар _____ в водé.
　　　dissolves
5. Универсáльный _____ нельзя сдéлать!
　　　　　　　solvent
6. Какóй _____ в э́той бутылке?
　　　solution

Кóрень **-бр-**, **-бир-**, **-бор-**, *taking.*

брать/(взять) *to take*
выбирáть/выбрать *to select ; to elect*

вы́бор - CHOICE
вы́боры *pl.* - ELECTION
забо́р - FENCE
набира́ть/набра́ть *to dial; to pick up* (speed)
прибо́р INSTRUMENT, SET
собира́ть/собра́ть *to collect*
собира́ться/собра́ться *to plan; to come together*
сбо́рник - ANTHOLOGY
собра́ние MEETING
собо́р - CATHEDRAL
убира́ть/убра́ть *to tidy up*
убо́рка - GATHERING

II. Впиши́те ну́жные слова́.

1. В э́том году́ мы _____ президе́нта. _____
         will elect   The election
    бу́дут в ноябре́.

2. В э́том магази́не всегда́ большо́й _____ овоще́й.
                                          selection

3. Я непра́вильно _____ но́мер телефо́на, и незнако́мый
                       dialed
    челове́к отве́тил.

4. Мы _____ пое́хать в о́тпуск че́рез неде́лю.
          plan

5. Бу́дет большо́е _____ в клу́бе. Студе́нты _____.
                      meeting   are gathering

6. И́горь _____ почто́вые ма́рки.
             collects

7. Я купи́л _____ поэ́м.
              anthology

8. В э́том го́роде нет _____.
                         cathedral

9. Вокру́г на́шего са́да стои́т высо́кий _____.
                                           fence

10. В на́шей хими́ческой лаборато́рии совсе́м но́вые _____.
                                                      instruments

11. Он купи́л свое́й жене́ хоро́ший ча́йный _____.
                                              set

12. Автомоби́ль на́чал _____ ско́рость.
                        to pick up

13. Снача́ла _____ ко́мнату, а пото́м пойди́ игра́ть.
              clean up

14. _____ урожа́я бу́дет в сентябре́.
    The gathering

III. Что зна́чат сле́дующие слова́? Да́йте глаго́л с тем же са́мым ко́рнем.

боль *f.*	го́лос
боле́знь *f.*	голосова́ние
больни́ца	пода́рок
больно́й *noun*	интере́с
больно́й, -ое, -а́я	интере́сный, -ое, -ая
руководи́тель *m.*	

Впиши́те ну́жные слова́.

1. Кто _____ ва́шей гру́ппой? Молодо́й инжене́р был _____
   led

   на́шей гру́ппы.

2. Мой дя́дя до́лго _____. Он пролежа́л два ме́сяца в _____.
   was ill

   У него́ была́ серьёзная _____.

3. Э́то _____ челове́к. Он _____ все́ми нау́ками. Да,
   is interested in

   у него́ мно́го _____.

4. За кого́ вы _____? Ни за кого́. Я да́же не знал, что бы́ло
   voted

   _____.

5. Он всегда́ говори́т гро́мким _____.

6. Да́йте _____ лека́рство от головно́й _____.

7. Э́тим _____ де́тям нельзя́ игра́ть в мяч.

8. Что вы _____ ва́шей тёте на Рождество́? Я ещё не купи́л
   will give

   _____.

Перево́д

1. I am proud of my brothers; they study well.
2. My neighbor used to be a teacher in school, but he has become a professor at the university.
3. When my grandfather was young, the tsar ruled Russia.
4. Look at that cat! She is teaching her kittens to drink milk.
5. It is impossible to dissolve silver in ink.
6. In the last election I voted for our president but (they) elected another man.
7. What do they intend to give mother for her birthday?
8. What kind of medicine did the doctor prescribe for your sick nephew?
9. I can't find my anthology. Did you take it? I took it, but I returned it yesterday.
10. Young people can vote when they are 18 years old.

Практи́ческие заня́тия

I. **Времена́ го́да.** Впиши́те ну́жные слова́ по образцу́.

весна́   весно́й   весе́нний
ле́то   _____   _____
о́сень   _____   _____
зима́   _____   _____

II. **Ме́сяцы го́да.** Впиши́те ну́жные слова́ по образцу́.

янва́рь   в январе́   ию́ль   _____
февра́ль   _____   а́вгуст   _____
март   _____   сентя́брь _____
апре́ль   _____   октя́брь   _____
май   _____   ноя́брь   _____
ию́нь   _____   дека́брь   _____

III. **Дни неде́ли.** Впиши́те ну́жные слова́ по образцу́.

понеде́льник   в понеде́льник
вто́рник   _____
среда́   _____
четве́рг   _____
пя́тница   _____
суббо́та   _____
воскресе́нье   _____

IV. **Ча́сти дня.** Впиши́те ну́жные слова́ по образцу́.

у́тро   у́тром
день   _____
ве́чер   _____
ночь   _____

V. Отве́тьте на вопро́сы.

1. Каки́е зи́мние ме́сяцы вы зна́ете? Каки́е ле́тние ме́сяцы?
2. Когда́ идёт снег?
3. Когда́ хо́лодно? Когда́ жа́рко?
4. Когда́ начина́ют расти́ расте́ния?
5. Когда́ па́дают ли́стья?
6. Когда́ цвету́т цветы́?
7. Како́го цве́та ли́стья ле́том, а како́го цве́та о́сенью?
8. Како́й пе́рвый ме́сяц го́да, а како́й после́дний?
9. Когда́ мы пра́зднуем Но́вый год?
10. В како́м ме́сяце начина́ется уче́бный год, а в како́м конча́ется?
11. В како́м ме́сяце начина́ется весна́? о́сень? ле́то? зима́?

12. Когда сажают цветы́?
13. По каки́м дням лю́ди обы́чно рабо́тают?
14. Когда собира́ют урожа́й?
15. По каки́м дням у вас заня́тия?
16. Како́й день в середи́не неде́ли? Что зна́чит назва́ние э́того дня?
17. Каки́е дни получи́ли свои́ назва́ния от числа́?
18. Каки́е ме́сяцы получи́ли свои́ назва́ния от числа́? От како́го языка́?
19. Кака́я часть дня начина́ется на рассве́те?
20. Кака́я часть дня начина́ется в по́лночь?
21. Како́й ваш люби́мый ме́сяц? Почему́?
22. Како́й ваш люби́мый день неде́ли?
23. Кака́я ва́ша люби́мая часть дня?
24. Како́е ва́ше люби́мое вре́мя го́да? Почему́?
25. Что зна́чит сло́во «су́тки»?

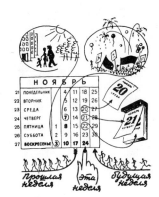

Девятый урок

Москва́

Ле́том я в пе́рвый раз прие́хал в Москву́. В
пе́рвый **свобо́дный** день я попроси́л своего́   *free*
това́рища показа́ть мне го́род. Мы пое́хали в
центр го́рода. Че́рез окно́ тролле́йбуса, я
ви́дел широ́кие у́лицы, зелёные па́рки,
высо́кие дома́. В це́нтре го́рода стои́т па́-
мятник Ю́рию Долгору́кому.[1] Ю́рий Долгору́-
ки́й основа́л го́род в 1147 году́. Че́рез 200
лет — в 1328 году́ — Москва́ преврати́лась в
пе́рвый го́род[2] **госуда́рства**, в столи́цу.   *State*

На Кра́сной пло́щади мы ви́дели знамени́-
тый **Храм Васи́лия Блаже́нного**. Ру́сские   *St. Basil's Cathedral*
мастера́[3] постро́или его́ в 1555 году́. Отсю́да
мо́жно ви́деть Госуда́рственный универса́ль-
ный магази́н — ГУМ, Истори́ческий музе́й,
мавзоле́й Ле́нина, пе́ред кото́рым стоя́ла
дли́нная **о́чередь**, и **ба́шни** Кремля́. Пото́м   *line   towers*
мы прошли́ че́рез больши́е воро́та[4] на тер-
ритóрию Кремля́.

В Кремле́ мно́го краси́вых па́мятников
дре́вней ру́сской архитекту́ры.[5] Мы до́лго   *ancient*
осма́тривали собо́ры, **дворцы́**, высо́кие   *looked over   palaces*
ба́шни. В Кремле́ нахо́дятся Царь-Пу́шка и   *cannon*
Царь-**Ко́локол**. Это — са́мый большо́й ко́ло-   *bell*
кол в ми́ре. Он ве́сит 200 тонн.

До 14-ого ве́ка Москва́ была́ **деревя́нной**.   *wooden*
Она́ **страда́ла** от нападе́ний враго́в, от **по-**   *suffered*
жа́ров. Но ру́сские лю́ди люби́ли свою́ сто-   *fires*
ли́цу. В 1367–68 года́х **князь**[6] Дми́трий   *prince*

Донско́й постро́ил **ка́менные** сте́ны. Э́ти   *stone*
сте́ны защища́ли го́род от нападе́ний враго́в.

В 1713 году́ Пётр I **перенёс** столи́цу в   *transferred*
Петербу́рг. Но в 1918 году́ Москва́ опя́ть
ста́ла столи́цей[7] госуда́рства. Тепе́рь Моск-
ва́—огро́мный и краси́вый совреме́нный
го́род.

Примеча́ния

[1] What case is this and why? What are the roots of this surname?
[2] What case is this and why?
[3] *Master craftsmen.* Account for the ending.
[4] What is the singular?
[5] *Architectural monuments.* This term is often applied to former churches
now preserved as tourist attractions because of their interesting architecture.
[6] The plural is **князья́**.
[7] What case is this and why?

Грамма́тика

1. Numerals

There are three basic classifications of Russian numerals—cardinal, ordinal,
and collective. All are declined.

2. Cardinal numerals

All cardinal numerals are declined. They are inflected only for case; no
numeral above 2 shows any trace of gender or number distinction.

Russians use the declension of small numerals easily and naturally. When
a large complex number is involved, the sentence may be rearranged by the
speaker to avoid an inflected form, or some simplification may take place.

The student is advised to acquire a passive knowledge of all of the forms
and to be able to use quickly and accurately at least the nominative and
genitive forms.

3. Declension of cardinal numerals

   A. **Оди́н.** The numeral **оди́н, одно́, одна́, одни́** is, in effect, a numerical
      adjective. Its declension is like that of **э́тот.** See p. 13.

   B. **Два, две, три, четы́ре.** The numeral **два** is used for masculine and
      neuter nouns; **две** for feminine. This is the only numeral that retains
      any trace of gender distinction and then only in the nominative and
      nominative/accusative cases. This distinction is maintained for com-
      pound numerals of which **два** or **две** is the last component.

For inanimate nouns the accusative is like the nominative; for animate nouns the accusative is like the genitive. This applies only to **два, две, три, четы́ре** and not to any compounds.

These numerals are declined as follows:

N	два, две	три	четы́ре
G	двух	трёх	четырёх
D	двум	трём	четырём
A	{ два, две / двух	{ три / трёх	{ четы́ре / четырёх
I	двумя́	тремя́	четырьмя́
P	двух	трёх	четырёх

C. **Пять—два́дцать, три́дцать, пятьдеся́т—во́семьдесят.** The numerals **пять-два́дцать** and **три́дцать** are declined according to the singular pattern of third-declension nouns. The numerals **пятьдеся́т, шесть-деся́т, се́мьдесят,** and **во́семьдесят** have the same declension; both parts are declined. Observe that there is no **-ь** on the end of these numerals but that they retain the soft-stem declension pattern.

With the numerals **во́семь** and **во́семьдесят** the **-е-** disappears in declension. An old form of the instrumental case—**во́семью**—is still encountered, especially in non-Soviet sources.

Illustrative declensional patterns follow:

N	пять	во́семь	шестьдеся́т
G	пяти́	восьми́	шести́деся́ти
D	пяти́	восьми́	шестидеся́ти
A	пять	во́семь	шестьдеся́т
I	пятью́	восьмью́	шестью́деся́тью
P	пяти́	восьми́	шестидеся́ти

D. **Со́рок, девяно́сто, сто.** The numerals **со́рок, девяно́сто,** and **сто** are declined as follows:

N	со́рок	девяно́сто	сто
G	сорока́	девяно́ста	ста
D	сорока́	девяно́ста	ста
A	со́рок	девяно́сто	сто
I	сорока́	девяно́ста	ста
P	сорока́	девяно́ста	ста

E. **Две́сти, три́ста, четы́реста, пятьсо́т-девятьсо́т.** The numerals
две́сти, три́ста, четы́реста, пятьсо́т-девятьсо́т combine the declension of the first numeral with the plural forms of **сто**. With
две́сти, три́ста, and четы́реста the genitive/accusative is sometimes
used with animate nouns.

As with **во́семь** and **во́семьдесят**, the -e- disappears in the declension of **восемьсо́т**.

N	две́сти	три́ста	пятьсо́т
G	двухсо́т	трёхсот	пятисо́т
D	двумста́м	трёмстам	пятиста́м
A	{ две́сти / двухсо́т	{ три́ста / трёхсот	пятьсо́т
I	двумяста́ми	тремяста́ми	пятьюста́ми
P	двухста́х	трёхстах	пятиста́х

F. **Ты́сяча.** The numeral **ты́сяча** is declined as a noun. In the instrumental singular normally the form **ты́сячью** is used, although this is
an irregular form in this declensional pattern. The form **ты́сячей** is
used following **одно́й**, e.g., **с одно́й ты́сячей** *with one thousand.*

N	ты́сяча	ты́сячи
G	ты́сячи	ты́сяч
D	ты́сяче	ты́сячам
A	ты́сячу	ты́сячи
I	ты́сячью, ты́сячей	ты́сячами
P	ты́сяче	ты́сячах

G. **Миллио́н, миллиа́рд.** The numerals **миллио́н** and **миллиа́рд** are
declined like nouns and follow the masculine hard-stem declension.

4. Use of case with cardinal numerals

A. The numeral **оди́н** is basically an adjective, agreeing in case, number,
and gender with the noun it modifies. **Оди́н** remains singular when it
forms part of a compound numeral, except when used with a noun
that must be plural.

У меня́ одно́ кольцо́ и одни́ часы́.
I have one ring and one watch.

Он говори́т, что прочита́л сто пятьдеся́т одну́ статью́.
He says that he has read 151 articles.

Он про́дал три́дцать одни́ часы́.
He has sold 31 watches.

Оди́н also has the following figurative meanings:

Моя́ ба́бушка живёт одна́.
My grandmother lives alone.

Оди́н челове́к меня́ спроси́л, где метро́.
Some man asked me where the subway was.

Э́ти студе́нты живу́т в одно́й ко́мнате.
These students live in the same room.

B. When **два**, **две**, **три**, **четы́ре**, and compound numerals whose last component is **два**, **две**, **три**, or **четы́ре** are used in the nominative or nominative/accusative cases, the noun follows in the genitive singular.

У нас два стола́.
We have two tables.

Со́рок три кни́ги лежа́т на столе́.
Forty-three books are on the table.

C. <u>An adjective</u> used with **два**, **две**, **три**, or **четы́ре** and compound numerals ending in these components <u>may be genitive plural or nominative plural</u>. The genitive plural is normally used with masculine and neuter nouns. The nominative plural is preferred with feminine nouns whose genitive singular and nominative plural coincide exactly in form and stress. With other feminine nouns the genitive plural is preferred, but either is correct.

У вас два но́вых стола́.
You have two new tables.

Три но́вые кни́ги лежа́т на столе́.
Three new books are on the table.

У меня́ две мла́дших сестры́.
I have two younger sisters.

When an adjective precedes the numeral, it usually stands in the nominative plural.

После́дние три ко́мнаты бы́ли пусты́е.
The last three rooms were empty.

Ка́ждые пять лет бу́дет съезд учёных.
Every five years there will be a convention of scholars.

Substantivized adjectives are treated as adjectives.

В э́том зоопа́рке три́дцать два живо́тных.
In this zoo there are thirty-two animals.

На на́шей у́лице четы́ре столо́вые.
There are four restaurants on our street.

D. When the numerals **пять** and above are used in the nominative or accusative case, nouns and adjectives follow in the genitive plural.

У нас пять но́вых столо́в.
We have five new tables.

Два́дцать семь ру́сских книг лежа́т на столе́.
Twenty-seven Russian books are on the table.

В зоопа́рке шестна́дцать молоды́х живо́тных.
The zoo has sixteen young animals.

E. When a numeral is used in other than the nominative form, it does not affect the case of following nouns and adjectives. Instead, it acts as an adjective agreeing in case with the following noun. If the final component of the numeral is **оди́н**, the noun will be singular; otherwise, it will be plural.

Я говори́л о двадцати́ одно́м студе́нте.
I was talking about twenty-one students.

Два́дцать два студе́нта бы́ли на заня́тиях.
Twenty-two students were in class.

Он чита́л ле́кцию двадцати́ двум студе́нтам.
He gave a lecture to twenty-two students.

Пять молоды́х же́нщин стоя́ли на углу́.
Five young women were standing on the corner.

Мы говори́ли с пятью́ молоды́ми же́нщинами.
We were talking with five young women.

Э́ти три ста́рых врача́ сиде́ли до́ма.
These three old doctors stayed home.

Все бы́ли на ве́чере кро́ме э́тих трёх ста́рых враче́й.
Everyone was at the party except these three old doctors.

The numerals **тысяча**, **миллио́н**, and **миллиа́рд** are normally followed only by the genitive plural, regardless of the case in which they are used.

В э́той дере́вне ты́сяча сове́тских гра́ждан.
There are a thousand Soviet citizens in this village.

Мы поговори́ли с ты́сячью сове́тских гра́ждан.
We spoke with a thousand Soviet citizens.

5. Ordinal numerals

For the formation of ordinal numerals see pp. 21–22. Ordinal numerals are declined like hard-stem adjectives except for **тре́тий** *third*, which follows the declension given on p. 12.

Ordinal numerals agree in number, gender, and case with the noun they modify. Only the last component of a compound numeral is in the ordinal form. The preceding components appear as cardinal numerals and are *not declined.*

Мы живём на два́дцать пя́том этаже́.
We live on the 25th floor.

Э́то случи́лось в ты́сяча девятьсо́т пятьдеся́т восьмо́м году́.
That happened in 1958.

6. Collective numerals

The collective numerals are **дво́е** *2*, **тро́е** *3*, **че́тверо** *4*, **пя́теро** *5*, **ше́стеро** *6*, **се́меро** *7*. **Тро́е** follows the declension of **дво́е** given below. **Пя́теро**, **ше́стеро**, and **се́меро** are declined like **че́тверо**, but they are most often used in the nominative case.

The collective numerals include the forms **о́ба**, **о́бе** *both*. **О́ба** is used for masculine and neuter nouns, **о́бе** for feminine nouns.

N	о́ба	о́бе	дво́е	че́тверо
G	обо́их	обе́их	двои́х	четверы́х
D	обо́им	обе́им	двои́м	четверы́м
A	{ о́ба / обо́их	{ о́бе / обе́их	{ дво́е / двои́х	{ че́тверо / четверы́х
I	обо́ими	обе́ими	двои́ми	четверы́ми
P	обо́их	обе́их	двои́х	четверы́х

7. Use of collective numerals

A. Use of case with **о́ба**, **о́бе** is like that with **два**, **две** for nouns and adjectives. **Óба, óбе** is used to mean *both* when two of the same things are meant. Otherwise, **и . . . и** is used. Compare:

Мы купи́ли óба больши́х стола́.
We bought both large tables.

Мы купи́ли и стол и стул.
We bought both a table and a chair.

B. The numerals **дво́е, тро́е, че́тверо** do not form compound numerals. They have limited but specific uses. They are followed by the genitive plural.

a. They are used with personal pronouns.

Нас бы́ло че́тверо.
There were four of us.

b. They are used for 2, 3, 4 with nouns which exist only in the plural and, therefore, cannot follow **два, две, три, четы́ре** in the genitive singular. This includes the nouns **де́ти** and **лю́ди**.

По́езд из Новосиби́рска в Ки́ев идёт че́тверо су́ток.
The train from Novosibirsk to Kiev takes four days.

У меня́ дво́е часо́в.
I have two watches.

У неё тро́е дете́й.
She has three children.

c. They are often used for nouns denoting male persons, although this is not obligatory.

Дво́е пассажи́ров лете́ли впервы́е.
Два пассажи́ра лете́ли впервы́е.
Two passengers were flying for the first time.

8. Expressions of time

A. *Clock time.* In telling time, Russians always name the *coming* hour. "*What time is it?*" is translated by «**Кото́рый час?**». Observe the following time constructions.

a. On the hour.

1:00 час
2:00 два часа́
5:00 пять часо́в

8:00	во́семь часо́в
12:00	двена́дцать часо́в, по́лдень, ог по́лночь

b. From one minute to thirty minutes after the hour.

1:01	одна́ мину́та второ́го
2:02	две мину́ты тре́тьего
3:05	пять мину́т четвёртого
4:15	{ че́тверть пя́того { пятна́дцать мину́т пя́того
5:25	два́дцать пять мину́т шесто́го
6:30	полови́на седьмо́го
12:30	полови́на пе́рвого

c. From twenty-nine minutes to one minute of the hour.

6:31	без двадцати́ девяти́ семь
7:40	без двадцати́ во́семь
8:45	{ без че́тверти де́вять { без пятна́дцати де́вять
9:55	без пяти́ де́сять
10:57	без трёх (мину́т) оди́ннадцать
11:59	без (одно́й) мину́ты двена́дцать
12:45	без че́тверти час

d. *"At what time?"* is expressed by «**В кото́ром часу́?**». In this construction, all words follow **в** in the accusative case *except* **полови́на** and the words in the question, where the prepositional case is used. Observe that no **в** is added before the preposition **без**.

at 1:00	в час
at 2:05	в пять мину́т тре́тьего
at 4:10	в де́сять мину́т пя́того
at 6:30	в полови́не седьмо́го
at 12:30	в полови́не пе́рвого
at 8:40	без двадцати́ де́вять
at 12:50	без десяти́ час

e. Official time is given on a 24-hour basis, with the minutes following the hour.

Магази́н откры́т от девяти́ до восемна́дцати.
The store is open from 9:00 A.M. to 6:00 P.M.

По́езд отхо́дит в пятна́дцать часо́в со́рок три мину́ты.
The train leaves at 3:43 P.M.

B. Calendar time.

a. *Days. On a given day* is expressed by **в** and the name of the day in the accusative case.

Мы придём в пя́тницу.
We'll come on Friday.

b. *Weeks. In a given week* is expressed by **на** and the prepositional case.

Мы прие́хали на про́шлой неде́ле.
We arrived last week.

c. *Months. In a given month* is expressed by **в** and the name of the month in the prepositional case.

Мы уе́дем в январе́.
We'll leave in January.

The day of the month is expressed by the neuter nominative form of the ordinal numeral and the name of the month in the genitive case.

Сего́дня второ́е сентября́.
Today is the 2nd of September.

On a given date is expressed by putting the ordinal into the genitive case.

Я прие́хал второ́го сентября́.
I arrived on the 2nd of September.

d. *Years.* The ordinal numeral is used for the year.

Ты́сяча девятьсо́т семидеся́тый год.
1970.

In a given year is expressed by **в** and the prepositional case.

В ты́сяча девятьсо́т семидеся́том году́.
In 1970.

If a month or date is given, the year is expressed in the genitive case.

В апре́ле ты́сяча девятьсо́т шестьдеся́т девя́того го́да.
In April (of) 1969.

Я приехал второго сентября тысяча девятьсот семьдесят первого года.
I arrived on September 2, 1971.

In conversation the first two parts of the numeral are often omitted in expressing the year.

Я был в Москве в шестьдесят седьмом году.
I was in Moscow in '67.

Observe the expression of a complete date.

Сегодня среда пятнадцатое апреля тысяча девятьсот семидесятого года.
Today is Wednesday, April 15, 1970.

And *on a given date.*

В среду пятнадцатого апреля тысяча девятьсот семидесятого года.
On Wednesday, April 15, 1970.

Пятнадцатого апреля тысяча девятьсот семидесятого года.
On April 15, 1970.

The date may be written:

15-ого апреля 1970 г.
April 15, 1970.

15/IV/70
4/15/70

9. Use of prepositions with numerals

A. The prepositions **с . . . до** and the genitive case are used to express *from . . . to* with dates. The prepositions **от . . . до** may be used synonymously.

C...no
[inclusive]

Я буду в Москве с пятого ноября до десятого декабря.
I'll be in Moscow from November 5 to December 10.

Он работал с утра до вечера.
He was working from morning till night.

B. The prepositions **с** + the genitive case and **по** + the accusative case are used to express inclusive dates.

Снег шёл с первого по третье января.
It snowed from the first through the 3rd of January.

C. Besides its use in dates given above, the preposition **по** is used to show distribution.

   a. For distribution of single items, **по** + the dative case is used.

   Дай ка́ждому ребёнку по я́блоку.
   Give each child an apple.

   Ка́ждая ци́фра встреча́ется по одному́ ра́зу.
   Each number is encountered once.

   b. For distribution of items in groups, **по** + the accusative case is used.

   Ка́ждый взял по два карандаша́.
   Each one took two pencils.

Упражне́ния

I.   Перечита́йте расска́з «Москва́». Напиши́те все чи́сла слова́ми. Обрати́те внима́ние на падежи́.

II. Прочита́йте вслух диало́г.

   —Расскажи́те о Столе́тней войне́—говори́т экзамена́тор.
   —Столе́тняя война́ дли́лась бо́льше чем сто лет: в 1337 году́, в 1338 году́, в 1339 году́, в 1340 году́, в 1341 году́ . . .
   —Одну́ мину́ту. Это коне́чно, пра́вильно. Ну, а да́льше?
   —Да́льше . . . в 1342 году́, в 1343 году́, в 1344 году́.

III. Впиши́те в ну́жной фо́рме слова́ **большо́й заво́д**, пото́м слова́ **но́вая по́чта**.

   Образе́ц: Они́ рабо́тают на 2 _____.
               Они́ рабо́тают на двух больши́х заво́дах.
               Они́ рабо́тают на двух но́вых по́чтах.

   1. В на́шем го́роде нахо́дятся 2 _____.
   2. Я живу́ недалеко́ от 2 _____.
   3. Э́тот челове́к позвони́л 7 _____.
   4. Маши́ны стоя́ли пе́ред 3 _____.
   5. На э́той у́лице стро́ят 1 _____.

IV. Впиши́те в ну́жной фо́рме слова́ **ма́ленький сын**, пото́м слова́ **молода́я дочь**.

   1. Э́та же́нщина избега́ет 4 _____.
   2. Э́ти роди́тели горди́тся 5 _____.
   3. У моего́ сосе́да 2 _____.

4. Отец помогает 6 _____.
5. Мы спросим 3 _____.

V.   Прочитайте, вставьте слова в нужной форме по образцу.

Образец: В книге 10 (глава). Я читаю 8 (глава).
         В книге десять глав. Я читаю восьмую главу.

1. На этой улице 8 (дом). Машина стоит перед 6 (дом).
2. У него 3 (брат). Он завидует 3 (брат).
3. В нашей школе 34 (аудитория). Учителя входят в 17 (аудитория).
4. В новом романе 521 (страница). Я теперь читаю 62 (страница).
5. У этого профессора 47 (студент). Теперь он спрашивает 19 (студент).
6. В этой больнице лежат 53 (больной). Врач осматривает 50 (больной).
7. В этом году мы будем сдавать 11 (экзамен). Мы уже сдали 1 (экзамен).
8. В новом городе будут 22 (высокое здание). Рабочие строят 4 (высокое здание).
9. У учительницы 35 (ученик). Она отвечает 21 (ученик).
10. У дедушки 6 (внучка). Он особенно гордится 5 (внучка).

VI.   Прочитайте, вставьте слова в нужной форме.

1. Недавно я смотрел кинофильм «7 (невеста) для 7 (брат).»
2. На выставке было 6,000 (человек). Мне кажется, что было около 10,000.
3. Маленький домик с 3 (окно) стоял у дороги.
4. Артисты выступали в 70 (город).
5. На съезд приехали делегаты из 44 (страна).
6. За домом был сад с 2 (дерево).
7. За последние 10 (год) в этих санаториях отдыхало 100,000 (рабочий).
8. Он путешествовал по 14 (восточная страна).
9. В вагоне было не больше 5 (пассажир).
10. Перед домом стояли 2 (новая машина).
11. К 2 (новая машина), которые стояли перед домом, подъехала ещё 1.
12. Инженер с 15 (рабочий) быстро закончил работу.
13. В новой гостинице 347 (комната).
14. Он достиг скорости больше 234 (километр) в час.
15. В праздники он посылает телеграммы 5 (дочь) и 1 (сын).
16. На нашей улице строят 3 (высокое здание).

17. Моему́ де́душке 91 (год).
18. Да́ли ка́ждому ребёнку по 1 (игру́шка) и по 2 (кни́га).

VII.   Впиши́те ну́жные слова́.

1. _____ пассажи́ра лете́ли впервы́е.
  Both

2. Их бы́ло _____ — _____ брат и _____ сестры́.
        three   one   two

3. По́сле сме́рти му́жа, мать оста́лась _____ с детьми́.
                                          alone

4. _____ ты не пришёл вчера́ на ле́кцию.
  Only

5. У меня́ _____ но́жниц— _____ больши́е, а други́е
          two   one
ма́ленькие.

6. _____ из вас до́лжен сде́лать э́то.
  One

7. У него́ _____ друзе́й. Я встре́тился с _____ друзья́ми.
          two   both

8. Мы с ним из _____ го́рода.
                  the same

9. _____ зада́чи име́ют _____ реше́ние.
  Both   one

10. В гости́нице останови́лся _____ писа́тель.
                              a certain

VIII.   Отве́тьте на вопро́сы да́нными слова́ми.

Образе́ц: Кото́рый час? (10:00)
              Де́сять часо́в.

1. Кото́рый час?

11:30	6:45
10:02	4:40
12:15	8:20
12:35	5:14
1:00	2:55
3:25	

2. В кото́ром часу́ вы прие́хали?

7:20	12:55
11:45	1:18
8:15	10:30
9:10	7:40
6:35	At midnight.
4:50	

3. Какóе сегóдня числó?

15/III	2/XI
20/VIII	13/VII
14/IX	16/VI
31/XII	4/V
28/II	

4. Когдá э́то случи́лось?

21/X	8/VI/59
17/I	30/VII/67
5/IV	In 1965.
1/I/70	In 1948.
12/XII/69	Last year.
11/IX/45	Last week.
10/III/58	On Tuesday.
22/V/62	On Friday.

IX. Отвéтьте на вопрóсы.

1. Когдá вы роди́лись?
2. Какóго числá День Незави́симости США?
3. Когдá былá подпи́сана Декларáция Незави́симости?
4. Какóго числá Рождествó?
5. В каки́е дни у нас заня́тия?
6. В котóром часý начинáются заня́тия?
7. В котóром часý кончáются заня́тия?
8. В котóром часý вы обы́чно встаёте?
9. В котóром часý вы ложи́тесь спать?
10. Скóлько у вас брáтьев и сестёр?
11. Скóлько у вас тётей?
12. Скóлько у вас собáк?
13. Скóлько вам лет?
14. Скóлько лет вáшему брáту?
15. Скóлько у вас часóв?
16. В какóм годý вы нáчали изучáть рýсский язы́к?

Повтори́тельные упражнéния

I. Состáвьте предложéния, употребля́я дáнные словá в прáвильной фóрме.

Образéц: Я подари́л (друг) (кни́га).
Я подари́л дрýгу кни́гу.

1. Ми́ша подари́л (брат) (ру́чка).
2. Оте́ц дал (сыновья́) (де́ньги).
3. Жена́ купи́ла (муж) (костю́м).
4. Муж подари́л (жена́) (пла́тье).
5. Де́вушка купи́ла (дя́дя) (тру́бка).
6. Ива́н купи́л (ма́льчик) (щено́к).
7. Я куплю́ (Мари́я) (пти́ца).
8. Роди́тели покупа́ют (дочь) (маши́на).
9. Профе́ссор за́дал (студе́нтка) (вопро́с).
10. Учи́тель объясни́л (де́ти) (пра́вило).
11. Я до́лжен посла́ть (мать) (телегра́мма).
12. Мари́я пи́шет (геро́й) (письмо́).
13. Зри́тели подари́ли (певи́ца) (цветы́).
14. Ба́бушка чита́ет (внук) (ска́зка).

II. Прочита́йте диало́г. Впиши́те глаго́лы в ну́жной фо́рме.

— Мо́жно мне _____ у тебя́ уче́бники по астроно́мии и
                 брать/взять
биоло́гии?
— По астроно́мии _____, а по биоло́гии не _____.
                   бери́/возьми́   бери́/возьми́
Я ещё не _____ к зачёту по биоло́гии.
          гото́вился/пригото́вился

Словообразова́ние

Ко́рень **-един-, -один-**, *one, unity.*

едини́ца – UNIT, ONE
еди́нственный, -ое, -ая – SINGULAR
объединя́ть/объедини́ть *to consolidate*
объединённый, -ое, -ая – UNITED
соединя́ть/соедини́ть *to unite*
соединённый, -ое, -ая – UNITED
оди́н, одно́, одна́, одни́ – ONE
одино́кий, -ое, -ая – LONELY
одина́ковый, -ое, -ая – IDENTICAL
одна́жды *adv.* – ONCE

I.   Впиши́те ну́жные слова́.

1. _____ Шта́ты принадлежа́т к организа́ции _____
      The United   the United
   На́ций.

2. Э́то её _____ сын.
   only
3. Он живёт _____ и он _____ .
   alone   lonely
4. Прави́тельство хо́чет _____ го́род с дере́вней телефо́нным
                        to unite
   сообще́нием.
5. Киломе́тр—э́то _____ длины́.
                 unit
6. Нам на́до _____ на́ши уси́лия.
            to consolidate
7. Ива́н всегда́ опа́здывает на рабо́ту, но _____ на э́той неде́ле
                                          once
   он прие́хал во́время.
8. Нет _____ люде́й.
       identical

II. Что зна́чат сле́дующие слова́? В слова́х с двумя́ и́ли тремя́ ко́рнями,
    объясни́те что зна́чит ка́ждый ко́рень.

единоду́шный, -ое, -ая   три́жды *adv.*
единоро́г   Тро́ица
                                тро́йка
одновреме́нный, -ое, -ая
                                четве́рг
два́жды *adv.*   че́тверть
двоето́чие   четвёрка
дво́йка
двойни́к   пятачо́к
двою́родный брат   пятёрка
двою́родная сестра́   пятиле́тка
двухле́тний, -ее, -яя[1]   пя́тница
двухэта́жный, -ое, -ая[1]
двуязы́чный, -ое, -ая   семиле́тка

вто́рник   восьмино́г
второ́й, -о́е, -а́я
повторе́ние   десятиле́тие
повторя́ть/повтори́ть   десяти́чный, -ое, -ая
                                деся́ток
трено́жник   столе́тие
треуго́льник
                                двухсотле́тие

---

[1] Compound adjectives with **-ле́тний** and **-эта́жный** can be made with the genitive case of
any numeral.

Впиши́те ну́жные слова́.

1. Купи́те мне, пожа́луйста, _____ слова́рь.
   bilingual

2. В э́том предложе́нии на́до поста́вить _____.
   colon

3. Я пло́хо написа́л экза́мен и получи́л _____.
   2 (F)

4. Я о́чень похо́ж на моего́ _____. Говоря́т, что он мой
   cousin

   _____.
   double

5. Я рабо́таю в _____ зда́нии.
   two-story

6. У мое́й сестры́ _____ до́чка.
   two-year-old

7. _____ два — четы́ре.
   Twice

8. _____ предложе́ние. Мне не слы́шно.
   Repeat

9. Э́та статья́ про́сто_____ того́, что я уже́ зна́ю.
   a repeat

10. Вчера́ я _____ фи́зику. Во _____ бу́дет экза́мен.
    reviewed   Tuesday

11. Я живу́ на _____ этаже́ _____ зда́ния.
    second   (of a) two-story

12. Ско́лько бу́дет _____ _____?
    three times   three

13. Учи́тель поста́вил мне _____.
    3 (C)

14. По у́лице е́хала _____.
    troika

15. Мы стои́м пе́ред це́рковью Свято́й _____.
    Trinity

16. Его́ _____ сын ещё не говори́т.
    3-year-old

17. Он нарисова́л _____.
    triangle

18. Мне ну́жен _____ для аппара́та.
    tripod

19. Он прие́дет в _____ _____.
    Thursday   at 3:45

20. Нельзя́ _____ есть и говори́ть.
    simultaneously

21. Я получи́л _____ по фи́зике.
    4 (B)

22. Мы рабо́таем на _____ этаже́ _____ зда́ния.
    third   (of a) four-story

23. Он хорошо́ занима́лся и получи́л _____ на экза́мене.
$\qquad$ 5 (A)

24. Никто́ никогда́ не ви́дел _____.
$\qquad$ unicorn

25. Я о́чень рад, что сего́дня _____.
$\qquad$ Friday

26. Что́бы войти́ в метро́ надо опусти́ть _____.
$\qquad$ 5-kopeck coin

27. Мы вы́полнили _____ за _____ го́да.
$\qquad$ the Five-Year Plan   four

28. Мы живём в _____ _____ _____
$\qquad$ eighth   decade   (of the) twentieth

_____.
century

29. Что она́ купи́ла? Буты́лку молока́ и _____ яи́ц.
$\qquad$ ten (noun)

30. В мо́ре живу́т черепа́хи и _____.
$\qquad$ octopuses

31. Когда́ вы зако́нчите _____?
$\qquad$ the seven-year school

32. У них _____ дете́й — _____ сын и
$\qquad$ two   a four-year-old

_____ дочь.
an eight-year-old

33. Мы по́льзуемся _____ систе́мой исчисле́ния.
$\qquad$ decimal

34. _____ США бы́ло в 1876 году́ и _____
$\qquad$ The centennial   the bicentennial
бу́дет в 1976 году́.

35. В СССР _____ голосова́ли за одного́ кандида́та.
$\qquad$ unanimously

III. Что зна́чат сле́дующие слова́? Да́йте глаго́л с тем же са́мым ко́рнем.

рису́нок   осмо́тр
рисова́ние   основа́тель *m.*
путеше́ствие   дли́нный, -ое, -ая

Впиши́те ну́жные слова́.

1. За́втра мы _____ Москву́. Во-пе́рвых бу́дет _____
$\qquad$ will see
Кремля́.

2. Он о́чень лю́бит _____. Он то́лько что верну́лся с _____.
$\qquad$ to travel

3. Э́ти ученики́ у́чатся _____. Что они́ тепе́рь _____?
$\qquad$ are drawing
Не зна́ю, я не могу́ ви́деть их _____.

4. Пётр пе́рвый _____ Петербу́рг. Кто был _____ Москвы́?
                  founded
5. Ско́лько вре́мени _____ э́тот докла́д? Два часа́. Э́то был
                     lasted
   _____ докла́д.

Перево́д

1. Yurij Dolgorukij founded Moscow in 1147. One can read this in the chronicle.
2. We came to Moscow by train on May 14, 1968.
3. Moscow is the capital of the Soviet Union. What city is the capital of your country?
4. Lomonosov was a great Russian scholar. He founded Moscow University in 1755.
5. About 20,000 undergraduate and graduate students study at our university.
6. Besides the students, we have 3,462 professors.
7. How many buildings are there on your street?
8. The child suddenly smiled at me and said, "I worked for an hour on these problems and I solved them all."
9. I am very satisfied with his work.
10. There are twenty-six chapters in this book. Now I am reading the twentieth chapter.

Практи́ческие заня́тия

I. **Назва́ния цифр.**

нуль	шестёрка
едини́ца	семёрка
дво́йка	восьмёрка
тро́йка	девя́тка
четвёрка	деся́тка
пятёрка	со́тня

Зада́чи. Прочита́йте приме́ры и отве́тьте.

Образе́ц: Соста́вьте число́ 100 из 5 едини́ц.
        $111 - 11 = 100$

1. Соста́вьте число́ 100 из 5 пятёрок.
2. Соста́вьте число́ 28 из 5 дво́ек.
3. Соста́вьте число́ 1,000 из 8 восьмёрок.

II. **Математи́ческие те́рмины.**

$$5+5 = 10 \quad \text{пять плюс пять бу́дет де́сять}$$
$$10-5 = 5 \quad \text{де́сять ми́нус пять бу́дет пять}$$
$$5 \times 2 = 10 \quad \text{пять умно́женное на два бу́дет де́сять}$$
$$10 \div 2 = 5 \quad \text{де́сять делённое на два бу́дет пять}$$

Зада́чи. Прочита́йте приме́ры и отве́тьте.

1. $94 + 900 =$
2. $68 + 48 =$
3. $54 + 18 + 300 =$
4. $6{,}995 - 324 =$
5. $487 - 108 =$
6. $34 - 18 =$
7. Ско́лько раз 10 содéржится в 100, 800, 6,070?
8. На ско́лько 644 бо́льше чем 575?
9. Во ско́лько раз 441 бо́льше чем 21?
10. На ско́лько 2,012 ме́ньше чем 2,030?
11. На ско́лько су́мма чи́сел $1{,}416 + 211$ бо́льше чем ра́зность чи́сел $1{,}520 - 144$?

III. Отве́тьте на вопро́сы, расска́зывая исто́рию кото́рая происхо́дит в рису́нках.

Встре́ча в во́семь часо́в

В кото́ром часу́ ю́ноша позвони́л де́вушке?
Реши́ли ли они́ встре́тится?
В кото́ром часу́ они́ согласи́лись встре́титься?

В кото́ром часу́ уже́ стоя́л ю́ноша под часа́ми?
Ждал ли он встре́чи с нетерпе́нием?
На ско́лько ра́ньше он пришёл?

Что де́лал ю́ноша, когда́ он ждал де́вушку?
В кото́ром часу́ он уже́ сде́лал не́сколько киломе́тров вокру́г
часо́в?
Когда́ он ждал, что начало́сь?

Когда́ он опя́ть посмотре́л на часы́, кото́рый был час?
Ско́лько вре́мени он уже́ ждал де́вушку?
Ско́лько вре́мени ему́ ещё на́до бы́ло ждать?

В кото́ром часу́ он был в снегу́?
Ско́лько вре́мени он уже́ ждал де́вушку?
Ско́лько вре́мени ему́ ещё на́до бы́ло ждать?

В кото́ром часу́ пришла́ де́вушка?
Пришла́ ли она́ во́время?
На ско́лько мину́т она́ опозда́ла?
Когда́ она́ пришла́ под часы́, что она́ уви́дела?
Ско́лько вре́мени он ждал де́вушку?

Деся́тый уро́к

На аэродро́ме

В на́ши дни лете́ть на самолёте и быстре́е и удо́бнее, чем е́хать на по́езде. Бори́с с това́рищем летя́т в Ки́ев. Вот они́ на аэродро́ме. Они́ **сдаю́т** бага́ж. Че́рез окно́ видна́ **поса́дочная площа́дка** аэродро́ма, **серебри́стые** пассажи́рские ла́йнеры и **о́блачное** весе́ннее не́бо.

check   landing
field   silvery
cloudy

— Не **отме́нят** ли **полёт?** — **беспоко́ится** това́рищ.

cancel   flight   worries

В э́то вре́мя го́лос из **репроду́ктора объявля́ет поса́дку на их самолёт.**

loudspeaker announces
their flight number

Они́ выхо́дят[1] из зда́ния, прохо́дят[1] че́рез контро́ль и подхо́дят[1] вме́сте с други́ми пассажи́рами к огро́мному **возду́шному ла́йнеру.**

airliner

Стюарде́сса пока́зывает пассажи́рам их места́. Она́ объявля́ет — Пожа́луйста, **пристегни́те ре́мни,** не кури́те во вре́мя **взлёта.**[2] Фотографи́рование не разреша́ется.

fasten
seat belts   take-off

Пило́ты, **бортмеха́ники, ради́ст** за́няли свои́ места́ ра́ньше. **Реву́т** мото́ры, самолёт **пла́вно выру́ливает** на старт. Рёв **уси́ливается,** за окно́м **мелька́ет** се́рая **взлётная доро́жка,** и самолёт **отрыва́ется от земли́.**

flight mechanics
radio operator
roar
smoothly   taxies
becomes stronger
gleams   runway
takes off

Стюарде́сса **раздаёт** пассажи́рам конфе́ты, кото́рые на́до **соса́ть,** что́бы **облегчи́ть** боль в уша́х. Но Бори́с не обраща́ет внима́ния[3] на э́то неприя́тное **ощуще́ние.** Он смо́трит **вниз.** Земля́ похо́жа на огро́мную географи́ческую ка́рту. Самолёт набира́ет **высоту́.** Они́ не

distributes
to suck   to relieve

sensation   down

altitude

234

чу́вствуют **толчко́в** и **ка́чки**.[4] Самолёт подни-   *bumps*   *rolling*
ма́ется на высоту́ **бо́лее** восьми́ киломе́тров.   *more than*
Полёт начался́.

Примеча́ния

[1] What meaning do these three prefixes give to the basic verb?
[2] Discuss the use of aspect in this sentence.
[3] What case is this and why?
[4] Discuss the case used in this sentence.

Грамма́тика

1. Unprefixed verbs of motion

Unprefixed verbs of motion are divided into two groups. Both are imperfective, and may be called indeterminate and determinate. There are fourteen such verbs in Russian, of which the eight most frequently used are:

INTRANSITIVE

Indeterminate	Determinate
бе́гать	бежа́ть *to run*
е́здить	е́хать *to go* (by vehicle)
лета́ть	лете́ть *to fly*
пла́вать	плыть *to swim, to sail*
ходи́ть	идти́ *to go* (on foot)

TRANSITIVE

Indeterminate	Determinate
води́ть	вести́ *to lead* (while walking)
вози́ть	везти́ *to carry* (by vehicle)
носи́ть	нести́ *to carry* (while walking)

The other six are:

INTRANSITIVE

Indeterminate	Determinate
броди́ть	брести́ *to wander*
ла́зить	лезть *to climb*
по́лзать	ползти́ *to crawl*

TRANSITIVE

Indeterminate	Determinate
гоня́ть	гнать *to chase*
ката́ть	кати́ть *to roll, to ride*
таска́ть	тащи́ть *to drag, to pull*

2. Use of unprefixed verbs of motion

A. Motion which is not limited to a single direction is expressed by the indeterminate verbs. This includes various types of action.

a. It may be more or less aimless motion.

Он хо́дит по ко́мнате.
He's walking up and down the room.
(He is walking aimlessly.)

Он е́здит по го́роду.
He's driving around town.
(He is not going anywhere in particular.)

Пти́цы лета́ют над ле́сом.
Birds are flying above the forest.
(They are flying around, not leaving the given area.)

В пруду́ пла́вают ры́бы.
Fish are swimming in the pond.
(They are swimming aimlessly.)

b. It may be habitual motion, not strictly limited to a single direction.

Он хо́дит в шко́лу.
He goes to school.
(He attends school; he goes there and comes back every day.)

Он е́здит в Ленингра́д ка́ждый год.
He goes to Leningrad every year.
(Each year he takes a trip to Leningrad and presumably comes home.)

Почтальо́н но́сит по́чту.
The mailman carries mail.
(The activity is habitual, not limited to a single direction.)

c. In the past tense, it may indicate a round trip. In this case the verb is nearly synonymous with the past tense of the verb **быть** *to be*.

Вчера́ он ходи́л в шко́лу.
Вчера́ он был в шко́ле.
He went to school yesterday.
(He went and returned.)

В про́шлом году́, он е́здил в Ленингра́д.
В про́шлом году́ он был в Ленингра́де.
He went to Leningrad last year.
(He went and returned.)

d. It may state the subject's ability to perform an action. In this case, it is possible that the action might not take place at all. The verb merely says that the subject is capable of performing the action.

Ребёнок уже́ хо́дит.
The child is already walking.
(The child is able to walk.)

Он на́чал пла́вать в про́шлом году́.
He began to swim last year.
(He began to learn how to swim.)

B. The determinate verbs describe motion which is proceeding in a generally forward direction, usually at a given point in time. This does not necessarily imply motion in a straight line toward a goal, but simply action that makes some forward progress. It can usually be translated by the English progressive tenses: *I am going, I was going, I will be going.*

a. Like the English present progressive, the present tense of determinate verbs may point to an action in progress, or—if limited
   by a time expression—to an action expected to take place in the
   near future. *The following examples show motion which is progressing
   in a generally forward direction, usually toward a stated goal.*

Куда́ вы идёте?
Where are you going?

Я иду́ в библиоте́ку.
I'm going to the library.

Я несу́ туда́ кни́ги.
I'm taking books there.

Куда́ вы е́дете ле́том?
Where are you going in the summer?

Я е́ду в Ленингра́д.
I'm going to Leningrad.

Я везу́ туда́ гру́ппу студе́нтов.
I'm taking a group of students there.

Они́ веду́т дете́й в шко́лу.
They're walking the children to school.

Ребёнок бежи́т к ма́тери.
The child is running to his mother.

Парохо́д плывёт по реке́.
The ship is sailing along the river.

Э́тот самолёт лети́т в Москву́.
This plane is going to Moscow.

b. The compound future of determinate verbs is used to avoid ambiguity when there is no time expression in the sentence.

Я éду по э́той доро́ге.
I'm driving down this road.
(The action is in progress.)

Я бу́ду éхать по э́той доро́ге.
I'll drive down this road.
(The action will take place in the future; the direction is set.)

c. The past tense of determinate verbs describes an action which was in progress at a certain time. It has a tendency to sound unfinished unless some kind of expository material is added.

Он шёл по у́лице.
He was walking along the street.
(The action was in progress. The thought seems unfinished.)

Когда́ он шёл по у́лице, он встрéтил дру́га.
When he was walking along the street, he met a friend.
(The action was in progress, but was interrupted by another action.)

3. Walking and riding

There is always a distinction carefully observed between motion under one's own power and motion not under one's own power.

A. The verbs **ходи́ть — идти́** express motion performed by the subject under his own power. They are the more general of the two pairs of *going* verbs, and are used when attention is being focused on the destination rather than the method of action.

Он идёт в шко́лу.
He's going to school.

Он ча́сто хо́дит в теа́тр.
He often goes to the theater.

Я иду́ домо́й.
I'm going home.

The important point in such statements is *where* someone is going, not *how* he is getting there. To clarify the method of locomotion, the word **пешко́м** must be added.

Он идёт в шко́лу пешко́м.
He's walking to school.

Сего́дня я иду́ домо́й пешко́м; обыкнове́нно я е́зжу на метро́.
I'm walking home today; usually I take the subway.

B. The verbs **е́здить—е́хать** express motion performed by the subject, making use of some sort of conveyance. They must be used under two circumstances.

    a. They must be used if the sentence states definitely that a vehicle is involved.

        Я е́ду домо́й на метро́.
        I'm going home on the subway.

    b. They must be used if the distance involved is too great to be covered ordinarily on foot. This applies whenever a place name is given in the sentence, and also when words such as **го́род** *city*, **дере́вня** *village* are used.

C. When a vehicle is the *subject* of the sentence, the verbs **ходи́ть— идти́** are usually used with **по́езд, трамва́й, тролле́йбус, авто́бус, электри́чка**, and various types of ships. **Маши́на** and **такси́** tend to take **е́здить—е́хать**. **Самолёт** and **вертолёт** take **лета́ть—лете́ть**. This usage is not absolutely fixed. Remember that this applies only to locomotion of the vehicle and not to the passengers inside it.

    По́езд идёт в Москву́.
    The train is going to Moscow.

    Мы е́дем в Москву́ на по́езде.
    We are going to Moscow on the train.

D. The verb **е́хать** has no imperative. If an imperative is needed, the forms **поезжа́й, поезжа́йте** are used. *Let's go!* can be expressed by the first person plural of the determinate verbs **идти́** and **е́хать**.

    Идём вме́сте!
    Let's go together!

E. The verb **идти́** is used in many expressions which imply figurative movement in a progressive, generally forward direction—*to go on.*

    a. Time and weather.

        Идёт дождь.
        It is raining.

        Идёт снег.
        It is snowing.

        Вре́мя идёт.
        Time is passing.

b. Activities.

> Заня́тия иду́т.
> *Class is being held.*

> Как иду́т дела́?
> *How are things?*

> Пье́са идёт.
> *A play is being given.*

c. Machinery.

> Часы́ иду́т.
> *The watch is running.*

4. Running, swimming, flying

Running, swimming, and flying are expressed by specialized motion verbs that correspond very well to their English equivalents.

A. The verbs **бе́гать—бежа́ть** mean *to run.*

> Де́ти бе́гают в саду́.
> *The children are running around in the garden.*
> (They are running around in all directions.)

> Де́ти бегу́т к ма́тери.
> *The children are running to their mother.*
> (They are running toward a stated goal.)

B. The verbs **пла́вать—плыть** translate all the English verbs for motion on water—*to swim, to float, to sail.*

> Мы ча́сто пла́ваем в о́зере.
> *We often swim in the lake.*
> (The action is habitual—without direction.)

> Ло́дка плывёт к бе́регу.
> *The boat is sailing toward the shore.*
> (The boat is moving toward a stated goal.)

> Де́ти плыву́т на ло́дке.
> *The children are sailing on the boat.*
> (The boat is moving in a generally forward direction.)

C. The verbs **лета́ть** — **лете́ть** *to fly* apply to birds and to both planes and their passengers.

> Мы лета́ли в Евро́пу.
> *We flew to Europe.*
> (We went and returned.)

> Пти́цы летя́т на юг.
> *The birds are flying south.*
> (They are moving in a given direction.)

The verb **лете́ть** can be used figuratively to describe the passage of time, or to show high speed.

> Вре́мя лети́т.
> *Time flies.*

> Мы́сли летя́т одна́ за друго́й.
> *Thoughts are flying one after another.*

5. Forms of unprefixed verbs of motion

All unprefixed verbs of motion are imperfective. The forms of the intransitive ones are given here. They should be thoroughly learned.

Indeterminate	Determinate
ходи́ть: хожу́, хо́дишь, хо́дят	идти́: иду́, идёшь, иду́т *Past:* шёл, шло
е́здить: е́зжу, е́здишь, е́здят	е́хать: е́ду, е́дешь, е́дут
бе́гать: бе́гаю, бе́гаешь, бе́гают	бежа́ть: бегу́, бежи́шь, бежи́т, бежи́м, бежи́те, бегу́т
лета́ть: лета́ю, лета́ешь, лета́ют	лете́ть: лечу́, лети́шь, летя́т
пла́вать: пла́ваю, пла́ваешь, пла́вают	плыть: плыву́, плывёшь, плыву́т

6. The verbs **брать, занима́ть, принима́ть**

Distinguish carefully the following verbs, all of which may be translated by *to take*.

брать/взять	*to take for one's own use, to borrow*
занима́ть/заня́ть	*to take, to occupy*
принима́ть/приня́ть	*to take, to receive*

Я взял маши́ну бра́та сего́дня.
I took my brother's car today.

Он берёт каранда́ш со стола́.
He's taking a pencil from the table.

Э́тот челове́к взял взя́тку.
This man took a bribe.

Мы за́няли места́ в аудито́рии.
We took places in the lecture hall.

Он ка́ждый день принима́ет душ.
He takes a shower every day.

Вы при́няли лека́рство от ка́шля?
Did you take your cough medicine?

Мой сын принима́ет уча́стие в перегово́рах.
My son is taking part in the negotiations.

Other expressions with **принима́ть/приня́ть** should be learned.

Вы при́няли его́ приглаше́ние?
Did you accept his invitation?

Они́ уже́ при́няли реше́ние?
Have they made a decision?

Конгре́сс принима́ет зако́ны.
Congress enacts laws.

Когда́ вы при́мете америка́нское гражда́нство?
When will you become an American citizen?

Упражне́ния

I.   Перечита́йте расска́з «На аэродро́ме».

1. Объясни́те употребле́ние глаго́лов в пе́рвых двух предло-
   же́ниях.

2. Найди́те слова́ **полёт**, **взлёт**, **самолёт**. Како́й у них ко́рень? У
   како́го два ко́рня? Что зна́чит приста́вка **вз-**?

II.   Сде́лайте предложе́ния в настоя́щем вре́мени.

1. Я
   Он   бе́гать
   Она́   е́здить   туда́ ка́ждый день.
   Они́   хо́дить

2. Мы   идти́
   Я   е́хать
   Они́   лете́ть   туда́ сейча́с.
   Он   пла́вать
   Вы   бежа́ть

III.   Переведи́те и объясни́те употребле́ние глаго́лов.

1. Гу́си иду́т к реке́.
   Гу́си хо́дят у реки́.
2. Не́сколько мину́т они́ иду́т мо́лча.
   Не́сколько мину́т они́ хо́дят мо́лча.
3. Де́ти иду́т в шко́лу.
   Её де́ти уже́ хо́дят в шко́лу.
   Ка́ждый день де́ти хо́дят в шко́лу.
4. Ива́н е́дет в Евро́пу.
   Ка́ждое ле́то Ива́н е́здит в Евро́пу.
5. Ло́дка плывёт по реке́.
   По э́той реке́ всегда́ пла́вают ло́дки.
6. Э́тот самолёт лети́т высоко́ над землёй.
   Э́ти самолёты лета́ют высоко́.
7. Де́ти бегу́т домо́й.
   Де́ти бе́гают в саду́.
8. Мы е́хали по у́лице.
   Мы е́здили по го́роду.
9. Ва́ня не идёт в шко́лу.
   Ва́ня не хо́дит в шко́лу.

IV.   Вы́берите ну́жный глаго́л.

1. Он _____ в клуб почти́ ка́ждый ве́чер.
         хо́дит — идёт
2. Я ду́маю, что э́тот по́езд _____ в Но́вгород.
                              хо́дит — идёт
3. Мне ну́жно _____ в го́род два ра́за в ме́сяц.
         е́здить — е́хать

4. Поезда́ ме́жду Москво́й и Ленингра́дом _____
$$\overline{\text{хо́дят — иду́т}}$$
регуля́рно.

5. Я сейча́с _____ в университе́т. У меня́ заня́тия.
$$\overline{\text{хожу́ — иду́}}$$

6. Обы́чно мы _____ в университе́т на трамва́е.
$$\overline{\text{е́здим — е́дем}}$$

7. Куда́ вы _____? Я _____ в
$$\overline{\text{бе́гаете — бежи́те}} \qquad \overline{\text{бе́гаю — бегу́}}$$
университе́т.

8. Куда́ вы _____ ка́ждый день? Я _____
$$\overline{\text{хо́дите — идёте}} \qquad \overline{\text{хожу́ — иду́}}$$
в университе́т.

9. Когда́ профе́ссор чита́л ле́кцию, он бы́стро _____
$$\overline{\text{ходи́л — шёл}}$$
по ко́мнате.

10. Ста́рый де́душка _____ с трудо́м.
$$\overline{\text{хо́дит — идёт}}$$

11. Ку́ры почти́ не _____.
$$\overline{\text{лета́ют — летя́т}}$$

12. Э́ти де́ти хорошо́ _____. Сейча́с они́
$$\overline{\text{пла́вают — плыву́т}}$$
_____ к бе́регу.
$$\overline{\text{пла́вают — плыву́т}}$$

13. Мы ви́дели, как де́ти _____ в шко́лу. Они́
$$\overline{\text{ходи́ли — шли}}$$
_____ по на́шей у́лице.
$$\overline{\text{ходи́ли — шли}}$$

14. Де́душка сего́дня _____ к врачу́.
$$\overline{\text{хо́дит — идёт}}$$

V. Замени́те глаго́л **быть** глаго́лом движе́ния. Сде́лайте все измене́ния.

Образе́ц: Он был на конце́рте вчера́.
Он ходи́л на конце́рт вчера́.

1. Ве́чером я был в кино́.
2. Ле́том мы все бы́ли на ю́ге.
3. Сего́дня сестра́ была́ в теа́тре.
4. Вчера́ ма́ма была́ в апте́ке.
5. Я был в Ленингра́де в про́шлом году́.
6. Вы сего́дня бы́ли на по́чте?
7. Ма́льчик не́сколько раз был в музе́е.
8. На про́шлой неде́ле мы бы́ли в дере́вне.

VI.   Впиши́те ну́жный глаго́л.

1. Когда́ я _____ в университе́т, я встре́тил това́рища.
   was going

2. Обы́чно я _____ на рабо́ту пешко́м.
   go

3. Когда́ мы опа́здываем, мы _____ на рабо́ту на трамва́е.
   go

4. Ка́ждый ве́чер Андре́й _____ в клуб.
   goes

5. Куда́ ты _____? Я _____ в шко́лу.
   are going   am going

6. Ка́ждое у́тро рабо́чие _____ в го́род.
   go

7. За́втра я _____ в го́род. Мне ну́жно купи́ть оде́жду.
   am going

8. Наш ребёнок уже́ хорошо́ _____.
   walks

9. Я _____ в го́род ка́ждый день. Я рабо́таю в го́роде.
   go

10. В про́шлом году́ Ива́н _____ в Евро́пу.
    went

11. Нельзя́ _____ бы́стро в го́роде.
    to drive

12. Вчера́ ве́чером я _____ к врачу́.
    went

VII. Впиши́те глаго́лы **лета́ть—лете́ть** в ну́жной фо́рме.

Мой брат ча́сто _____ в Ленингра́д. В про́шлом ме́сяце он _____ туда́. Когда́ он _____ туда́, была́ плоха́я пого́да. Мой брат лю́бит _____ на самолёте.

VIII. Отве́тьте на вопро́сы по образцу́.

Образе́ц: Вы сейча́с идёте на вы́ставку?
   Нет, я вчера́ ходи́л на вы́ставку.

1. Ваш друг сейча́с идёт в музе́й?
2. Э́ти лю́ди е́дут сего́дня в дере́вню?
3. Вы сего́дня идёте на конце́рт?
4. Рабо́чие сего́дня иду́т на собра́ние?
5. Ма́ма сейча́с е́дет в го́род?
6. Ива́н сего́дня идёт к врачу́?
.7. Де́ти сего́дня иду́т в парк?
8. Вы идёте сейча́с на по́чту?
9. Ученики́ сего́дня е́дут в зоопа́рк?

IX.   Впишите глаголы **ездить — ехать** в прошедшем времени.

     1.   —Где ты был вчера вечером?
           —Я _____ в город. Когда я _____ туда, я встретил друга.
           —Зачем ты _____ в город?
           —Мне надо было купить рубашку.
     2.   В прошлом месяце студенты _____ на практику. Сначала они _____ на поезде, а потом они _____ на автобусе.
     3.   Зимой наш сосед _____ на юг. Когда он _____ на юг, он заболел.
     4.   —Куда вы _____, когда я вас увидел вчера?
           —Я _____ домой.

X.   Составьте предложения.

		аспирин.
		книги в библиотеке.
		ванну.
1. Ольга		это место.
Ваня	took	взятку.
Я	will take	экзамен.
		кусок сыра.
		американское гражданство.

Повторительные упражнения

I.   Ответьте на вопросы данными словами в единственном числе, а потом во множественном.

     известный советский художник

     1. Кого вы видели на выставке?
     2. С кем вы разговаривали о картинах?
     3. Кто показал вам свои картины?
     4. Кому вы подарили книгу?
     5. Чьи картины вы видели на выставке?

       наш новый учитель

     6. Кто вам сказал об этом?
     7. Кого вы видели на собрании?
     8. Чьи лекции вам нравятся?
     9. Кому вы ответили на уроке?
   10. С кем вы спорили о литературе?

моя́ ма́ленькая дочь

11. Кому́ вы помога́ли?
12. Кого́ вы спроси́ли об уро́ках?
13. Кем вы горди́тесь?
14. Чьи игру́шки лежа́т на полу́?
15. Кто вам за́дал вопро́с?

II. Впиши́те глаго́лы **проси́ть/попроси́ть** и **спра́шивать/спроси́ть** в ну́жной фо́рме.

1. У кого́ он _____ сове́та?

asked

2. Я _____ э́ту же́нщину, где нахо́дится вход в метро́.

will ask

3. _____ Ива́на, где он был вчера́.

Ask

4. Учи́тель _____, и ученики́ отвеча́ют.

asks

5. Э́тот ребёнок ча́сто _____ игру́шки.

asks (for)

6. Я _____ на́шу дочь купи́ть овоще́й.

will ask

7. _____ О́льгу прийти́ за́втра.

Ask

8. Мы _____ ученика́, реши́л ли он пе́рвую зада́чу.

asked

9. Учи́тель _____ ученико́в реша́ть зада́чи.

asked

10. Я всегда́ _____ де́нег у моего́ отца́.

ask

Словообразова́ние

Ко́рень **-им-**, **-ем-**, **-я-**, *having, taking, catching.*

The **-н-** found in many of the following words is neither part of the root nor part of the prefix. It is an infix linking them. Observe the conjugations of the verbs in **-нять**; they are not consistent.

име́ть *to have* (used with abstractions)

иму́щество - PROPERTY

внима́ние - ATTENTION

внима́тельно - ATTENTIVE

(брать)/взять *to take*

взя́тка - BRIBE

занима́ть/заня́ть *to occupy, to take*

занима́ться *to work at, to study*

заня́тие - OCCUPATION

заня́тия *pl.* - CLASSES

заня́той, -о́е, -а́я - BUSY

нанима́ть/наня́ть *to hire*

обнима́ть/обня́ть *to embrace, to encompass*

отнима́ть/отня́ть *to take away*

поднима́ть/подня́ть *to raise, to lift*

поднима́ться/подня́ться *to go up, to ascend*

подъём - ASCENT

(лови́ть)/пойма́ть *to catch*

понима́ть/поня́ть *to understand*

поня́тие - UNDERSTANDING

поня́тно - UNDERSTOOD

принима́ть/приня́ть *to receive, to take* (in certain idioms)

приём - *RECEPTION*
радиоприёмник - *RADIO*
приёмный, -ое, -ая *RECIEVING*
снима́ть/снять *to take off, to rent, to photograph*
сни́мок - *PHOTOGRAPH*

I. Впиши́те ну́жные слова́.

1. _____! Э́то госуда́рственное _____.
   Attention   property

2. Он _____ возмо́жность пойти́ на _____ в Кремль.
      had   reception

3. Э́тот студе́нт всегда́ слу́шает _____ на _____ и
                                   attentively   class
   мно́го _____.
          studies

4. Игра́ть в ка́рты не о́чень поле́зное _____.
                                        occupation

5. Э́тот врач о́чень _____ челове́к. У него́ ка́ждый день
                     busy
   _____ часы́.
   office (receiving)

6. У Оле́га хоро́ший _____.
                     radio

7. _____ в го́ру тру́ден. Мы _____ ме́дленно.
   The ascent   went up

8. Я не _____ уча́стия в разгово́ре.
         take

9. Я не _____ его́ приглаше́ние.
        will accept

10. Мой друг _____ мою́ соба́ку. _____
              photographed   The picture
    оказа́лся хоро́шим.

11. _____ нож у ребёнка!
    Take away

12. Мы _____ маши́ну и пое́хали в дере́вню.
       hired

13. Е́сли ты не _____, я повторю́.
                understood

14. Я не _____ _____ о том, что он сказа́л. Всё бы́ло
          have   conception
    _____.
    incomprehensible

15. Он ничего́ не _____, потому́ что он не зна́ет англи́й-
                  understood
    ского языка́.

16. _____ челове́ка, кото́рый _____ _____.
    (They) caught   took   bribe

17. Котёнок _____ мышь.
             caught

18. Отéц _____ ребёнка и _____ егó.
         lifted   *embraced*

Кóрень **-лет-**, *flying.*

летáть *to fly*

летýчая мышь-ᴮᴬᵀ

лётчик-ᶠᴸᴵᴱᴿ

полёт - ᶠᴸᴵᴳᴴᵀ

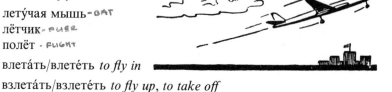

влетáть/влетéть *to fly in*

взлетáть/взлетéть *to fly up, to take off*

взлёт- ᵀᴬᴷᴱ ᴼᶠᶠ

налёт - ᴸᴬᴺᴰᴵᴺᴳ

облетáть/облетéть *to fly around, to circle*

прилетáть/прилетéть *to arrive* (flying)

улетáть/улетéть *to fly away*

Словá с двумя́ кóрнями. Что знáчит кáждый кóрень?

самолёт   вертолёт

II. Впиши́те ну́жные слова́.

1. На _____ говоря́т: — Нельзя́ кури́ть во вре́мя _____.
   airplane   take-off

2. По́сле экза́менов Ива́н бу́дет _____.
   flier

3. _____ _____ в 3 часа́.
   The helicopter   will take off

4. Во вре́мя войны́ бы́ло мно́го _____.
   raids

5. Ка́ждый час _____ и _____ _____.
   arrive   depart   airplanes

6. Космона́вт _____ зе́млю.
   circled

7. _____ отсю́да до луны́ прошёл успе́шно.
   The flight

8. Вдруг _____ _____ в ко́мнату.
   bat   flew into

9. Не все пти́цы _____.
   fly

III. Что зна́чат сле́дующие слова́? Назови́те глаго́л с тем же са́мым ко́рнем.

рёв   приглаше́ние
объявле́ние   разреше́ние
облегче́ние

Впиши́те ну́жные слова́.

1. Он _____ меня́ на приём и я при́нял его́ _____.
   invited

2. Здесь фотографи́рование не _____. А у меня́ есть
                                is permitted

   _____.

3. Мото́ры _____. Неприя́тно слы́шать _____ мото́ров.
   are roaring

4. Э́то лека́рство _____ его́ боль? Да, он при́нял лека́рство
   relieved

   и ско́ро почу́вствовал _____.

5. О чём он _____? Не зна́ю, я не слы́шал _____.
   announced

Перево́д

1. Where are you going? I'm going to the store.
2. Where were you last week? We went to the country.
3. Planes take off from the airport every minute.
4. I never rode in a helicopter.

5. Where were you going, when you met Ivan?
6. The birds are flying south for the winter.
7. At what time did you begin to study? At 8:45.
8. The stewardess said, "Fasten your seat belts and don't smoke."
9. In the hospital one is not permitted to make noise.
10. A Soviet cosmonaut circled the earth in 1961.

Практи́ческие заня́тия

I. **Пти́цы.**

ку́рица	*hen*	цыплёнок	*chick*
гусь *m.*	*goose*	гусёнок	*gosling*
у́тка	*duck*	утёнок	*duckling*
инде́йка	*turkey*	индюшо́нок	*young turkey*
ле́бедь *m.*	*swan*		
воробе́й	*sparrow*		
во́рон	*raven*		
го́лубь	*pigeon, dove*		
орёл	*eagle*	орлёнок	*eaglet*
пелика́н	*pelican*		
попуга́й	*parrot, parakeet*		
сова́	*owl*	совёнок	*owlet*
соловей	*nightingale*		
ча́йка	*seagull*		

II. **Насеко́мые.**

ба́бочка	*butterfly*
бо́жья коро́вка	*ladybug*
жук	*beetle*
му́ха	*fly*
кома́р	*mosquito*
пау́к	*spider*
пчела́	*bee*
мураве́й	*ant*

III. Отве́тьте на вопро́сы.

1. Каки́е пти́цы лета́ют, а каки́е не лета́ют?
2. Каки́е пти́цы пла́вают?
3. Каки́е пти́цы говоря́т?
4. Како́го цве́та во́рон? попуга́й?
5. Каки́е пти́цы пою́т?

6. Каки́е проду́кты мы получа́ем от птиц?
7. Кака́я пти́ца о́чень му́драя?
8. Каки́е насеко́мые лета́ют, а каки́е не лета́ют?
9. Каки́е насеко́мые куса́ют?
10. Каки́е насеко́мые мно́го рабо́тают?
11. Како́е насеко́мое де́лает мёд?
12. Како́е живо́тное лета́ет кро́ме птиц?

IV. Назови́те молодо́е живо́тное во мно́жественном числе́.

1. У ку́рицы _____.
2. У у́тки _____.
3. У инде́йки _____.
4. У гу́си _____.
5. У орла́ _____.
6. У ко́шки _____.

7. У соба́ки _____.
8. У медве́дя _____.
9. У слона́ _____.
10. У ло́шади _____.
11. У совы́ _____.

Случай на реке

incident

Мой друг Виктор и я любили отдыхать на реке. Виктор плавал очень хорошо, а я немного хуже. Однажды в воскресенье мы рано утром поехали за город.[1] Погода была прекрасная. Ярко **светило** солнце, **ветра** не было, а вода в реке была **прохладная**.

shone *wind*
cool

Как только мы дошли до удобного места на берегу реки, Виктор быстро **разделся**, **бросился** в воду и поплыл. А я лёг на песок и начал читать книгу. Книга была очень интересная и я забыл обо всём на свете.

as soon as
undressed
jumped

Когда я посмотрел на часы, было уже два часа.

—Виктор!—крикнул я, но ответа не было. Я встал и посмотрел вокруг. Виктора не было видно.[2]

—Он **утонул**!—подумал я, и в страхе начал кричать и звать на помощь. Потом побежал за **спасательной лодкой**. Лодка отправилась искать Виктора. Я тоже бросился в воду, долго плавал, **нырял**, чтобы найти своего друга.

drowned

lifeboat

dived

Я **устал** и решил вернуться на берег. В этот момент недалеко от меня **появилась** голова Виктора.

got tired
appeared

—Что ты здесь делаешь?—закричал я.

—Помогаю искать утонувшего,[3]—ответил Виктор. Я не знал, сердиться мне или радоваться.

—**Ведь**[4] это тебя́ и́щут, я ду́мал, что ты *but*
утону́л—сказа́л я Ви́ктору.

Когда́ мы доплы́ли до бе́рега, Ви́ктор рас-
сказа́л мне: «Я переплы́л че́рез ре́ку на
друго́й бе́рег, лёг там отдохну́ть и засну́л.
Когда́ я просну́лся бы́ло о́коло двух часо́в. Я
услы́шал крик, что в реке́ кто́-то утону́л. Вот *to save*
я поплы́л его́ **спаса́ть**.»[5]

Примеча́ния

[1] *To the country* for city-dwellers. Note the stress.
[2] This is a colloquial expression similar in tone to: *Victor was nowhere to be seen.*
[3] This is a past active participle used as a noun, i.e., *a person who had drowned.*
[4] This is one of several particles used frequently to introduce a sentence in conversation.
[5] Explain the use of aspect.

Грамма́тика

1. Carrying and leading

A. The verbs **носи́ть — нести́** mean *to carry someone or something while one is walking.*

Почтальо́н но́сит по́чту.
The postman carries mail.
(This is an habitual action, unlimited in direction.)

Мать несёт ребёнка к врачу́.
The mother is taking her child to the doctor's.
(The action is proceeding toward a stated goal. The subject is walking and carrying her child.)

The verb **носи́ть** can have the figurative meaning *to wear habitually.*

Он но́сит очки́.
He wears glasses.

Она́ всегда́ носи́ла о́чень коро́ткие пла́тья.
She always wore very short dresses.

B. The verbs **води́ть — вести́** are most conveniently translated into English by *to lead.* Conversationally, this is a poor translation because the Russian verbs are frequent in conversation and the English equivalent is rare. It is necessary to keep in mind then that the basic meaning of the verbs **водить** — **вести** is *to go under one's own power and be accompanied by someone or something else which is also moving under its own power.*

Он ка́ждый день во́дит дете́й в шко́лу.
He walks his children to school every day.
(This is an habitual action.)

Я веду́ дру́га к нам на ве́чер.
I'm taking a friend to our house for a party.
(This is a single action proceeding toward a stated goal.)

Она́ вела́ на поводке́ небольшу́ю соба́ку.
She was walking a small dog on a leash.
(The action was proceeding in a generally forward direction. The thought seems unfinished.)

The determinate verb **вести** is used figuratively in a number of expressions with the general meaning *to conduct, to carry on.*

вести́ дневни́к	*to keep a diary*
вести́ перегово́ры	*to conduct negotiations*
вести́ перепи́ску	*to carry on correspondence*
вести́ разгово́р	*to carry on a conversation*
вести́ себя́	*to conduct oneself, to behave*
вести́ уро́к	*to conduct a lesson*

C. The verbs **вози́ть** — **везти́** mean *to transport.* They are used whenever any kind of transportation is involved.

Самолёты во́зят по́чту.
Airplanes carry mail.
(This is descriptive, without direction.)

Мать везёт ребёнка к врачу.
The mother is driving her child to the doctor's.
(The motion is proceeding toward a stated goal.)

2. Forms of unprefixed verbs of motion

All unprefixed verbs of motion are imperfective. The forms of the transitive ones are given below. They should be thoroughly learned.

Indeterminate	*Determinate*
водить: вожу,	вести: веду,
водишь, водят	ведёшь, ведут
	Past: вёл, вело
возить: вожу,	везти: везу,
возишь, возят	везёшь, везут
	Past: вёз, везло
носить: ношу,	нести: несу,
носишь, носят	несёшь, несут
	Past: нёс, несло

3. English-Russian equivalents

A. Special attention should be paid to the various Russian equivalents of the English verb *to drive*.

   a. **Ездить — ехать на машине** — intransitive.

   Он обычно ездит туда на машине.
   He usually drives there.

   b. **Возить — везти** — transitive.

   Он везёт детей в школу.
   He's driving his children to school.

c. **Води́ть — (вести́) маши́ну** *to drive a car, to be a driver.* It refers usually to the process or capability of driving and is usually indeterminate.

>Он хорошо́ во́дит маши́ну.
>*He drives well.*

B. Observe the distinction between **води́ть — вести́** and **во́зить — везти́**. This distinction is not always noted in English.

>Он ка́ждый день во́дит дете́й в шко́лу.
>*He takes (walks) his children to school every day.*

>Он ка́ждый день во́зит дете́й в шко́лу.
>*He takes (drives) his children to school every day.*

4. Combinations with verbs of motion

A. The verbs **ходи́ть — идти́** are used with **носи́ть — нести́** if something or someone is being carried and with **води́ть — вести́** if someone or something is accompanying the subject.

>Ка́ждый день мы хо́дим в шко́лу и во́дим туда́ дете́й.
>*Every day we walk to school and take the children there.*

>Почтальо́ны хо́дят по у́лицам и но́сят по́чту.
>*Mailmen walk along the streets and carry mail.*

>Же́нщина идёт по у́лице и ведёт соба́ку.
>*A woman is walking along the street leading her dog.*

>Же́нщина идёт по у́лице и несёт соба́ку.
>*A woman is walking along the street carrying her dog.*

B. Under certain circumstances **ходи́ть — идти́** can be used with **во́зить — везти́**. The subject is walking and transporting someone or something by vehicle.

>Мужчи́на идёт по у́лице и везёт ребёнка на са́нках.
>*A man is walking along the street, pulling a child on a sled.*

C. The verbs **ездить—ехать** should be used only with **возить—везти**.

Ка́ждый день мы е́здим в шко́лу и во́зим туда́ дете́й.
Every day we drive to school and take the children there.

Я е́ду на вокза́л. Я везу́ бага́ж.
I'm going to the station. I'm taking the baggage.

По у́лице е́дет грузови́к. Он везёт о́вощи.
A truck is going along the street. It's carrying vegetables.

D. Whenever more than one motion verb is used in a sentence, care
must be taken not to mix determinate and indeterminate verbs in the
same context. They can be combined only if one verb expresses a
determinate concept and the other an indeterminate concept, as in the
last example.

Я ча́сто хожу́ к дру́гу и ношу́ ему́ кни́ги.
I often go to my friend's and take him books.

Я иду́ к дру́гу и несу́ ему́ кни́гу.
I'm going to a friend's and taking him a book.

Я иду́ сего́дня к дру́гу. Я ча́сто ношу́ ему́ кни́ги.
I am going to my friend's today. I often take him books.

5. Perfective of unprefixed verbs of motion

The perfective of unprefixed verbs of motion is formed by the addition of
the prefix **по-** to the verb. They are time-limiting perfectives, not result-
producers.

A. The perfective formed by adding **по-** to determinate verbs points in
the past tense to the starting point of the motion. Someone has left
for a known destination. Whether or not he has arrived is not stated
by the verb. The perfective formed from **идти́** is **пойти́**.

Вчера́ он пое́хал в Ленингра́д.
Yesterday he left for Leningrad.
(He started out toward a stated goal.)

Ребёнок побежа́л домо́й.
The child ran home.
(He started running toward a stated goal.)

Пти́цы полете́ли на юг.
The birds have flown south.
(They started out in a given direction.)

The perfective must be carefully distinguished from the past tense of the indeterminate, with its connotation of a round trip. Compare three possible past tense sentences:

Ми́ша шёл в шко́лу.
Misha was on his way to school.
(He was in progress toward a stated goal. The thought seems unfinished.)

Ми́ша ходи́л в шко́лу.
Ми́ша был в шко́ле.
Misha went to school.
(He's back now. He made a round trip.)

Ми́ша пошёл в шко́лу.
Misha has left for school.
(He started out toward a stated goal.)

B. In a negated sentence, the indeterminate past tense is used to show that the action did not take place and was not intended or expected to take place. The perfective past tense shows that an intended or expected action did not take place or could not be completed.

Вы е́здили в го́род вчера́?
Did you go to town yesterday?
(Did the action take place at all? If the answer is affirmative, the subject made a round trip. Therefore, the indeterminate verb is used.)

Да, я е́здил в го́род.
Да, я был в го́роде.
Yes, I went to town.
(I went and came back. There was a round trip.)

Нет, я никуда́ не е́здил.
No, I didn't go anywhere.
(The action did not take place; there was never any intention that it take place.)

Нет, я не пое́хал. У меня́ боле́ла голова́.
No, I didn't go. I had a headache.
(The speaker intended to go, but did not.)

The past perfective can be used in questions if there is no round trip implied, especially if it is expected that the action was completed.

Он пое́хал в Ленингра́д?
Has he left for Leningrad?
(If the answer is affirmative, he is assumed to be in transit to or in Leningrad. A negative answer would also be perfective.)

C. In the future tense, this perfective must sometimes be distinguished from the present tense of the determinate. The perfective future must be used when there is a sequence of actions.

Я позавтракаю и пойду́ в шко́лу.
I'll have breakfast and go to school.
(The first action is to be completed before the next begins.)

Otherwise, there is little difference. Especially in the first person singular, the perfective future sounds somewhat more decisive; the determinate present tense, more like a casual statement of fact.

За́втра я пойду́ к врачу́.
I'll go to the doctor's tomorrow.
(This statement stresses the intention of completing the action.)

За́втра я иду́ к врачу́.
I'm going to the doctor's tomorrow.
(This is a statement of fact.)

6. Special perfectives with time limitation

A. Another perfective can be formed by adding the prefix **по-** to indeterminate verbs. These verbs indicate that the action of the verb was of limited duration and lacked direction. They are found mainly in sentences where a sequence of actions requires the perfective.

побе́гать	*to run for a while*
пое́здить	*to drive for a while*
полета́ть	*to fly for a while*
поплáвать	*to swim for a while*
походи́ть	*to walk for a while*

Де́ти побе́гали по са́ду.
The children ran around the garden for a while.
(The children ran in all directions for a limited time.)

Мы пое́здим по го́роду до того́, как мы пое́дем домо́й.
We'll drive around town for a while before we go home.
(First we will drive aimlessly and then set out toward a stated goal.)

Пчёлы полета́ли над кусто́м, а пото́м улете́ли.
The bees flew above the bush for a while and then flew away.
(They flew around aimlessly for a while and then disappeared.)

Давáй поплáваем у бéрега. Я не хочý плыть далекó.
Let's swim around near the shore. I don't want to swim far.
(The first verb shows aimless motion for a limited time; the second
[imperfective, determinate] implies motion in a generally forward
direction.)

Профéссор походúл по кóмнате, а потóм сел и нáчал говорúть.
*The professor walked around the room for a while, then sat down and
started to talk.*
(He walked aimlessly for a limited time; the other actions follow
in a sequence.)

B. In addition, a perfective can be formed by adding the prefix **c-** to
indeterminate verbs. This perfective expresses the meaning of a round
trip. These perfective verbs are used to express an intended round trip
in the future or imperative, because the indeterminate verbs cannot
have this meaning in the future or the imperative. In the past, they
show a quick round trip or a round trip in a sequence of actions.

сбéгать	*to run somewhere and back*
съéздить	*to drive somewhere and back*
сходúть	*to walk somewhere and back*

Сбéгай в магазúн и купú молокá.
Run down to the store and buy some milk.
(Someone is being asked to make a round trip.)

Мой брат сбéгал в магазúн.
My brother ran down to the store.
(He made a quick round trip. The perfective indicates that the
action was quickly completed.)

Человéк идёт в магазúн.

Мы удáчно съéздили в гóрод; купúли всё, что нýжно.
We made a successful trip to town; we bought everything we needed.
(The result is being described, thus the perfective is used.)

Человéк сходúл в магазúн.

Я схожý на пóчту; куплю́ мáрки.
I'll go down to the post office and buy stamps.
(The subject intends to make a round trip.)

C. Observe the following table of partial correspondences.

TYPE OF MOTION	IMPERFECTIVE	PERFECTIVE
Aimless motion	ходúть	походúть
Round trip	ходúть	сходúть
Repetition	ходúть	
Directed motion	идтú	пойтú (beginning)

Упражнéния

I.   Перечитáйте расскáз «Слýчай на рекé».

1. Найдúте все глагóлы движéния (9 форм). Объяснúте употреблéние глагóлов.
2. Объяснúте употреблéние вúда в предложéниях:

А. «Вúктор и я любúли отдыхáть на рекé.»
Б. «. . . лёг там отдохнýть и заснýл.»

3. Найдúте в расскáзе слéдующие фрáзы и объяснúте значéние
кáждого глагóла.

А. «. . . крúкнул я.»
Б. «. . . нáчал кричáть.»
В. «. . . закричáл я.»

II.   Составьте предложения в настоящем и прошедшем временах.

1. Он
   Я   нести
   Мы   везти   туда собаку.
   Она   вести
   Они

2. Ты   водить
   Отец   часто   возить   по саду ребёнка.
   Вы   носить

3. Он
   Вы   идти
   Я   бежать   по этой улице.
   Они   ехать
   Она

III.   Объясните употребление глаголов.

1. Сын несёт отцу стакан чаю.
   Отец носит ребёнка по комнате.
2. Учитель ведёт учеников в музей.
   Учитель водит учеников в музей, на выставки и т. д.
3. Этот грузовик везёт овощи в город.
   Молоко возят на специальных машинах.
4. Он начал плыть через реку.
   Он начал плавать в прошлом году.

IV.   Впишите нужный глагол (**нести, вести, везти**) в настоящем времени. Объясните возможные варианты.

1. Товарищ _____ мне книгу.
2. Товарищ _____ мне из Ленинграда книгу.
3. Мать _____ сына в школу.
4. Мать _____ маленького ребёнка к врачу.
5. Нас _____ осмотреть город.
6. Нас _____ в Москву на конференцию.
7. Почтальон идёт и _____ нам письма.
8. Почтальон едет на велосипеде и _____ письма.
9. Товарищ _____ нас на выставку.
10. Дети бегут из леса и _____ цветы.

V.   Впишите нужный глагол (**носить — нести, водить — вести, возить — везти**) в настоящем времени.

1. Этот поезд идёт из Москвы; он _____ почту.
2. Я еду из отпуска домой и _____ детям подарки.

3. Мой оте́ц—лётчик. Он лета́ет на почто́вом самолёте и _____ по́чту.

4. Куда́ ты идёшь и куда́ ты _____ кни́ги?

5. По э́той доро́ге хо́дят маши́ны. Они́ _____ пассажи́ров на аэродро́м.

6. По у́лице идёт высо́кий солда́т и _____ за́ руку ма́льчика.

7. Демонстра́нты хо́дят по у́лице. Они́ _____ плака́ты.

8. Я е́ду в дере́вню в о́тпуск и _____ туда́ дете́й.

VI. Впиши́те глаго́л в ну́жной фо́рме.

1. Я иногда́ _____ в Москву́, иногда́
        лета́ть—лете́ть
   _____ туда́ по́ездом.
       е́здить—е́хать

2. За́втра я _____ в музе́й с това́рищем.
        ходи́ть—идти́

3. Мы ча́сто _____ в музе́и и на вы́ставки.
        ходи́ть—идти́

4. Куда́ вы _____ по́сле обе́да?
        е́здить—е́хать

5. Де́ти почти́ ка́ждый день _____ в реке́.
           пла́вать—плыть

6. В про́шлом году́ ма́льчик учи́лся _____.
                          пла́вать—плыть

7. В па́рке игра́ли и _____ де́ти.
         бе́гать—бежа́ть

8. Их ма́ленький сын уже́ хорошо́ _____.
                      ходи́ть—идти́

9. Пти́цы _____, а ры́бы _____.
       лета́ть—лете́ть   пла́вать—плыть

10. Когда́ я ви́дел её, она́ _____ соба́ку на поводке́.
            води́ть—вести́

11. Ка́ждый день оте́ц _____ сы́на в шко́лу.
        води́ть—вести́

VII. Прочита́йте предложе́ния и объясни́те употребле́ние глаго́лов.

1. Когда́ я встре́тил его́, он е́хал в кни́жный магази́н.
   Он вчера́ е́здил в кни́жный магази́н.
   Он пое́хал в кни́жный магази́н.

2. Он всегда́ носи́л портфе́ль.
   Он шёл по у́лице и нёс портфе́ль.
   Он взял у меня́ портфе́ль и понёс его́.

3. Стоя́ть здесь хо́лодно; дава́йте похо́дим немно́жко.
   Стоя́ть здесь хо́лодно; пойдём домо́й.

4. Она́ ходи́ла в магази́н вчера́.
   Она́ сходи́ла в магази́н, а пото́м начала́ рабо́тать.

5. За́втра мы е́дем на вы́ставку.

Мы пое́дем на вы́ставку, а пото́м в кино́.

6. Вы бы́ли вчера́ в дере́вне?

—Нет, у меня́ бы́ло мно́го рабо́ты и я не пое́хал в дере́вню.

—Нет, я никуда́ не е́здил вчера́.

VIII. Вы́берите ну́жный глаго́л.

1. Мы хоте́ли смотре́ть э́тот фильм, но не́ было биле́тов. Так мы не _____ в кино́.
   ходи́ли/пошли́

2. Всю зи́му мы не _____ в кино́.
   ходи́ли/пошли́

3. Вы бы́ли в Москве́? Нет, я вообще́ никогда́ не _____
   е́здил/пое́хал
   в Сове́тский Сою́з.

4. Вы бы́ли в дере́вне? Нет, пошёл дождь и мы не
   _____.
   е́здили/пое́хали

5. Ты понёс сочине́ние в шко́лу? Нет, не ко́нчил и так не
   _____.
   носи́л/понёс

6. Где Ива́н? Он _____ в шко́лу.
   ходи́л/пошёл

7. Где Ива́н? В свое́й ко́мнате. Он _____ в шко́лу, а
   ходи́л/пошёл
   тепе́рь он занима́ется.

8. Мы нашли́ ну́жную нам у́лицу и _____ по ней.
   шли/пошли́

9. Мы до́лго _____ по э́той у́лице.
   шли/пошли́

10. Ско́лько вре́мени э́тот самолёт _____ отсю́да до
    лете́л/полете́л
    Москвы́?

11. Самолёт сде́лал круг и _____ на юг.
    лете́л/полете́л

12. Мы пообе́дали в рестора́не и _____ в
    ходи́ли — шли/пошли́
    теа́тр.

13. Мы ча́сто обе́дали вме́сте и _____ в
    ходи́ли — шли/пошли́
    теа́тр.

14. Я никогда́ не _____ на самолёте.
    лета́л — лете́л/полете́л

15. Он пры́гнул в во́ду и _____ к бе́регу.
    пла́вал — плыл/поплы́л

16. Мы пообéдали и _____ немнóжко в красúвом
походúли — пошлú

пáрке.

17. Ивáн скóро вернётся; он _____ позвонúть по
походúл — пошёл

телефóну.

18. Я óчень устáл; _____ домóй.
похóдим — пойдём

19. Дéти _____ в садý, а потóм
побéгали — побежáли

_____ домóй.
побéгали — побежáли

20. Птúца _____ нéкоторое врéмя над óзером
полетáла — полетéла

и _____ к югу.
полетáла — полетéла

IX. Вы́берите нýжный глагóл **ходúть/сходúть** úли **éздить/съéздить**.

1. Я _____ в библиотéку за кнúгами, а потóм нáчал читáть.
2. Вы́ставка ужé закры́лась! И мы тóлько раз _____ тудá.
3. Вы бы́ли в магазúне? Да, я _____ тудá ýтром.
4. Однý минýту. Я бы́стро _____ за молокóм.
5. Что ты дéлал вчерá? Я _____ в гóрод. Мне нáдо бы́ло купúть
нóвые брю́ки.
6. Сегóдня я позáвтракал, потóм _____ в гóрод за словарём, а
потóм нáчал переводúть расскáз.

Повторúтельные упражнéния

I. Впишúте предлóги **на**, **за**, **чéрез**, éсли нýжно.

1. Инженéр поéхал в Москвý _____ недéлю и _____ недéлю
он вернýлся.
2. Учúтель зáдал вопрóс и _____ минýту студéнт отвéтил.
3. Товáрищ мне дал кнúгу _____ недéлю. Я бýду читáть её
_____ недéлю. _____ недéлю я прочитáю её и _____
недéлю отдáм товáрищу.
4. Я уéду в дерéвню _____ лéто.
5. Он написáл статью́ _____ три дня.
6. Он писáл упражнéния _____ два часá.
7. _____ полчасá мне бýдет нýжно уйтú.
8. Я готóвился к экзáмену _____ два дня.
9. Ивáн поéдет в дерéвню _____ две недéли и _____ две
недéли вернётся домóй.
10. Студéнт писáл доклáд _____ мéсяц. _____ мéсяц он написáл
интерéсный доклáд.

II. Отве́тьте на вопро́сы да́нными слова́ми.

1. Ско́лько стоя́т брю́ки? (54 [рубль])
2. Ско́лько сто́ит газе́та? (2 [копе́йка])
3. Ско́лько сто́ит маши́на? (1,200 [рубль])
4. Ско́лько сто́ит ру́чка? (35 [копе́йка])
5. Ско́лько стоя́т часы́? (121 [рубль])
6. Ско́лько сто́ит тетра́дь? (41 [копе́йка])
7. Ско́лько лет ва́шему де́душке? (67 [год])
8. Ско́лько лет ва́шему бра́ту? (11 [год])
9. Ско́лько лет ва́шей ма́тери? (51 [год])
10. Ско́лько лет ма́ленькому ребёнку? (2 [неде́ля])
11. Ско́лько лет э́тому старику́? (93 [год])
12. Ско́лько лет ва́шей до́чке? (18 [ме́сяц])
13. Како́го числа́ вы прие́хали сюда́? (7 [март])
14. Како́го числа́ бу́дет экза́мен? (29 [май])
15. Когда́ был пра́здник в СССР? (8 [ноя́брь])
16. В кото́ром часу́ вы вста́ли? (7:45)
17. В кото́ром часу́ ко́нчатся заня́тия? (12:50)
18. В кото́ром часу́ отхо́дит по́езд? (3:20)
19. В кото́ром часу́ вы обе́даете? (12:15)
20. В кото́ром часу́ вы ложи́тесь спать? (11:00)

Словообразова́ние

Ко́рень **-плав-**, **-плыв-**, *swimming, sailing.*

пла́вать *to swim, to sail*

пла́вание
пла́вательный, -ое, -ая
пла́вный, -ое, -ая *smooth*
плов/е́ц, -ца́ *swimmer*

всплыва́ть/всплыть *to swim up* (from the bottom)
выплыва́ть/вы́плыть *to swim out*
доплыва́ть/доплы́ть *to swim as far as*
отплыва́ть/отплы́ть *to swim away from*
переплыва́ть/переплы́ть *to swim across*
подплыва́ть/подплы́ть *to swim up to*
уплыва́ть/уплы́ть *to swim off*

I. Впиши́те ну́жные слова́.

1. Э́тот ма́льчик до́лго учи́лся ———————. Тепе́рь он хорошо́
                                  swimming

——————.

2. Он стал прекрасным _____.
swimmer

3. У нас в саду _____ бассейн.
swimming

4. Течение реки было _____.
smooth

5. Наш пароход _____ от берега и _____ в откры-
sailed away   sailed out
тое море.

6. Когда я _____ в море, маленькие рыбки
was swimming
_____ ко мне, а потом _____.
swam up to   swam off

7. Вы можете _____ через реку?
swim across

8. Мы скоро _____ до берега.
swam as far as

9. Вдруг перед нашими глазами _____ подводная лодка.
surfaced

Корень **-жи-**, *living*.

жить *to live*

живой, -ое, -ая
живот
животное *noun*
животный, -ое, -ая
жизнь
жизненный, -ое, -ая
житьё
житель *m.*

выживать/выжить *to survive*

заживать/зажить *to heal*

пожилой, -ое, -ая
Как поживаете?

прожить *to spend* (one's life)

II.   Слова с двумя корнями. Что значит каждый корень?

живопись *f.*
живопис/ец, -ца
живописный, -ое, -ая
животворный, -ое, -ая
животноводство
общежитие

Впиши́те ну́жные слова́.

1. У э́того _____ челове́ка, большо́й _____ о́пыт.
               elderly   life

2. Ско́лько _____ в ва́шей дере́вне?
               inhabitants

3. Э́то здоро́вый _____ ребёнок.
               lively

4. Он получи́л тяжёлые ожо́ги в пожа́ре. Наконе́ц ожо́ги _____.
                                             healed

    Он _____.
         survived

5. Мы изуча́ем расти́тельный и _____ мир в пусты́не.
                               animal

6. Как _____? — спроси́л сосе́д.
            are you

7. У меня́ уже́ три дня боли́т _____.
                           stomach

8. Э́тот _____ рису́ет краси́вую _____.
          painter   painting

9. Мы _____ в студе́нческом _____.
         lived   dormitory

10. Все ра́довались _____ дождю́.
                  life-giving

11. В э́том колхо́зе занима́ются _____.
                         animal breeding

12. Мой де́душка _____ всю _____ в ма́ленькой _____
                spent   life   picturesque

    дере́вне. _____ там тру́дное.
          Existence

13. Ско́лько у вас _____ в колхо́зе?
                   animals

III. Что зна́чат сле́дующие слова́? Назови́те глаго́л с тем же са́мым ко́рнем.

    о́тдых   спаси́бо
    рассве́т   спаса́тельный, -ое, -ая
    сон

Впиши́те ну́жные слова́.

1. Я _____ и ви́дел интере́сный _____.
       fell asleep

2. Кто _____ ребёнка, кото́рый упа́л в ре́ку? Ю́ноша в _____
        saved

    ло́дке. Мать мно́го раз повторя́ла — _____.

3. Я е́ду в дере́вню _____. Мне ну́жен _____.
               to rest

4. Когда́ начина́ет _____ со́лнце? На _____.
           to shine

Перево́д

1. Children walk along this street to school. They carry notebooks and pencils.
2. Does your son wear glasses?
3. Do you know how to drive a car? No, my husband always drives me to work.
4. The pupils of our school carry on a correspondence with French school children.
5. That child doesn't know how to behave.
6. He jumped into the water and started to swim.
7. Don't open the door. Class is being held in that classroom.
8. Do you keep a diary?
9. It rained all day and we didn't go anywhere.
10. I'll run down to the bank for money.

Практи́ческие заня́тия

I. **Морски́е живо́тные.**

кит	меду́за	восьмино́г
рак	ули́тка	морско́й лев
краб	дельфи́н	морско́й конёк
морж	черепа́ха	золота́я ры́бка
аку́ла	крокоди́л	морска́я звезда́

Отве́тьте на вопро́сы.

1. Каки́е морски́е живо́тные краси́вые, а каки́е некраси́вые?
2. Каки́е морски́е живо́тные больши́е, а каки́е ма́ленькие?
3. Каки́е морски́е живо́тные млекопита́ющие?
4. Каки́е морски́е живо́тные мо́гут жить и на земле́?
5. Каки́е морски́е живо́тные опа́сны для челове́ка?
6. У како́го мно́го ног?
7. У како́го морско́го живо́тного и́мя мифи́ческого суще́ства? Почему́?
8. Каки́е пти́цы живу́т о́коло мо́ря? Что они́ едя́т?
9. Каки́е морски́е живо́тные мо́гут жить у нас в до́ме? Что они́ едя́т?
10. Мя́со каки́х морски́х живо́тных мы еди́м?
11. Како́е морско́е живо́тное са́мое у́мное?
12. Вы ве́рите, что существу́ют морски́е чудо́вища?

II. Корабли́.

ба́ржа	па́русная ло́дка
парохо́д	подво́дная ло́дка
авионо́сец	спаса́тельная ло́дка
гидросамолёт	

Отве́тьте на вопро́сы.

1. Како́й кора́бль са́мый большо́й?
2. Како́й кора́бль са́мый ма́ленький?
3. В каки́х корабля́х нет мото́ров?
4. На како́й кора́бль мо́жно посади́ть самолёт?
5. На каки́х корабля́х мо́жно переплы́ть мо́ре?
6. На како́м корабле́ мо́жно перевезти́ груз?
7. На како́м корабле́ мо́жно лета́ть?

III. Впиши́те назва́ния морски́х живо́тных.

IV. Посмотри́те на рису́нки и расскажи́те кем де́ти хотя́т быть.

Кем быть?

За поку́пками

shopping

Сего́дня ма́ма и Ве́ра реши́ли пойти́ за поку́пками. Они́ взя́ли **продово́льственные су́мки** и вы́шли на у́лицу. **Как раз** напро́тив, на углу́ большо́го до́ма, нахо́дится но́вый **продово́льственный магази́н** «Гастроно́м». В **бакале́йном**[1] отде́ле ма́ма купи́ла са́хару, ча́ю и конфе́т.[2] Здесь продаю́тся та́кже мука́, рис, макаро́ны. В **гастрономи́ческом** отде́ле на **прила́вках** лежа́т колба́сы разли́чных со́ртов, **ветчина́** и други́е проду́кты. Ма́ма посмотре́ла це́ны и пошла́ к **ка́ссе**. Касси́рша вы́била чек,[3] дала́ ма́ме сда́чу, и ма́ма верну́лась к прила́вку.

— Да́йте мне, пожа́луйста, **полкило́** колбасы́ и одну́ **па́чку** пельме́ней,[4] — сказа́ла она́ и дала́ продавцу́ че́ки.

В э́то вре́мя Ве́ра купи́ла в **конди́терском** отде́ле па́чку **пече́нья** и торт.

— Что мы ещё должны́ купи́ть? — спроси́ла она́?

— Мя́со, ма́сло, хлеб и **смета́ну**,[5] — отве́тила ма́ма.

Недалеко́ от «Гастроно́ма» хоро́шая бу́лочная. Они́ купи́ли в бу́лочной чёрного хле́ба[6] и два **бато́на**, а зате́м пошли́ в моло́чную.

— Заплати́ за три́ста гра́ммов смета́ны, за полкило́ сы́ра и за две́сти гра́ммов ма́сла, — сказа́ла ма́ма Ве́ре.

До магази́на «Мя́со-ры́ба» бы́ло недалеко́.

shopping bags
exactly

grocery
grocery

delicatessen
counters
ham
cash register

half a kilo
package

pastry
cookies   *cake*

sour cream

loaves of white bread

Че́рез пять мину́т они́ стоя́ли пе́ред **витри́-**
ной. Там бы́ли ку́ры, у́тки, гу́си и мя́со—
свинина́, бара́нина, говя́дина. Пе́ред ка́ссой
стоя́ла о́чередь. Ве́ра **заняла́ о́чередь** в ка́ссу,
а ма́ма в э́то вре́мя вы́брала кусо́к мя́са для
су́па.

В овощно́м магази́не продаю́тся капу́ста,
лук, карто́фель, **морко́вь, огурцы́, свёкла**.
Там они́ купи́ли зелёный лук и свёклу для
борща́. Пото́м они́ верну́лись домо́й с по-
ку́пками.

store window

pork lamb beef
held a place in line

onion   carrots
cucumbers   beets

Примеча́ния

[1] The word *grocery* has two meanings in English. **Продово́льственный**
refers to the more general meaning—*food, provisions*. **Бакале́йный** refers
specifically to the kinds of foods listed below it.

[2] What case is this?

[3] In Soviet stores, the customer must pay before receiving his purchases.
He goes to the cashier, tells her what he is going to buy, and gives her the
money for it. She gives him a check for each item. He returns to the counter
where the food is displayed, gives the salesclerk the check and receives his
purchases.

[4] This is a Siberian specialty, similar to ravioli with meat filling. It is sold
frozen, then boiled, and served with butter.

[5] What case is this and why?

[6] What case is this and why?

Грамма́тика

1. Forms of the prepositional singular

The endings of the prepositional singular are:

-и   for masculine nouns ending in **-ий**; for neuter nouns ending in **-ие** and
-мя; and for feminine nouns ending in **-ия** and **-ь**.

-е   for all other nouns.

GENDER	HARD STEM		SOFT STEM	
Masculine	столе́[1]	англича́нине	музе́е	словаре́
	куске́	котёнке	ге́нии	
	враче́			
Neuter	ме́сте		мо́ре	и́мени
	окне́		ружье́	
	со́лнце		зда́нии	
Feminine	стране́		неде́ле	ло́шади ма́тери
	ви́лке		семье́	ве́щи
			ста́нции	

[1] A number of masculine nouns—most of them monosyllables—have, besides the normal -e ending, a special ending in stressed -у́/-ю́, which is used under certain circumstances.

2. Forms of the prepositional plural

The endings of the prepositional plural are:

-ах   for hard-stem nouns
-ях   for soft-stem nouns

GENDER	HARD STEM		SOFT STEM	
Masculine	стола́х	англича́нах	музе́ях	словаря́х
	куска́х	котя́тах		
	врача́х			
Neuter	места́х		моря́х	имена́х[1]
	о́кнах		ру́жьях	
	со́лнцах		зда́ниях	
Feminine	страна́х		неде́лях	лошадя́х матеря́х
	ви́лках		се́мьях	веща́х[2]
			ста́нциях	

[1] Nouns of this type take hard endings in the prepositional plural.

[2] The appearance of -a- here is in accordance with the orthographic rules.

3. Uses of the prepositional case

The prepositional case answers the questions **о ком?**, **о чём?**, **где?** It is the only case that is never used without a preposition.

A. The following prepositions govern the prepositional case when used in the meanings given.

в(о)   *in, at*

Мы живём в го́роде.
We live in the city.

Спроси́ челове́ка в чёрной шля́пе.
Ask the man in the black hat.

Он роди́лся в а́вгусте.
He was born in August.

на   *on, at*

Труп лежи́т на полу́.
A corpse is lying on the floor.

Все бы́ли на собра́нии.
Everyone was at the meeting.

Мы е́здили туда́ на авто́бусе.
We went there by bus.

Он прие́хал на про́шлой неде́ле.
He arrived last week.

о (об, о́бо)   *about* (concerning)

Стари́к ду́мал о свои́х де́тях.
The old man was thinking about his children.

при   *attached to; in the presence of;
         in the time of*

При университе́те не́сколько библиоте́к.
The university has several libraries.

Не говори́ об э́том при де́тях.
Don't talk about that in front of the children.

При Петре́ Пе́рвом был постро́ен го́род Петербу́рг.
During the reign of Peter I, the city of St. Petersburg was built.

B. A number of masculine nouns take stressed **-у/-ю** when used with the prepositions **в** or **на** in a strictly locational sense. Among these nouns are:

ад	в аду́	*in hell*
бал	на балу́	*at the ball*
бе́рег	на берегу́	*on the shore*
бой	в бою́	*in battle*
вид	в виду́	*in view*
год	в году́	*in the year*
край	{ в краю́	{ *in the region*
	{ на краю́	{ *on the edge*

круг	в кругу́	*in a circle*
лес	в лесу́	*in the forest*
мост	на мосту́	*on the bridge*
нос	на носу́	*on the nose*
пол	на полу́	*on the floor*
порт	в порту́	*in port*
пруд	в пруду́	*in the pond*
рай	в раю́	*in heaven*
рот	во рту́	*in the mouth*
сад	в саду́	*in the garden*
снег	в снегу́	*in the snow*
сук	на суку́	*on the branch*
у́гол	{ в углу́	{ *in the corner*
	{ на углу́	{ *on the corner*
час	в часу́	*at the hour*
шкаф	в шкафу́	*in the closet*

These nouns take the normal prepositional ending **-e** under the following conditions:

a. With a preposition other than **в** or **на**.

> о са́де   *about the garden*

b. In titles.

> . . . в «Вишнёвом са́де» Че́хова . . .
> . . . *in Chekhov's* The Cherry Orchard . . .

c. When used in a figurative sense.

> в де́тском са́де   *in kindergarten*

A contrast can sometimes be made between a word used figuratively and one used in a literal locational sense.

> в углу́   *in the corner*
> в угле́   *in the (geometric) angle*

4. Choice of **в** or **на**

Both **в** and **на** express location.

A. Generally, **в** refers to location within a strictly limited or enclosed area.

> в до́ме   *in the house*
> в ко́мнате   *in the room*
> в го́роде   *in the city*
> в апте́ке   *in the drugstore*

B. On the other hand, **на** refers to location in an unlimited or open area.

на у́лице	*on the street, outside*
на столе́	*on the table*
на мо́ре	*on the ocean*

C. When attendance at a function is meant and actual location is irrelevant, then **на** is used.

на ле́кции	*at the lecture*
на конце́рте	*at the concert*
на собра́нии	*at the meeting*
на рабо́те	*at work*

D. Sometimes the choice of preposition differentiates between a limited area expressed by the preposition **в** and an unlimited area using the same noun with **на**.

во дворе́	*in the yard*
на дворе́	*outside*
в углу́	*in the corner* (inside)
на углу́	*on the corner* (outside)
в зда́нии	*in the building*
на зда́нии	*on the building*

E. When these words are used with vehicles, **на** refers to the process of riding in or on the vehicle. In this sense it is synonymous with the instrumental case. The prepositional case with **на** must be used instead of the instrumental if the vehicle is an indeclinable noun. The preposition **в** refers to the location of an event that took place within the vehicle.

Я пое́хал в Нью Йорк на по́езде.
Я пое́хал в Нью Йорк по́ездом.
I went to New York by train.

Я встре́тил дру́га в по́езде.
I met a friend on the train.

Он е́дет домо́й на маши́не.
He's going home by car.

Он сиди́т в маши́не.
He's sitting in the car.

Я éзжу в шко́лу на метро́.
I go to school by subway.

Мы прие́хали сюда́ на такси́.
We came here by taxi.

F. Sometimes the distinction between these two prepositions seems rather arbitrary to foreigners. When rules do not seem to apply, the phrase should be memorized.

на аэродро́ме	*at the airport*
на заво́де	*in the plant*
на фа́брике	*in the factory*
на по́чте	*in the post office*
на вокза́ле	*in the (train) station*
на ста́нции	*in the station*
в кино́	*at the movies*
в теа́тре	*at the theater*
в о́тпуске	*on leave*
в колхо́зе	*on the collective farm*

Он рабо́тает на большо́м заво́де.
He works in a large plant.

Я был в теа́тре вчера́.
I was at the theater yesterday.

Мы живём в колхо́зе.
We live on a collective farm.

По́езд на ста́нции.
The train is in the station.

5. Verbs used with в and на

Certain verbs are followed by **в** or **на** and the prepositional case when used in the meanings given.

жени́ться на	*to marry* (m.)
игра́ть на	*to play* (an instrument)
наста́ивать на/настоя́ть на	*to insist on*
обвиня́ть в/обвини́ть в	*to accuse of*
осно́вываться на	*to be based on*
признава́ться в/призна́ться в	*to declare, to admit*
сомнева́ться в	*to doubt*
убежда́ться в/убеди́ться в	*to become convinced*
уча́ствовать в	*to take part* (*in*)

Мой брат жени́лся на на́шей сосе́дке.
My brother married our neighbor.

Э́тот ма́льчик хорошо́ игра́ет на скри́пке.
This boy plays the violin well.

Он всегда́ наста́ивает на своём.
He always insists on his own way.

Он обвини́л мне во лжи.
He accused me of lying.

Моё мне́ние осно́вывается на фа́ктах.
My opinion is based on facts.

Ива́н призна́лся О́льге в любви́.
Ivan declared his love to Olga.

Они́ призна́лись в оши́бке.
They admitted their mistake.

Он сомнева́ется в свои́х зна́ниях.
He doubts his knowledge.

Мы убеди́лись в ва́жности э́того вопро́са.
We became convinced of the importance of this question.

Де́ти уча́ствуют в спо́рте.
The children take part in sports.

6. Verbs of position and positioning

A. *Taking a position.* The imperfective imperatives **сади́тесь** and **ложи́-тесь** are used when the speaker wishes to express a suggestion rather than a request. This is the normal usage for these verbs.

Imperfective	*Perfective*	
ложи́ться: ложу́сь, ложи́шься, ложа́тся	лечь: ля́гу, ля́жешь, ля́гут Past: лёг, легла́ Imp.: ляг, ля́гте	*to lie down*
сади́ться: сажу́сь, сади́шься, садя́тся	сесть: ся́ду, ся́дешь, ся́дут Past: сел, се́ла Imp.: сядь, ся́дьте	*to sit down*

вставáть: встаю́, встаёшь, встаю́т	встать: встáну, встáнешь, встáнут	*to stand up*

B. Being in position.

Imperfective	*Perfective*	
лежáть: лежу́, лежи́шь, лежáт	полежáть: полежу́, полежи́шь, полежáт	*to be lying*
сидéть: сижу́, сиди́шь, сидя́т	посидéть: посижу́, посиди́шь, посидя́т	*to be sitting*
стоя́ть: стою́, стои́шь, стоя́т	постоя́ть: постою́, постои́шь, постоя́т	*to be standing*

C. Putting in position.

Imperfective	*Perfective*	
класть: кладу́, кладёшь, кладу́т	положи́ть: положу́, поло́жишь, поло́жат	*to place flat*

стáвить: стáвлю, стáвишь, стáвят	постáвить: постáвлю, постáвишь, постáвят	*to place upright*

These verbs should be carefully observed. Each has a specific function and cannot be replaced by any other. In group A and group C, the subject moves. In group A he moves himself; in group C he moves something else. The subject of verbs in group B is stationary. Observe how this works.

a. Flat position.

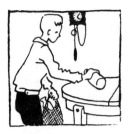

Он положи́л газе́ту на стол; газе́та лежи́т на столе́.
He put the newspaper on the table; the newspaper is (lying) on the table.

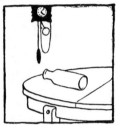

Ива́н лёг на дива́н; он лежи́т на дива́не.
Ivan lay down on the sofa; he is lying on the sofa.

b. Upright position.

Он поста́вил буты́лку на стол; буты́лка стои́т на столе́.
He put the bottle on the table; the bottle is (standing) on the table.

Ива́н встал со сту́ла. Он стои́т в углу́.
Ivan got up from the chair. He is standing in the corner.

c. Sitting position.

> Ива́н сел на стул. Он сиди́т на сту́ле.
> *Ivan sat down on the chair. He is sitting on the chair.*

There are two other pairs of verbs that properly belong in this group. However, they are less frequently used than those given above and are given here for information. Each of these verbs has a primary meaning, unrelated to the above group. They are: **сажа́ть/посади́ть** *to plant* (seeds), *to put someone in a sitting position,*

Он посади́л ребёнка на стол.
He put the child (sitting) on the table.

and **станови́ться/стать** *to become, to take a standing position.*

> Он встал и стал о́коло окна́.
> *He stood up and went to stand near the window.*

In addition, verbs meaning *to hang* act in a similar way. They are **ве́шать/пове́сить** *to hang tr.* and **висе́ть/повисе́ть** *to be hanging.*

> Он пове́сил ка́рту на сте́ну: ка́рта виси́т на стене́.
> *He hung the map on the wall; the map is hanging on the wall.*

7. Prepositions with verbs of motion and position

A. A verb indicating motion toward an object, whether voluntary or involuntary, requires the prepositions **в** or **на** and the accusative case. The choice of **в** or **на** is determined by the noun involved or the meaning being expressed. The verb determines only the case.

> Я е́ду в го́род.
> *I'm going downtown.*

> Я кладу́ игру́шку на пол.
> *I am putting the toy on the floor.*

B. A verb indicating motion away from an object, whether voluntary or involuntary, requires the prepositions **из** or **с** and the genitive case. The choice of prepositions is determined by the noun involved or the meaning being expressed. The preposition **из** corresponds exactly to **в**; **с** corresponds exactly to **на.**

Я еду из города.
I'm going out of town.

Я беру игрушку с пола.
I'm taking the toy from the floor.

C. The three positions are as follows:

Motion toward	*Location*	*Motion from*
в + Accusative	**в** + Prepositional	**из** + Genitive
на + Accusative	**на** + Prepositional	**с** + Genitive

Мы поехали в город.
We went downtown.

Мы были в городе.
We were downtown.

Мы едем из города.
We're going out of town.

Он пошёл на работу.
He went to work.

Он был на работе.
He was at work.

Он идёт с работы.
He's coming from work.

D. With persons, three different prepositions are used: **к** + the dative case for motion toward a person or to his house or office, **у** + the genitive case for location at someone's house or office, **от** + the genitive case for motion away from a person or from his house or office.

Motion toward	*Location*	*Motion from*
к + Dative	**у** + Genitive	**от** + Genitive

Я иду к врачу.
I'm going to the doctor's.

Я был у врача.
I was at the doctor's.

Я иду от врача.
I'm coming from the doctor's.

E. Other types of prepositions of motion show similar distinctions.

Motion toward	Location	Motion from
под + Accusative	под + Instrumental	из-под + Genitive
за + Accusative	за + Instrumental	из-за + Genitive

Он поста́вил буты́лку под стол.
He put the bottle under the table.

Буты́лка стои́т под столо́м.
The bottle is standing under the table.

Он взял буты́лку из-под стола́.
He took the bottle from under the table.

Он кладёт газе́ты за дверь.
He puts newspapers behind the door.

Газе́ты лежа́т за две́рью.
The newspapers are behind the door.

Он берёт газе́ты из-за две́ри.
He takes newspapers from behind the door.

8. Adverbs with verbs of motion and position

Adverbs of motion show the same type of distinction as prepositions.

Motion toward	Location	Motion from	
куда́?	где?	отку́да?	*where*
сюда́	здесь	отсю́да	*here*
туда́	там	отту́да	*there*
домо́й	до́ма	и́з дому	*home*

Упражне́ния

I.   Перечита́йте расска́з «За поку́пками». Найди́те все предло́ги **за, в, на** и объясни́те употребле́ние падежа́ по́сле э́тих предло́гов.

II.   Отве́тьте на вопро́сы да́нными слова́ми.

Образе́ц: О ком вы говори́те? (мать)
Я говорю́ о ма́тери.

1. О ком вы ду́маете?

молодо́й ге́ний   мой друзья́
но́вый учи́тель   э́ти крестья́не

хоро́ший врач   на́ши сыновья́
на́ша дочь   э́тот судья́
Мари́я и Ни́на   ма́ленький ребёнок
на́ши де́ти

2. Где рабо́тают э́ти рабо́чие?

но́вый дом   городско́й музе́й
но́вая шко́ла   большо́й вокза́л
э́то зда́ние   на́ша больни́ца
ста́рое метро́   на́ша апте́ка
ста́рый гара́ж   на́ша по́чта
большо́й сад   на́ша це́рковь
больша́я фа́брика

3. Как вы пое́хали туда́?

но́вая маши́на   самолёт
наш автомоби́ль   парохо́д
городско́е метро́   трамва́й
ско́рый по́езд   такси́

4. Где вы встре́тили Ива́на?

аэродро́м   ле́кция
городско́й парк   ста́рая гости́ница
городско́й музе́й   заня́тия
пя́тый эта́ж   аудито́рия
авто́бус   ку́хня
собра́ние   бал
городска́я библиоте́ка   та́нцы
вы́ставка   бе́рег реки́

III. Поста́вьте слова́ в предло́жном падеже́.

1. Мы ду́маем о (краси́вый сад).
2. При (наш университе́т) больша́я библиоте́ка.
3. О (како́й врач) вы говори́те?
4. Мы говори́м о (мой оте́ц).
5. Солда́т был уби́т в (бой).
6. Что у ребёнка во (рот)?
7. Все говоря́т об (интере́сная ле́кция).
8. Нельзя́ так говори́ть при (де́ти).
9. Мы разгова́риваем о (крестья́не).
10. Каки́е живо́тные живу́т в (мо́ре)?
11. В (како́й год) вы роди́лись?
12. Охо́тник ду́мает о (своё ружьё).

13. Они́ рассказа́ли нам о (пле́мя) инде́йцев.
14. Мы живём в (двадца́тый век).
15. Де́душка всегда́ говори́т о (свои́ вну́ки и вну́чки).
16. Тра́кторы стоя́т в (по́ле).
17. О (кака́я пло́щадь) вы говори́те?
18. Мы не говори́м о (на́ши сосе́ди) при (тётя Мари́я).

IV.   Впиши́те слова́ в ну́жной фо́рме.

1. Э́тот челове́к никогда́ не _____ _____ (оши́бки).
                                    admits

2. Э́та де́вочка хорошо́ _____ _____ (роя́ль).
                              plays

3. Я до́лго _____ _____ её (ве́рность), но наконе́ц я
              doubted

   _____ _____ (э́то).
   became convinced

4. Вы _____ _____ (соревнова́ние)?
       did take part   in

5. Нет, я никогда́ не _____ _____ (спорт).
                       take part   in

6. Э́тот вы́вод _____ _____ (да́нные).
                 is based   on

7. Не _____ _____ (де́ньги). Вы ничего́ не полу́чите.
      insist   on

8. Мы _____ _____ (справедли́вость)
       are becoming convinced

   его́ про́сьбы.

9. Он _____ _____ (секрета́рша).
        married

10. _____ старика́ _____ (нече́стность).
    (They) accused   of

V.   Впиши́те слова́ в ну́жной фо́рме с ну́жным предло́гом.

1. Мы е́дем в университе́т _____ (метро́).
2. Я е́ду в центр _____ (авто́бус).
3. Э́ти де́вушки и ю́ноши е́дут в теа́ть _____ (такси́).
4. Мы сиди́м _____ (по́езд) и разгова́риваем.
5. Мои́ друзья́ е́дут за́ город _____ (маши́на).
6. Мой оте́ц е́дет на рабо́ту _____ (тролле́йбус).
7. Сего́дня у́тром я ви́дел _____ (метро́) Ива́на.
8. Ма́льчики и де́вочки е́дут в шко́лу _____ (трамва́й).
9. Пассажи́ры сидя́т _____ (авто́бус) и чита́ют.
10. Мы е́дем в Евро́пу _____ (парохо́д).

VI.   Дайте антонимы к данным предложениям.

Образцы: 1. Он поставил стакан на стол.
                   Он взял стакан со стола.
              2. Он ехал из города.
                   Он ехал в город.

1. Мы идём на завод.
2. Я возьму тарелку из шкафа.
3. Он едет в театр.
4. Ольга идёт к тёте.
5. Иван положил газету под стол.
6. Мы идём домой.
7. Рабочие едут с фабрики.
8. Андрей поставил зонтик за дверь.
9. Куда вы идёте?
10. Англичане едут в Англию.
11. Дети идут в кино.
12. Мы сейчас идём туда.
13. Он всегда берёт карандаши из этого ящика.
14. Ваня бежит за дерево.
15. Пассажиры идут на вокзал.
16. Куда ты идёшь? Я иду на почту.
17. Эти поезда идут в Москву.
18. Я еду на Кавказ.

VII.   Ответьте на вопросы данными словами.

1. Куда вы идёте?
2. Где вы были?
3. Откуда вы вернулись?

почта	учитель	деревня
школа	музей	кино
пятый этаж	собрание	занятия
берег	булочная	сад
столовая	тётя Мария	фабрика
друзья	больница	двор
кухня	станция	Ваня
лекция	церковь	лес
		дом

VIII.   Впишите глаголы в нужной форме.

1. Я обычно _____ спать рано, но вчера я _____
                     go to bed   went to bed
    очень поздно.

2. За́втра я опя́ть _____ по́здно.
   will go to bed

3. Но по́сле э́того я ка́ждый день _____ ра́но.
   will go to bed

4. Почему́ ты _____? Уже́ о́чень по́здно.
   are lying down

5. Где _____ но́вый журна́л? Все журна́лы _____ на
   is lying   are lying
   столе́.

6. Я всегда́ _____ журна́лы на стол.
   put (*present*)

7. Каранда́ш _____ на полу́. Ты _____ его́ на пол?
   is lying   put (*past*)

8. Нет, я не _____ карандаша́ на пол.
   put (*past*)

9. Пожа́луйста, _____ каранда́ш и журна́л на стол.
   put

10. Не _____ их на пол.
    put

11. _____, е́сли вы уста́ли.
    Lie down

12. _____, пожа́луйста! Мы бу́дем разгова́ривать.
    Sit down

13. Я ча́сто _____ под дере́вьями и чита́ю.
    sit

14. Ребёнок _____ за столо́м. Он занима́ется.
    is sitting

15. Он _____ за стол и на́чал говори́ть.
    sat down

16. Уже́ по́здно! _____!
    Get up

17. _____, судья́ вхо́дит.
    Stand up

18. Но́вое зда́ние _____ на углу́.
    stands

19. Куда́ вы _____ пусты́е буты́лки? Я _____
    put (*present*)   put (*present*)
    их под стол.

20. Вот они́ _____ под столо́м.
    stand

21. _____ э́ту буты́лку под стол. Чего́ вы ждёте? _____.
    Put   Put (it down)

22. Я обы́чно _____ по́здно, но за́втра я _____ ра́но.
    get up   will get up

23. В кото́ром часу́ вы _____ сего́дня?
    got up

24. Все де́ти _____, когда́ учи́тель вошёл в ко́мнату.
    stood up

Повтори́тельные упражне́ния

I. Впиши́те глаго́л ну́жного ви́да в проше́дшем вре́мени и объясни́те употребле́ние ви́да глаго́лов.

обсужда́ть/обсуди́ть

1. Что бы́ло вчера́ на собра́нии? Мы _____ но́вый уче́бник.
2. По́сле того́ как мы _____ уче́бник, мы посла́ли а́вторам на́ши крити́ческие замеча́ния.
3. Не сто́ит говори́ть сейча́с об э́том, ведь мы э́тот вопро́с уже́ _____.
4. Судьи́ _____ де́ло и объяви́ли своё реше́ние.

встреча́ть/встре́тить

1. Где ты был вчера́ ве́чером? Я _____ своего́ бра́та.
2. На конфере́нции я случа́йно _____ своего́ ста́рого знако́мого.
3. Спаси́бо за то, что вы меня́ _____. Я в Москве́ в пе́рвый раз и не зна́ю, где моя́ гости́ница.
4. На аэродро́ме собрало́сь мно́го наро́ду. Они́ _____ делега́цию из По́льши.

включа́ть/включи́ть

1. В ко́мнате ещё совсе́м светло́. Вы напра́сно _____ свет.
2. Выключа́тель в коридо́ре не рабо́тает. Бори́с слома́л его́, когда́ у́тром _____ свет.
3. Сего́дня мы вообще́ не _____ свет.
4. Кто _____ утю́г? Я. Я бу́ду гла́дить.

II. Прочита́йте анекдо́т, впиши́те слова́ в ну́жной фо́рме.

Черепа́ха

В тёплых ю́жных _____ живу́т огро́мные _____.
　　　　　　　　　　мо́ре　　　　　　　　　　　череп а́ха

Иногда́ ме́стные _____ ло́вят _____, де́лают на них
　　　　　　　　жи́тель　　　　　　черепа́ха

разли́чные _____ и отпуска́ют обра́тно в мо́ре.
　　　　　на́дпись

В 1937 _____ италья́нские _____ пойма́ли в мо́ре, о́коло
　　　　　год　　　　　　　　　рыба́к

Пале́рмо, огро́мную черепа́ху. Она́ ве́сила 98 _____. На
　　　　　　　　　　　　　　　　　　　　килогра́мм

_____ бы́ло что́-то напи́сано на _____ языке́. Рыбаки́
она́　　　　　　　　　　　　　　　неизве́стный

позва́ли _____ _____. Но он не смог прочита́ть э́ту
　　　　ме́стный　　　учи́тель

_____. Тогда́ рыбаки́ посла́ли черепа́ху в _____ нау́к
на́дпись   Акаде́мия
в Рим.

Ско́ро отту́да пришёл отве́т. На́дпись на _____ была́
                                          черепа́ха
сде́лана на _____ _____. Эту на́дпись сде́лал вели́кий
            ру́сский   язы́к
ру́сский писа́тель Макси́м Го́рький. Он написа́л на _____ по-
                                                    черепа́ха
ру́сски «Вы́пустил на свобо́ду мою́ черепа́ху Тото́ 1 _____
                                                      апре́ль
1922 _____. Черепа́ха ве́сит 52 _____ и длина́ её—90
      год   килогра́мм
_____. Тото́ о́чень лю́бит сарди́нки. Макси́м Го́рький.
сантиме́тр
Ка́при.»

Отве́тьте на вопро́сы.

1. Ско́лько лет черепа́ха пла́вала в мо́ре?
2. На ско́лько бо́льше она́ ве́сила?

Словообразова́ние

Ко́рень **-лаг-, -лег-, -лог-,** *lying, laying, putting.*

лежа́ть/полежа́ть *to lie*

ложи́ться/лечь *to lie down*

налага́ть/наложи́ть *to levy, to impose*

нало́г

(класть)/положи́ть *to lay, to put*

положе́ние

положи́тельный, -ое, -ая

предлага́ть/предложи́ть *to propose, to offer*

предложе́ние

предло́г

предло́жный (паде́ж)

I. Впиши́те ну́жные слова́.

1. Он не плати́л _____ и поэ́тому госуда́рство _____
                    taxes   imposed
   штраф.
2. По-мо́ему э́то поле́зное _____.
                            suggestion

3. Мы занима́емся _____ падежо́м.
   _____prepositional_____

4. У вас есть _____ план де́йствия?
   _____positive

5. На́ши бра́тья всегда́ до́лго _____ в крова́ти.
   _____lie

6. Де́ти _____ спать ра́но.
   _____go to bed

7. Куда́ ты _____ сего́дняшнюю газе́ту?
   _____put

8. Не конча́йте _____ _____.
   _____sentence_____with a preposition

9. Де́душка _____ нам ча́ю.
   _____offered

10. Ива́н оказа́лся в тру́дном _____.
    _____situation

Ко́рень **-жг-**, **жег-**, **-жог-**, *burning.*

> жечь/сжечь *to burn tr.*
>
> жгу́чий, -ее, -ая
>
> зажига́ть/зажёчь *to light* (a fire or light)
>
> зажига́лка
>
> обжига́ть/обжёчь *to burn* (one's hand, etc.)
>
> обжига́ться/обжёчься *to be burned*
>
> ожо́г
>
> поджига́ть/поджёчь *to set fire to*
>
> поджо́г
>
> поджига́тель *m.*

Ко́рень **-гор-**, *hot, burning, bitterness.*

> горе́ть/сгоре́ть *to burn intr.*
>
> го́ре
>
> го́рький, -ое, -ая
>
> горчи́ца
>
> горя́чий, -ее, -ая
>
> загора́ть/загоре́ть *to sunbathe*
>
> загора́ться/загоре́ться *to catch fire*
>
> зага́р

Ко́рень **-жар-**, *heat, frying*.

жа́рить/зажа́рить *to fry*

жа́ренный, -ое, -ая

жар

жара́

жа́ркий, -ое, -ая

пожа́р

пожа́рный *noun*

пожа́рная маши́на

II.   Впиши́те ну́жные слова́.

1. Когда́ она́ _____ ры́бу, она́ _____ ру́ку.

was frying   burned

2. Дом _____, потому́ что ребёнок _____ спи́чки.

caught fire   was lighting

3. Весь дом _____ и прие́хали _____ _____.

was burning   fire   engines

4. Оди́н _____ _____. Он получи́л серьёзные

fireman   was burned

   _____.

burns

5. Кто _____ дом? _____.

set fire to   An arsonist

6. Я _____ дрова́ _____.

will set fire to   with a lighter

7. Он сиде́л весь день и _____ на со́лнце. У него́ хоро́ший

sunbathed

   _____.

suntan

8. Сего́дня о́чень _____ день.

hot

9. Да, я ещё не привы́к к _____!

heat

10. Осторо́жно! Э́тот чай _____!

hot

11. Вчера́ я _____ карто́фель. Я люблю́ _____ карто́фель.

fried   fried

12. У него́ _____ боль. Он съел сли́шком мно́го _____.

burning   mustard

13. На на́шей у́лице был большо́й _____. Три до́ма _____.

fire   burned

14. Сын на́ших сосе́дей был обвинён в _____.

arson

15. Для его́ ма́тери э́то бы́ло большо́е _____.

grief

16. На про́шлой неде́ле у него́ был высо́кий _____.

fever

17. Он принимал ＿＿＿＿＿＿ лекарство.
　　　　　　　　　bitter

III. Что значат следующие слова? Назовите глагол с тем же самым корнем.

женщина　　　настойчивый, -ое, -ая
сиденье　　　стоянка
сад　　　　　участие
печенье

Впишите нужные слова.

1. ＿＿＿＿＿＿＿＿, пожалуйста, на скамейку в ＿＿＿＿＿.
　　Sit down
2. Большая собака ＿＿＿＿＿＿＿ на ＿＿＿＿＿ в вашей машине.
　　　　　　　　　is sitting
3. Сегодня бабушка весь день ＿＿＿＿＿＿ ＿＿＿＿＿.
　　　　　　　　　　　　　　　baked
4. Он ＿＿＿＿＿＿ на одной ＿＿＿＿＿ из Киева.
　　　married
5. Вы ＿＿＿＿＿＿＿＿＿ в соревновании? Нет, я никогда не
　　　are taking part
принимаю ＿＿＿＿＿ в спорте.
6. Он всегда ＿＿＿＿＿ на своём. Он очень ＿＿＿＿＿ человек.
　　　　　　　insists
7. Вот он ＿＿＿＿＿ около ＿＿＿＿＿ такси.
　　　　　stands

Перевод

1. I'm going to the store for matches. My lighter doesn't work.
2. Where are those fire engines going? Those old buildings are burning and the firemen are going to the fire.
3. Who set fire to those papers?
4. Let the papers burn. I'm burning my new book.
5. Please do not put newspapers on the seat of the car.
6. All children should take part in sports.
7. I will return from my trip next year.
8. My assistant is lying on the floor in the kitchen. He usually sleeps there.
9. I doubt that he likes to sleep on the floor.
10. There is a taxi stand on that bridge.

Практи́ческие заня́тия

I. Еда́.

Мя́со

говя́дина	*beef*
бара́нина	*lamb*
свини́на	*pork*
бифште́кс	*steak*
ветчина́	*ham*
соси́ска	*hot dog*

Óвощи

капу́ста	*cabbage*
лук *sg.*	*onions*
карто́фель *sg.*	*potatoes*
морко́вь *sg.*	*carrots*
огуре́ц	*cucumber*
свёкла	*beet*
помидо́р	*tomato*
гриб	*mushroom*
горо́х *sg.*	*peas*
фасо́ль *sg.*	*stringbeans*

Напи́тки

чай	*tea*
ко́фе	*coffee*
сок	*juice*
пи́во	*beer*
вино́	*wine*

Гастроно́мия

колбаса́	*sausage*
яйцо́	*egg*
сыр	*cheese*
ма́сло	*butter*

Пти́ца и Ры́ба

ку́рица	*chicken*
у́тка	*duck*
гусь	*goose*
инде́йка	*turkey*
икра́	*caviar*
краб	*crab*

Фру́кты

апельси́н	*orange*
лимо́н	*lemon*
я́блоко	*apple*
гру́ша	*pear*
сли́ва	*plum*
пе́рсик	*peach*
виногра́д	*grapes*
арбу́з	*watermelon*
я́годы	*berries*
бана́н	*banana*

Моло́чные проду́кты

молоко́	*milk*
смета́на	*sour cream*
моро́женое	*ice cream*
сли́вки	*cream*
творо́г	*pot cheese*

Хлеб

хлеб	*bread*
бу́лочка	*roll*
пече́нье	*cookies*
пиро́жное	*pastry*
торт	*cake*
по́нчик	*doughnut*

Бакале́я

рис	*rice*
макаро́ны	*macaroni*
мука́	*flour*
са́хар	*sugar*
соль	*salt*
пе́рец	*pepper*
ка́ша	*hot cereal*

II. Отве́тьте на вопро́сы.

1. От како́го живо́тного мы получа́ем моло́чные проду́кты?
2. От каки́х живо́тных мы получа́ем я́йца?
3. От како́го живо́тного мы получа́ем бара́нину? ветчину́?
4. Что вы пьёте на за́втрак? на у́жин?
5. Вы пьёте чай с лимо́ном и́ли с молоко́м?
6. Вы пьёте ко́фе с молоко́м и́ли без молока́?

7. Что бу́дет ну́жно, что́бы пригото́вить овощно́й суп?
8. Что бу́дет ну́жно, что́бы испе́чь пече́нье?
9. Сде́лайте меню́ на за́втрак, на обе́д, на у́жин.
10. Из каки́х овоще́й мо́жно пригото́вить сала́т?
11. Каки́е ва́ши люби́мые о́вощи? фру́кты?
12. Что вы еди́те на сла́дкое?

Трина́дцатый уро́к

На тролле́йбусе

Ива́н обы́чно е́здит в институ́т на тролле́й-бусе.[1] Вчера́ он встал немно́го по́зже, чем обы́чно, и поэ́тому спеши́л. Ему́ ну́жно бы́ло перейти́[2] у́лицу, но на **перекрёстке** горе́л[2] кра́сный сигна́л светофо́ра, и он остановился[2] вме́сте с други́ми пешехо́дами.[3] Наконе́ц загоре́лся зелёный свет, и Ива́н пошёл к остано́вке. Подошёл тролле́йбус, и две́ри откры́лись. Одни́ пассажи́ры на́чали выходи́ть, а други́е—входи́ть и занима́ть свобо́д-ные места́. Это был тролле́йбус без конду́ктора. Ива́н **опусти́л** де́ньги в ка́ссу, **оторва́л** контро́льный биле́т, и сел о́коло откры́того окна́. В это вре́мя он заме́тил во́зле себя́ пожилу́ю[3] же́нщину.

—Сади́тесь, пожа́луйста, —сказа́л Ива́н.[4]

—Спаси́бо, не беспоко́йтесь, —отве́тила она́, —я схожу́ на сле́дующей остано́вке, сиди́те.

Ива́н оста́лся[5] сиде́ть на своём ме́сте. Тролле́йбус бы́стро **мча́лса** вперёд.[6] За окно́м **пробега́ли** дома́, бульва́ры, магази́ны, **афи́ши.**

—Гра́ждане, предъяви́те биле́ты![7]—**разда́лся** вдруг гро́мкий го́лос. Это был контро́лёр. Он брал у пассажи́ров биле́ты, **надрыва́л** их, и возвраща́л обра́тно.[8]

Ива́н опусти́л ру́ку в **карма́н,** но не нашёл там своего́ биле́та. В друго́м карма́не его́

crossing

dropped
tore off

rushed
rushed by
posters
rang out

tore off a corner
pocket

тóже нé бы́ло. Он бы́стро **обыска́л** все кар-   *searched*
ма́ны, но ничего́ не нашёл. «**Неуже́ли** мне   *Don't tell me*
ну́жно бу́дет заплати́ть штраф», поду́мал он.
Пото́м де́вушка, кото́рая сиди́т за Ива́ном,
нагну́лась и подняла́ что́-то с пóла.   *leaned over*

   —Вы **урони́ли** свой биле́т, —сказа́ла она́.   *dropped*

   Ива́н поблагодари́л де́вушку, предъяви́л
биле́т контролёру и на́чал **продвига́ться** к   *move forward*
вы́ходу.

   —Вы схо́дите на сле́дуюшей остано́вке?—
спроси́л он граждани́на, кото́рый стои́т
впереди́.[6]

   —Нет, **проходи́те,**[9] пожа́луйста, —отве́тил   *go on through*
он. Тролле́йбус подошёл к углу́, и Ива́н
вы́шел.

Примеча́ния

[1] Explain the choice of verb in this sentence.
[2] What is the aspect and why?
[3] What is the root of this word?
[4] Explain the choice of verbs in this and the following sentence.
[5] What other verb would be a near synonym here? What is the aspect of the infinitive that follows this verb?
[6] Explain the difference between **вперёд** and **впереди́.**
[7] Most public vehicles in the Soviet Union are "without conductor." The passenger must have the exact change. He drops his money in the cash box and tears off a control ticket. He holds the ticket until he leaves the vehicle. From time to time an inspector boards the vehicle and asks for the ticket. Anyone who has no ticket is immediately fined.
[8] Discuss the use of aspect in this sentence.
[9] Explain the use of aspect.

Грамма́тика

1. Prefixed verbs of motion

Many prefixes can be added to verbs of motion. The prefix shows the direction of the motion. Since a definite direction is indicated, *prefixed verbs of motion cannot be indeterminate*. Like most Russian verbs, they are either perfective or imperfective.

   Prefixed verbs of motion retain the basic meaning of the unprefixed verbs. The prefix gives direction but, except in a figurative sense, any form of **ходи́ть** implies walking, any form of **вози́ть** involves a vehicle, etc.

2. Aspect with verbs of motion

The basic meaning of the aspect is retained. The imperfective focuses attention upon the action itself; the perfective looks toward the successful achievement of a result.

A. Use of the imperfective aspect.

   a. If the action is habitual or repeated, the verb is imperfective. *Observe the use of adverbs to indicate the repetition of the action.*

   Мой друг ча́сто приходи́л ко мне.
   My friend often came to see me.

   Ка́ждый час прилета́ли и улета́ли самолёты.
   Planes were arriving and departing every hour.

   Оте́ц обы́чно отвози́л дете́й в шко́лу.
   Father usually took the children to school.

   Мы ка́ждый день бу́дем уходи́ть ра́но на рабо́ту.
   We'll leave for work early every day.

   Э́тот стари́к бу́дет приноси́ть нам по́чту ка́ждое у́тро.
   This old man will bring us the mail every day.

   b. The imperfective is used to show that an action was or will be in progress at a given time. A perfective verb in the same sentence interrupts the action in progress.

   Когда́ я уви́дел его́, он уходи́л.
   When I saw him, he was leaving.
   (He was getting ready to leave.)

   В 5 часо́в ве́чера, мы подъезжа́ли к Москве́.
   At 5:00 P.M. we were approaching Moscow.
   (We were progressing toward Moscow at the time given.)

   Я встре́тил дру́га, когда́ я входи́л в общежи́тие.
   I met my friend when I was going into the dormitory.
   (The process of entering was interrupted by the meeting.)

   Когда́ вы бу́дете проходи́ть ми́мо теа́тра, зайди́те и купи́те мне биле́т.
   When you're going by the theater, drop in and buy me a ticket.
   (The progressive motion past the theater is to be interrupted to buy a ticket.)

c. The imperfective past tense is used when the action has taken place but the result has been annulled. Both the stated motion and its opposite have been performed.

> Вчера́ ко мне приходи́л врач.
> *The doctor came to see me yesterday.*
> (And he left again, so the result has been annulled.)

> В про́шлом году́, я уезжа́л на юг.
> *Last year I took a trip to the south.*
> (I went and returned.)

> Кто́-то входи́л в ко́мнату, когда́ меня́ не́ было.
> *Someone was in the room during my absence.*
> (He came in and went out.)

> Меня́ не́ было до́ма; я выходи́л в магази́н.
> *I wasn't home. I went out to the store.*
> (But now I am home.)

d. In negated sentences, the imperfective indicates that the action did not or will not take place. There is no known intention or expectation that it will take place.

> К вам никто́ не приходи́л.
> *No one came to see you.*
> (No one had been expected.)

> Я был до́ма весь день; никуда́ не уезжа́л.
> *I was home all day. I didn't go anywhere.*
> (The speaker did not intend to go anywhere.)

> Сего́дня почтальо́н ничего́ не приноси́л. Сего́дня пра́здник.
> *The mailman didn't bring anything today. It's a holiday.*
> (The speaker did not expect mail.)

B. Use of the perfective aspect.

a. The perfective past tense is used if a result has been achieved and remains in force, if the action has taken place and has not been annulled.

> Отца́ нет до́ма. Он уе́хал на рабо́ту.
> *Father's not at home. He left for work.*
> (He is gone. The result remains in force.)

> Вчера́ ко мне пришёл брат.
> *My brother came to my house yesterday.*
> (He is still there.)

Сегодня почтальон принёс вам письмо.
Today the mailman brought you a letter.
(The letter is here.)

b. The perfective future is used by the speaker if an action is intended or expected to be completed.

Я привезу́ вам пода́рок из Ита́лии.
I'll bring you a present from Italy.
(The speaker intends to bring it.)

Ива́н прилети́т сюда́ из Москвы́.
Ivan will fly here from Moscow.
(The speaker expects Ivan to arrive here by plane.)

c. The perfective is used if the moment of achieving the result is emphasized.

Он пришёл в 10 ч.
He arrived at 10:00.
(The arrival time is stressed.)

Кто́-то вы́шел из э́той лаборато́рии.
Someone came out of that laboratory.
(Someone was just seen coming out.)

В кото́ром часу́ прилети́т самолёт?
At what time will the plane arrive?
(The exact time of arrival is needed.)

d. The perfective is used to show a sequence of actions, usually of limited duration. One action is completed before the following one begins.

Он пришёл, поговори́л с бра́том, и ушёл.
He arrived, spoke for a minute with his brother, and left.
(Each action took place separately before the next.)

Она́ откры́ла дверь и вошла́ в дом.
She opened the door and entered the house.
(The door was opened before she could enter.)

e. In negated sentences, the perfective indicates that an anticipated action did not take place and is no longer expected to take place.

Ива́н обеща́л прийти́ сего́дня, но не пришёл.
Ivan promised to come today, but he didn't.
(The speaker expected Ivan to come.)

Отве́т на моё письмо́ ещё не пришёл.
The answer to my letter hasn't come yet.
(It has not come and the speaker is beginning to think it may never come.)

По э́той доро́ге вы не дое́дете до це́нтра го́рода.
You won't get downtown on that road.
(It is impossible. The road probably doesn't go there.)

C. Use of aspects in the imperative.

    a. A request to perform an action is normally made with a perfective verb.

        Принеси́те мне газе́ту, пожа́луйста.
        Please bring me the newspaper.
        (When the action is completed, I will have the newspaper.)

    b. An urgent or repeated request is made with an imperfective verb.

        Ну, почему́ вы там стои́те? Входи́те!
        Well, why are you standing there? Come on in!
        (The addressee is being urged to proceed with the action immediately.)

    c. If the speaker is making a suggestion rather than a request, he may use an imperfective verb.

        Приходи́те к нам в го́сти!
        Come visit us sometime!
        (This is an informal invitation. It is not a request in any sense.)

    d. A negative imperative is normally imperfective. The perfective expresses a warning not to perform an undesired action inadvertently.

        Не уноси́те докуме́нты; я хочу́ их посмотре́ть.
        Don't carry off the documents; I want to look at them.
        (This is a negative request.)

        Смотри́те, не унеси́те э́ти докуме́нты вме́сте с други́ми: на них ещё нет по́дписей.
        Be careful not to carry off these documents with the others. They're not signed yet.
        (This implies that the action would not be performed purposely.)

3. Formation of prefixed verbs of motion

A. The imperfective aspect is obtained by adding a prefix either to the indeterminate verb or to a stem similar to it. When the prefix ends in a consonant, **-ъ-** is added before **-езжáть**. The following are the stems on which prefixed verbs of motion form their imperfective aspect verbs. Remember that these are stems, not independent verbs. When the imperfective stem differs from the indeterminate verbs in form or stress, the indeterminate verb has been given for comparison.

-бегáть (бéгать)	*to run*
-водúть	*to lead*
-возúть	*to transport*
-езжáть (éздить)	*to ride, to drive*
-летáть	*to fly*
-носúть	*to carry*
-плывáть (плáвать)	*to swim*
-ходúть	*to walk.*

B. The perfective aspect is obtained by adding a prefix to the determinate verb. The verb **идтú** has **-йтú** as its perfective stem. If the prefix ends in a consonant, **-о-** is added before **-йтú** and **-ъ-** before **-éхать**.

C. Although it is possible in theory to combine all of the motion verbs with any of the prefixes, in actual practice some of the forms obtained are rarely if ever used. Such forms will not be given here.

Most motion verbs are intransitive and are followed by adverbial expressions or prepositional phrases. The prepositions given are those which are most commonly used with each set of prefixed verbs.

4. The main prefixes

A. The prefix **в-**.

Verbs prefixed in **в-** normally express movement into a bounded space. The place into which someone is coming or bringing something is usually expressed or implied in the sentence. The following prepositions are most commonly used after verbs with this prefix:

в	for nouns requiring **в/из**
на	for nouns requiring **на/с**
к	for persons

вбегáть/вбежáть	*to run in*
вводúть/ввестú	*to lead in, to introduce* (new methods, etc.)
ввозúть/ввезтú	*to import*

въезжа́ть/въе́хать   *to drive in*
влета́ть/влете́ть   *to fly in*
вноси́ть/внести́   *to carry in* (a heavy object)
вплыва́ть/вплыть   *to swim in*
входи́ть/войти́   *to walk in*

Ма́льчик вбежа́л в ко́мнату.
The boy ran into the room.

Но́вый дире́ктор ввёл э́то пра́вило.
The new director introduced that rule.

Она́ ввела́ своего́ сы́на в ко́мнату.
She brought her son into the room.

А́нглия вво́зит са́хар.
England imports sugar.

Студе́нты вошли́ в аудито́рию на ле́кцию.
The students entered the lecture hall for the lecture.

B. The prefix **вы-**.

Verbs prefixed in **вы-** normally express motion out of a bounded space. The place from which someone is going or taking something is often expressed in the sentence. When **вы-** is prefixed to a perfective verb *all* forms of the verb are stressed on the prefix. These verbs usually take the following prepositions:

> **из**   for nouns requiring **в/из**
> **с**   for nouns requiring **на/с**
> **от** for persons

выбега́ть/вы́бежать   *to run out*
выводи́ть/вы́вести   *to lead out*
вывози́ть/вы́везти   *to export*
выезжа́ть/вы́ехать   *to drive out*
вылета́ть/вы́лететь   *to fly out*
выноси́ть/вы́нести   *to carry out* (a heavy object)
выплыва́ть/вы́плыть   *to swim out*
выходи́ть/вы́йти   *to walk out*

Ма́льчик вы́бежал из до́ма.
The boy ran out of the house.

Она́ вы́вела сы́на из ко́мнаты.
She took her son out of the room.

Куба вывозит сахар.
Cuba exports sugar.

Студенты вышли из аудитории после лекции.
The students left the lecture hall after the lecture.

C. The prefix **при-**.

Verbs prefixed in **при-** express coming, arriving, or bringing something. They indicate the arrival of the subject at a place where he will spend some time or perform some act. Verbs prefixed in **при-** take the following prepositions:

в	for nouns requiring **в/из**
на	for nouns requiring **на/с**
к	for persons

прибегать/прибежать	*to come running*
приводить/привести	*to bring* (to walk and lead)
привозить/привезти	*to bring* (by vehicle)
приезжать/приехать	*to come, to arrive* (by vehicle)
прилетать/прилететь	*to arrive flying*
приносить/принести	*to bring* (to walk and carry)
приплывать/приплыть	*to arrive sailing*
приходить/прийти	*to come, to arrive* (under one's own power)

Эти грузовики привозят овощи в магазин.
These trucks are bringing vegetables to the store.

Рабочие приезжают на завод рано утром.
The workmen arrive at the plant early in the morning.

Самолёт прилетит в 7 ч.
The airplane will arrive at 7:00.

Моя сестра пришла ко мне и принесла печенье.
My sister came to my house and brought cookies.

D. The prefix **у-**.

Verbs prefixed in **у-** express departing or taking something away. They indicate the departure of the subject from a place where he has spent some time or performed some act. Verbs prefixed by **у-** take the following prepositions:

из	for nouns requiring **в/из**
с	for nouns requiring **на/с**
от	for persons

в or **на**   in the meaning of *to leave for*

убега́ть/убежа́ть	*to run away*
уводи́ть/увести́	*to take away* (to walk and lead)
увози́ть/увезти́	*to take away* (by vehicle)
уезжа́ть/уе́хать	*to depart, to go away* (by vehicle)
улета́ть/улете́ть	*to fly away*
уноси́ть/унести́	*to take away* (to walk and carry)
уплыва́ть/уплы́ть	*to swim away*
уходи́ть/уйти́	*to depart, to go away*
	(under one's own power)

Рабо́чие уезжа́ют с заво́да ве́чером.
The workmen leave the plant in the evening.

За́втра я уе́ду в Москву́.
Tomorrow I'll leave for Moscow.

Самолёт улети́т в 7 ч.
The airplane will leave at 7:00.

Моя́ сестра́ ушла́ от меня́ и унесла́ пече́нье.
My sister left my house and took cookies.

Упражне́ния

I.   Перечита́йте расска́з «На тролле́йбусе».

1. Найди́те глаго́лы движе́ния с приста́вками (о́коло 10-и форм) и объясни́те их значе́ние.
2. Найди́те сле́дующие предложе́ния и объясни́те, что зна́чит ка́ждый глаго́л.

   А. «Ива́н опусти́л де́ньги в ка́ссу.»
   Б. «Вы урони́ли свой биле́т.»

II. Объясни́те употребле́ние ви́да.

1. Оте́ц до́ма? Да, он уже́ **пришёл** с рабо́ты.
   Нет, он ещё не **приходи́л**.
   Нет, он сказа́л, что он **придёт** ра́но, но ещё не
   пришёл.
2. Когда́ я пришёл в его́ кварти́ру, он уже́ **ушёл**.
   Когда́ я пришёл в его́ кварти́ру, он **уходи́л**.
3. Где Ива́н? Он **вы́шел** на пять мину́т.
   Где вы бы́ли? Я **выходи́л** на пять мину́т.
4. Почему́ вы **вошли́** в ко́мнату?
   Почему́ вы **входи́ли** в ко́мнату?

III. Вы́берите ну́жные глаго́лы движе́ния. Объясни́те возмо́жные
вариа́нты.

1. Грузови́к _____ в гара́ж и останови́лся.
   въезжа́л/въе́хал
2. Я не заме́тил грузови́к, когда́ он _____ в гара́ж.
   въезжа́л/въе́хал
3. Я уви́дел его́ то́лько по́сле того́ как он уже́_____
   въезжа́л/въе́хал
   в гара́ж.
4. Когда́ мы _____ из ле́са, мы уви́дели большу́ю
   выходи́ли/вы́шли
   ре́ку.
5. Самолёт _____ с аэродро́ма в 7 ч.
   вылета́л/вы́летел
6. Брат _____ маши́ну из гаража́, и на́чал её мыть.
   выводи́л/вы́вел
7. Когда́ мы _____ я́щик в ко́мнату, мы откры́ли
   вноси́ли/внесли́
   его́ и заме́тили, что в нём пи́сьма.
8. Когда́ мы _____ я́щик в ко́мнату, мы его́
   вноси́ли/внесли́
   урони́ли.
9. Нельзя́_____ в аудито́рию! Иду́т заня́тия.
   входи́ть/войти́
10. _____ пожа́луйста в мою́ ко́мнату и_____
    Входи́/войди́   вноси́/внеси́
    э́тот чемода́н.
11. У́тром меня́ не́ было до́ма; я _____ в библиоте́ку.
    уходи́л/ушёл
12. Бра́та нет до́ма; он _____ на стадио́н.
    уходи́л/ушёл
13. Где ты был по́сле обе́да? Я _____ на стадио́н.
    уходи́л/ушёл

14. Когда́ ты _____, я уберу́ ко́мнату.
    бу́дешь уходи́ть/уйдёшь
15. Самолёт _____ в 7 ч.
    бу́дет прилета́ть/прилети́т
16. Почтальо́н уже́ _____ по́чту.
    приноси́л/принёс
17. Профе́ссор ча́сто _____ студе́нтам кни́ги из
    привози́л/привёз
    Москвы́.
18. Серге́й _____ к фи́нишу первы́м.
    прибега́л/прибежа́л
19. К вам _____ друг. Он оста́вил вам запи́ску.
    приходи́л/пришёл
20. К вам _____ друг. Он ждёт вас уже́ час.
    приходи́л/пришёл
21. К вам _____ Ива́н. Он _____
    приходи́л/пришёл   приноси́л/принёс
    вам кни́ги. Вот они́.
22. К вам _____ Ива́н. Он _____
    приходи́л/пришёл   приноси́л/принёс
    вам кни́ги, но почему́-то не оста́вил их.
23. В кото́ром часу́ вы _____ за́втра?
    бу́дете выходи́ть/вы́йдете
24. За́втра я не _____.
    бу́ду выходи́ть/вы́йду
25. Де́ти уве́рены, что оте́ц _____ им
    бу́дет приноси́ть/принесёт
    пода́рки ка́ждый ве́чер.

IV. Впиши́те глаго́лы **принести́**, **привезти́**, **унести́**, **увезти́** в ну́жной
    фо́рме.

    1. Студе́нты пришли́ на заня́тия и _____ уче́бники по фи́зике.
    2. Сего́дня ко мне пришёл Ива́н и _____ свои́ но́вые ма́рки.
    3. Оле́г ушёл и _____ по оши́бке моё пальто́.
    4. А́нна прие́хала из Пари́жа и _____ францу́зские кни́ги.
    5. Преподава́тель собра́л на́ши тетра́ди и _____ их.
    6. За́втра я прие́ду к вам и _____ мои́ фотогра́фии.
    7. Де́ти ско́ро приду́т на уро́к и _____ свои́ тетра́ди.
    8. За́втра я уе́ду отсю́да и _____ все мои́ ве́щи.
    9. Преподава́тель верну́лся и _____ на́ши тетра́ди.
    10. Оле́г прие́хал из Москвы́ и _____ мно́го ру́сских книг.

V. Впиши́те глаго́лы **приноси́ть/принести́** и́ли **привози́ть/привезти́**
   в ну́жной фо́рме.

    1. Ка́ждый день де́ти _____ в шко́лу свои́ тетра́ди.
    2. Студе́нты за́втра _____ на заня́тия уче́бники.

3. Когда́ он пришёл ко мне, он _____ сего́дняшнюю газе́ту.

4. Когда́ она́ прие́хала из Пари́жа, она́ _____ нам пода́рки.

5. Ка́ждый день преподава́тель _____ на заня́тия интере́сные статьи́.

6. Оте́ц за́втра _____ сы́ну кни́ги из Ленингра́да.

7. Вчера́ Ива́н _____ на уро́к ста́рый журна́л.

8. Ка́ждое ле́то мой брат е́здит в Евро́пу и _____ отту́да кни́ги.

VI.   Прочита́йте предложе́ния. Объясни́те ра́зницу ме́жду отве́тами.

1. Вы е́здили в воскресе́нье на экску́рсию?

    А. Я не пое́хал: у меня́ о́чень боле́ла голова́.

    Б. Я никуда́ не е́здил в воскресе́нье.

2. Вы пока́зывали ваш рису́нок учи́телю?

    А. Я не носи́л э́тот рису́нок учи́телю.

    Б. Нет, я не понёс его́ сего́дня учи́телю, так как не успе́л зако́нчить.

3. У тебя́ боля́т зу́бы? А ты был у врача́?

    А. Нет, вчера́ я собира́лся пойти́, а сего́дня испуга́лся и не пошёл.

    Б. Нет, я ещё не ходи́л к врачу́.

VII. Впиши́те глаго́лы движе́ния с ну́жной приста́вкой и́ли без приста́вки.

1. Куда́ вы _____ за́втра?
             are going

2. Учи́тель _____ по коридо́ру и _____ тетра́ди.
          was going   was carrying

3. За́втра я куплю́ но́вую маши́ну, а пото́м _____ домо́й.
                                    will drive

4. По́сле за́втрака мы _____ на заня́тия.
                       went

5. Мы уви́дели самолёт, кото́рый _____ на юг.
                              was flying

6. Я не _____ в столо́вую; я поу́жинаю до́ма.
          will go

7. Я никогда́ не _____ в Москву́.
             went

8. Куда́ ты _____ ка́ждый ве́чер?
          go

9. Он всегда́ _____ свои́х дете́й в шко́лу.
          drives

10. Ива́на нет до́ма. Он _____ в библиоте́ку.
       left

11. Мне ну́жно _____ в магази́н. Подожди́те
                to go (and return)
   меня́, я бы́стро _____.
                   will go (and return)

12. Никола́й ещё не _____? Тогда́ ну́жно за ним
                    arrived

   _____.
   to go (and return)

13. У меня́ заболе́ла голова́. Я _____ на све́жий во́здух
                               went out
   и _____ по па́рку.
     walked for a while

VIII. Впиши́те глаго́л **идти́** с ну́жной приста́вкой и́ли без приста́вки.

Вчера́ мы реши́ли _____ в кино́. Мы _____ из до́ма и
_____ по у́лице. Когда́ мы _____ по у́лице, начался́ дождь.
Мы реши́ли _____ в магази́н и немно́го подожда́ть. Дождь
ско́ро ко́нчился, мы _____ из магази́на и _____ да́льше.
Че́рез не́сколько мину́т мы _____ в кинотеа́тр. Мы купи́ли
биле́ты и _____ в зал.

Повтори́тельные упражне́ния

I. Отве́тьте на все вопро́сы, употребля́я да́нные слова́.

Образцы́: Где вы бы́ли вчера́? (врач)
          Я был у врача́ вчера́.

          Куда́ вы е́здили вчера́? (го́род)
          Вчера́ я е́здил в го́род.

1. Куда́ вы ходи́ли по́сле заня́тий?
2. Где вы бы́ли по́сле заня́тий?

   собра́ние   кино́
   студе́нческая столо́вая   това́рищ
   городска́я библиоте́ка   моя́ мать
   кни́жный магази́н   хими́ческая лаборато́рия
   по́чта

3. Куда́ ходи́л э́тот студе́нт?
4. Где был э́тот студе́нт?

   ле́кция   аудито́рия
   но́вый музе́й   заня́тия
   преподава́тель   ве́чер

II. Впишите слова в нужной форме. Впишите нужные предлоги.

1. Эти мальчики всё время _____ _____ (футбол).

used to play

2. Я не _____ (ваш друг).

believe

3. Эти люди _____ _____ (наши дети).

are complaining   about

4. Мы _____ (встреча) с ним.

avoided (successfully)

5. Он прекрасно _____ песню _____ (рояль).

played   on

6. Мне _____, что эта женщина _____ (свои соседи).

it seems   envies

7. Вчера мы все _____ (экзамены).

took

8. Мы хорошо _____ (экзамен) потому что мы долго _____.

passed   studied

9. Они _____ (поезд) на (станция).

waited for

10. Мой сын никогда не _____ (трамвай).

saw

Словообразование

Корень -зна-, *knowledge*.

знать *to know*

знание

признавать/признать *to recognize*

признаваться/признаться *to admit, to confess*

признание

признанный, -ое, -ая

сознавать/сознать *to be aware of, to realize*

сознание

сознательный, -ое, -ая

узнавать/узнать *to recognize, to find out*

знакомиться/познакомиться *to get acquainted*

знакомый *noun*

значить *to mean*

значение

значительный, -ое, -ая

знак

Note the following distinction.

Мы ещё не призна́ли прави́тельства но́вой страны́.
We still haven't recognized the government of the new country.

Я не узна́л ста́рого дру́га; он так измени́лся.
I didn't recognize my old friend; he changed so much.

I.   Впиши́те ну́жные слова́.

1. Он не _____, что́ де́лает.
     realize

2. Ка́ждый _____ граждани́н принима́ет уча́стие в
                conscientious
   вы́борах.

3. Он потеря́л _____ и упа́л на пол.
                consciousness

4. Он _____, что он сде́лал э́то наро́чно.
       admitted

5. Я с трудо́м _____ моего́ _____.
                recognized   acquaintance

6. С э́тим нельзя́ спо́рить. Э́то _____ факт.
                              acknowledged

7. Что э́то _____? Ничего́.
            means

8. Вы совсе́м не по́няли _____ э́того де́ла.
                         significance

9. Вы _____ э́того молодо́го а́втора? Да, я _____
     know   became acquainted
   с ним в про́шлом году́.

10. На конце́ сло́ва пи́шется мя́гкий _____.
                                      sign

11. Он — челове́к больши́х и ра́зных _____.
                                     knowledge

12. Она́ сама́ _____ свои́ недоста́тки.
       is aware (of)

13. Я не _____ ваш авторите́т.
          recognize

14. _____ достиже́ния э́того учёного получи́ли все-
    The significant
    о́бщее _____.
            recognition

Ко́рень **-раб-**, *work, slavery.*

рабо́тать *to work*
рабо́та
рабо́тник
рабо́чий *noun*

рабо́чий, -ее, -ая
раб
ра́бство
безрабо́тица
безрабо́тный, -ое, -ая
зараба́тывать/зарабо́тать *to earn*
зарпла́та (зарабо́тная пла́та)
обраба́тывать/обрабо́тать *to cultivate*
обрабо́тка
перераба́тывать/перерабо́тать *to rework, to revise*

II. Впиши́те ну́жные слова́.

1. В про́шлом, _____ _____ зе́млю.
         slaves   cultivated

2. В тридца́тых года́х бы́ло мно́го _____.
                                  unemployment

3. Э́ти _____ _____ мно́го де́нег.
       workmen   earn

4. У меня́ о́чень мно́го _____. Мне на́до _____ весь план.
                       work   to rework

5. Мой помо́щник _____ хорошо́. Он созна́тельный _____.
                works   worker

6. В кото́ром часу́ начина́ется ваш _____ день?
                                  work

7. _____ челове́к не получа́ет _____.
   An unemployed   salary

8. В како́м году́ отмени́ли _____?
                          slavery

9. Во мно́гих стра́нах _____ земли́ са́мое гла́вное заня́тие.
                      cultivating

III. Что зна́чат сле́дующие слова́?

беспоко́иться   го́род
поко́й   городо́к
споко́йный, -ое, -ая   городско́й, -ое, -ая
беспоко́йство   при́город
беспоко́йный, -ое, -ая
                         служи́ть
граждани́н   слу́жащий *noun*
гражда́нство   слу́жба
гражда́нский, -ое, -ая   слуга́ *m.*

Впишите нужные слова.

1. Не _____ об Ольге. Она такая _____ девушка.
        worry   calm

2. Больному нужен полный _____.
                              quiet

3. Простите за _____.
                 trouble

4. Во время грозы, мы смотрели на _____ море.
                                      stormy

5. Мы живём не в _____, а в _____.
                  city   suburb

6. Мы живём в маленьком _____.
                           town

7. Она скоро примет американское _____.
                                     citizenship

8. Где находится _____ библиотека?
                   city

9. Его прадед жил на юге во время_____ войны.
                                    civil

10. _____ страны выбрали президента.
    The citizens

11. Его сестра_____секретаршей. У неё хорошая_____.
                is employed   job

12. У богатого старика много _____.
                               servants

13. Сколько у вас _____?
                   employees

Перевод

1. Run down to the store and buy bread.
2. Many citizens of this town work at the factory.
3. I didn't talk to them because I was leaving when they called.
4. Come into the room and close the door.
5. I turned off the light when I was leaving the house.
6. The citizens dropped money in the cashbox when they got off the bus.
7. The servant dropped a cup on the floor.
8. When I opened the door, I noticed all my books and papers were on the floor.
9. A workman had come into the room when I was not at home.
10. I don't like to read the works of famous authors in translation.

Практи́ческие упражне́ния

I.   **Городски́е зда́ния.**

апте́ка	магази́н
библиоте́ка	музе́й
больни́ца	парикма́херская
вокза́л	рестора́н
гости́ница	теа́тр
заво́д	университе́т
кинотеа́тр	шко́ла

II.   **Рабо́чие и слу́жащие.**

актёр	носи́льщик
апте́карь	официа́нт
библиоте́карь	парикма́хер
врач	по́вар
инжене́р	преподава́тель
касси́р	продаве́ц
медсестра́	продавщи́ца
меха́ник	профе́ссор
музыка́нт	учи́тель

III.   **Впиши́те ну́жные слова́ по образцу́.**

Образе́ц: Продаве́ц рабо́тает _____ _____.

Продаве́ц рабо́тает __в__ __магази́не__.

1. Официа́нт рабо́тает _____ _____.
2. Учи́тель рабо́тает _____ _____.
3. Библиоте́карь рабо́тает _____ _____.
4. Врач рабо́тает _____ _____.
5. Меха́ник рабо́тает _____ _____.
6. Носи́льщик рабо́тает _____ _____ и́ли _____ _____.
7. Парикма́хер рабо́тает _____ _____.
8. Преподава́тель рабо́тает _____ _____.
9. Продавщи́ца рабо́тает _____ _____.
10. Медсестра́ рабо́тает _____ _____.
11. По́вар рабо́тает _____ _____.
12. Касси́р рабо́тает _____ _____ и́ли _____ _____.
13. Апте́карь рабо́тает _____ _____.
14. Инжене́р рабо́тает _____ _____.
15. Актёр рабо́тает _____ _____.
16. Музыка́нт рабо́тает _____ _____.
17. Профе́ссор рабо́тает _____ _____.

IV. Отве́тьте на вопро́сы.

    1. В како́м зда́нии лю́ди обы́чно сидя́т и чита́ют?

    2. Где продаю́т оде́жду, кни́ги и т. д.?

    3. Где продаю́т лека́рство?

    4. Где ле́чат больны́х?

    5. В како́м зда́нии у́чатся де́ти?

    6. Где у́чится молодёжь?

    7. В како́м зда́нии мо́жно смотре́ть фильм?

    8. Где мо́жно смотре́ть пье́су?

    9. Отку́да отхо́дят поезда́?

  10. В како́м зда́нии храня́тся ста́рые ве́щи?

  11. Где мо́жно обе́дать и́ли у́жинать?

  12. Где живу́т тури́сты?

  13. В како́м го́роде вы живёте? Он большо́й и́ли ма́ленький?

  14. Есть в ва́шем го́роде хоро́шие рестора́ны?

V. Впиши́те назва́ния городски́х зда́ний.

_____

_____

Четырнадцатый урок

Разные сыновья

Иван Петрович и Николай Степанович были друзьями. Их сыновья были **ровесниками** и вместе учились в школе.

Иван Петрович был очень строгим отцом.[1] Николай Степанович всегда говорил ему: «Почему ты так строг с сыном? Я не такой строгий отец, как ты, но мой сын не хуже, чем твой.»

Однажды друзья были в гостях. Начался разговор о сыновьях. И снова Николай Степанович сказал, что он не понимает, почему его друг так строг с сыном.

Тогда Иван Петрович подошёл к окну и позвал своего сына, который **гулял** во дворе. Отец быстро написал записку и дал её сыну.

—Отнеси эту записку домой и принеси мне быстро ответ от матери, —сказал отец.

Хорошо—ответил его сын и вышел из комнаты. Как только сын вышел из комнаты, отец стал говорить:

—Сейчас Юра идёт вниз по **лестнице**. Вот он подходит к двери, открывает её и выходит на улицу. Вот он идёт по улице. Сейчас он находится на углу улицы. Вот он проходит мимо кинотеатра. Теперь он уже на нашей улице. Вот он подходит к нашему дому. Он около двери, **стучит** в дверь. Жена открывает дверь. Юра входит в дом и отдаёт записку. Он получает ответ и отправляется в

the same age

was "playing"

stairs

knocks

обра́тный путь. Вот он выхо́дит из до́ма и *return*
идёт по у́лице, прохо́дит ми́мо кинотеа́тра и
подхо́дит к две́ри, вхо́дит в дом, подни-
ма́ется по ле́стнице. Сейча́с он до́лжен быть
здесь.

—Ю́ра, ты принёс отве́т от ма́мы?—
спроси́л Ива́н Петро́вич.

Дверь откры́лась, и Ю́ра сказа́л, —Да,
па́па. Вот запи́ска от ма́мы.

—Хорошо́. Спаси́бо сыно́к. Тепе́рь иди́
гуля́ть, —сказа́л оте́ц.

По́сле э́того Никола́й Степа́нович сказа́л:

—Мой сын мо́жет сде́лать всё э́то не ху́же,
чем твой.

Он то́же написа́л запи́ску, позва́л сы́на,
кото́рый гуля́л на у́лице, и сказа́л ему́:[2]

—Отнеси́ э́ту запи́ску ма́ме и бы́стро
принеси́ от неё отве́т.

—Ла́дно—отве́тил ма́льчик и ме́дленно *all right*
вы́шел из ко́мнаты.

Как то́лько сын вы́шел, оте́ц стал говори́ть
так же, как и его́ друг: *like*

—Ко́ля идёт вниз по ле́стнице. Вот он
подхо́дит к две́ри, выхо́дит на у́лицу, пере-
хо́дит че́рез доро́гу и идёт **напра́во**. Сейча́с *to the right*
он прохо́дит ми́мо гастроно́ма, пото́м ми́мо
кни́жного магази́на и подхо́дит к на́шему
до́му. Он вхо́дит в дом, поднима́ется на **ли́фте** *elevator*
на восьмо́й эта́ж, открыва́ет дверь в кварти́ре,
и отдаёт запи́ску. Получа́ет отве́т и пото́м
идёт обра́тно. Сейча́с он идёт по ле́стнице
вниз, выхо́дит из до́ма, прохо́дит ми́мо
кни́жного магази́на, пото́м ми́мо гастро-
но́ма, перехо́дит че́рез у́лицу, и вхо́дит в дом.
Сейча́с он до́лжен быть здесь.

—Ко́ля!—позва́л оте́ц.

—Что?—отве́тил сын из-за две́ри.

—Дай мне запи́ску от ма́мы!

—Я . . . я . . . ещё не ходи́л[3] домо́й, па́па,
я и́щу свою́ **ша́пку**[4] . . . *cap*

Оба отца́ посмотре́ли **друг на дру́га**[5] и не *at each other*
сказа́ли ни сло́ва.

Примечáния

1 What is the case of this word and why?
2 Explain the use of aspect in the sentence.
3 Explain the choice of verb.
4 What is the case of this word and why?
5 When a preposition is used with this expression, it is inserted between the two words.

Граммáтика

1. Other important prefixes

A. The prefix вз- (вс-).

Verbs prefixed in **вз- (вс-)** express motion in an upward direction. Often no goal is indicated, but sometimes the preposition **на (в** with some nouns) is used to show the course of the action or indicate a goal.

взбегáть/взбежáть	*to run up*
взлетáть/взлетéть	*to fly up, to take off*
всплывáть/всплыть	*to swim up* (from the bottom)
всходи́ть/взойти́	*to go up, to rise*

Когдá всхóдит сóлнце?
When does the sun rise?

Дéти взбежáли на вторóй этáж.
The children ran up to the second floor.

Самолёт взлетéл в нéбо.
The plane took off into the sky.

B. The prefix до-.

Verbs prefixed in **до-** express motion which reaches a defined limit or attains a specific goal. These verbs are usually followed by the preposition **до** and a noun which expresses the goal or limit of the motion.

доезжáть/доéхать	*to reach* (by vehicle)
доплывáть/доплы́ть	*to swim as far as*
доходи́ть/дойти́	*to reach* (walking)

Как дойти́ до городскóй библиотéки?
How does one get to the city library?

Наконéц мы доéхали до Москвы́.
Finally we reached Moscow.

C. The prefix **за-**.

Verbs prefixed in **за-** express a side excursion of short duration which interrupts a longer trip. They take the following prepositions:

в for nouns requiring **в/из**
на for nouns requiring **на/с**
к for persons

забега́ть/забежа́ть	*to drop in* (running)
заводи́ть/завести́	*to drop off; to wind* (machinery)
завози́ть/завезти́	*to drop off*
заезжа́ть/зае́хать	*to drop in* (vehicle)
заноси́ть/занести́	*to drop off*
заходи́ть/зайти́	*to drop in* (walking)

Не забу́дьте завести́ часы́.
Don't forget to wind your watch.

По доро́ге на рабо́ту я завезу́ ребёнка в шко́лу.
On the way to work, I'll drop my child off at school.

Я занесу́ ему́ кни́гу.
I'll drop the book off for him.

Иногда́ она́ захо́дит ко мне.
She sometimes drops in to see me.

D. The prefix **об-**.

Verbs prefixed in **об-** are transitive and require a complement in the accusative case. They express circular motion in several related but separate contexts.

объезжа́ть/объе́хать	*to drive around*
облета́ть/облете́ть	*to fly around*
обходи́ть/обойти́	*to walk around*

a. These verbs may express circling an object or avoiding it.

Мы облете́ли весь мир.
We flew around the world.

Обойди́ лу́жу!
Walk around the puddle!

b. They may express motion from one object to another until all have been visited.

Мы обошли́ все музе́и в го́роде.
We visited all the museums in town.

E. The prefix **от-**.

a. *Intransitive* verbs prefixed in **от-** express motion away from an object expressed or implied in the sentence. They are followed by the preposition **от**.

отъезжа́ть/отъе́хать	*to drive away from*
отплыва́ть/отплы́ть	*to swim away from*
отходи́ть/отойти́	*to walk away from*

Наконе́ц мы отъе́хали от го́рода.
Finally we drove away from the city.

Она́ отошла́ от прила́вка.
She stepped away from the counter.

b. *Transitive* verbs prefixed in **от-** indicate that someone or something is being taken away to a place specified in the sentence. They are followed by the prepositions:

в   for nouns requiring **в/из**
на   for nouns requiring **на/с**

specifying the place to which someone or something is taken.

отводи́ть/отвести́	*to lead away to*
отвози́ть/отвезти́	*to drive away to*
относи́ть/отнести́	*to carry away to*

Я отведу́ дете́й в шко́лу.
I'll walk the children to school.

Он отвёз госте́й на ста́нцию.
He drove the guests to the station.

F. The prefix **пере-**.

a. Verbs prefixed in **пере-** express motion across something from one side to the other. They may be used transitively or with the preposition **че́рез**.

переводи́ть/перевести́	*to lead across*
переезжа́ть/перее́хать	*to drive across*
переноси́ть/перенести́	*to carry across*
переплыва́ть/переплы́ть	*to swim across*
переходи́ть/перейти́	*to walk across*

Учи́тель перевёл дете́й че́рез у́лицу.
The teacher led the children across the street.

Мы перешли́ у́лицу.
Мы перешли́ че́рез у́лицу.
We crossed the street.

b. Some of these verbs can express movement from one place to another in a somewhat figurative sense.

переводи́ть/перевести́	*to transfer; to translate*
переезжа́ть/перее́хать	*to move*
переноси́ть/перенести́	*to transfer*

Он перевёл статью́ с ру́сского на англи́йский.
He translated the article from Russian to English.

Мы перее́хали на другу́ю кварти́ру.
We moved to a new apartment.

Пётр Пе́рвый перенёс столи́цу в Петербу́рг.
Peter I transferred the capital to St. Petersburg.

G. The prefix **под-**.

Verbs prefixed in **под-** express an approach toward an object. They are followed by the preposition **к**.

подъезжа́ть/подъе́хать   *to approach, to drive up to*
подплыва́ть/подплы́ть   *to swim up to*
подходи́ть/подойти́   *to approach, to walk up to*

Мы подъезжа́ли к Москве́ в 5 ч.
We were approaching Moscow at 5:00.

Она́ подошла́ к прила́вку с поку́пками.
She stepped up to the counter with her purchases.

H. The prefix **про-**.

Verbs prefixed in **про-** express motion past or through an object.
They are used in several related but separate contexts.

пробега́ть/пробежа́ть   *to run past*
проезжа́ть/прое́хать   *to drive past*
проходи́ть/пройти́   *to walk past*

a. These verbs can be used with the preposition **че́рез** meaning *to go through*.

   Мы прое́хали че́рез лес.
   We drove through the forest.

b. These verbs can be used with the preposition **ми́мо** meaning *to go by* or *past*.

   Де́ти пробега́ли ми́мо на́шего до́ма.
   Children were running by our house.

c. Verbs with this prefix can be used transitively meaning *to pass* something *unintentionally*.

   Он спал и прое́хал остано́вку.
   He was sleeping and rode past his stop.

d. Several of these verbs can be used in a figurative sense.

проводи́ть/провести́	*to pass, to spend time* (transitive)
проходи́ть/пройти́	*to pass, to disappear* (intransitive)

Он провёл ле́то в дере́вне.
He spent the summer in the country.

Вы хорошо́ провели́ вре́мя?
Did you have a good time?

До́ждь прошёл.
The rain stopped.

Вре́мя прохо́дит.
Time passes.

Бо́ль прошла́.
The pain disappeared.

I. The prefix **раз- (рас-)**.

a. Verbs prefixed in **раз- (рас)** express motion originating at a single point and separating and scattering in all directions. The *intransitive* verbs acquire the particle **-ся** and are not used in the first and second persons singular.

развози́ть/развезти́	*to distribute*
разъезжа́ться/разъе́хаться	*to disperse*
разноси́ть/разнести́	*to distribute*
расходи́ться/разойти́сь	*to separate*

Почтальо́ны разно́сят по́чту.
Mailmen distribute mail.

Де́ти разошли́сь по́сле шко́лы.
The children scattered after school.

b. To this group also belongs the verb **разводи́ться/развести́сь** *to be divorced*.

Она́ развела́сь с му́жем.
She divorced her husband.

J. The prefix **с-**.

Verbs prefixed in **с-** must be divided into two groups—those that express downward motion and those that express convergence.

a. Some verbs prefixed in **c-** show downward motion. In form, the imperfective of these verbs closely resembles the perfective time-limiting verbs with prefix **c-**, and they must be carefully distinguished.

сбега́ть/сбежа́ть	*to run down*
съезжа́ть/съе́хать	*to drive down*
слета́ть/слете́ть	*to fly down*
сноси́ть/снести́	*to carry down*
сходи́ть/сойти́	*to walk down, to get off*

Пти́ца слете́ла с де́рева.
The bird flew down from the tree.

Он сошёл с авто́буса.
He got off the bus.

b. Verbs prefixed in **c-** may also express motion from many directions to one point. In this meaning the *intransitive* verbs acquire the particle **-ся** and are not used in the first and second persons singular.

съезжа́ться/съе́хаться	*to come together*
сноси́ть/снести́	*to bring together*
сходи́ться/сойти́сь	*to come together*

Лю́ди съезжа́ются на ве́чер.
People are gathering for the party.

2. Distinctions in meaning

A. Observe the following distinctions in intransitive verbs of motion.

a. **Выходи́ть/вы́йти** *to walk out.*

Он вы́шел из до́ма в 10 ч.
He came out of the house at 10:00.
(Attention is focused on the act of walking out. Perhaps he picked up the paper and returned to the house.)

b. **Отходи́ть/отойти́** *to move away from.*

Парохо́д отошёл от бе́рега и вы́шел в мо́ре.
The ship moved away from the bank and went out to sea.
(This verb focuses attention on the motion of the subject away from a specific location. It is almost always used for trains.)

c. **Уходи́ть/уйти́** *to depart, to leave.*

> Он ушёл из до́ма.
> *He left the house.*
> (This verb points to the departure of the subject from a place where he spent some time or performed some act.)

d. **Идти́/пойти́** *to leave, to set out.*

> Он пошёл домо́й.
> *He went home.*
> (This verb is very nearly synonymous with **уйти́**. However, it points to the departure of the subject for a known goal. It cannot be used like **уйти́** to refer to the place being left. However, it is possible to say either:

> Он пошёл домо́й.
> *He went home.*

> Он ушёл домо́й.
> *He left for home.*)

B. Observe the following distinctions in transitive verbs of motion.

a. Verbs prefixed in **вы-** are usually found in sentences which specify the place from which someone or something is taken. (**Выноси́ть/вы́нести** and their opposites **вноси́ть/внести́** are used only to describe the moving of a heavy object.)

выводи́ть/вы́вести	*to take out*
вывози́ть/вы́везти	*to take out*
выноси́ть/вы́нести	*to take out*

> Он вы́вел ребёнка из ле́са.
> *He led the children out of the woods.*

> Он вы́нес стол из ко́мнаты.
> *He carried the table out of the room.*

b. Verbs prefixed in **от-** are usually used in sentences which specify the place to which someone or something is taken. These verbs may connote taking someone or something back to a place where he has been before.

отводи́ть/отвести́	*to take out, to take away*
отвози́ть/отвезти́	*to take out, to take away*
относи́ть/отнести́	*to take out, to take away*

> Он отвёз госте́й на вокза́л.
> *He drove the guests to the station.*

Он отнёс стол в ку́хню.
He carried the table out to the kitchen.

c. Verbs prefixed in **y-** stress the fact that someone or something is being removed. Place is often not specified in the sentence.

уводи́ть/увести́	*to take away*
увози́ть/увезти́	*to take away*
уноси́ть/унести́	*to take away*

Он ушёл и увёл с собо́й сы́на.
He left and took his son with him.

Упражне́ния

I.   Перечита́йте расска́з «Ра́зные сыновья́». Найди́те глаго́лы движе́ния с приста́вками и объясни́те значе́ние приста́вок (о́коло 30-и форм).

II.   Переведи́те сле́дующие предложе́ния и объясни́те ра́зницу ме́жду ни́ми.

1. Дире́ктор **ушёл** и сего́дня его́ не бу́дет.
    Дире́ктор **вы́шел**. Подожди́те его́. Он ско́ро вернётся.
2. Кто к вам **приходи́л** по́сле собра́ния?
    Кто к вам **подходи́л** по́сле собра́ния?
3. Я не хоте́л меша́ть това́рищам и **отошёл** к окну́.
    Я не хоте́л меша́ть това́рищам и **ушёл**.
    Я не хоте́л меша́ть това́рищам и **вы́шел** в коридо́р.
4. Мой брат **пришёл** вчера́.
    Мой брат **зашёл** вчера́.
5. Мы **прое́хали** ми́мо библиоте́ки.
    Мы **объе́хали** большо́й грузови́к.
6. Ле́том Ива́н **пое́хал** на ро́дину.
    Ле́том Ива́н **уе́хал** на ро́дину.
7. **Уведи́те** отсю́да э́ту соба́ку.
    Отведи́те в ку́хню э́ту соба́ку.
8. Мы **снесли́** все ве́щи в одну́ ко́мнату.
    Мы **снесли́** все ве́щи вниз.

III.   Да́йте анто́нимы к глаго́лам и напиши́те предложе́ния.

Образе́ц: Покупа́тель подошёл к прила́вку.
            Покупа́тель отошёл от прила́вка.

1. Пассажи́р вошёл в ваго́н.
2. Он прие́хал в го́род к дру́гу.

3. По́езд отошёл от вокза́ла.
4. Самолёт прилете́л во́время.
5. На́ша страна́ вво́зит са́хар.
6. Мы подплы́ли на ло́дке к бе́регу.
7. Они́ вы́шли из до́ма в 9 часо́в.
8. Мы вно́сим кни́ги в кварти́ру.
9. Мать увела́ сы́на из ко́мнаты.
10. Брат принёс с собо́й ма́ленького сы́на.

IV. Вы́берите ну́жный глаго́л, и впиши́те его́ в ну́жной фо́рме.

1. Мы опозда́ли, потому́ что мы _____ в магази́н.
                       заходи́ть/зайти́

2. Мы всегда́ ра́ды вас ви́деть. _____ к нам ча́сто!
                              Заходи́ть/зайти́

3. И́горь, по доро́ге домо́й _____ на по́чту и купи́
                             заходи́ть/зайти́
мне ма́рки.

4. Ива́н, ты _____ на сле́дующую остано́вку?
              сходи́ть/сойти́

5. Э́ти грузовики́ _____ о́вощи по магази́нам
                  развози́ть/развезти́
раз в неде́лю.

6. По́сле собра́ния все студе́нты _____
                          разъезжа́ться/разъе́хаться
по дома́м.

7. Делега́ты _____ на съезд всю про́шлую
                  съезжа́ться/съе́хаться
неде́лю.

8. Я _____ вниз, на пе́рвый эта́ж, и на́чал раз-
            сходи́ть/сойти́
гова́ривать.

9. Мы с трудо́м _____ вниз большо́й дива́н.
                 сноси́ть/снести́

10. Мы _____ все ве́щи в одну́ ко́мнату.
           сноси́ть/снести́

11. По́сле ремо́нта до́ма, мы _____ все ве́щи
                        разноси́ть/разнести́
по ко́мнатам.

12. Я _____ весь парк, но не нашёл това́рища.
        обходи́ть/обойти́

13. Космона́вт Герма́н Ти́тов _____ зе́млю 17
                             облета́ть/облете́ть
раз.

14. Мы _____ о́зеро, а вы переплывёте его́ на
        обходи́ть/обойти́
ло́дке.

15. Э́та маши́на е́дет о́чень ме́дленно. Дава́йте
_____ её.
    объезжа́ть/объе́хать

16. Де́ти всё вре́мя _____ и _____
                    взбега́ть/взбежа́ть   сбега́ть/сбежа́ть
    по ле́стнице.

17. В кото́ром часу́ _____ со́лнце за́втра?
                    всходи́ть/взойти́

18. Реву́т мото́ры. Самолёт отрыва́ется от земли́ и
    _____ в не́бо.
    взлета́ть/взлете́ть

19. Загоре́лся зелёный свет и мы _____ у́лицу.
                                переходи́ть/перейти́

20. Вы уже́ живёте в но́вой кварти́ре? Нет, мы ещё не
    _____.
    переезжа́ть/перее́хать

21. Милиционе́р _____ ребёнка на другу́ю
               переводи́ть/перевести́
    сто́рону у́лицы.

22. Ты уже́ _____ расска́з?
           переводи́ть/перевести́

23. Нет, я ещё не _____ его́. Я
                  переводи́ть/перевести́
    _____ его́ за́втра.
    переводи́ть/перевести́

24. Где ва́ши кни́ги? В гараже́. За́втра я _____
                                         переноси́ть/перенести́
    их в дом.

25. Где здесь музе́й? А вы уже́ его́ _____.
                                   проходи́ть/пройти́

26. Мы сиде́ли в па́рке. Ми́мо нас _____ де́ти.
                                 пробега́ть/пробежа́ть

27. Я вам покажу́ Большо́й теа́тр, когда́ мы
    _____ ми́мо.
    проезжа́ть/прое́хать

28. Почему́ вы здесь сто́ите? _____ в ко́мнату,
                             Проходи́ть/пройти́
    пожа́луйста.

29. Опусти́те, пожа́луйста, пи́сьма, когда́ вы _____
                                            проходи́ть/пройти́
    ми́мо по́чты.

V. Переведи́те глаго́лы на ру́сский.

1. Самолёты _____ и _____ ка́ждый час.
            arrive   depart

2. Поезда́ _____ и _____ ка́ждый час.
           arrive   depart

3. У нас гость. Мой брат _____ из Ки́ева.

arrived
4. Где ваш муж? Он _____ на́шу до́чку в шко́лу.

took
5. Где был ваш муж? Он _____ до́чку в шко́лу.

took
6. _____ отсю́да все э́ти ста́рые журна́лы.

Take
7. _____ отсю́да твоего́ сы́на. Он шуми́т.

Take
8. _____ дете́й в ку́хню. Они́ шумя́т.

Take
9. _____ мне пожа́луйста мои́ очки́. Я не могу́ чита́ть без них.

Bring
10. _____ к ка́рте и покажи́те Сове́тский Сою́з.

Go
11. Де́ти уве́рены, что оте́ц _____ им пода́рки ка́ждый

will bring
    ве́чер.
12. Я _____ моему́ профе́ссору кни́гу из Пари́жа.

will bring
13. Когда́ ты _____ в Пари́ж? Я _____ в сре́ду.

will leave   will leave
14. Вы _____ с собо́й свою́ сестру́?

brought
15. Я _____ у́лицу, когда́ загори́тся зелёный свет.

will cross

VI. Переведи́те сле́дующие предложе́ния. Скажи́те како́го ви́да э́ти
глаго́лы.

1. Когда́ лифт не рабо́тает, я **схожу́** вниз по э́той ле́стнице.
2. Мне ну́жно **сходи́ть** в магази́н.
3. Ле́кция начина́лась в 7 часо́в, но лю́ди на́чали **сходи́ться** в 6 ч.
4. На како́й остано́вке вы **сойдёте**?

VII. Впиши́те ну́жные глаго́лы движе́ния.

В воскресе́нье я реши́л _____ в музе́й. Я _____ из до́ма в
11 ч. Музе́й нахо́дится недалеко́ от на́шего до́ма, поэ́тому я
_____ пешко́м. По доро́ге я реши́л _____ к своему́ дру́гу и
пригласи́ть его́ с собо́й. Я _____ к его́ до́му, _____ в дом и
позвони́л. Из кварти́ры _____ его́ сестра́ и сказа́ла, что Бори́са
нет до́ма. «Он _____ в библиоте́ку», сказа́ла она́. Я _____ из
до́ма и _____ по у́лице. Снача́ла я _____ пря́мо, пото́м
_____ напра́во. Наконе́ц я _____ до музе́я. Я _____ в
музе́й, разде́лся и _____ в пе́рвый зал. Я _____ все за́лы.

Э́тот музе́й мне о́чень понра́вился. Я оде́лся, _____ из музе́я и _____ домо́й.

VIII. Впиши́те слова́ в ну́жной фо́рме; вста́вьте ну́жные предло́ги.

1. Профе́ссор вошёл _____ (аудито́рия) и ле́кция начала́сь.
2. Мы дое́хали _____ (ста́нция) на такси́.
3. Он подошёл _____ (окно́) и посмотре́л на у́лицу.
4. Пото́м он отошёл _____ (окно́) и сел обе́дать.
5. Все пассажи́ры вы́шли _____ (трамва́й).
6. Лю́ди це́лый день проходи́ли _____ (наш дом).
7. Мы перешли́ _____ (у́лица) и вошли́ _____ (по́чта).
8. Э́тот студе́нт пришёл _____ (ле́кция) во́время.
9. Я зашёл _____ (апте́ка) за аспири́ном.
10. Мы переплы́ли _____ (река́) и подплы́ли _____ (бе́рег).

Повтори́тельные упражне́ния

I. Впиши́те слова́ в ну́жной фо́рме.

1. Он _____ (ча́шка) (чай).
      wants
2. Кто там _____ (заня́тия)?
           guides
3. Я про́сто не _____ (э́ти профессора́).
              trust
4. Вы должны́ _____ (слова́рь).
            to use
5. Э́тот ма́льчик _____ (маши́ны), но он не
              is fascinated by
   _____ (матема́тика).
   is interested in
6. Ему́ нельзя́ _____ _____ (семья́).
            to rely   on
7. Я _____ (Мари́я) и _____ её об э́том.
     will call   will ask
8. Мы _____ _____ его́ (исто́рия).
      doubt
9. Вы _____ _____ (собра́ние)?
     are taking part   in

II. Отве́тьте на вопро́сы да́нными слова́ми.

   Образе́ц: Я поста́вил стул за стол. Где стул?
            Он за столо́м.

1. Я положи́л кни́гу на пи́сьменный стол. Где кни́га?
2. Я положи́л ключ под газе́ту. Где ключ?

3. Мы поста́вили маши́ну за э́то зда́ние. Где маши́на?
4. Он положи́л нож в я́щик. Где нож?
5. Она́ поста́вила зо́нтик в у́гол. Где зо́нтик?
6. Де́душка пое́хал в колхо́з. Где де́душка?
7. Ива́н положи́л часы́ на крова́ть. Где часы́?
8. Посади́ли дере́вья за це́рковь. Где дере́вья?

Словообразова́ние

Ко́рень -ход-, -шед-, *going, walking.*

ходи́ть *to walk*

входи́ть/войти́ *to enter*

вход

всходи́ть/взойти́ *to ascend, to rise*

восхо́д

выходи́ть/вы́йти *to go out*

выходи́ть/вы́йти за́муж *to get married f.*

вы́ход

выходно́й день

доходи́ть/дойти́ *to go as far as, to reach*

дохо́д

заходи́ть/зайти́ *to drop in*

находи́ть/найти́ *to find*

находи́ться *to be* (*located*)

нахо́дка

обходи́ть/обойти́ *to walk around, to make rounds*

отходи́ть/отойти́ *to walk away from, to depart* (for a train)

отхо́д

переходи́ть/перейти́ *to walk across*

перехо́д

подходи́ть/подойти́ *to approach*

подхо́д

подходя́щий, -ее, -ая

приходи́ть/прийти́ *to arrive*

прихо́д

проходи́ть/пройти́ *to go through, to pass*

прохо́д

прохо́жий *noun*

проше́дшее (вре́мя)

про́шлый, -ое, -ая

про́шлое *noun*

происходи́ть/произойти́ *to occur, to happen*

происхожде́ние

расходи́ться/разойти́сь *to separate, to scatter*

расхо́д

сходи́ть/сойти́ *to descend*

сходи́ться/сойти́сь *to assemble*

уходи́ть/уйти́ *to leave*

Слова́ с двумя́ ко́рнями. Что зна́чит ка́ждый ко́рень?

пешехо́д	путеше́ствовать
парохо́д	путеше́ствие

I. Впиши́те ну́жные слова́.

1. В кото́ром часу́ _____ по́езд в Москву́?
        departs

2. Когда́ он чита́ет ле́кцию, профе́ссор _____ по ко́мнате.
                                                 walks

3. Мы _____ из до́ма в 9 часо́в и _____ до шко́лы в полови́не
           leave   reach
    деся́того.

4. Зна́ете ли вы час _____ э́того по́езда?
                          of departure

5. Я _____ за пять мину́т до _____ по́езда.
         arrived   arrival

6. Где _____ _____ в метро́? Там где э́ти лю́ди
         is   entrance

    _____.
      are entering

7. Я _____ часы́ у _____ из теа́тра. Кака́я _____!
         found   exit   find

    Я _____ их, когда́ лю́ди _____.
         found   were coming out

8. За́втра у меня́ _____. Моя́ сестра́ _____.
                      day off   is getting married

9. Здесь _____ нельзя́ _____ у́лицу. Вот подзе́мный
             pedestrians   to cross

    _____.
      crosswalk

10. Я ча́сто _____. Я то́лько что верну́лся по́сле _____ на
    travel   trip

_____.
steamship

11. Врач _____ всех больны́х.
    made rounds

12. В кото́ром часу́ _____ со́лнце? Не зна́ю, я никогда́ не ви́жу
    rises

_____ со́лнца.
rising

13. Когда́ мы _____ к соба́ке, она́ убежа́ла.
    approached

14. Он о́чень _____ челове́к для на́шей рабо́ты. У него́
    suitable

пра́вильный _____ к э́тим пробле́мам.
approach

15. По доро́ге домо́й я _____ в магази́н.
    dropped in

16. —Вы _____ на сле́дующей остано́вке?
    getting off

—Нет, _____, пожа́луйста.
go through

—Не могу́. В авто́бусе сли́шком мно́го люде́й; нет

_____.
way through

17. В _____, мно́го _____ _____ ми́мо моего́
    the past   pedestrians   passed by

до́ма; тепе́рь почти́ нет _____.
passersby

18. В _____ ме́сяце мы занима́лись _____ вре́менем.
    last   past

19. Студе́нты _____ в аудито́рии. По́сле ле́кции они́
    gathered

_____.
scattered

20. Что здесь _____?
    happened

21. Он францу́з ру́сского _____.
    origin

22. У него́ _____ бо́льше чем _____.
    expenses   income (*pl.*)

Ко́рень -**рав**-, -**ров**-, *equality*.

равня́ться *to be equal to*
ра́венство
равни́на

всё равно́
ро́вно
рове́сник

сра́внивать/сравни́ть *to compare*
сравне́ние

Сло́во с двумя́ ко́рнями. Что зна́чит ка́ждый ко́рень?

равноду́шный, -ее, -ая

II. Впиши́те ну́жные слова́.

1. По _____ с ним вы сча́стливы.
    comparison
2. Два́жды два _____ четырём.
    is equal to
3. Нельзя́ _____ одного́ ребёнка с други́м.
    to compare
4. Мы жи́ли на _____.
    plain
5. На земле́ нет _____ ме́жду людьми́.
    equality
6. Ему́, наве́рно, _____. Он тако́й _____ челове́к.
    all the same   indifferent
7. Приди́те _____ в 9 ч.!
    exactly
8. Их сыновья́ бы́ли _____.
    the same age

III. Что зна́чат сле́дующие слова́? Впиши́те их в предложе́ния.

гость	шуме́ть
гости́ная	шум
гости́ница	шу́мный, -ое, -ая
в го́сти	
в гостя́х	

Впиши́те ну́жные слова́.

1. _____ сидя́т в _____.
    The guests   living room
2. Пригласи́те его́ _____.
    to visit
3. Я был _____ у мое́й ба́бушки.
    visiting
4. В на́шем го́роде больша́я _____.
    hotel
5. Уведи́те отсю́да ва́ших _____ ученико́в.
    noisy
6. Почему́ ребёнок так _____. Он лю́бит _____.
    is noisy   noisc

Перево́д

1. While I was swimming in the river, small fish swam up to me and then swam away.
2. Let's bring all the chairs into one room. We're going to watch a film tonight.
3. He approached me after class and asked for advice.
4. I wasn't home when you dropped in; I was taking the children to school.
5. We went to the country last year. Life there is pleasant.
6. The cosmonaut circled the earth fourteen times.
7. These trucks carry animals to the city.
8. My son ran upstairs and into the apartment.
9. I'm going to run down to the dairy for cream.
10. We must move to a new apartment.

Практи́ческие заня́тия

I. **Городско́й тра́нспорт.**

авто́бус	электри́чка (электропо́езд)
тролле́йбус	маши́на (автомоби́ль)
трамва́й	пожа́рная маши́на
такси́	снегоубо́рочная маши́на
метро́	поли́вочная маши́на
мотоци́кл	самолёт
велосипе́д	вертолёт
грузови́к	

II. Отве́тьте на вопро́сы.

1. Каки́е маши́ны е́здят по у́лицам и во́зят пассажи́ров?
2. Каки́е хо́дят по ре́льсам?
3. Како́й есть подзе́мный тра́нспорт?
4. Есть в дере́вне метро́?
5. Каки́м тра́нспортом мо́жно дое́хать до це́нтра го́рода?
6. Каки́м тра́нспортом мо́жно е́здить ме́жду города́ми?
7. Како́й тра́нспорт са́мый бы́стрый?
8. Каки́е маши́ны во́зят груз?
9. Кака́я маши́на убира́ет снег с у́лиц? Где и когда́ она́ нужна́?
10. Кака́я маши́на полива́ет цветы́ и мо́ет у́лицы? Когда́ она́ нужна́?
11. Кака́я маши́на ту́шит пожа́р? Когда́ она́ нужна́?
12. Како́го тра́нспорта мы ждём на вокза́ле?
13. Каки́м тра́нспортом мо́жно е́хать с вокза́ла домо́й?
14. Како́го тра́нспорта мы ждём на аэродро́ме?

15. Каким транспортом можно ехать с аэродрома в центр города?
16. Какого транспорта мы ждём на остановке?
17. Есть в вашем городе трамваи? троллейбусы? метро?
18. У вас есть машина? мотоцикл? велосипед?
19. Каким транспортом вы ездите домой из университета?

III. Впишите названия видов городского транспорта.

_____

_____

_____

_____

_____   _____

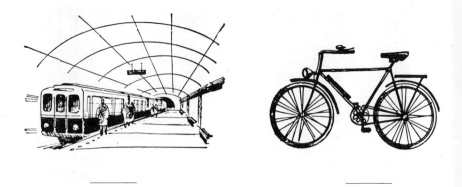

_____   _____

_____

IV. Впиши́те назва́ния мест, на кото́рых мы ждём городско́го тра́нспорта.

_____

Пятна́дцатый уро́к

Отчего́ **поги́бли** диноза́вры? *perish*

Ги́бель диноза́вров в конце́ мезозо́йской   *"disappearance"*
э́ры, о́коло 70 миллио́нов лет наза́д, до сих
пор остаётся **зага́дкой** приро́ды.   *mystery*

Две́сти миллио́нов лет жи́ли на земле́
огро́мные диноза́вры. **Травоя́дные** диноза́-   *herbiverous*
вры достига́ли двена́дцати ме́тров в высоту́,
что равно́ высоте́[1] четырёхэта́жного до́ма.
В океа́нах пла́вали[2] ихтиоза́вры. По сравне́-
нию с ни́ми аку́ла ка́жется ма́ленькой **без-**
оби́дной ры́бкой.[3] **Разма́х** кры́льев[4] лета́ю-   *harmless   spread*
щих диноза́вров достига́л восьми́ ме́тров.[5]
И вот, в о́чень коро́ткий **срок** все э́ти ви́ды   *period*
диноза́вров **исче́зли**, а их ме́сто постепе́нно   *disappeared*
за́няли млекопита́ющие[6] . . .

Почему́ же поги́бли диноза́вры? Мо́жет
быть они́ поги́бли в результа́те измене́ния
кли́мата? Нет, э́того произойти́ не могло́,
так как в конце́ мезозо́йской э́ры кли́мат был
тёплый, и никаки́е измене́ния кли́мата не
наблюда́лись. Тогда́ мо́жет быть диноза́вры   *were observed*
поги́бли **из-за кру́пных** геологи́ческих ката-   *because of   massive*
стро́ф? Действи́тельно, в э́тот пери́од бы́ли
стра́шные **землетрясе́ния**, свя́занные с об-   *earthquakes*
разова́нием **го́рных систе́м**. Но да́же при   *mountain ranges*
са́мых стра́шных землетрясе́ниях не могли́
же поги́бнуть все диноза́вры на всех конти-
не́нтах одновреме́нно.[6]

Гру́ппа сове́тских учёных предположи́ла,
что в конце́ мезозо́йской э́ры, то есть о́коло

70 миллио́нов лет наза́д, **име́ло ме́сто** о́чень си́льное косми́ческое **облуче́ние** Земли́, в результа́те кото́рого был **заражён** це́лый **слой по́чвы** и океа́ны. Диноза́вры, очеви́дно, ги́бли[7] по двум причи́нам: от геологи́ческих катастро́ф и от сильне́йшего облуче́ния.

took place
irradiation
infected
stratum   soil

Бо́лее **ме́лкие** живо́тные — млекопита́ющие — благодаря́ тому́, что они́ жи́ли **преиму́щественно** в **но́рах**, вы́жили и наконе́ц **завоева́ли госпо́дство** на Земле́. Так же могли́ вы́жить и бо́лее примити́вные, но лу́чше **защищённые** во́дные живо́тные, наприме́р черепа́хи.

small
mainly
holes
predominated

defended

Учёными была́ произведена́ прове́рка радиоакти́вности **окамене́вших оста́тков** живо́тных, жи́вших деся́тки и со́тни миллио́нов лет наза́д. Прове́рка показа́ла **исключи́тельно** высо́кую радиоакти́вность **косте́й** диноза́вров, жи́вших **свы́ше** 60–70 миллио́нов лет наза́д.

fossilized remains

exceptionally
bones
more than

Пока́ э́то то́лько гипоте́за, но рабо́ты учёных продолжа́ются.

for the present

Примеча́ния

[1] What is the case of this word and why?
[2] Explain the aspect of this verb.
[3] What case is this and why?
[4] What is the nominative singular and plural?
[5] Explain the use of case in this phrase.
[6] What are the roots of this word? How was it formed?
[7] What is the aspect of this verb and why?

Грамма́тика

1. Participles

Participles have features not only of verbs but also of adjectives. Like verbs they are transitive or intransitive, perfective or imperfective, active or passive, past or present (tense). They require a complement in the same case or with the same preposition as the original verb. On the other hand, they have adjectival endings and agree in number, case, and gender with the noun to which they refer. Some of them can function as nouns. Passive participles have short forms.

2. Formation of the present active participle

Present active participles are formed from *imperfective* verbs only. The third person plural present tense is used. The **-т** is replaced by **-щ-** and adjectival endings are added. They are declined like adjectives having sibilant stems with stem stress (p. 11). If the verb ends in **-ся**, then **-ся** is added to all forms of the present active participle, regardless of whether the form ends in a consonant or a vowel.

говори́ть: говоря́-т — говоря́щий, -ее, -ая, -ие
крича́ть: крича́-т — крича́щий, -ее, -ая, -ие
писа́ть: пишу́-т — пи́шущий, -ее, -ая, -ие
чита́ть: чита́ю-т — чита́ющий, -ее, -ая, -ие
смея́ться: смею́-т-ся — смею́щийся, смею́щееся, смею́щаяся,
    смею́щиеся

3. Formation of the past active participle

Past active participles are formed from the past stem of both *perfective* and *imperfective* verbs. If the masculine past tense verb ends in **-л**, the **-л** is replaced by **-вш-** and the required adjectival ending is added. These participles are declined like adjectives having sibilant stems with stem stress (p. 11). If the verb ends in **-ся**, then **-ся** is added to all forms of the past active participle.

говори́ть: говори́-л — говори́вший, -ее, -ая, -ие
открыва́ть: открыва́-л — открыва́вший, -ее, -ая, -ие
откры́ть: откры́-л — откры́вший, -ее, -ая, -ие
смея́ться: смея́-л-ся — смея́вшийся, смея́вшееся, смея́вшаяся,
    смея́вшиеся

If there is no **-л** in the masculine past tense, then **-в-** is omitted.

нести́: нёс — нёсший, -ее, -ая, -ие
помо́чь: помо́г — помо́гший, -ее, -ая, -ие
привы́кнуть: привы́к — привы́кший, -ее, -ая, -ие
умере́ть: у́мер — у́мерший, -ее, -ая, -ие

Идти́ and its compounds have **ше́дший**. **Вести́** and its compounds have **ве́дший**.

4. Formation of the present passive participle

Present passive participles are formed from *imperfective* verbs only, simply by adding adjectival endings to the first person plural of the present tense. Present passive participles cannot be formed from intransitive verbs or from verbs in **-ся**.

люби́ть : лю́бим — люби́мый, -ое, -ая, -ые
чита́ть : чита́ем — чита́емый, -ое, -ая, -ые

Verbs ending in **-дава́ть, -знава́ть, -става́ть**, insert the syllable **-ва-**.

дава́ть : да-ём — дава́емый, -ое, -ая, -ые

This participle is rare. For many verbs it does not exist at all, and for others it is practically never used. A student should not attempt to form the present passive participle of any verb without consulting a dictionary.

5. Formation of the past passive participle

Past passive participles are formed, with very few exceptions, only from *perfective* verbs. They are the most frequently used of all participles. Rules for the formation of these participles are rather complex. Past passive participles cannot be formed from intransitive verbs or from verbs in **-ся**.

A. Verbs in **-ать, -ять, -еть**, replace **-ть** with **-нный**. If the stress would fall on the ending, it is moved one syllable toward the beginning of the word. *These forms cannot have end stress.*

написа́ть : написа́-ть — напи́санный, -ое, -ая, -ые
уви́деть : уви́де-ть — уви́денный, -ое, -ая, -ые

B. Verbs in **-ти** and **-ить** use the stem of the first-person singular and the stress of the second-person singular. If the ending of the second-person singular is stressed, the participle ends in **-ённый**. If this ending is unstressed, the participle ends in **-енный**.

встре́тить : встре́ч-у (встре́тишь) — встре́ченный, -ое, -ая, -ые
изучи́ть : изуч-у́ (изу́чишь) — изу́ченный, -ое, -ая, -ые
купи́ть : купл-ю́ (ку́пишь) — ку́пленный, -ое, -ая, -ые
привести́ : привед-у́ (приведёшь) — приведённый, -ое, -ая, -ые
принести́ : принес-у́ (принесёшь) — принесённый, -ое, -ая, -ые

Exceptions to the stress :

найти́ : найд-у́ (найдёшь) — на́йденный, -ое, -ая, -ые
пройти́ : пройд-у́ (пройдёшь) — про́йденный, -ое, -ая, -ые

C. A number of verbs form the past passive participle by dropping the **-ь** from the infinitive ending and adding adjectival endings. These include :

a. Verbs in **-уть** and **-ыть**.

дви́нуть : дви́нут-ь — дви́нутый, -ое, -ая, -ые
забы́ть : забы́т-ь — забы́тый, -ое, -ая, -ые
откры́ть : откры́т-ь — откры́тый, -ое, -ая, -ые

b. Verbs in **-ять** or **-ать** with the infix **-м-** or **-н-** in the perfective future.

> взять: взят-ь (возьму́) — взя́тый, -ое, -ая, -ые
> нача́ть: нача́т-ь (начну́) — на́чатый, -ое, -ая, -ые
> приня́ть: приня́т-ь (приму́) — при́нятый, -ое, -ая, -ые

c. Prefixed monosyllables ending in **-ить** or **-еть**.

> вы́пить: вы́пит-ь — вы́питый, -ое, -ая, -ые
> нали́ть: нали́т-ь — нали́тый, -ое, -ая, -ые
> оде́ть: оде́т-ь — оде́тый, -ое, -ая, -ые
> спеть: спет-ь — спе́тый, -ое, -ая, -ые

These rules will serve for most verbs. It should be noted, however, that this is a notably complex problem and that there are exceptions.

PARTICIPLE	STEM	FORMANT	ENDING
Present Active	1. 3rd pl. present везти́: везу́-т — везу- крича́ть: крича́-т — крича- открыва́ть: открыва́ю-т — открываю- стоя́ть: стоя́-т — стоя- смея́ться: смею́-т-ся — смею — ся	**-щ-** везу-щ- крича-щ- открываю-щ- стоя-щ- смею-щ — ся	**-ий, -ее, -ая, -ие** везу́щий крича́щий открыва́ющий стоя́щий смею́щийся
Past Active	1. Masculine past in -л открыва́ть: открыва́-л — открыва- откры́ть: откры́-л — откры- смея́ться: смея́-л-ся — смея — ся	**-вш-** открыва-вш- откры-вш- смея-вш — ся	**-ий, -ее, -ая, -ие** открыва́вший откры́вший смея́вшийся
	2. Masculine past in bare stem везти́: вёз — вёз- привезти́: привёз — привёз-	**-ш-** вёз-ш- привёз-ш-	**-ий, -ее, -ая, -ие** вёзший привёзший
	3. Exceptions are **вести́, идти́**, and their compounds вести́: вёл — вед- идти́: шёл — шед-	**-ш-** вед-ш- шед-ш-	**-ий, -ее, -ая, -ие** ве́дший ше́дший
Present Passive	1. 1st pl. present люби́ть: лю́бим — любим- чита́ть: чита́ем — читаем-	**(-м-)** любим- читаем-	**-ый, -ое, -ая, -ые** люби́мый чита́емый

PARTICIPLE	STEM	FORMANT	ENDING
Past *Passive*	1. Past stem for infinitives in **-ать, -ять, -еть**[1] написа́ть: написа́-ть — написа- потеря́ть: потеря́-ть — потеря- уви́деть: уви́де-ть — увиде-	**-нн-** написа-нн- потеря-нн- увиде-нн-	**-ый, -ое, -ая, -ые** напи́санный поте́рянный уви́денный
	2. 1st sg. perf. fut.; *stress* 2nd sg. perf. fut. for infinitives in **-ти, -ить** встре́тить: встре́ч-у (встре́тишь) — встреч- изучи́ть: изуч-у́ (изу́чишь) — изуч- купи́ть: купл-ю́ (ку́пишь) — купл- привести́: привед-у́ (приведёшь) — привед-	**-енн-** **-ённ-** встреч-енн- изуч-енн- купл-енн- привед-ённ-	**-ый, -ое, -ая, -ые** встре́ченный изу́ченный ку́пленный приведённый
	3. Infinitives in **-нуть, -ыть** дви́нуть: дви́нут-ь — двинут- откры́ть: откры́т-ь — открыт-	**(-т-)** двинут- открыт-	**-ый, -ое, -ая, -ые** дви́нутый откры́тый
	4. Infinitives in **-ать** or **-ять** with infix **-м-** or **-н-** in perf. fut. взять: взят-ь (возьму́) — взят- нача́ть: нача́т-ь (начну́) — начат- приня́ть: приня́т-ь (приму́) — принят-	**(-т-)** взят- начат- принят-	**-ый, -ое, -ая, -ые** взя́тый на́чатый при́нятый
	5. Prefixed monosyllables in **-еть, -ить** нали́ть: нали́т-ь — налит- оде́ть: оде́т-ь — одет-	**(-т-)** налит- одет-	**-ый, -ое, -ая, -ые** нали́тый оде́тый

[1] If the infinitive ending is stressed, the stress is shifted one syllable toward the beginning of the word.

6. Use of participles

A. Active participles describe a noun as performing or having performed some act. They replace a **кото́рый** clause, of which **кото́рый** is the subject. Some of them can function as nouns.

Ма́льчик, кото́рый чита́ет в углу́, мой брат.
Ма́льчик, чита́ющий в углу́, мой брат.
The boy (who is) reading in the corner is my brother.

Ма́льчик, кото́рый чита́л в углу́, мой брат.
Ма́льчик, чита́вший в углу́, мой брат.
The boy who was reading in the corner is my brother.

Ма́льчик, кото́рый прочита́л объявле́ние, мой брат.
Ма́льчик, прочита́вший объявле́ние, мой брат.
The boy who read the announcement is my brother.

Де́вушка, кото́рая пи́шет упражне́ния, изуча́ет ру́сский язы́к.
Де́вушка, пи́шущая упражне́ния, изуча́ет ру́сский язы́к.
The girl (who is) writing exercises is studying Russian.

Мы говори́м с челове́ком, кото́рый написа́л рома́н.
Мы говори́м с челове́ком, написа́вшим рома́н.
We are speaking with the man who wrote the novel.

Дай мне кни́гу, кото́рая лежи́т на столе́.
Дай мне кни́гу, лежа́щую на столе́.
Give me the book (which is) lying on the table.

Я говори́л о профе́ссоре, кото́рый у́мер в про́шлом году́.
Я говори́л о профе́ссоре, у́мершем в про́шлом году́.
I was talking about the professor who died last year.

Вы зна́ете челове́ка, кото́рый пришёл вчера́?
Вы зна́ете челове́ка, прише́дшего вчера́?
Do you know the man who arrived yesterday?

Мать смо́трит на сы́на, кото́рый смеётся.
Мать смо́трит на смею́щегося сы́на.
The mother is watching her laughing son.

Пе́рвое января́ пра́здник для всех (люде́й), кото́рые тру́дятся.
Пе́рвое января́ пра́здник для всех трудя́щихся.
The first of January is a holiday for all workers.

B. Passive participles describe a noun as receiving or having received the effect of an action. They replace a **кото́рый** clause in which **кото́рый** is the accusative complement of the verb. The subject of the **кото́рый** clause becomes the agent (instrumental case) in the participial construction. Present passive participles are rare, but past passive participles are frequent. Some can function as nouns.

Зада́ча, кото́рую студе́нты реша́ют, о́чень тру́дная.
Зада́ча, реша́емая студе́нтами, о́чень тру́дная.
The problem being solved by the students is very difficult.

Я не могу́ найти́ письмо́, кото́рое моя́ мать написа́ла.
Я не могу́ найти́ письмо́, напи́санное мое́й ма́терью.
I can't find the letter written by my mother.

Ива́н написа́л статью́, кото́рую прочита́ли на собра́нии.
Ива́н написа́л статью́, прочи́танную на собра́нии.
Ivan wrote the article (which was) read at the meeting.

Я закры́л окно́, кото́рое Ива́н откры́л.
Я закры́л окно́ откры́тое Ива́ном.
I closed the window Ivan had opened.

Вот пода́рок, кото́рый мы купи́ли в Евро́пе.
Вот пода́рок ку́пленный на́ми в Евро́пе.
Here's a gift we bought in Europe.

Часы́, кото́рые мой брат нашёл, лежа́т на столе́.
Часы́, на́йденные мои́м бра́том, лежа́т на столе́.
The watch my brother found is on the table.

C. Passive participles have short forms. They are used only as predicates in passive sentences or clauses. The full form is used only as a modifier in a sentence or clause where another word is the predicate. Short-form participles cannot replace **кото́рый** clauses. However, they may serve as predicates in clauses where **кото́рый** is the subject.

люби́мый	люби́мое	люби́мая	люби́мые
люби́м	люби́мо	люби́ма	люби́мы
напи́санный	напи́санное	напи́санная	напи́санные
напи́сан	напи́сано	напи́сана	напи́саны
уби́тый	уби́тое	уби́тая	уби́тые
уби́т	уби́то	уби́та	уби́ты

Э́та кни́га была́ напи́сана врачо́м.
This book was written by a doctor.

Кни́га, кото́рую написа́л врач, была́ о́чень интере́сная.
Кни́га, напи́санная врачо́м, о́чень интере́сная.
The book written by the doctor is very interesting.

Куда́ вы поста́вили кни́гу, кото́рая была́ напи́сана врачо́м?
Where did you put the book which was written by a doctor?

Short forms of passive participles do not, in themselves, show tense. Tense is indicated by an auxiliary verb.

a. Short forms of present passive participles indicate the existence of a certain condition or state. They are formed from only a few verbs.

Э́тот профе́ссор все́ми люби́м.
This professor is loved by all.

Э́тот челове́к был все́ми уважа́ем.
This person was respected by everyone.
(This sentence points to a condition which existed in the past. Whether or not it still exists is irrelevant or unknown.)

b. Short forms of past passive participles indicate a result—achieved or expected.

Кни́га хорошо́ напи́сана.
The book is well written.
(The result is achieved and is being described.)

Кни́га ско́ро бу́дет напи́сана.
The book will soon be finished.
(The result is anticipated.)

The use of the past tense would point to a result that was achieved in the past.

Рома́н, «Война́ и мир», был напи́сан Толсты́м.
The novel War and Peace *was written by Tolstoy.*

7. Passive voice

A. As stated above, the passive voice in Russian may be expressed by a short-form passive participle. The agent, when given, is in the instrumental case.

Э́тот челове́к все́ми люби́м.
This man is loved by everyone.

Рома́н был уже́ прочи́тан.
The novel was already read.

Кем э́то бы́ло сдéлано?
By whom was this done?

B. A second way of expressing the passive involves the addition of **-ся** to a verb which is normally transitive.

Здесь продаю́тся газéты.
Newspapers are sold here.

C. A third way of expressing the passive is by using the third-person plural verb without any subject.

В Берли́не говоря́т по-немéцки.
German is spoken in Berlin.

Упражнéния

I.   Перечитáйте чтéние «Отчегó поги́бли динозáвры?» Найди́те слéдующие причáстия. Каки́е они́ причáстия? Объясни́те падéж кáждого причáстия.

1. «Размáх кры́льев **летáющих** динозáвров . . .»
2. «. . . землетрясéния, **свя́занные** с образовáнием . . .»
3. «. . . был **заражён** цéлый слой пóчвы . . .»
4. «. . . лу́чше **защищённые** вóдные живóтные . . .»
5. «Учёными былá **произведенá** провéрка радиоакти́вности **окаменéвших** остáток живóтных **жи́вших** деся́тки и сóтни лет назáд.»

II. В дáнных предложéниях замени́те придáточные предложéния действи́тельными причáстиями настоя́щего врéмени.

Образéц: Мы говори́ли с детьми́, котóрые игрáют на у́лице.
             Мы говори́ли с детьми́ игрáющими на у́лице.

1. Здесь живёт мáльчик, котóрый хорошó игрáет на роя́ле.
2. Моя́ сестрá, котóрая изучáет ру́сский язы́к, живёт в Москвé.
3. Я согласи́лся со студéнтами, котóрые обсуждáют э́тот вопрóс.
4. Вдруг мы уви́дели стáрого человéка, котóрый подбегáет к нам.
5. Мы давнó не получáли письмá от сестры́, котóрая живёт в Москвé.
6. Мы рабóтаем в стáром здáнии, котóрое нахóдится на углу́.
7. Вы знáете э́того студéнта, котóрый сиди́т в пéрвом ряду́?
8. Я разговáриваю с гóстями, котóрые отдыхáют на ю́ге.
9. Мы знáем журнали́ста, котóрый пи́шет интерéсные статьи́.

III. Замените придаточные предложения действительными прича́стиями проше́дшего вре́мени.

Образе́ц: Спроси́те челове́ка, кото́рый прочита́л э́ту кни́гу.
Спроси́те челове́ка прочита́вшего э́ту кни́гу.

1. В университе́те был профе́ссор, кото́рый то́лько что прие́хал из Москвы́.
2. Моя́ сестра́, кото́рая жила́ в Москве́, вчера́ прие́хала домо́й.
3. Студе́нт, кото́рый вчера́ заболе́л, не́ был на заня́тиях сего́дня.
4. Молодо́й оте́ц хо́чет сажа́ть де́рево в честь ребёнка, кото́рый роди́лся вчера́.
5. Студе́нты, кото́рые хорошо́ занима́лись, сда́ли все экза́мены.
6. Бы́ло тру́дно Ива́ну, кото́рый ещё не привы́к к жа́ркому кли́мату.
7. Я обсужда́л э́тот вопро́с с профе́ссором, кото́рый не согласи́лся со мной.
8. Мы ду́мали о де́душке, кото́рый давно́ у́мер.
9. Мы смотре́ли на ста́рого челове́ка, кото́рый ме́дленно шёл по у́лице.
10. Я хорошо́ зна́ю писа́теля, кото́рый написа́л э́тот интере́сный рома́н.

IV. Вы́берите ну́жное прича́стие и поста́вьте его́ в ну́жной фо́рме.

1. На стол упа́ла запи́ска, _____ в окно́.
   броси́вший/бро́шенный
2. Ма́льчик, _____ запи́ску, стоя́л на у́лице.
   броси́вший/бро́шенный
3. Мы вошли́ в дверь, _____ нам студе́нтом.
   откры́вший/откры́тый
4. Студе́нт, _____ нам дверь, спроси́л, куда́ мы идём.
   откры́вший/откры́тый
5. Мы купи́ли но́вую кни́гу, _____ с англи́йского на ру́сский.
   переве́дший/переведённый
6. Я зна́ю писа́теля, _____ э́ту кни́гу.
   переве́дший/переведённый
7. Мы ча́сто получа́ем пи́сьма, _____ по-ру́сски.
   написа́вший/напи́санный
8. Он нашёл очки́ _____ мои́м дру́гом.
   забы́вший/забы́тый

9. Куда́ вы положи́ли письмо́ _____

подписа́вший/подпи́санный

дире́ктором?

10. Студе́нт, _____ э́ту зада́чу, о́чень у́мный.

реши́вший/решённый

V. Замени́те прида́точные предложе́ния страда́тельными прича́стиями проше́дшего вре́мени. Сде́лайте все ну́жные переме́ны.

Образе́ц: Я прочита́л рома́н, кото́рый мой брат перевёл на англи́йский.

Я прочита́л рома́н переведённый на англи́йский мои́м бра́том.

1. Он пришёл в костю́ме, кото́рый он неда́вно купи́л.
2. Я чита́ю запи́ску, кото́рую моя́ мать написа́ла.
3. Мы останови́лись у две́ри, кото́рую э́ти студе́нты закры́ли.
4. О́пыты, кото́рые мы сде́лали в лаборато́рии, да́ли хоро́шие результа́ты.
5. На столе́ лежи́т кни́га, кото́рую забы́л молодо́й америка́нец.
6. Тури́сты подошли́ к па́мятнику, кото́рый со́здал изве́стный архите́ктор.
7. Мы живём в до́ме, кото́рый постро́или нео́пытные рабо́чие.
8. В журна́лах, кото́рые мои́ сыновья́ получи́ли вчера́, бы́ло мно́го интере́сных стате́й.

VI. Вы́берите ну́жное прича́стие и поста́вьте его́ в ну́жной фо́рме.

1. Э́тот рома́н _____ на ру́сском языке́.

напи́санный/напи́сан

2. Куда́ вы положи́ли письмо́ _____ отцо́м?

напи́санный/напи́сан

3. Я говори́л о пе́рвом письме́ _____ отцо́м.

напи́санный/напи́сан

4. _____ кни́га лежа́ла на столе́.

Забы́тый/забы́т

5. Кака́я кни́га была́ _____?

забы́тый/забы́т

6. Он останови́лся у _____ две́ри.

закры́тый/закры́т

7. Я бою́сь, что магази́н бу́дет уже́ _____.

закры́тый/закры́т

8. Нам понра́вилась пе́сня, _____ по ра́дио.

услы́шанный/услы́шан

9. Он пришёл в костю́ме, _____ неда́вно.

ку́пленный/ку́плен

10. Вот но́вый костю́м _____ мной вчера́.

ку́пленный/ку́плен

11. Костюм был _____ в новом магазине.
купленный/куплен

12. Я прочитал новую книгу, _____ на
переведённый/переведён
русский.

VII. Замените действительные конструкции страдательными.

Образец: Мой брат открыл дверь.
Дверь была открыта моим братом.

1. Студенты решили задачи.
2. Мой друг забыл этот портфель.
3. Кто написал эту статью?
4. Старый учёный сделал важное открытие.
5. Эти люди купили новые дома.
6. Моя дочь взяла ваш зонтик.
7. Профессора создали новую теорию.
8. Мать получила интересное письмо.
9. Ребёнок выпил всё молоко.
10. Хорошие рабочие построили эти здания.

VIII. Замените причастие предложением со словом «**который**». Сделайте все нужные перемены.

Образец: Я читаю книгу написанную знаменитым автором.
Я читаю книгу, которую знаменитый автор написал.

1. Мы разговариваем с детьми играющими в мяч.
2. Дай мне газету уже прочитанную тобой.
3. Животные, жившие раньше на земле, погибли.
4. Где дерево, стоявшее на этом углу?
5. Нам надо доехать до деревни, находящейся за этим лесом.
6. Они живут в доме стоящем на берегу.
7. Студент ответил на вопрос заданный ему учителем.
8. Где телеграмма полученная нами вчера?
9. Мать смотрит на детей плывущие в реке.
10. Я не знаю студентку только что вошедшую в комнату.
11. Он говорил о бабушке умершей в прошлом году.
12. Ребёнок стучит в дверь закрытую отцом.

Повторительные упражнёния

I. Впишите глагол нужного вида в прошёдшем врёмени. Объясните употреблёние вида.

ложи́ться/лечь

1. —Как, вы ещё не спи́те? —Да, я ещё не _____. —Нет, я _____, но мне пришло́сь встать. —Я _____, поспа́л полчаса́, а пото́м встал.
2. Мать пришла́ домо́й по́здно. Уви́дев, что сын ещё не спит, она́ серди́то говори́т: Как, ты ещё не _____!
3. Когда́ мы пришли́ к нему́, он уже́ мы́лся и _____ спать.
4. Вчера́ мы _____ о́чень по́здно.
5. Я не могу́ позва́ть его́ к телефо́ну, он уже́ _____.
6. Он чу́вствует себя́ пло́хо сего́дня, поэ́тому _____ ра́ньше чем обы́чно.

II. Впиши́те слова́ в ну́жной фо́рме.

1. Я иду́ _____ (апте́ка) _____ (лека́рство).
             to   for

2. Муж купи́л ко́шку _____ (своя́ жена́).
             for

3. Спаси́бо _____ (интере́сная статья́).
        for

4. Вот стака́ны _____ (вино́).
       for

5. Мой сын пое́хал _____ (Москва́) _____ (зима́).
          to   for

6. Сын пошёл _____ (ста́нция) _____ (оте́ц).
        to   for (to get)

7. Ско́лько вы заплати́ли _____ (э́ти ве́щи)?
        for

8. Э́то пода́рок _____ (Мари́я).
      for

9. Мы _____ (мир) и _____ (война́).
    for   against

10. Кто э́то прохо́дит _____ (на́ша дверь)?
        past

11. Мы получи́ли телегра́мму _____ (друзья́) _____ (Сове́т-ский Сою́з).
       from   from

12. И́горь пое́хал _____ (по́чта) _____ (ма́рки).
        to   for

13. Ива́н пое́хал _____ (И́горь).
        with

14. Вчера́ мы бы́ли _____ (бе́рег) мо́ря.
      at

Словообразова́ние

Ко́рень **-нес-, -нос-,** *carrying.*

носи́ть *to carry*
носи́лки *pl.*
носи́льщик
вноси́ть/внести́ *to carry in*
выноси́ть/вы́нести *to carry out*
доноси́ть/донести́ *to inform* (*against*)
доно́счик
заноси́ть/занести́ *to leave in passing*
зано́с
относи́ть/отнести́ *to take away to*
относи́ться/отнести́сь *to relate*
отноше́ние *sg.*
отноше́ния *pl.*
относи́тельность
переноси́ть/перенести́ *to carry across*
перено́сный, -ое, -ая
подно́с
приноси́ть/принести́ *to bring*
произноси́ть/произнести́ *to pronounce*
произноше́ние
разноси́ть/разнести́ *to distribute*
сноси́ть/снести́ *to take down, to carry together*
уноси́ть/унести́ *to carry off*

I. Впиши́те ну́жные слова́.

1. Она́ никогда́ не _____ су́мки.
          carries

2. _____ больно́го в больни́цу на _____.
   (They) brought   stretcher

3. _____ _____ чемода́ны в ва́шу ко́мнату.
   The porter   will carry in

4. Я не зна́ю, кто _____ на него́. Мо́жет быть оди́н из его́
                    informed
   знако́мых оказа́лся _____.
                        informer

5. _____ э́ту ча́шку в ку́хню.
    Carry out

6. _____ э́тот большо́й чемода́н из ко́мнаты.
    Carry out

7. Ва́ши слова́ не _____ к э́тому вопро́су.
               relate

8. Я удиви́лся его́ _____.
               attitude

9. Ме́жду э́тими стра́нами нет дипломати́ческих _____.
                      relations

10. Что вы зна́ете о тео́рии _____?
               of relativity

11. Ка́ждое у́тро почтальо́н _____ по́чту.
               distributes

12. Не _____ э́ти докуме́нты. Я хочу́ посмотре́ть их.
      carry off

13. Он _____ все сту́лья в одну́ ко́мнату.
      carried together

14. На у́лице мно́го воды́. Так, я _____ ребёнка.
              will carry across

15. На́до понима́ть э́то выраже́ние в _____ смы́сле.
              figurative

16. Ты хорошо́ _____ э́то сло́во. У тебя́ прекра́сное
          pronounced

_____.
pronunciation

17. Ваш брат _____ вам кни́гу.
         dropped off

18. Все доро́ги покры́ты сне́жными _____.
              drifts

19. Она́ _____ ча́шки на _____.
      carries   tray

II. Что зна́чат сле́дующие слова́?

вода́	приземля́ться/приземли́ться
во́дка	земля́
во́дный, -ое, -ая	земледе́лие
водоворо́т	земледе́л/ец, -ца
водопа́д	землетрясе́ние
водопрово́д	земно́й, -ое, -а́я
водопрово́дчик	назе́мный, -ое, -ая
водоро́д	надзе́мный, -ое, -ая
водохрани́лище	подзе́мный, -ое, -ая
подво́дный, -ое, -ая	
камене́ть/окамене́ть	молоко́
ка́м/ень (-ня)	моло́чный, -ое, -ая

ка́менный, -ое, -ая

защища́ть/защищи́ть
щит
защи́та
защи́тник

моло́чная *noun*
млекопита́ющее
Мле́чный Путь

Впиши́те ну́жные слова́.

1. Когда́ жи́ли диноза́вры? До _____ ве́ка.
                                    stone

2. Дом постро́ен из _____. Зна́чит, э́то _____ дом.
                        stone   stone

3. Ко́сти диноза́вров _____.
                             turned to stone

4. Все гра́ждане _____ го́род от врага́.
                   defended

5. Вчера́ в суде́ говори́л _____.
                           defense lawyer

6. На стене́ в моём кабине́те виси́т ста́рый _____.
                                         shield

7. За́втра бу́дет _____ его́ диссерта́ции.
                     defense

8. У Сове́тского Сою́за тепе́рь большо́й флот _____ ло́док.
                                                 submarine

9. Где нахо́дится _____?
                         reservoir

10. Я пью не _____, а про́сто _____.
              vodka   water

11. Тури́сты до́лго любова́лись _____.
                                 waterfall

12. Позвони́те _____. Наш _____ не рабо́тает.
                     plumber   plumbing

13. Из кислоро́да и _____ получа́ется _____.
                       hydrogen

14. Е́сли вы бу́дете пла́вать в э́той реке́, бу́дьте осторо́жны. Там не́сколько _____.
                                         whirlpools

15. Купцы́ е́хали в Росто́в по _____ пути́.
                               water

16. _____ обраба́тывают _____.
    The farmers   land

17. На́до перейти́ у́лицу по _____ перехо́ду.
                                   underground

18. На Сре́днем Восто́ке мно́го _____.
                                   earthquakes

19. Самолёт пла́вно _____.
                     landed

20. Здесь ма́ло люде́й занима́ется _____.
agriculture

21. Я прие́хал на _____ по́езде.
elevated

22. Они́ путеше́ствовали по _____ пути́.
land

23. Опиши́те _____ жизнь в Ка́менном ве́ке.
earthly

24. В _____ мы купи́ли сли́вок и _____.
dairy   milk

25. Кит — э́то во́дное _____.
mammal

26. Когда́ мо́жно ви́деть _____?
Milky Way

27. Каки́е _____ проду́кты вы купи́ли?
dairy

Перево́д

Переведи́те и употреби́те все возмо́жные прича́стия.

1. Do you know the children playing in the park?
2. When will that store be open? It is usually open from 9:00 to 12:00.
3. By whom was that letter signed? By the director.
4. The students argued with the man who was speaking at the meeting.
5. The mother didn't thank the teacher who helped her child.
6. Take your noisy dog away from here.
7. We were reading about animals that perished long ago.
8. Name three water mammals.
9. Olga came home with cream and milk, bought in the dairy.
10. The firemen approached the burning building.

Практи́ческие заня́тия

I.   Сове́тские респу́блики.

Азербайджа́нская Сове́тская Социалисти́ческая Респу́блика
Армя́нская Сове́тская Социалисти́ческая Респу́блика
Белору́сская Сове́тская Социалисти́ческая Респу́блика
Грузи́нская Сове́тская Социали́стическая Респу́блика
Каза́хская Сове́тская Социалисти́ческая Респу́блика
Кирги́зская Сове́тская Социалисти́ческая Респу́блика
Латви́йская Сове́тская Социалисти́ческая Респу́блика
Лито́вская Сове́тская Социалисти́ческая Респу́блика
Молда́вская Сове́тская Социалисти́ческая Респу́блика

Росси́йская Сове́тская Федерати́вная Социалисти́ческая
   Респу́блика
Таджи́кская Сове́тская Социалисти́ческая Респу́блика
Туркме́нская Сове́тская Социалисти́ческая Респу́блика
Узбе́кская Сове́тская Социалисти́ческая Респу́блика
Украи́нская Сове́тская Социалисти́ческая Респу́блика
Эсто́нская Сове́тская Социалисти́ческая Респу́блика

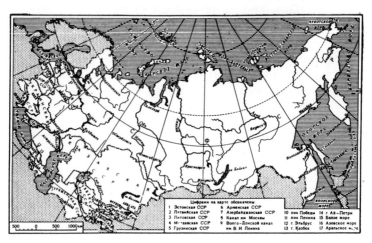

II.   Пе́ред назва́нием столи́цы впиши́те но́мер назва́ния респу́блики.

1. Азербайджа́нская ССР	_____	Та́ллин
2. Армя́нская ССР	_____	Ташке́нт
3. Белору́сская ССР	_____	Душанбе́
4. Грузи́нская ССР	_____	Кишинёв
5. Каза́хская ССР	_____	Ри́га
6. Кирги́зская ССР	_____	Алма-Ата́
7. Латви́йская ССР	_____	Тбили́си
8. Лито́вская ССР	_____	AthensЕрева́н
9. Молда́вская ССР	_____	Баку́
10. Росси́йская СФСР	_____	Минск
11. Таджи́кская ССР	_____	Фру́нзе
12. Туркме́нская ССР	_____	Ви́льнюс
13. Узбе́кская ССР	_____	Москва́
14. Украи́нская ССР	_____	Ашхаба́д
15. Эсто́нская ССР	_____	Ки́ев

III.   Отве́тьте на вопро́сы.

   1. Из ско́льких респу́блик состои́т Сове́тский Сою́з?
   2. Каки́е балти́йские стра́ны принадлежа́т к Сове́тскому Сою́зу?

3. Каки́е славя́нские респу́блики принадлежа́т к Сове́тскому Сою́зу?
4. Каки́е туре́цкие респу́блики принадлежа́т к Сове́тскому Сою́зу?
5. Кака́я са́мая гла́вная респу́блика Сове́тского Сою́за?
6. Как назва́ние столи́цы РСФСР?
7. Как назва́ние столи́цы Украи́нской ССР?
8. Как назва́ние столи́цы Белору́сской ССР?
9. Как назва́ние столи́цы Латви́йской ССР?
10. Как назва́ние столи́цы Лито́вской ССР?
11. Как назва́ние столи́цы Эсто́нской ССР?
12. Каки́е респу́блики нахо́дятся в Евро́пе?
13. Где нахо́дятся все други́е респу́блики?
14. В како́й респу́блике роди́лся Ле́нин? Ста́лин? Хрущёв?
15. Где нахо́дится Грузи́нская ССР?
16. Кака́я са́мая больша́я респу́блика?
17. Кака́я са́мая ма́ленькая респу́блика?
18. В каки́х респу́бликах говоря́т на балти́йских языка́х?

Се́рдце Да́нко

(по по́вести Макси́ма Го́рького)

Давны́м-давно́ жи́ли весёлые, си́льные и **сме́лые** лю́ди. Жи́ли они́ сча́стливо и дру́жно. Но вот наступи́ло для них тяжёлое вре́мя. Пришли́ враги́ и **прогна́ли** э́тих люде́й далеко́ в лес. Там был хо́лод и **тьма**, и лучи́ со́лнца не **проника́ли** туда́.

Тогда́ ста́ли пла́кать же́нщины и де́ти, а мужчи́ны на́чали ду́мать, как вы́йти из ле́са. Для э́того бы́ли две доро́ги — одна́ наза́д: там бы́ли си́льные и **злы́е** враги́; друга́я вперёд: там стоя́ли дере́вья-**велика́ны**.[1]

Лю́ди всё[2] сиде́ли и ду́мали и уже́ реши́ли идти́ к врагу́ и отда́ть ему́ свою́ свобо́ду. Но тут сме́лый Да́нко спас всех оди́н. Да́нко был оди́н из тех люде́й, молодо́й краса́вец. И вот он говори́т свои́м това́рищам:

— Чего́[3] мы ждём? Мы то́лько напра́сно **тра́тим** си́лы. Встава́йте,[4] пойдём в лес и пройдём его́. Он до́лжен име́ть коне́ц. Идёмте!

Посмотре́ли на него́ лю́ди и уви́дели, что он смеле́е и лу́чше чем они́, потому́ что в его́ глаза́х бы́ло мно́го жи́зни и живо́го огня́.

— Веди́ нас, — сказа́ли они́.

Повёл их Да́нко. Э́то был тру́дный путь. До́лго шли они́. Всё темне́е и гу́ще станови́лся лес, всё ме́ньше бы́ло сил. И вот лю́ди ста́ли

---

very long ago
bold

chased
darkness
penetrated

evil
giant

waste

говори́ть, что напра́сно, он, молодо́й и нео́пытный, повёл их. А Да́нко шёл впереди́ и был **бодр** и споко́ен. *cheerful*

Но вот одна́жды начала́сь си́льная гроза́, зашуме́ли дере́вья. И лю́ди испуга́лись тьмы[5] и шу́ма.[5] Они́ останови́лись и ста́ли суди́ть Да́нко.

—Ты, — сказа́ли они́, — **вре́дный** для нас *harmful* челове́к. Ты повёл нас в лес. Мы уста́ли[6] и не мо́жем бо́льше идти́. Поэ́тому ты поги́бнешь.

—Вы сказа́ли, веди́, и я повёл,[7] — кри́кнул Да́нко. — Я моло́же вас, но у меня́ есть **му́жество** вести́, вот почему́ я повёл вас. *courage*

А лес всё шуме́л и шуме́л. Да́нко смотре́л на люде́й, кото́рых он хоте́л спасти́ и ви́дел что они́ как **зве́ры.** Он люби́л люде́й и ду́мал *wild animals* что они́ без него́, мо́жет быть, поги́бнут. И се́рдце его́ горе́ло жела́нием спасти́ их.

—Что я сде́лаю для люде́й? — сильне́е гро́ма кри́кнул Да́нко. И вдруг он **разорва́л** *tore* рука́ми себе́[8] грудь, **вы́рвал** из неё своё се́рдце *tore out* и высоко́ по́днял его́ над голово́й. Оно́ горе́ло так я́рко, как со́лнце, и я́рче со́лнца, и весь лес **замолча́л** пе́ред э́тим **фа́келом** велико́й *became quiet   torch* любви́ к лю́дям.

—Идём! — кри́кнул Да́нко и бро́сился впере́д. Он высоко́ держа́л своё се́рдце и **освеща́л** *lighted* им[9] путь лю́дям. Тепе́рь все бежа́ли за ним бы́стро и сме́ло.

А Да́нко был всё впереди́, и се́рдце его́ всё горе́ло и горе́ло. Но вот лес оста́лся позади́, а здесь **сия́ло** со́лнце, **дул** тёплый, све́жий *shined   blew* ве́тер. Впереди́ текла́ река́. И в луча́х **зака́та** *sunset* вода́ в реке́ была́ кра́сной,[10] как кровь, кото́рая текла́ из груди́ Да́нко.

Бро́сил взгляд на свобо́дную зе́млю го́рдый краса́вец Да́нко, засмея́лся. А пото́м упа́л и у́мер.

Примеча́ния

[1] What is the root of this word?

2 This word is used adverbially to emphasize the continuous nature of the verb. The meaning of this sentence is: *The people continued to sit and think.*

3 What case is this and why?

4 What is the aspect of this verb and why?

5 What is the case of these words and why?

6 What form is this?

7 Discuss the use of aspect in this sentence.

8 This is the dative of reference. The meaning is: *He tore open his chest.*

9 What is the case of the pronoun? What noun does it replace?

10 What case is this and why?

Грамма́тика

1. Forms of the adjective

Russian adjectives normally agree with the modified noun in gender, number, and case. All adjectives have invariable stress and follow one of the six declensional patterns given on pp. 10–12.

2. Formation of short adjectives

Many adjectives have, in addition to the regular form, a short form which can be used predicatively. Short forms do not exist for adjectives which cannot normally be compared. This includes adjectives ending in **-ский** and most of those ending in **-ний** (see pp. 19–20).

To form the short adjectives, the adjectival endings are dropped, leaving the adjectival stem which serves as the masculine short-form adjective. To this form is added **-о** or **-е** for the neuter, **-а** for the feminine, and **-ы** or **-и** for the plural. If the stem ends in a double consonant, then **-о-** or **-е-** is usually inserted before the final consonant in the masculine form. If the final consonant of the stem is preceded by **-й-**, the **-й-** is replaced in the masculine form by **-е-** or **-и-**.

больно́й: бо́лен, больно́, больна́, больны́
коро́ткий: коро́ток, коро́тко, коротка́, коро́тки
плохо́й: плох, пло́хо, плоха́, пло́хи
по́лный: по́лон, по́лно, полна́, по́лны
споко́йный: споко́ен, споко́йно, споко́йна, споко́йны
ста́рый: стар, ста́ро, стара́, ста́ры

The short forms of **большо́й** and **ма́ленький** are:

большо́й: вели́к, вели́ко, велика́, вели́ки
ма́ленький: мал, мало́, мала́, малы́

The short form adjective **рад** does not have a corresponding long form. The short form **прав** means *correct*; the long form **пра́вый** means *right* (direction).

3. Use of short adjectives

An adjective may be in attributive or predicative position.

A. When an adjective is in attributive position, it usually precedes the noun and can be declined. In this position, only the long form can be used.

> Она́ о́чень у́мная студе́нтка.
> *She's a very intelligent student.*

> Мы живём в но́вом до́ме.
> *We live in a new house.*

B. When an adjective is in predicative position, it follows the noun and forms a complete sentence. In this position either the long or the short form may be used; the long form is more conversational in style.

> Она́ о́чень у́мная.
> Она́ о́чень умна́.
> *She's very intelligent.*

> Наш дом но́вый.
> Наш дом нов.
> *Our house is new.*

C. Some adjectives regularly appear in the short form in predicative position.

винова́т	*at fault, guilty*
го́лоден	*hungry*
дово́лен	*satisfied*
до́лжен	*ought*
досто́ин	*worthy*
жена́т	*married* (said of a man)
непра́в	*wrong*
ну́жен	*needed*
по́лон	*full*
похо́ж	*resembling*
прав	*right* (correct)
рад	*happy, glad*
согла́сен	*agreed*
сыт	*full* (not hungry)

Она́ сама́ винова́та.
She, herself, is at fault.

Он не досто́ин дове́рия.
He's not worthy of trust.

Нам ну́жен но́вый стол.
We need a new table.

Мари́я похо́жа на мать.
Maria looks like her mother.

Мы не согла́сны с ва́ми.
We don't agree with you.

Оте́ц сыт, а де́ти ещё го́лодны.
Father is full, but the children are still hungry.

D. Sometimes there is a distinction in meaning between the long and short forms. With some adjectives the long form indicates a more permanent quality and the short form a more temporary one.

больно́й	*sickly*	бо́лен	*sick*
гото́вый	*prepared*	гото́в	*ready*
занято́й	*always busy*	за́нят	*presently busy*
здоро́вый	*healthy*	здоро́в	*well*
свобо́дный	*free*	свобо́ден	*not busy*
серди́тый	*ill-tempered*	серди́т	*angry*

У неё живы́е, здоро́вые де́ти.
She has lively, healthy children.

Ва́ня был бо́лен, но он тепе́рь опя́ть здоро́в.
Vanya was ill, but now he is well again.

Э́тот учи́тель всегда́ серди́тый.
That teacher is always in a bad mood.

Я о́чень серди́т.
I am very angry.

E. For other adjectives an absolute quality is expressed by the long form; a quality pertaining to a specific situation is expressed by the short form.

большо́й	*big*	вели́к	*too big*
дли́нный	*long*	дли́нен	*too long*
коро́ткий	*short*	коро́ток	*too short*
ма́ленький	*small*	мал	*too small*
молодо́й	*young*	мо́лод	*too young*

стáрый	old	стар	too old
ýзкий	narrow	ýзок	too narrow
ширóкий	wide	ширóк	too wide

Её плáтья вообщé корóткие.
Her dresses are generally short.

По-мóему э́то плáтье корóтко.
I think this dress is too short.

F. Similarly, if an adjective is qualified by a following noun or phrase which restricts it to a certain situation, the short form is used.

Марúя óчень благодáрна родúтелям.
Maria is very grateful to her parents.

Э́та статья́ былá интерéсна для меня́.
This article was interesting for me.

G. If the subject is **э́то, всё,** or **что,** the short form is used.

Э́то óчень интерéсно.
That's very interesting.

Всё хорошó.
All is well.

4. The short adjective and the adverb in -o

Most adjectives that can have short forms also form adverbs in **-o.** This adverb is identical in form—although not necessarily in stress—to the neuter form of the short adjective. In some cases it is important that they not be confused.

Мне нýжно пальтó.
I need a coat.
(Short adjective.)

Мне нýжно идтú.
I have to go.
(Adverb.)

Э́то интерéсно.
That's interesting.
(Short adjective.)

Он интерéсно говорúл.
He spoke in an interesting way.
(Adverb.)

5. Use of такóй and так

To express intensity, the adjective **такóй, -óе, -áя** is used with long-form adjectives. It agrees in gender, number, and case with the adjective. The adverb **так** is used with short adjectives and adverbs.

> Я никогдá не говорѝл с такѝм глýпым человéком.
> *I never spoke with such a stupid person.*

> Он такóй глýпый человéк.
> *He's such a stupid person.*

> Он так глуп.
> *He's so stupid.*

> Он так глýпо говорѝл.
> *He spoke so stupidly.*

6. The comparative degree

A. The compound comparative.

The compound comparative is regularly used when the adjective is in attributive position; it can be used when the adjective is in predicative position. It is formed by placing the adverbs **бóлее** *more* or **мéнее** *less* before the positive degree of the adjective. It can be formed from all adjectives except those which because of their lexical meaning cannot be compared and those given below. It can be formed from the short form.

> нóвый: бóлее нóвый, бóлее нóвое, бóлее нóвая
> свéтлый: мéнее свéтлый, мéнее свéтлое, мéнее свéтлая

Four adjectives do not form the compound comparative, but are replaced by special comparative adjectives.

большóй	бóльший	*bigger*
мáленький	мéньший	*smaller*
плохóй	хýдший	*worse* (*worst*)
хорóший	лýчший	*better* (*best*)

Two adjectives have both compound comparative and special comparative forms with a difference in meaning.

молодо́й	бо́лее молодо́й	*younger* (in age)
	мла́дший	*junior, younger member of family*
ста́рый	бо́лее ста́рый	*older* (in age)
	ста́рший	*senior, elder*

The adjectives **высо́кий** and **ни́зкий** have compound comparative forms, but they are normally replaced by one of two other words.

высо́кий	ве́рхний	*upper* (physical)
	вы́сший	*superior, higher* (abstract)
ни́зкий	ни́жний	*lower* (physical)
	ни́зший	*inferior, lower* (abstract)

Мы живём в бо́лее но́вом до́ме.
We live in a newer house.

Я рабо́таю с бо́лее молоды́ми людьми́.
I work with younger people.

Я рабо́таю с мла́дшим бра́том.
I work with the younger brother.

Мы изуча́ем вы́сшую матема́тику.
We are studying higher mathematics.

С ве́рхних этаже́й мо́жно ви́деть весь го́род.
One can see the whole city from the upper floors.

Но́вая кни́га бо́лее интере́сна.
The new book is more interesting.

B. The simple comparative.

The simple comparative can be formed from most adjectives that have
short forms; it is invariable and does not show gender, number, or
case. It can be used predicatively or adverbially, but it should not be
used in attributive position. The prefix **по-** may be added colloquially
to express the connotation *slightly more.*

For most adjectives the simple comparative is formed by adding the
ending **-ее** (sometimes **-ей**) to the adjectival stem. If the resultant form
is three syllables or less, it is stressed on the first **-е-** of the ending.
Longer adjectives retain the stress of the positive degree.

бе́лый, -ое, -ая	беле́е	*white*
интере́сный, -ое, -ая	интере́снее	*more interesting*
ста́рый, -ое, -ая	старе́е	*older*

For some adjectives the formation of the simple comparative involves
a consonant alternation in the stem similar to that undergone by certain verbs. In this case the short comparative form ends in **-е** and the
ending is never stressed.

г and **д** alternate with **ж**	дорого́й—доро́же
	молодо́й—моло́же
х alternates with **ш**	ти́хий—ти́ше
ст alternates with **щ**	просто́й—про́ще
т and sometimes **к** alternate with **ч**	бога́тый—бога́че
	гро́мкий—гро́мче

For many adjectives whose stem ends in **-к-**, the **-к-** disappears and
other alternations take place at the end of the stem before adding **-е,**
e.g., **бли́зкий—бли́же, то́нкий—то́ньше.** These forms are listed on
pp. 20–21.

In addition, special attention should be given to the following irregular, but very frequent, simple comparative forms:

большо́й (мно́го)—бо́льше
ма́ленький (ма́ло)—ме́ньше
плохо́й—ху́же
ста́рый—старе́е (when comparing things)
            ста́рше (when comparing persons)
хоро́ший—лу́чше

C. Expression of comparison.

    a. In a comparison, *than* is usually translated by **чем**. With the compound comparative there is no other way to express comparison.

> Я живý в бóлее нóвом дóме, чем вы.
> *I live in a newer house than you.*

When phrases, indeclinable words, or infinitives are being compared, **чем** is required with the simple comparative also. This is often an adverbial use.

> В нáшей шкóле бóльше студéнтов, чем в вáшей.
> *There are more students in our school than in yours.*

> Пóезд быстрéе, чем таксú.
> *The train is faster than the taxi.*

> Говорúть лéгче, чем читáть.
> *It's easier to talk than to read.*

    b. When the simple comparative is being used and declinable nouns are being compared, **чем** may be dropped and replaced by the genitive case of the noun being compared.

> Самолёт быстрéе, чем пóезд.
> Самолёт быстрéе пóезда.
> *The airplane is faster than the train.*

However, **чем** must be retained if the nouns being compared are in other than the nominative case. This is usually adverbial.

> Лéгче говорúть отцý чем мáтери.
> *It's easier to talk to father than to mother.*

    c. *Much* in a comparison is expressed by the word **горáздо**.

> Я живý в горáздо бóлее нóвом дóме.
> *I live in a much newer house.*

> Наш дом горáздо новéе вáшего.
> *Our house is much newer than yours.*

    d. *How much?* is expressed by **на скóлько?** and the answer is also given with **на**.

> На скóлько ваш брат молóже моегó? Он на два гóда молóже.
> *How much younger is your brother than mine? He's two years younger.*

7. The superlative degree

A. The compound superlative.

The compound superlative is the one which is normally used in comparison. It is formed by combining the word **са́мый** with the positive degree of any adjective that can be compared. Both **са́мый** and the adjective being compared are declined.

> Мы живём в са́мом но́вом до́ме на на́шей у́лице.
> *We live in the newest house on our street.*

> Э́та де́вушка са́мая у́мная в кла́ссе.
> *This girl is the most intelligent in the class.*

B. The simple superlative.

Most adjectives also have a simple superlative form. It is formed by adding **-ейший** to the adjectival stem. It is declined like an adjective having sibilant stem with stem stress. Adjectives with stems ending in **-г-**, **-к-**, **-х-** change to **-ж-**, **-ч-**, **-ш-** and add **-айший**. The simple superlative does not show comparison, but rather indicates a high degree of the given quality.

| но́вый | нове́йший | *very new* |
| вели́кий | велича́йший | *very great* |

> Пу́шкин велича́йший ру́сский писа́тель.
> *Pushkin is a very great Russian writer.*

Observe the following contrast:

> Ива́н са́мый у́мный студе́нт.
> *Ivan is the most intelligent student.*
> (Ivan is being compared to other students.)

> Ива́н умне́йший студе́нт.
> *Ivan is a most intelligent student.*
> (Ivan is merely being described.)

Упражне́ния

I.　Перечита́йте по́весть «Се́рдце Да́нко».

1.　Найди́те сле́дующие предложе́ния. Назови́те положи́тельную сте́пень подчёркнутых слов. Каки́е из них прилага́тельные, а каки́е наре́чия?

А.　«. . . он **смеле́е** и **лу́чше**, чем они́ . . .»
Б.　«Всё **темне́е** и **гу́ще** станови́лся лес, всё **ме́ньше** бы́ло сил.»

В. «. . . не мо́жем **бо́льше** идти́ . . .»
Г. «Я **моло́же** вас . . .»
Д. «. . . **сильне́е** гро́ма кри́кнул Да́нко . . .»
Е. «Оно́ горе́ло . . . **я́рче** со́лнца.»

2. В сле́дующих предложе́ниях объясни́те употребле́ние по́лных и кра́тких форм прилага́тельных.

«И вот лю́ди ста́ли говори́ть, что напра́сно он, молодо́й и нео́пытный, повёл их. А Да́нко шёл впереди́ и был бодр и споко́ен.»

II. Впиши́те прилага́тельные в ну́жной фо́рме.

1. Сего́дня ⎽⎽⎽⎽⎽⎽⎽⎽ день!
              spring

2. Где вы отдыха́ли в ⎽⎽⎽⎽⎽⎽⎽ году́?
                    last

3. Э́тот челове́к— ⎽⎽⎽⎽⎽⎽⎽ пья́ница.
                old

4. Я потеря́л ⎽⎽⎽⎽⎽⎽⎽ очки́.
            dark

5. Ско́лько у вас ⎽⎽⎽⎽⎽⎽⎽ черни́л?
              blue

6. Я уже́ чита́л ⎽⎽⎽⎽⎽⎽⎽⎽⎽ газе́ту.
           yesterday's

7. Мы бы́ли на ⎽⎽⎽⎽⎽⎽⎽ собра́нии с его́ ⎽⎽⎽⎽⎽⎽⎽ дя́дей.
         long   young

8. На́ша маши́на е́хала по ⎽⎽⎽⎽⎽⎽⎽ шоссе́.
                 wide

9. В ко́мнате стоя́л ⎽⎽⎽⎽⎽⎽ ⎽⎽⎽⎽⎽⎽ ⎽⎽⎽⎽⎽⎽ стол.
           large wooden writing

10. Весь ве́чер шёл ⎽⎽⎽⎽⎽⎽⎽ дождь.
              strong

11. Отними́ у ⎽⎽⎽⎽⎽⎽ ребёнка ⎽⎽⎽⎽⎽⎽ но́жницы!
         little   sharp

12. У неё ⎽⎽⎽⎽⎽⎽⎽ роди́тели.
        good

13. Он про́дал ⎽⎽⎽⎽⎽⎽⎽ ру́копись.
         ancient

14. Когда́ конча́ется ⎽⎽⎽⎽⎽⎽⎽ год?
            school

15. Где вы провели́ ⎽⎽⎽⎽⎽⎽⎽ кани́кулы?
           summer

16. Я не люблю́ ⎽⎽⎽⎽⎽⎽⎽ ко́фе.
        cold

17. Где мы найдём ⎽⎽⎽⎽⎽⎽⎽ такси́?
          free

18. Это _____ _____ ночь.
   hot   summer

19. _____ магази́н нахо́дится на _____ этаже́.
   The book   upper

20. Моя́ _____ сестра́ живёт с _____ учи́тельницей.
        older   French

III. Объясни́те употребле́ние по́лных и кра́тких прилага́тельных.

1. Я уже́ не́сколько дней не ви́дел **больно́го** това́рища.
   Мой това́рищ **бо́лен** и уже́ не́сколько дней не хо́дит на заня́тия.
   Мой това́рищ **больно́й**, поэ́тому он нигде́ не рабо́тает.

2. **Сы́тый** волк ре́дко захо́дит в дере́вню.
   Я был **сыт** и отказа́лся от обе́да.

3. **Гото́вое** к отплы́тию су́дно даёт после́дннй гудо́к.
   Су́дно **гото́во** к отплы́тию.

4. Клуб в на́шей дере́вне **ма́ленький** но удо́бный.
   Клуб большо́й, но он уже́ **мал** для на́шей гру́ппы.

5. Обы́чно рукава́ зи́мней оде́жды **дли́нные**.
   Рукава́ э́того плаща́ мне **длинны́**.

6. Ёлка **невысо́кая**, но она́ всё-таки **высока́** для на́шей ко́мнаты.

IV. Впиши́те прилага́тельные в ну́жной фо́рме.

1. В пра́здничный ве́чер го́род осо́бенно (краси́вый).
2. Вы зна́ете э́ту (краси́вый) де́вушку?
3. Э́та де́вушка так (краси́вый)!
4. Мари́я (похо́жий) на мать.
5. Э́та зада́ча (тру́дный) для тебя́.
6. (Весе́нний) дни (прия́тный)!
7. Зима́ в Росси́и (холо́дный).
8. Э́тот студе́нт са́мый (у́мный) в кла́ссе.
9. Я не (согла́сный) с ва́ми.
10. Ты сам (винова́тый).
11. Но́вый дом не о́чень (большо́й), но для нас он (большо́й).
12. Обе́д (гото́вый)?
13. Мой де́душка (ста́рый) для э́той рабо́ты.
14. Соба́ка, охраня́вшая дом, была́ о́чень (серди́тый).
15. Я был (серди́тый) на дру́га за то, что он не поддержа́л меня́.

V. Да́йте сравни́тельную сте́пень по ка́ждому образцу́.

1. си́льный—сильне́е: но́вый, ста́рый, тёплый, ва́жный, тёмный, о́стрый, у́мный, глу́пый, ску́чный.

2. холо́дный—холодне́е: интере́сный, удо́бный, краси́вый, прия́тный, печа́льный, счастли́вый.

3. дорого́й—доро́же: стро́гий, молодо́й, твёрдый.

4. гро́мкий — гро́мче: лёгкий, мя́гкий, жа́ркий, кре́пкий, я́ркий.
5. просто́й — про́ще: густо́й, то́лстый, чи́стый, ча́стый.
6. бли́зкий — бли́же: ни́зкий, у́зкий
7. ти́хий — ти́ше: сухо́й, глухо́й.

VI. Отве́тьте на сле́дующие вопро́сы, употребля́я роди́тельный паде́ж, где возмо́жно.

Образе́ц: Что бли́же: луна́ или А́фрика?
А́фрика бли́же луны́.

1. Что быстре́е: самолёт и́ли по́езд?
2. Како́й го́род бо́льше: Москва́ и́ли Нью-Йо́рк?
3. Что глу́бже: мо́ре и́ли о́зеро?
4. Кто ста́рше: де́душка и́ли внук?
5. Что деше́вле: каранда́ш и́ли ру́чка?
6. Что ле́гче: писа́ть по-ру́сски и́ли чита́ть?
7. Кто ме́ньше: соба́ка и́ли ло́шадь?
8. Где су́ше: в реке́ и́ли в пусты́не?
9. Что да́льше: Ло́ндон и́ли Ленингра́д?
10. Что трудне́е: игра́ть в ка́рты и́ли в ша́хматы?
11. Когда́ жа́рче: весно́й и́ли ле́том?
12. Что интере́снее: слу́шать ле́кции и́ли смотре́ть кинофи́льмы?
13. Кто моло́же: учени́к и́ли учёный?
14. Како́й го́род нове́е: Филаде́льфия и́ли Пари́ж?
15. Что бо́льше: луна́ и́ли со́лнце?

Повтори́тельные упражне́ния

I. Замени́те прида́точные предложе́ния прича́стиями. Сде́лайте все ну́жные переме́ны.

1. Я не ве́рю челове́ку, кото́рого вчера́ арестова́ли.
2. Мы поговори́ли с же́нщиной, кото́рая пришла́ сюда́ по́сле рабо́ты.
3. Вы зна́ете студе́нта, кото́рый реша́ет зада́чи?
4. Де́ти, кото́рые гро́мко крича́т, меша́ют мне рабо́тать.
5. Я откры́л дверь, кото́рую вы закры́ли.
6. Мы избега́ем студе́нтки, кото́рая занима́ется в библиоте́ке.
7. Куда́ вы положи́ли ве́щи, кото́рые я купи́л в апте́ке?
8. Я недово́лен статьёй, кото́рую мои́ студе́нты перевели́.

II. Впишите глагол в нужной форме, обращаясь внимание на то, что действие происходило в прошлом.

Поезд остановился на маленькой станции. На этой станции поезда всегда _____ две минуты. Пассажир
стоять/постоять
_____ в окно и _____ женщину,
смотреть/посмотреть   видеть/увидеть
которая _____ пирожки. Пассажир _____
продавать/продать   звать/позвать
мальчика, который _____ по платформе и
гулять/погулять
_____ его, сколько стоит пирожок.
спрашивать/спросить
— 10 копеек, — _____ мальчик. Пассажир
отвечать/ответить
_____ мальчику 20 копеек и _____:
давать/дать   говорить/сказать
— _____ эти деньги и _____ два пирожка,
Брать/взять   покупать/купить
один мне, а второй себе.
Через несколько секунд мальчик _____.
возвращаться/вернуться
Он с аппетитом _____ пирожок. Мальчик _____
есть/съесть   давать/дать
пассажиру 10 копеек и _____:
говорить/сказать
— _____, но там был только один пирожок.
Извинять/извинить

Словообразование

Корень **-вод-**, **-вожд-**, **-вед-**, *conduct, leading.*

водить/(поводить) *to lead, to conduct*

вождь *m.*

поводок

водить машину *to drive a car*

водитель *m.*

вести себя *to behave*

поведение

вводить/ввести *to bring in, to introduce*

введение

выводить/вывести *to take out*

вывод

заводи́ть/завести́ *to wind up, to set*

заво́д

заведе́ние

отводи́ть/отвести́ *to take to*

переводи́ть/перевести́ *to translate, to transfer*

перево́д

перево́дчик

де́нежный перево́д

приводи́ть/привести́ *to bring*

проводи́ть/провести́ *to pass* (time)

проводни́к

производи́ть/произвести́ *to produce*

произведе́ние

произво́дство

разводи́ться/развести́сь *to be divorced*

разво́д

уводи́ть/увести́ *to take away*

Слова́ с двумя́ ко́рнями. Что зна́чит ка́ждый ко́рень?

руководи́ть   лесово́дство
руководи́тель *m.*   садово́дство

I. Впиши́те ну́жные слова́.

1. Ле́нин был ——————— коммунисти́ческой па́ртии.
   <u>chief</u>

2. Же́нщина ——————— соба́ку на ———————.
   <u>walks</u>   <u>leash</u>

3. Вы чита́ли ——————— Пу́шкина?
   <u>work</u>

4. Наш ——————— говори́л о ——————— э́того ———————.
   <u>guide</u>   <u>production</u>   <u>plant</u>

5. ВУЗ зна́чит вы́сшее уче́бное ———————.
   <u>institution</u>

6. Вы пришли́ к непра́вильному ———————.
   <u>conclusion</u>

7. Я хочу́ стать ———————.
   <u>translator</u>

8. ——————— э́той кни́ги совсе́м не интере́сно.
   <u>The preface</u>

9. Они́ уже́ получи́ли ———————? Да, они́ ——————— в
   <u>divorce</u>   <u>were divorced</u>

   про́шлом году́.

10. Máша получи́ла _____ от ма́тери.

money order

11. В ВУЗах преподаю́т и _____ и _____.

forestry   horticulture

12. Кто _____ ва́шей гру́ппой? _____ на́шего автóбуса.

guided   The driver

13. Что вы ду́маете о его́ _____? Он _____ стра́нно.

behavior   is behaving

14. Я обы́чно _____ часы́ у́тром, но сего́дня я забы́л _____

wind   to wind
их.

15. Мы чита́ем _____ Че́хова в _____.

work   translation

16. _____ отсю́да твою́ шу́мную соба́ку.

Take away

17. Мой сосе́д пришёл сюда́ и _____ своего́ бра́та. Они́

brought
_____ у нас це́лый ве́чер.

spent

18. Но́вый дире́ктор _____ э́тот ме́тод.

introduced

19. Э́тот _____ _____ тра́кторы.

plant   produces

20. _____ ребёнка из э́той ко́мнаты и _____ его́ в ку́хню.

Take   take

21. Мой сын хорошо́ _____.

drives

II. Что зна́чат сле́дующие слова́?

освеща́ть/освети́ть	серди́ться/рассерди́ться	путь
освеще́ние	серди́т, серди́то, серди́та	спу́тник
свет	се́рдце	путеше́ствовать
све́тлый, -ое, -ая	серде́чный, -ое, -ая	путеше́ствие
свеча́	среда́	путеводи́тель *m.*
светофо́р	сре́дний, -ее, -яя	
рассве́т	среди́	

Впиши́те ну́жные слова́.

1. Почему́ вы так _____?

angry

2. Переда́йте ему́ мой _____ приве́т.

cordial

3. Он ча́сто _____ на меня́ _____ но́чи.

gets angry   in the middle of

4. У его́ дя́ди боле́знь _____.

of the heart

5. Мой двоюродный брат ходит в _____ школу.
    middle

6. Он _____ на меня в _____, а сегодня он уже
    got angry   Wednesday

    больше не _____.
    angry

7. Включите _____. Здесь темно.
    light

8. У нас в городе электрическое _____.
    lighting

9. _____ одной _____ _____ всю комнату.
    The light   candle   lights

10. Мы уедем на _____.
    dawn

11. На углу стоит _____.
    traffic light

12. Мы живём в хорошей, _____ комнате.
    light

13. Он говорил о своём _____.
    trip

14. Луна — _____ земли.
    satellite

15. Они выбрали трудный _____ через лес.
    path

16. Мы часто _____.
    travel

17. Он хочет купить _____ Москвы.
    guidebook

Перевод

1. Your behavior did not please me.
2. A bus driver came here today. He brought this article which you forgot in the bus.
3. He got angry at me and walked out of the room.
4. I will not go to the movies tonight. My son is sick.
5. That coat is big for you.
6. She lives in such a beautiful house.
7. Which animals are dangerous for man?
8. This rich old man has the most expensive clothes and the biggest car in town.
9. You won't be able to solve the hardest problems because you have never studied higher mathematics.
10. How much deeper is that lake than the lake in our town? It is much deeper.

Практи́ческие заня́тия

I.   **Гла́вные писа́тели 20-ого ве́ка.**

Макси́м Го́рький (Алексе́й Макси́мович Пешко́в) (1868–1936)
Ива́н Алекса́ндрович Бу́нин (1870–1953)
Алекса́ндр Алекса́ндрович Блок (1880–1921)
Евге́ний Ива́нович Замя́тин (1884–1937)
Бори́с Леони́дович Пастерна́к (1890–1960)
Влади́мир Влади́мирович Маяко́вский (1893–1930)
Михаи́л Алекса́ндрович Шо́лохов (1905–   )
Алекса́ндр Иса́евич Солжени́цын (1918–   )
Евге́ний Алекса́ндрович Евтуше́нко (1933–   )

II.   Пе́ред назва́нием произведе́ния впиши́те но́мер фами́лии писа́теля.

	_____ Ба́бий Яр
	_____ Ба́ня
	_____ В кру́ге пе́рвом
	_____ Господи́н из Сан Франци́ско
1. М. Го́рький	_____ Двена́дцать
2. И. А. Бу́нин	_____ Дере́вня
3. А. А. Блок	_____ До́ктор Жива́го
4. Е. И. Замя́тин	_____ Клоп
5. Б. Л. Пастерна́к	_____ Мать
6. В. В. Маяко́вский	_____ Мы
7. М. А. Шо́лохов	_____ На дне
8. А. И. Солжени́цын	_____ Оди́н день Ива́на Дени́совича
9. Е. А. Евтуше́нко	_____ По́днятая целина́
	_____ Ра́ковый ко́рпус
	_____ 150,000,000
	_____ Ти́хий Дон

III.   Отве́тьте на вопро́сы.

1. Каки́е из э́тих писа́телей роди́лись в 19-ом ве́ке, а ка́кие в 20-ом?
2. Како́й писа́тель са́мый мла́дший?
3. В како́м году́ роди́лся М. Го́рький? Б. Л. Пастерна́к? А. И. Солжени́цын?
4. В како́м году́ у́мер И. А. Бу́нин? В. В. Маяко́вский?
5. Каки́е из э́тих писа́телей ещё живы́?
6. Како́й из э́тих писа́телей писа́л дли́нные рома́ны?
7. Каки́е писа́ли гла́вным о́бразом стихи́?
8. Каки́е писа́ли пье́сы?
9. Каки́е из э́тих произведе́ний вы чита́ли?

10. Каки́х други́х сове́тских писа́телей вы зна́ете?
11. Что они́ написа́ли?
12. Кто ваш люби́мый сове́тский писа́тель?
13. Кото́рое из его́ произведе́ний вы чита́ли?
14. Каки́е ру́сские писа́тели получи́ли нобеле́вскую пре́мию за литерату́ру?
15. За каки́е произведе́ния они́ получи́ли пре́мию?

IV. Посмотри́те на рису́нки и отве́тьте на вопро́сы.

Как они́ покупа́ли . . .

Кто э́то?
Куда́ они́ иду́т?
Кто несёт су́мки?
Где у него́ су́мки?
Что они́ купи́ли?

Куда́ они́ иду́т пото́м?
Что они́ хотя́т купи́ть в ма-
    гази́не?
Где у него́ су́мки тепе́рь?

Куда́ они́ иду́т?
Что она́ ещё хо́чет купи́ть?
Где у него́ торт?

А что она́ хо́чет купи́ть здесь?

Что они́ де́лают до́ма?
Дово́лен и́ли недово́лен муж?
Дово́льна и́ли недово́льна жена́?

Семьнádцатый урóк

Куст сирéни

(по расскáзу Алексáндра Купрúна)

Когдá Алмáзов вошёл в кóмнату, женá
срáзу понялá, что произошлó **несчáстье**.   *misfortune*
Алмáзов, не **снимáя** пальтó, пошёл в свой   *taking off*
кабинéт. Женá мóлча пошлá за ним. В
кабинéте Алмáзов постоял минýту на однóм
мéсте, **гля́дя** в ýгол. Потóм брóсился в   *looking*
крéсло.

Алмáзов, молодóй офицéр, **слýшал лéкции**   *was taking courses*
в **воéнной** инженéрной академии и тепéрь   *military*
тóлько что вернýлся оттýда. Сегóдня он
сдавáл[1] профéссору послéднюю и сáмую
трýдную практúческую рабóту — **съёмку**   *survey*
мéстности.   *locality*

До сих пор все экзáмены проходúли успéш-   *until now*
но, тóлько женá Алмáзова знáла, как это
бы́ло трýдно.[2] Два гóда **подря́д** Алмáзов   *in succession*
провáливался на **вступúтельных** экзámenах   *failed   entrance*
и тóлько на трéтий год смог сдать их.
Вéрочка, женá Алмáзова, былá егó **вéрным**   *faithful*
дрýгом и помóщником. Онá **постоя́нно** под-   *constantly*
дéрживала егó, помогáя емý во всём. Онá,
старáясь создáть мýжу необходúмые **услó-**   *conditions*
вия для рабóты, былá не тóлько хорó-
шей хозя́йкой. Онá перепúсывала **конспéкты**   *summaries*
мýжа, **чертúла** емý **чертёжи**.   *drew   sketches*

И вот опя́ть неудáча. Прошлó пять минýт
молчáния. Алмáзов, **не раздевáясь**,[3] сидéл в   *without taking off his coat*

кре́сле и не смотре́л на жену́. Наконе́ц Ве́-
рочка осторо́жно заговори́ла:

—Ко́ля, ну как же твоя́ рабо́та? Пло́хо? Ты
скажи́, мы вме́сте обсу́дим.

Алма́зов, **посмотре́в** на жену́, бы́стро   *having glanced*
заговори́л:

—Всё ко́нчено. Че́рез ме́сяц уе́дем отсю́да.
И во всём винова́то **пятно́**.   *blot*

Како́е пятно́, Ко́ля? Я ничего́ не понима́ю.

—Обыкнове́нное пятно́, зелёной **кра́ской**.[4]   *ink*
Ты **ведь** зна́ешь, я вчера́ до трёх часо́в не ло-   *no doubt*
жи́лся, конча́я чертёжи. Чертёж вы́шел[5] пре-
кра́сный, э́то все говоря́т. Но я уста́л вчера́,
ру́ки **дрожа́ли**, и **посади́л пятно́**.[6] Ду́мал я,   *shook   made a blot*
что́ тепе́рь из него́ сде́лать. И реши́л на том
ме́сте нарисова́ть дере́вья. Сего́дня пока́зы-
ваю чертёж профе́ссору, а он спра́шивает: «А
отку́да у вас здесь кусты́ появи́лись?» Я
до́лжен был бы пра́вду сказа́ть, а я говорю́
ему́: «Здесь действи́тельно расту́т кусты́.»
Мы на́чали спо́рить. Наконе́ц профе́ссор
сказа́л: «Е́сли вы так уве́рены, мы за́втра
пое́дем вме́сте и посмо́трим, есть там кусты́
или нет.»[7]

Муж и жена́ сиде́ли мо́лча. Вдруг Ве́рочка,
вскочи́в с кре́сла, сказа́ла: *jumping up*

—Слу́шай, Ко́ля, нам на́до сейча́с же е́хать.

—Я не пое́ду извиня́ться.[8]

—Никто́ тебя́ не **заставля́ет** извиня́ться. А   *is forcing*
про́сто, е́сли там нет таки́х кусто́в, их на́до
посади́ть сейча́с же.

Когда́ Алма́зовы прие́хали к **садо́внику**, он   *gardener*
отказа́лся рабо́тать но́чью. Тогда́ Ве́ра рас-
сказа́ла ему́ всю исто́рию. Садо́вник, улыб-
ну́вшись, согласи́лся помо́чь им. Но у него́
бы́ли то́лько кусты́ сире́ни. Реши́ли посади́ть
сире́нь.

На сле́дующий день Ве́ра вы́шла встреча́ть[9]   *As soon as she saw*
му́жа на у́лицу. **Уви́дев** его́, она́ поняла́, что   *well*
всё ко́нчилось **благополу́чно**. Лицо́ Алма́зова
бы́ло ра́достным и счастли́вым.

—Хорошо́! Прекра́сно!—ещё **и́здали** за-   *from afar*
крича́л он. —**Предста́вь себе́**, прие́хали мы с   *imagine*

ним к э́тим куста́м. Он смотре́л на них, смотре́л, да́же **листо́чек сорва́л**.[10] «**Что за** де́рево?»—спра́шивает. Я говорю́: «Не зна́ю.» «Извини́те», —говори́т он, —«**Должно́ быть**, я начина́ю старе́ть, е́сли забы́л **про** э́ти кусты́.» Мне да́же жаль, что я его́ **обману́л**.

Они́, ве́село **рассмея́вшись**, посмотре́ли друг на дру́га. А Ве́рочка сказа́ла: —Сире́нь тепе́рь бу́дет навсегда́ мои́м люби́мым цветко́м.

leaf   picked   what kind of

it must be

about
tricked
having burst out laughing

Примеча́ния

[1] What is the aspect of this verb and why?

[2] Discuss the use of aspect in this sentence and the following one.

[3] Find a synonymous expression in the story.

[4] What is the case of this word and why?

[5] Observe the figurative use of this word.

[6] Discuss the use of aspect in this sentence.

[7] Observe the relatively free variation of past and present tense in Russian storytelling. An English translation of this paragraph would have to observe a much more restricted use of tense.

[8] Discuss the use of aspect in this sentence.

[9] What is the aspect of this verb and why?

[10] Discuss the use of aspect in this sentence.

Грамма́тика

1. Verbal adverbs

Verbal adverbs have characteristics not only of verbs but also of adverbs. Like verbs, they are transitive or intransitive, perfective or imperfective. They require a complement in the same case or with the same preposition as the original verb. Like adverbs, they are invariable. They describe or limit the action of the *subject* of the sentence.

2. Formation of imperfective verbal adverbs

A. The verbal adverb of imperfective verbs is formed from the non-past stem. The ending of the third person plural is removed and replaced by **-я** (**-a** if the orthographic rules require it). If the verb ends in **-ся**, the verbal adverb will end in **-ясь (-ась).**

говори́ть: говор-я́т—говоря́
жить: жив-у́т—живя́
крича́ть: кри́ч-ат—крича́
чита́ть: чита́-ют—чита́я
занима́ться: занима́-ются—занима́ясь
смея́ться: сме-ю́тся—смея́сь

B. If the verb ends in **-дава́ть, -знава́ть, -става́ть**, the verbal adverb is formed on the past rather than the non-past stem.

встава́ть: встава́-ть—встава́я
дава́ть: дава́-ть—дава́я

C. There are a number of verbs from which the imperfective verbal adverb is not formed or is rarely used. These include:

a. verbs in **-нуть**.
b. verbs in **-чь**.
c. the following verbs:

бежа́ть	писа́ть
бить	пить
лить	шить
петь	

D. For **ждать** the form **ожида́я** is used; for **хоте́ть** the form **жела́я** is used; and for **смотре́ть** the form **гля́дя** is used.

E. The verbal adverb from **быть** is **бу́дучи**, but it is rarely used in conversation.

3. Formation of perfective verbal adverbs

A. The verbal adverb from perfective verbs is formed from the past stem. If the masculine past-tense verb ends in **-л**, the **-л** is replaced by **-в**. For a verb ending in **-ся**, the ending is **-вшись**.

поговори́ть: поговори́-л—поговори́в
прочита́ть: прочита́-л—прочита́в
засмея́ться: засмея́-лся—засмея́вшись

B. If there is no **-л** in the masculine past tense, then the verbal adverb is formed by adding the ending **-ши** directly to the masculine form of the past tense.

умере́ть: у́мер—у́мерши

C. Prefixed forms of **идти́**, **вести́**, **нести́** have perfective verbal adverbs that are formed from the non-past stem. They resemble imperfective verbal adverbs in form.

привести́: привед-у́т—приведя́
прийти́: прид-у́т—придя́
принести́: принес-у́т—принеся́

Verbal Adverb	Stem	Ending
Imperfective	1. 3rd pl. present везти́: вез-у́т—вез- крича́ть: крич-а́т—крич- открыва́ть: открыва́-ют—открыва- рисова́ть: рису́-ют—рису- стоя́ть: сто-я́т—сто- теря́ть: теря́-ют— теря- смея́ться: сме-ю́т-ся—сме—ся	**-я (-а)** везя́ крича́ открыва́я рису́я сто́я теря́я смея́сь
Perfective	1. Masculine past in **-л** откры́ть: откры́-л—откры- потеря́ть: потеря́-л—потеря-	**-в** откры́в потеря́в
	2. Masculine past in bare stem привы́кнуть: привы́к—привык- умере́ть: у́мер—умер-	**-ши** привы́кши у́мерши
	3. Verbs in **-ся** рассмея́ться: рассмея́-л-ся—рассмея—ся	**-вшись** рассмея́вшись
	4. Exceptions formed as imperfective verbal adverbs найти́: найд-у́т—найд- принести́: принес-у́т—принес-	**-я** найдя́ принеся́

4. Use of verbal adverbs

A. *Imperfective verbal adverbs.* Imperfective verbal adverbs indicate that the action of the verbal adverb and that of the main verb is simultaneous.

Си́дя за столо́м, оте́ц чита́ет газе́ту.
While sitting at the table, father is reading the paper.

Си́дя за столо́м, оте́ц чита́л га́зету.
While sitting at the table, father was reading the paper.

In such sentences, the action of the verbal adverb is of secondary importance. The above sentences could be reversed.

Читáя газéту, отéц сидúт за столóм.
While reading the paper, father sits at the table.

Читáя газéту, отéц сидéл за столóм.
While reading the paper, father sat at the table.

To give each verb the same importance, the two verbs would be used in the same tense and aspect.

Отéц сидúт за столóм и читáет газéту.
Father is sitting at the table and is reading the paper.

Отéц сидéл за столóм и читáл газéту.
Father was sitting at the table and was reading the paper.

B. *Perfective verbal adverbs.* The action of perfective verbal adverbs precedes that of the main verb.

Написáв письмó, он пошёл на пóчту.
Having written the letter, he went to the post office.

Придя́ домóй, он нáчал читáть пóчту.
Having arrived home, he began to read his mail.

C. *Negation of verbal adverbs.* A verbal adverb can be negated by placing **не** before it. Sometimes the English uses the word *without*.

Алмáзов, не снимáя пальтó, пошёл в свой кабинéт.
Almazov went into his study without taking off his coat.

5. Conditional mood

The conditional mood consists of the past tense forms of the verb plus the particle **бы**. *It does not express time.* The choice of aspect depends on the speaker's intention. The conditional mood may express a wish or a hypothetical situation, or it may be used to soften a request.

Я дóлжен был бы прáвду сказáть.
I should have told the truth.

Он мог бы прийтú зáвтра.
He would be able to come tomorrow.

Я бы хотéл вас вúдеть.
I'd like to see you.

6. Real and unreal conditions

There are two types of conditional sentences—sometimes called real and unreal conditions. Both consist of an *if* clause and a result clause.

A. The real condition is a statement of fact. If the condition is met, the result will take place. If the condition has been met, the result has already taken place. Because it is a statement of fact, the indicative mood is used. In Russian the tense corresponds exactly to the time when the condition is met.

> Я открывáл окнó. Éсли никтó не закрьíл егó, то открьíто.
> *I opened the window. If no one shut it, then it's open.*

> Éсли я увúжу Ивáна, я скажý емý.
> *If I see Ivan, I'll tell him.*

> Éсли вы дадúте мне письмó, я прочитáю егó.
> *If you (will) give me the letter, I'll read it.*

B. The unreal condition states an impossible or unlikely situation. If the condition has been met (but it was not), the result would have or might have occurred. If the condition were met (but it probably will not be), the result would or might take place. This is expressed by the conditional mood. Tense is irrelevant, because time is not expressed by the Russian conditional. Each clause contains the particle **бы**.

> Éсли бы вы мне дáли письмó, я бы прочитáл егó.
> *If you had given me the letter, I would have read it.*
> (You did not give me the letter.)

> Éсли бы я увúдел Ивáна, я бы сказáл емý.
> *If I had seen Ivan, I would have told him.*
> (I did not see Ivan.)

7. The conjunction **чтóбы**

A. The conjunction **чтóбы** may introduce a subordinate clause of purpose. If the subject of the subordinate clause is different from that of the main clause, the verb that follows **чтóбы** is past in form and does not express time. If the subjects of both clauses are the same, **чтóбы** is followed by an infinitive.

> Он вернýлся, чтóбы вы моглú егó вúдеть.
> *He came back so that you could see him.*

> Он вернýлся, чтóбы вас вúдеть.
> *He came back in order to see you.*

Я взял письмо́, что́бы Ива́н не ви́дел его́.
I took the letter so Ivan wouldn't see it.

Я взял письмо́, что́бы прочита́ть его́ Ива́ну.
I took the letter in order to read it to Ivan.

B. The conjunction **что́бы** is used to introduce a subordinate clause after verbs of wishing, requesting, demanding, etc., if each clause has a different subject. The verb is past in form but does not express time. If there is only one subject, the infinitive is used without **что́бы**. The verb **проси́ть/попроси́ть** *to request* may take an infinitive even when there are two subjects.

Ива́н хо́чет, что́бы Ни́на написа́ла ему́ письмо́.
Ivan wants Nina to write him a letter.

Ива́н хо́чет написа́ть Ни́не письмо́.
Ivan wants to write Nina a letter.

Учи́тель сказа́л студе́нтам, что́бы они́ писа́ли упражне́ния.
The teacher told the students to write exercises.

Он попроси́л, что́бы я пришёл.
Он попроси́л меня́ прийти́.
He asked me to come.

C. After some words either **что** or **что́бы** may introduce a subordinate clause; **что** expresses a fact, whereas **что́бы** expresses a request. They must be carefully distinguished.

Учи́тель сказа́л, что студе́нты писа́ли упражне́ния.
The teacher said that the students were writing exercises.

Учи́тель сказа́л, что́бы студе́нты писа́ли упражне́ния.
The teacher told the students to write exercises.

8. The particle ли

The particle **ли** is enclitic—it always stands in second position in its sentence or clause. It has two functions.

A. In an independent sentence, **ли** indicates a question to which the answer will be *yes* or *no*. *The word which receives the logical stress of the question stands first, followed immediately by* **ли**. In this type of expression there is usually some inversion of word order; it is not common for the subject to stand first, as in a declarative sentence. In conversation this type of question is usually expressed in normal declarative word order without **ли**, by intonation alone.

Чита́ли ли вы э́ту кни́гу?
Have you read that book?

Ча́сто ли вы прихо́дите сюда́?
Do you come here often?

B. In a subordinate clause, **ли** expresses the meaning of the English conjunction *whether*. It stands second in its clause, immediately following the word that bears the logical stress. Again some inversion normally takes place and the verb is usually first in the clause. **Е́сли** cannot be used to mean *whether*.

Не зна́ю, чита́л ли он э́ту кни́гу.
I don't know if (whether) he read this book.

Упражне́ния

I. Перечита́йте расска́з «Куст сире́ни». Найди́те все дееприча́стия (о́коло 16-и форм). Назови́те инфини́тив ка́ждого глаго́ла. Объясни́те употребле́ние дееприча́стия.

II. Перепиши́те предложе́ния без дееприча́стий.

Образцы́: 1. Си́дя за столо́м, оте́ц чита́ет газе́ту.
                   Оте́ц сиди́т за столо́м и чита́ет газе́ту.
            2. Прочита́в газе́ту, он лёг спать.
                   Он прочита́л газе́ту и лёг спать.
                   Когда́ он прочита́л газе́ту, он лёг спать.

1. Объясня́я грамма́тику, учи́тель писа́л на доске́.
2. Они́ сидя́т за столо́м, разгова́ривая о поли́тике.
3. Поу́жинав, мы пое́хали в кино́.
4. У́чась в университе́те, мы жи́ли в общежи́тии.
5. Войдя́ в общежи́тие, я встре́тил дру́га.
6. Входя́ в общежи́тие, я ча́сто встреча́ю друзе́й.
7. Око́нчив шко́лу, мой друг бу́дет инжене́ром.
8. Верну́вшись домо́й, я бу́ду занима́ться.
9. Возвраща́ясь домо́й, я зашёл в магази́н.
10. Занима́ясь в библиоте́ке, студе́нт засну́л.
11. Не жела́я меша́ть това́рищам, я вы́шел в коридо́р.
12. Я стоя́л в коридо́ре, ожида́я това́рищей.

III. В сле́дующих предложе́ниях замени́те оди́н из глаго́лов дееприча́стием.

1. Алма́зов стоя́л в кабине́те и гляде́л в у́гол.
2. Ве́рочка подошла́ к му́жу и осторо́жно заговори́ла.

3. Алма́зов посмотре́л на жену́ и отве́тил: —Я уста́л и посади́л пятно́.
4. Ве́рочка постоя́нно подде́рживала му́жа, помога́ла ему́ во всём.
5. Ве́рочка вскочи́ла с кре́сла и сказа́ла: —Нам на́до сейча́с же е́хать.
6. Они́ прие́хали к садо́внику и рассказа́ли ему́ всю исто́рию.
7. Садо́вник улыбну́лся и согласи́лся помо́чь им.
8. Ве́рочка уви́дела му́жа и поняла́, что всё ко́нчилось благополу́чно.
9. Они́ ве́село рассмея́лись и посмотре́ли друг на дру́га.
10. Они́ откры́ли дверь и вошли́ в дом.

IV. В сле́дующих предложе́ниях впиши́те дееприча́стие ну́жного глаго́ла.

1. Он лежа́л на дива́не, _____ газе́ту.
   читать/прочитать
2. _____ пальто́, я вошёл в столо́вую.
   Снима́ть/снять
3. Не _____ вопро́са, я не смогу́ отве́тить на него́.
   понима́ть/поня́ть
4. Не _____ по-ру́сски, он не смо́жет отвеча́ть на на́ши вопро́сы.
   понима́ть/поня́ть
5. _____ кни́гу, Ива́н отнёс её в библиоте́ку.
   Чита́ть/прочита́ть
6. _____ по телефо́ну с това́рищем, я на́чал занима́ться.
   Говори́ть/поговори́ть
7. Гро́мко _____, де́ти игра́ли в саду́.
   смея́ться/засмея́ться
8. _____ архитекту́ру, Бори́с мно́го е́здил по го́роду.
   Изуча́ть/изучи́ть
9. _____ домо́й, она́ сра́зу начала́ гото́вить обе́д.
   Возвраща́ться/верну́ться
10. _____ у окна́, учи́тель смо́трит на дете́й.
    Стоя́ть/постоя́ть

V. Вме́сто да́нных предложе́ний, напиши́те предложе́ния с части́цей **бы**. Объясни́те ра́зницу ме́жду предложе́ниями.

Образе́ц: Е́сли бу́дет хоро́шая пого́да, мы пое́дем на бе́рег.

Е́сли бы была́ хоро́шая пого́да, мы бы пое́хали на бе́рег.

1. Я зайду́ к вам сего́дня, е́сли у меня́ бу́дет вре́мя.
2. Е́сли ты придёшь ко мне, я тебе́ покажу́ э́ту кни́гу.
3. Е́сли вы хоти́те изуча́ть фи́зику, я помогу́ вам.
4. Е́сли он напи́шет мне письмо́, я ему́ отве́чу.
5. Ива́н ку́пит маши́ну, е́сли оте́ц даст ему́ де́ньги.
6. Е́сли он сдаст экза́мен, он позво́нит нам.
7. Е́сли дождь бу́дет продолжа́ться, река́ вы́йдет из берего́в.
8. Е́сли ты не бу́дешь занима́ться, ты полу́чишь дво́йку по фи́зике.
9. Я с удово́льствием дам вам э́ту статью́, е́сли я найду́ её.
10. Я вам принесу́ письмо́, е́сли Ива́н переведёт его́.

VI. Впиши́те глаго́л в ну́жной фо́рме.

1. Оте́ц хо́чет, что́бы сын бо́льше _____.
   учи́ться/научи́ться

2. Ребёнок хоте́л, что́бы мать _____ к нему́.
   приходи́ть/прийти́

3. Профе́ссор сказа́л студе́нтам, что́бы они́ _____
   писа́ть/написа́ть
   все упражне́ния.

4. Мать сказа́ла де́тям, что́бы они́ _____ в саду́.
   игра́ть/сыгра́ть

5. Профе́ссор хо́чет, что́бы мы _____ то́лько
   говори́ть/сказа́ть
   по-ру́сски.

6. Учи́тель сказа́л ученика́м, что́бы они́ _____
   писа́ть/написа́ть
   упражне́ния ка́ждый ве́чер.

7. Я купи́л ру́чку, что́бы вы _____ писа́ть упражне́ния.
   мочь/смочь

8. Я купи́л ру́чку, что́бы _____ упражне́ния.
   писа́ть/написа́ть

9. Я пришёл к учи́телю, что́бы _____ ему́ вопро́с.
   задава́ть/зада́ть

10. Я пришёл к учи́телю, что́бы он _____ мне
    объясня́ть/объясни́ть
    тру́дную зада́чу.

11. Докла́дчик говори́л гро́мко, что́бы все _____
    мочь/смочь
    слы́шать.

12. Я взял кни́гу в библиоте́ке, что́бы _____
    чита́ть/прочита́ть
    расска́з Че́хова.

VII.   Впишите нужный союз **что** или **чтобы**.

    1. Профессор сказал студентам, _____ они прочитали эту статью.

    2. Профессор сказал студентам, _____ это очень интересная статья.

    3. Иван сказал, _____ он очень любит играть в теннис.

    4. Врач сказал больному, _____ он принимал лекарство.

    5. Товарищ сказал, _____ вчера он был в театре.

    6. Отец написал мне, _____ летом я приехал домой. Он написал, _____ он очень хочет видеть меня.

    7. Я написал отцу, _____ я приеду к нему летом.

    8. Я сказал другу, _____ я купил новую шляпу. Он сказал мне, _____ я купил ему шляпу.

VIII.   Ответьте на вопросы по образцу.

    Образец: Ваш брат приедет на собрание?
                  Не знаю, приедет ли он на собрание.

    1. Он ответил на вопрос?

    2. Мать пошла в магазин?

    3. Ваня был в школе?

    4. Иван сдал экзамен по физике?

    5. Вы будете обедать в студенческой столовой?

    6. Экзамен будет завтра?

    7. Отец пришёл с работы?

    8. Их сын учится в школе?

Повторительные упражнения

I.   Впишите слова в нужной форме.

    1. Мы изучаем _____ Советского Союза.
                 history

    2. Вчера мы сделали много _____.
                         exercises

    3. Вот программы по _____ и _____.
                    literature   geography

    4. Мой отец работает на _____.
                     station

    5. В _____ работают учёные.
       building

    6. В _____ по _____ я сделал две ошибки.
       exercise   grammar

    7. В июне у нас было два _____.
                    meetings

8. На _____ бы́ло мно́го наро́ду.
       meeting
9. В Москве́ стро́ится мно́го _____.
                   buildings
10. Вчера́ я чита́л _____ об _____.
               article   England
11. Сего́дня мы слу́шали _____ по _____.
                  lecture   mathematics
12. В университе́те студе́нты получи́ли хоро́шие _____.
                              knowledge
13. Наш учи́тель хорошо́ зна́ет _____.
                   Italy
14. Маши́на стои́т пе́ред _____ шко́лы.
             building
15. По́езд приближа́лся к _____.
            station
16. Мы не зна́ем его́ _____.
          surname
17. Сего́дня не бу́дет _____.
         lecture
18. Я осо́бенно интересу́юсь _____.
            history
19. Мы бы́ли дово́льны _____.
          meeting
20. У нас о́чень мно́го _____ и _____.
          lectures   meetings

II. Впиши́те глаго́лы в повели́тельном наклоне́нии.

1. _____ пальто́. Здесь о́чень ду́шно.
   Снима́ть/снять
2. _____, пожа́луйста. Мне на́до идти́.
   Извиня́ть/извини́ть
3. Де́ти, уже́ о́чень по́здно. _____ поскоре́е.
                  Раздева́ться/разде́ться
4. Не _____! Здесь сли́шком шу́мно.
      спо́рить/поспо́рить
5. _____ окно́ пожа́луйста. Здесь ду́шно.
   Открыва́ть/откры́ть
6. Почему́ ты там стои́шь? _____!
                    Открыва́ть/откры́ть
7. Не _____ дете́й есть, когда́ они́ не хотя́т.
     заставля́ть/заста́вить
8. _____ всё молоко́, Ва́ня.
   Пить/вы́пить
9. _____ э́ту ска́зку на англи́йский.
   Переводи́ть/перевести́
10. Не _____ э́ту дверь. У меня́ нет ключа́.
     закрыва́ть/закры́ть

Словообразова́ние

Ко́рень **-езд-**, **-езж-**, *driving, riding.*

е́здить *to ride*
по́езд - TRAIN
пое́здка - TRIP
въезжа́ть/въе́хать *to drive into*
въезд - ENTRANCE
выезжа́ть/вы́ехать *to drive out*
вы́езд - EXIT
доезжа́ть/дое́хать *to reach*
заезжа́ть/зае́хать *to drop in*
объезжа́ть/объе́хать *to drive around*
отъезжа́ть/отъе́хать *to drive away from*
отъе́зд - DEPARTURE (OF PERSON)
переезжа́ть/перее́хать *to move, to cross*
подъезжа́ть/подъе́хать *to drive up to*
приезжа́ть/прие́хать *to arrive*
прие́зд - ARRIVAL (OF PERSON)
проезжа́ть/прое́хать *to drive past*
прое́зд - FARE
разъезжа́ться/разъе́хаться *to separate*
съезжа́ть/съе́хать *to drive down*
съезжа́ться/съе́хаться *to come together*
съезд - CONVENTION
уезжа́ть/уе́хать *to leave*

I.   Впиши́те ну́жные слова́.

1. Мы _____ на ста́нцию на не́сколько мину́т до _____
      arrived   arrival
   на́шего дру́га.
2. Я люблю́ _____ на _____. Я то́лько что верну́лся с
              to ride   train
   дли́нной _____.
          trip
3. Такси́ _____ к на́шему до́му, и останови́лось.
         came up to

4. У э́того профе́ссора плоха́я па́мять. Он _____ свою́
   rode past
   остано́вку и он забы́л заплати́ть за _____.
   fare

5. На про́шлой неде́ле учёные _____ в наш го́род. По́сле
   assembled
   _____ они́ _____ по дома́м.
   convention   scattered

6. Мы _____ из Москвы́ у́тром; к ве́черу мы _____
   drove out   reached
   до Ленингра́да.

7. Из э́того шоссе́ нет _____.
   exit

8. Мой сын уже́ _____ в Ленингра́д.
   left

9. Маши́ны одна́ за друго́й _____ с го́ры, _____
   drove down   drove around
   ка́мень в доро́ге, _____ шоссе́ и _____ в гара́ж.
   crossed   drove into

10. Пожа́рная маши́на стоя́ла пе́ред _____ в гара́ж.
    entrance

11. У меня́ бу́дет бо́льше вре́мени по́сле _____ на́ших
    departure
    госте́й.

12. По доро́ге домо́й я _____ в магази́н и куплю́ пода́рки
    will drop in
    для дете́й.

13. Когда́ я _____, он _____ от до́ма.
    arrived   was driving away

Ко́рень -дет-, *dressing*.

надева́ть/наде́ть *to put on*
одева́ть/оде́ть *to dress*
одева́ться/оде́ться *to get dressed*
оде́жда - CLOTHING

переодева́ться/переоде́ться *to change one's clothes*

раздева́ть/разде́ть *to undress*

раздева́ться/разде́ться *to take off one's coat;*
to get undressed

раздева́лка* -CLOAKROOM*

II.   Впиши́те ну́жные слова́.

1. Мину́тку! Я _____ очки́, а пото́м бу́ду чита́ть.
   will put on

2. Все де́ти _____ и пове́сили пальто́ в _____.
   took off their coats   cloakroom

3. У него́ краси́вая но́вая _____.
   clothes

4. Я всегда́ _____ по́сле рабо́ты.
   change my clothes

5. Ка́ждое у́тро мы _____ до за́втрака.
   will get dressed

6. Она́ _____ дете́й до того́, как она́ сама́ _____.
   will dress   will get dressed

III.   Что зна́чат сле́дующие слова́?

сажа́ть/посади́ть	ме́сто	цвет
сад	ме́стность	цветно́й, -о́е, -а́я
садо́вник	ме́стный, -ое, -ая	цвести́/зацвести́
садово́дство	местоиме́ние	цвето́к
де́тский сад	замеща́ть/замести́ть	
	замести́тель *m.*	
	помеще́ние	

Впиши́те ну́жные слова́.

1. Э́то _____ за́нято!
   place

2. Тепе́рь мы занима́емся _____.
   pronouns

3. В э́том _____ нет _____ для собра́ния.
   premises   space

4. Я не могу́ _____ дире́ктора.
   to replace

5. Дире́ктора не́ было, и я говори́л с его́ _____.
   deputy

6. В э́той _____ говоря́т на како́м-то _____ диале́кте. Их
   locality   local
   тру́дно поня́ть.

7. Нам на́до _____ _____ в _____.
   to plant   flowers   garden

8. _____ изуча́ет _____.
   The gardener   horticulture

9. Наш ребёнок хо́дит в _____.
   kindergarten

10. Она́ купи́ла _____ материа́л на пла́тье. Како́го _____?
    colored   color

11. Сире́нь _____ в ма́е.
    blooms

Перево́д

1. It is forbidden to enter the theater without taking off (one's) coat.
2. We don't know whether he failed the exam.
3. If he had passed the exam, he would have called me.
4. I told my sons to undress and go to bed.
5. They refused to support my plan.
6. The teacher asked the boy what he was drawing.
7. Having undressed, he went to bed.
8. I asked Oleg if he had seen my brother.
9. We're going to the country tomorrow to buy vegetables.
10. If it rains tomorrow, we won't go to the country.

Практи́ческие заня́тия

I. **Гла́вные писа́тели 19-ого ве́ка.**

Алекса́ндр Серге́евич Пу́шкин (1799–1837)
Никола́й Васи́левич Го́голь (1809–1852)
Ива́н Алекса́ндрович Гончаро́в (1812–1891)
Михаи́л Ю́риевич Ле́рмонтов (1814–1841)
Ива́н Серге́евич Турге́нев (1818–1883)
Фёдор Миха́йлович Достое́вский (1821–1881)
Лев Никола́евич Толсто́й (1828–1910)
Анто́н Па́влович Че́хов (1860–1904)

II. Пе́ред назва́нием произведе́ния впиши́те но́мер фами́лии писа́теля.

_____ А́нна Каре́нина
_____ Бори́с Годуно́в
_____ Бра́тья Карама́зовы
_____ Война́ и мир
_____ Воскресе́ние
_____ Вишнёвый сад

1. А. С. Пу́шкин   _____ Геро́й на́шего вре́мени
2. Н. В. Го́голь   _____ Де́мон
3. И. А. Гончаро́в   _____ Евге́ний Оне́гин
4. М.Ю. Ле́рмонтов   _____ Запи́ски из подпо́лья
5. И. С. Турге́нев   _____ Запи́ски охо́тника
6. Ф. М. Достое́вский   _____ Мёртвые ду́ши
7. Л. Н. Толсто́й   _____ Обло́мов
8. А. П. Че́хов   _____ Отцы́ и де́ти

_____ Пи́ковая да́ма
_____ Преступле́ние и наказа́ние
_____ Тара́с Бу́льба
_____ Три сестры́
_____ Ча́йка
_____ Шине́ль

III. Отве́тьте на вопро́сы.

1. Кото́рый из да́нных писа́телей роди́лся не в 19-ом ве́ке? В кото́ром ве́ке он роди́лся?
2. В кото́ром году́ роди́лся Н. В. Го́голь? Ф. М. Достое́вский? А. П. Че́хов?
3. В кото́ром году́ у́мер И. А. Гончаро́в? И. С. Турге́нев? Л. Н. Толсто́й?
4. Кото́рые писа́тели писа́ли дли́нные рома́ны?
5. Кото́рые из э́тих ру́сских писа́телей бы́ли и поэ́ты?
6. Како́й писа́тель гла́вным о́бразом писа́л пье́сы?
7. Каки́е произведе́ния А. С. Пу́шкина вы чита́ли?
8. Каки́е произведе́ния Ф. М. Достое́вского вы чита́ли?
9. Каки́е произведе́ния Л. Н. Толсто́го вы чита́ли?
10. Кото́рые из пьес А. П. Че́хова вы ви́дели?
11. Каки́е произведе́ния А. С. Пу́шкина служи́ли для о́пер?
12. Како́й ру́сский писа́тель оказа́л большо́е влия́ние на други́х ру́сских писа́телей?
13. Како́й ваш люби́мый ру́сский писа́тель?
14. Кото́рые из его́ произведе́ний вы чита́ли?

IV. Посмотри́те на рису́нки и расскажи́те что происхо́дит.

Цвето́к

Восемнадцатый урок

Человек и орёл

(по рассказу В. Балабанова)

Чулко́в **охо́тился** в гора́х на о́зере Ти́хое. *was hunting*
Вдруг он заме́тил двух орло́в, лете́вших над
замёрзшим о́зером. **Сквозь** кусты́ он уви́дел, *through*
что на о́зере, недалеко́ от бе́рега, где вода́ ещё
не замёрзла, бе́гает **вы́дра.**[1] Оди́н из орло́в *otter*
сложи́л кры́лья и ка́мнем[2] упа́л вниз. В *folded*
са́мый после́дний моме́нт вы́дра нырну́ла в
во́ду.

Потерпе́в неуда́чу, орёл подня́лся над *having endured*
водо́й, тяжело́ **маха́я** кры́льями.[3] Пролете́в *flapping*
ме́тров сто,[4] он сел на лёд, **попыта́лся** *attempted*
подня́ться ещё раз, но не смог.[5] Охо́тник
побежа́л по льду к орлу́ и **загна́л** его́ в лес. *chased*
Приблизи́вшись к пти́це, Чулко́в уви́дел, что
на пе́рьях[6] **хвоста́** и кры́льев[6] вися́т **сосу́льки.** *tail* *icicles*
Пыта́ясь **схвати́ть** броси́вшуюся в во́ду *to catch*
вы́дру, орёл косну́лся воды́,[7] и на большо́м
моро́зе пе́рья бы́стро смёрзлись.[8] Чулко́в *freezing weather*
по́нял, что мо́жет взять пти́цу **живьём.** *alive*

Боя́сь **уда́ра** большо́го **клю́ва,** охо́тник *blow* *beak*
реши́л схвати́ть пти́цу за ше́ю. Но как то́лько
голова́ орла́ оказа́лась в его́ рука́х, орёл
вцепи́лся в но́ги охо́тника **когтя́ми.** Чулко́в *grasped* *claws*
оказа́лся в серьёзном положе́нии: нож забы́л
в **пала́тке, топо́р** и ружьё лежа́т **в десяти́** *tent* *ax* *10 meters*
ме́трах, а ему́ да́же дви́нуться[9] нельзя́. *away*

Уже́ со́лнце на́чало сади́ться, а **борьба́** *struggle*
челове́ка с орло́м продолжа́лась. **Проти́в-** *opponents*

ники кре́пко держа́ли друг дру́га. С **наступле́нием** темноты́ пти́ца начала́ вести́ себя́ бо́лее агресси́вно. Челове́к и орёл **боро́лись** уже́ о́коло двух часо́в. *coming* *struggled*

И вдруг пришло́ спаси́тельное реше́ние— Чулко́в наде́л на го́лову пти́цы свою́ ша́пку. Наве́рно, для защи́ты головы́ орёл опусти́л но́гу охо́тника. Этого[10] то́лько и ждал Чулко́в. Схвати́в **ла́пу** пти́цы, он бы́стро наде́л на неё **ко́жаную рукави́цу**. Освободи́ться от друго́й ла́пы бы́ло ле́гче, и ско́ро **свя́занная** пти́ца лежа́ла в **мешке́**. *foot* *leather mitten* *tied up   sack*

Чулко́в привёз орла́ в Хаба́ровск и пе́редал его́ в зоопа́рк. **Хи́щная** пти́ца ве́сит четы́рнадцать килогра́ммов, разма́х кры́льев достига́ет двух с полови́ной ме́тров.[11] *of prey*

Примеча́ния

[1] Discuss the use of aspect in this sentence.
[2] *Like a stone.* How is this meaning expressed in Russian?
[3] What is the case of this word and why?
[4] *About 100 meters.* Approximation can be expressed by inverting the numeral and noun.
[5] Discuss the use of aspect in this sentence.
[6] What is the nominative singular of these words? How are they declined?
[7] What is the case of this word and why?
[8] *Froze together.* How is this meaning expressed by this verb?
[9] Explain the aspect of this verb.
[10] What is the case of this word and why?
[11] The bird weighed about 31 pounds and had a wingspread of about 8 feet.

Грамма́тика

1. Pronouns

Russian pronouns are classified according to their function. They are given below with some examples.

Demonstrative	э́тот, тот
Determinative	сам, са́мый, весь
Indefinite	кто́-то, кто́-нибудь
Interrogative	кто, что, чей
Negative	никто́, (ничто́) ничего́

Personal	я, ты
Possessive	мой, свой, его́
Reflexive	себя́
Relative	кото́рый, кто, что

The discussion below is limited to pronominal distinctions which may be difficult for students.

2. Э́тот and тот

When used as a pronominal adjective, э́тот is nearer to the speaker and more general; тот is farther from the speaker and more specific.

This contrasts with English usage, where *this* is nearer but more specific and *that* is farther but more general. Therefore, э́тот often has the meaning of *that*.

Где ты купи́л э́ту шля́пу?
Where did you buy that hat?

A. As an independent pronoun, э́то can be used only in the neuter; то cannot be used in this function.

Э́то наш но́вый профе́ссор.
That's our new professor.

Э́то на́ши но́вые профессора́.
These are our new professors.

Я сомнева́юсь в э́том.
I doubt that.

B. Forms of тот are used in combination with кто and что to translate *the one who*, *the fact that*, etc. Э́тот cannot be used in this function.

Тот, кто сказа́л э́то, уже́ ушёл.
He who said that has already left.

Я сомнева́юсь в том, что он сказа́л э́то.
I doubt that he said that.

3. Себя́, сам, and са́мый

A. Себя́ is a reflexive pronoun; it has no nominative form. It refers to the subject of the clause and its case varies according to its use. It does not show number or gender.

Соба́ка ви́дит себя́ в зе́ркале.
The dog sees itself in the mirror.

Я купил себе синий костюм.
I bought myself a blue suit.

Они очень довольны собой.
They are very self-satisfied.

The following verbs take a form of **себя** when used in the meanings given:

вести себя	*to behave*
представлять/представить себе	*to imagine*
чувствовать себя	*to feel*

Этот ребёнок всегда ведёт себя хорошо.
That child always behaves well.

Я не могу представить себе, что он делал.
I can't imagine what he was doing.

Он чувствует себя хорошо.
He feels well.

B. **Сам** is a determinative pronoun, usually referring to *persons*. It agrees with the modified noun in number, gender, and case.

Я видел самого президента.
I saw the president himself.

Она сама пришла.
She came in person.

C. **Самый** is also a determinative pronoun. It is used to form the superlative degree of adjectives, but it also used as an intensifier—especially with *inanimate nouns*.It agrees with the modified noun in number, gender, and case.

Это случилось в самом начале собрания.
That happened at the very beginning of the meeting.

В самый последний момент выдра нырнула в воду.
At the very last moment the otter dived into the water.

D. Declined forms of **сам** are very similar to declined forms of **самый**—sometimes differing only in stress (see p. 14).

Я видел старого врача самого.
I saw the old doctor himself.

Я видел самого старого врача.
I saw the oldest doctor.

4. Его́, её, их, and свой

The words **его́**, **её**, **их**, and **свой** are possessive pronouns. **Его́**, **её**, and **их** cannot refer to the subject of the clause in which they are used. **Свой**, on the other hand, always refers to the subject of its own clause.

A. **Его́, её,** and **их** are invariable third-person possessive pronouns.

> Ива́н не ви́дел Андре́я, но он ви́дел его́ бра́та.
> *Ivan didn't see Andrej, but he saw his brother.*
> (Ivan saw Andrej's brother.)

B. **Свой** may be used for subjects in any person. However, when the subject is a noun or third-person pronoun, **свой** is the only possessive word that can refer to the subject.

> Я потеря́л свою́ кни́гу.
> Я потеря́л мою́ кни́гу.
> *I lost my book.*

> Ива́н не ви́дел Андре́я, но он ви́дел своего́ бра́та.
> *Ivan didn't see Andrej, but he saw his brother.*
> (Ivan saw his own brother.)

C. These pronouns can be used in the same sentence, but they are not interchangeable. Observe the following examples:

> Ива́н сказа́л, что его́ друг про́дал свою́ маши́ну.
> *Ivan said that his friend sold his own car.*
> (Here the pronouns cannot be interchanged. **Свой** refers to the subject of the subordinate clause, whereas **его́** *modifies* the subject of the subordinate clause but *refers* either to **Ива́н**, the subject of the main clause, or to a third person unnamed but known from context.)

> Ива́н сказа́л, что его́ друг про́дал его́ маши́ну.
> *Ivan said that his friend sold his car.*
> (In this sentence **его́** in either or both its occurrences may refer to **Ива́н**, the subject of the main clause, or to a third person unnamed but known from context. **Его́** cannot refer to **друг**, the subject of the clause in which it appears.)

5. Чей and кото́рый

A. When an interrogative pronoun is needed, *whose* is translated by **чей**. It agrees in gender, number and case with the thing possessed.

> Чья э́то кни́га?
> *Whose book is this?*

Чьи э́то карандаши́?
Whose pencils are these?

Чьё плáтье лежи́т на полу́?
Whose dress is on the floor?

B. When a relative pronoun is needed, *whose* is translated by **котóрый** in the genitive case. When it has this meaning, **котóрый** follows the noun that it modifies. It takes the gender and number of its antecedent.

Вы знáете ю́ношу, бáбушка котóрого умерлá?
Do you know the young man whose grandmother died?

Вот лю́ди, ребёнок котóрых лежи́т в больни́це.
Here are the people whose child is in the hospital.

6. Котóрый and кто, что

A. As a relative pronoun, **котóрый** is used with noun antecedents and may translate *which, who, that, whose*. Its case is determined by its use in the subordinate clause.

Человéк, с котóрым вы говори́ли, тóлько что приéхал из И́ндии.
The man with whom you were speaking just arrived from India.

Я живу́ с людьми́, котóрые рабóтают в университéте.
I live with people who work at the university.

B. When the antecedent is a pronoun, **кто** and **что** are used as relative pronouns.

Тот, кто знáет э́то, ужé ушёл.
The one who knows that has already left.

Я ужé знал всё, что вы сказáли.
I already knew everything that you said.

7. Indefinite pronouns

Indefinite pronouns may be formed with the particles **-то** and **-нибудь**. *They cannot normally be used in a negated sentence.*
The most frequently used indefinite pronouns are:

ктó-то	ктó-нибудь
чтó-то	чтó-нибудь
какóй-то	какóй-нибудь
чéй-то	чéй-нибудь

A. Pronouns ending in the particle **-то** refer to persons or things which are known to exist but are not identified in the sentence. The speaker may or may not know the identity of the antecedent, although he knows of its existence. In most cases the antecedent is one specific person or thing. These pronouns predominate when the verb is in the past tense and the sentence is not a question.

Кто́-то приходи́л к вам.
Someone was here to see you.
(The speaker may not know who, but he knows that a definite existing person was here.)

Де́ти спо́рили о чём-то.
The children were arguing about something.
(They probably were arguing over one specific thing.)

Како́й-то стари́к сиди́т в кабине́те.
Some old man is sitting in the study.
(A definite person is sitting there, although his identity may be unknown.)

Вот лежи́т чей-то зо́нтик.
Someone's umbrella is lying there.
(It is assumed that the owner is a specific person.)

B. Pronouns ending in the particle **-нибудь** refer to persons or things which cannot be identified. They have non-specific—perhaps multiple—antecedents, referring to something which may or may not exist. These pronouns predominate in questions and with future tense verbs.

Мо́жет быть кто́-нибудь придёт.
Someone (anyone) may come.
(It may be one person, more than one, or no one.)

Купи́ мне что́-нибудь.
Buy me something.
(Anything at all will do.)

Купи́ мне каку́ю-нибудь кни́гу.
Buy me a book.
(Any book at all will do.)

Вы нашли́ чьи́-нибудь ве́щи?
Did you find anyone's things?
(This is equivalent to asking: *Did you find anything at all that doesn't belong?*)

8. Negative pronouns

Negative pronouns are used with negated verbs. Because English does not permit a double negative, the Russian negative pronouns are often equivalent to English indefinite pronouns. If a preposition is used with a negative pronoun, it is inserted between the two component parts of the negative pronoun, e.g., **ни с кéм** *with no one.*

The most frequently used negative pronouns are:

> никтó
> (ничтó) ничегó
> никакóй
> ничéй

Никтó не звонúл.
No one called.

Я ни с кéм не говорúл.
I wasn't speaking to anyone.

Ничегó нé было в я́щике.
Nothing was in the box.

Я не читáю никакýю газéту.
I don't read any newspaper at all.

Я не говорю́ ни о чьúх делáх.
I don't talk about anyone's affairs.

Questions formed with an indefinite pronoun in **-нибудь** may be answered with a negative pronoun or an indefinite pronoun in **-то**. Thus, the question of the existence of the antecedent is settled in the answer.

Ктó-нибудь звонúл?
Did anyone call?
(Perhaps one person called, perhaps more than one, perhaps no one.)

There are several possible answers.

Нет, никтó не звонúл.
No, no one called.
(The antecedent does not exist.)

Да, ктó-то звонúл и сказáл, что позвóнит пóзже.
Yes, someone called and said that he would call later.
(The antecedent exists, but is not identified.)

Да, Ивáн звонúл.
Yes, Ivan called.
(The antecedent is identified.)

9. Indefinite and negative adverbs

Russian has a set of adverbs that correspond in form and use to the indefinite and negative pronouns. The most frequently used are:

когда́-то	когда́-нибудь	никогда́
где́-то	где́-нибудь	нигде́
куда́-то	куда́-нибудь	никуда́
ка́к-то	ка́к-нибудь	ника́к
почему́-то	почему́-нибудь	

Он когда́-нибудь был в Москве́?
Was he ever in Moscow?
(Was he there at any time?)

Да, он когда́-то был там.
Yes, he was there at one time.
(He was there at a specific time, but the speaker either does not know or does not reveal when.)

Нет, он никогда́ не́ был в Москве́.
No, he was never in Moscow.
(He was not there at any time.)

Ле́том я бу́ду где́-нибудь в Евро́пе.
I'll be somewhere in Europe this summer.
(No specific place is implied.)

Здесь ску́чно. Пойдём куда́-нибудь гуля́ть.
It's boring here. Let's go walk somewhere.
(The speaker is indifferent as to where he goes.)

Ива́н куда́-то пошёл.
Ivan has gone somewhere.
(Ivan is in a specific, but unidentified place.)

Он почему́-то опозда́л.
He was late for some reason.
(It is assumed there was a specific identifiable reason.)

Éсли вы почему́-нибудь опозда́ете, позвони́те мне.
If you will be late for any reason, call me.
(There is no known reason yet; the problem may not exist.)

Упражне́ния

I. Перечита́йте расска́з «Челове́к и орёл».

1. Найди́те сле́дующие три фра́зы. Объясни́те паде́ж сло́ва «двух».

   А. «Вдруг он заме́тил **двух** орло́в . . .»
   Б. «. . . боро́лись уже́ о́коло **двух** часо́в.»
   В. «. . . разма́х кры́льев достига́ет **двух** с полови́ной ме́тров.»

2. Найди́те четы́ре прича́стия. Объясни́те каки́е они́ прича́стия, от каки́х глаго́лов. В како́м падеже́ они́ употребля́ются?
3. Найди́те шесть дееприча́стий. Скажи́те от каки́х глаго́лов э́ти дееприча́стия.

II. Впиши́те местоиме́ния **его́, её, их, и́ли свой** в ну́жной фо́рме.

1. _____ друг живёт в це́нтре го́рода. Он пошёл в го́сти к _____
   His   his
   дру́гу.
2. Я получи́л _____ письмо́ вчера́. В _____ письме́ она́ писа́ла
                  her   her
   о жи́зни в но́вом го́роде.
3. _____ ко́мната наверху́. Они́ вы́шли из _____ ко́мнаты.
   Their   their
4. _____ мать живёт на ю́ге. Она́ ча́сто получа́ет пи́сьма от
   Her
   _____ ма́тери.
   her
5. Неда́вно он е́здил в А́фрику. Он рассказа́л друзья́м о _____
                                                              his
   путеше́ствии в А́фрику.
6. Э́то жена́ Воло́ди. Вчера́ _____ жена́ прие́хала из Кры́ма.
                              his
   Воло́дя встреча́л _____ жену́ на вокза́ле.
                      his
7. Ки́ев—родно́й го́род моего́ отца́. Оте́ц о́чень лю́бит _____
                                                            his
   родно́й го́род. _____ го́род стои́т на Днепре́. В _____ го́роде
                   His   his
   прекра́сные у́лицы и па́рки. Он ча́сто расска́зывает о _____
                                                           his
   го́роде.
8. Э́то ко́мната мое́й ма́тери. _____ ко́мната ма́ленькая и
                                 Her
   удо́бная. Ве́чером мать обы́чно сиди́т в _____ ко́мнате и шьёт.
                                              her

Мы тóже лю́бим сидéть в _____ кóмнате. Когдá мать óчень
her
занятá, онá не разрешáет нам сидéть в _____ кóмнате.
her

III. Впиши́те ну́жные местоимéния **себя́, сам, сáмый**.

1. Врач спроси́л больнóго: — Как вы чу́вствуете _____?
2. Я поговори́л со _____ студéнтами.
3. Вы _____ купи́ли э́то? Да, я купи́л э́то для _____.
4. Мы живём в _____ послéднем дóме на у́лице.
5. Мы приглаcи́ли к _____ в гóсти _____ ми́лых людéй.
6. Мáльчик _____ сказáл, что он недовóлен _____.
7. Он зáдал тот же _____ вопрóс.
8. Наш дом стои́т на _____ краю́ бéрега.
9. Онá никогдá не ду́мает о _____.
10. Я не заснýл до _____ утрá.

IV. Прочитáйте слéдующие предложéния. Объясни́те рáзницу мéжду
ни́ми.

1. Ктó-нибудь приходи́л сегóдня?
   Да, ктó-то приходи́л и принёс вам цветы́.
2. Вы должны́ поговори́ть с кéм-нибудь об э́том.
   Когдá я вас ви́дел, вы с кéм-то говори́ли.
3. Я хочу́ каку́ю-нибудь газéту.
   Он взял каку́ю-то газéту.
4. Онá прóсит когó-нибудь прийти́.
   Онá прóсит когó-то прийти́.
5. Когдá-нибудь он приéдет к нам.
   Когдá-то давнó он приезжáл к нам.
6. Положи́те газéты кудá-нибудь в гарáж.
   Он положи́л газéты кудá-то в гарáж.

V. Впиши́те части́цу **-то** и́ли **-нибудь**.

1. Пусть ктó- _____ открóет дверь. Ктó- _____ стучи́т.
2. Я не знáю, придёт ли ктó- _____ ко мне сегóдня.
3. Я хочу́ каку́ю- _____ интерéсную кни́гу.
4. Мы не знáем принёс ли он чтó- _____.
5. Да, он чтó- _____ принёс.
6. Поéдем в гóрод. Мы мóжем пообéдать в какóм- _____
   ресторáне.
7. Я нашёл чьи́- _____ вéщи в моéй маши́не. Очеви́дно ктó-
   _____ положи́л их тудá.
8. Дéти кудá- _____ бежáли.

9. Он почемý- _____ не пришёл.
10. Я не знáю, смогý ли я чéм- _____ вам помóчь.
11. Я гдé- _____ рáньше читáл об э́том.
12. Когдá- _____ зайдú ко мне.
13. Éсли вы хотúте спросúть о чём- _____, позвонúте мне.
14. Ребёнок кáк- _____ откры́л окнó.
15. Он позвонúл и спросúл о чём- _____.

VI. Дáйте два отвéта на слéдующие вопрóсы.

   Образéц: Мне ктó-нибудь звонúл сегóдня?
             Да, вам ктó-то звонúл.
             Нет, вам никтó не звонúл.

1. Вы вúдели когó-нибудь в э́той аудитóрии?
2. Вы хотúте купúть здесь чтó-нибудь?
3. Вы чемý-нибудь удивля́етесь?
4. Вы комý-нибудь пúшете пúсьма?
5. Вы отвечáете на чьú-нибудь вопрóсы?
6. Вы слы́шали о какúх-нибудь нóвых фúльмах?
7. У когó-нибудь есть э́та кнúга?
8. Вы писáли емý о чём-нибудь?
9. Вы с кéм-нибудь разговáривали об э́том?
10. Он рад чьúм-нибудь нóвостям?
11. Онá о кóм-нибудь спрáшивала?
12. Вы мóжете с чéм-нибудь согласúться?
13. Вы читáли какúе-нибудь нóвые журнáлы?
14. Есть ли у вас чьú-нибудь снúмки?
15. Вы бы́ли когдá-нибудь в Ленингрáде?
16. Он кудá-нибудь éздил вчерá?
17. Онá живёт гдé-нибудь в гóроде?
18. Вы кáк-нибудь смóжете прийтú?

VII. Впишúте нýжные местоимéния.

1. Я _____ не жду сегóдня.
    no one
2. Вы знáете, _____ э́то машúна?
       whose
3. Вы знáете профéссора, машúна _____ стоúт пéред вáшим
                              whose
   дóмом?
4. _____ мать былá на собрáнии со _____ сестрóй.
    My   her
5. _____ приéхал?
    Anyone

6. _____ приходи́л ра́ньше, но сейча́с _____ нет.
      Someone   no one

7. Каки́е лю́ди живу́т в _____ до́ме?
                              that

8. Тот, _____ написа́л э́ту кни́гу, хоро́ший писа́тель.
            who

9. Мы поговори́м со все́ми людьми́ _____ бы́ли на собра́нии.
                                          who

10. Я дал э́ту статью́ _____.
                            to someone

11. _____ де́ньги лежа́т на полу́? Я не ви́дел _____
       Whose   anyone's
    де́нег.

12. Я согла́сен с _____, _____ он сказа́л.
                   that   which

13. Вы ве́рите _____?
                  that

14. Он _____ не спра́шивал.
          about anything

15. Э́тот ребёнок _____ не интересу́ется.
               in anything

16. Привези́те мне _____ из Ленингра́да.
              something

17. Он, ка́жется, избега́ет _____.
                   something

18. Я _____ не звони́л.
       anyone

19. Я ждал _____.
            that

20. Он _____ не расска́зывал об _____.
       anyone   that

Повтори́тельные упражне́ния

I. Вы́берите ну́жный глаго́л.

1. Дом _____ с тру́дностями.
         стро́или/постро́или

2. Когда́ _____ э́то зда́ние?
          стро́или/постро́или

3. Что вы де́лали вчера́? Я _____.
                         отдыха́л/отдохну́л

4. Где вы _____ ле́том?
          бу́дете отдыха́ть/отдохнёте

5. Е́сли вы _____, пойдём да́льше.
         отдыха́ли/отдохну́ли

6. Ещё рáно, но мы сегóдня ужé _____.
   обéдали/пообéдали

7. Когдá мы пришлú, нáши друзья́ _____.
   обéдали/пообéдали

8. Вчерá по рáдио _____, что сегóдня бýдет
   передавáли/передáли

   дождь.

9. Э́тот фильм я _____.
   смотрéл/посмотрéл

10. Когдá я _____ э́тот фильм, я
    смотрéл/посмотрéл

    _____ своегó дрýга, погúбшего на фрóнте.
    вспоминáл/вспóмнил

II. Впишúте нýжный глагóл движéния.

Вчерá я решúл _____ в библиотéку. Я _____ úз дому в
            to go   went out

9 часóв утрá и _____ напрáво. Когдá я _____ до углá, я
             went   reached

остановúлся. Чéрез нéсколько минýт автóбус _____. Я
                                      arrived

_____ в автóбус. Я _____ из автóбуса óколо городскóго
got on   got off

пáрка. Я _____ чéрез парк, _____ ýлицу и нáчал
         went through   crossed

ждать троллéйбуса. Когдá троллéйбус _____, я _____ и
                          arrived   got on

_____ нéсколько останóвок. Потóм я _____ из трол-
rode past   got off

лéйбуса, но я не знал тóчно, где библиотéка. На другóй сторонé
ýлицы стоя́л милиционéр. Я _____ чéрез ýлицу,
                      went across

_____ к милиционéру и спросúл егó, как _____ до
approached   to get to

городскóй библиотéки. Он подýмал и сказáл, «_____ напрáво, а
                      Go.

потóм налéво. Тогдá вы увúдите библиотéку.» Я _____ напрáво.
                      went

Я увúдел кнúжный магазúн, и _____ на минýту, чтóбы
                    dropped in

купúть тетрáдь. Я _____ из магазúна. Чéрез нéсколько
         came out

секýнд я _____ до углá и повернýл налéво. Чéрез ýлицу я
       reached

увúдел библиотéку. Я _____ на другýю стóрону и _____
        went over   entered

в библиотéку.

Словообразова́ние

Ко́рень **-прав-**, *right, governance.*

пра́вить *to steer* (drive)

прав, пра́во, права́

пра́во *noun*

пра́вый, -ое, -ая

пра́вило

пра́вильный, -ое, -ая

пра́вда

правди́вый, -ое, -ая

прави́тельство

справедли́вость

справедли́вый, -ое, -ая

исправля́ть/испра́вить *to correct*

направле́ние

отправля́ть(ся)/отпра́вить(ся) *to send*

отправи́тель *m.*

управля́ть *to govern*

I.   Что зна́чат сле́дующие слова́?

      правописа́ние
      правосла́вный, -ое, -ая
      напра́во

Впиши́те ну́жные слова́.

1. Кто _____э́то письмо́? Не зна́ю, _____ забы́л написа́ть
         sent   sender
   свою́ фами́лию.
2. Э́то прекра́сное сочине́ние, но како́е ужа́сное _____.
                                               spelling
   _____.
    Correct   the spelling
3. В како́м _____ вы идёте? Я иду́ _____.
               direction   to the right
4. Кто _____ страно́й? _____.
           governs   The government
5. На _____ стороне́ у́лицы стои́т ру́сская _____
        right   orthodox
   це́рковь.
6. Он совсе́м _____ челове́к. Он не зна́ет, что тако́е_____.
             unjust   justice

7. Ма́ленький ребёнок не уме́ет _____ маши́ной.
                                    to steer
8. Вы ду́маете, что он дал мне _____ отве́т? Он не всегда́

говори́т _____.
            truth
9. Вы не име́ете _____ де́лать всё, что хоти́те.
                    right
10. Да, Ни́на, ты _____. Э́то _____ отве́т.
                     (are) right   correct
11. Ты вы́учил э́то _____?
                      rule

Ко́рень **-пуск-**, **-пуст-**, *permission*.

пуска́ть/пусти́ть *to let, to permit*

пусть (пуска́й)

впуска́ть/впусти́ть *to let in*

выпуска́ть/вы́пустить *to let out, to put out*

вы́пуск

запуска́ть/запусти́ть *to launch*

за́пуск

опуска́ть/опусти́ть *to lower, to drop*

отпуска́ть/отпусти́ть *to let go, to dismiss*

о́тпуск

пропуска́ть/пропусти́ть *to let through, to miss*

про́пуск

спуска́ться/спусти́ться *to descend*

II. Впиши́те ну́жные слова́.

1. Я не _____ ребёнка гуля́ть в па́рке.
             will let
2. Когда́ _____ пе́рвый спу́тник? _____
            (they) launched   The launching
пе́рвого спу́тника был в 1957-ом году́.
3. Дире́ктора здесь нет, он в _____.
                                  vacation
4. Когда́ вы бу́дете проходи́ть ми́мо по́чты, _____, по-
                                                  mail (drop)
жа́луйста, э́ти пи́сьма.
5. Не _____ соба́ку в дом. _____ она́ оста́нется во дворе́.
        let in   Let

6. В кото́ром часу́ _____ ученико́в из шко́лы?
      (they) dismiss

7. _____ кота́. Он хо́чет вы́йти.
 Let out

8. Э́тот заво́д увели́чивает _____ маши́н.
       output

9. Вас не _____ в Моско́вский университе́т без _____.
   will let in   pass

10. Лифт не рабо́тает? _____ лю́ди _____ по ле́стнице.
       Let   come down

11. Андре́й заболе́л и _____ три ле́кции.
      missed

III. Что зна́чат сле́дующие слова́?

освобожда́ть/освободи́ть моро́з
освобожде́ние   моро́женое
свобо́да   замерза́ть/замёрзнуть
свобо́дный, -ое, -ая   смерза́ться/смёрзнуться

Впиши́те ну́жные слова́.

1. Когда́ _____ рабо́в в США? _____ рабо́в
   (they) liberated   The freeing
бы́ло в девятна́дцатом ве́ке.

2. Я бу́ду _____ по́сле обе́да.
   free

3. Всем нужна́ _____.
    freedom

4. В э́том году́ о́чень си́льные _____.
        cold weather

5. На́ше о́зеро уже́ _____, а оно́ ре́дко _____ до
       has frozen   freezes
января́.

6. Пе́рья э́той пти́цы _____.
     have frozen together

7. На сла́дкое мы обы́чно еди́м _____.
       ice cream

Перево́д

1. Was anyone in the car? I didn't see anyone.
2. Ivan missed class yesterday. He said that he didn't feel well.
3. I didn't see the director himself. He's on vacation.
4. We spoke with his substitute.
5. Did you find anyone's book? Ivan said that he lost his book.
6. Do you know the woman whose daughter fell in the river?
7. Someone found a pen in the drugstore. Do you know whose pen this is?

8. Don't close the door. Maybe someone will want to come in.
9. If he couldn't come for any reason, he would call me.
10. No one is home. They all went somewhere.

Практи́ческие заня́тия

I. Славя́нские языки́.

Южнославя́нские	Восточнославя́нские	Западнославя́нские
Слове́нский	Ру́сский (Великору́сский)	Че́шский
Сербохорва́тский	Украи́нский	Слова́цкий
Македо́нский	Белору́сский	По́льский
Болга́рский		Верхнелужи́цкий
		Нижелужи́цкий

II. Отве́тьте на вопро́сы.

1. На ско́лько языко́в де́лятся славя́нские языки́? Назови́те их.
2. Каки́е языки́ включа́ются в южнославя́нскую гру́ппу?
3. Каки́е языки́ включа́ются в западнославя́нскую гру́ппу?
4. Каки́е языки́ включа́ются в восточнославя́нскую гру́ппу?
5. В како́й стране́ говоря́т по-сербохорва́тски?
6. В како́й стране́ говоря́т по-болга́рски?
7. В како́й стране́ говоря́т по-че́шски?
8. В како́й стране́ говоря́т по-по́льски?
9. На каки́х славя́нских языка́х вы говори́те?
10. На како́м языке́ вы говори́те до́ма?

III. Кроссво́рд.

По горизонта́ли

1. Без све́та.
3. Газе́та КПСС.
5. Не по́мнил.
8. Обе́дал.
9. Дереве́нский дом.
10. Едва́.
11. Предло́г, обознача́ющий де́йствие отку́да-нибудь.
13. Но́мер.
15. Брать у кого́-нибудь.
16. Он (род. паде́ж).
17. Писа́тель.
19. От декабря́ до ма́рта.

По вертика́ли

1. Тре́бующее большо́го труда́.
2. Свобо́да.
3. Éхал по воде́.
4. Нали́л ещё.
6. Шла о́чень бы́стро.
7. Идти́ спать.
12. Сде́лана из зо́лота.
14. Коне́ц жи́зни.
18. Прилага́тельное от сло́ва «вы́воз».
19. Начну́ говори́ть.
20. Ме́сто ве́чной му́ки.

По горизонта́ли

21. Положи́тельный отве́т.
22. Надева́ть оде́жду.
25. Водоплава́ющая пти́ца.
27. Тот, кто посеща́ет
    кого́-нибудь.
28. Прие́хал ненадо́лго.
29. Украи́нская река́.
30. Не ра́ний.
31. Вить (повели́тельное
    наклоне́ние).
32. Прилага́тельное от
    сло́ва «юг».
33. Проду́кт кур.

По вертика́ли

23. Не мя́гкий.
24. Помеща́ло в стоя́чем
    положе́нии.
26. Во́лосы над ве́рхней губо́й.
30. Пить (повели́тельное наклоне́ние
31. Ли́чное местоиме́ние
    мно́жественного числа́.

1
2
3
4
5
6
7
8
9
10
11
12
13
14
15
16
17
18
19
20
21
22
23
24
25
26
27
28
29
30
31
32
33

First review lesson

I. Review of case use

A. Answer the questions in the negative.

1. У Ива́на есть но́вая ру́чка?
2. У вас есть молоды́е де́ти?
3. У старика́ есть вну́ки?
4. У него́ есть бра́тья и сёстры?
5. В э́той аудито́рии была́ ле́кция?
6. У ко́шки бы́ли котя́та?
7. У вас бу́дет вре́мя?
8. На собра́нии был э́тот ста́рый англича́нин?
9. Профе́ссор до́ма?
10. У вас есть хоро́шие друзья́ в э́том го́роде?
11. Вы чита́ете ру́сские рома́ны?
12. У неё бы́ло си́нее пла́тье?

B. Answer the questions using the given words.

1. Чей э́то дом? (мой учи́тель)
2. Чья э́то кни́га? (наш дя́дя)
3. Чей э́то слова́рь? (на́ши студе́нтки)
4. Чьё э́то пальто́? (моя́ мать)
5. Чья э́то маши́на? (молодо́й врач)
6. Чьи э́то ве́щи? (мои́ хоро́шие това́рищи)
7. Чьё э́то пла́тье? (Мари́я)
8. Чьи э́то пи́сьма? (ва́ши сосе́ди)
9. Чей э́то журна́л? (твой де́душка)
10. Чьи э́то тетра́ди? (э́ти де́вочки)
11. Чью статью́ вы чита́ли? (ру́сский учёный)
12. Чьи ве́щи вы нашли́? (на́ши го́сти)

C. Put the boldface words into the plural.

1. **Молодо́й геро́й живёт** на на́шей у́лице.
2. Вы зна́ете **э́того сове́тского граждани́на**?
3. Че́рез окно́ мы ви́дим **краси́вое зелёное по́ле и большо́е де́рево**.
4. **Наш ребёнок игра́ет** в саду́.
5. **Э́тот челове́к жа́луется** на **ва́шего сосе́да**.
6. В саду́ **растёт кра́сный цвето́к**.
7. **По́езд стои́т** о́коло **ста́нции**.
8. **Но́вый учи́тель у́чит ребёнка** чита́ть.
9. **Сын** моего́ **бра́та бои́тся живо́тного**.
10. У **э́той ко́шки ма́ленький котёнок**.
11. **Жена́** на́шего **дру́га хо́чет** купи́ть **пла́тье**.
12. **Чьё пальто́ лежи́т** на полу́?

II. Review of case use with prepositions

A. Put the given words into the required case.

1. Я не могу́ жить без (де́ньги).
2. До (обе́д) мы занима́лись.
3. Я возвраща́юсь домо́й по́сле (заня́тия).
4. Она́ вернётся че́рез (неде́ля).
5. Мы покупа́ем пода́рки для (на́ши ма́ленькие до́чери).
6. Все прие́хали на (собра́ние) кро́ме (оте́ц).
7. У́тром рабо́чие е́здят в (го́род) на (рабо́та) и по́сле (рабо́та) они́ е́здят из (го́род) домо́й.
8. Иногда́ мы занима́емся с (ра́нее у́тро) до (по́здняя ночь).
9. Мышь вы́шла из-за (дверь) и вы́бежала из (ку́хня) в (столо́вая).
10. Я получи́л запи́ску от (мои́ хоро́шие друзья́) из (ма́ленькая ру́сская дере́вня).
11. Лю́ди проходи́ли ми́мо (кни́жный магази́н) и переходи́ли че́рез (у́лица).
12. Возьми́ твои́ игру́шки из-под (стол) и поста́вь их в (твоя́ ко́мната).

III. Review of case use with verbs

A. Fill in the verbs. Put the words in parentheses into the required case, inserting a preposition when needed.

1. Я _____ (моя́ но́вая ру́чка).
    am looking for

2. Он обы́чно _____ (успе́х).
        achieves

3. Э́ти лю́ди не _____ (че́рти).
            believe in

4. Мы _____ (переда́ча) по телеви́зору.
      looked at

5. Э́тот ребёнок всегда́ _____ (внима́ние).
                    demands

6. Я ре́дко _____ (мои́ де́ти).
        get angry at

7. Когда́ лёд _____ (вода́)?
          turns into

8. Стари́к _____ (ча́шка ко́фе).
        is asking for

9. Я не _____(никако́й шум).
      heard

10. Ты, ка́жется, _____ (все живо́тные).
              are afraid of

11. Ма́ленькая де́вочка ча́сто _____ (свои́ бра́тья) и
                          gets angry at
_____ (они́).
    shouts at

12. Я _____ (тёмные у́лицы).
      avoid

13. На углу́ лю́ди _____ (авто́бусы).
              wait for

14. Ива́н _____ (по́мощь) от отца́.
        is hoping for

15. На́ши де́ти _____ (гро́мкие голоса́).
            were frightened by

16. Учени́к _____ (по́мощь) у учи́теля.
        asked for

17. Мы _____ (отве́т) на тру́дный вопро́с.
      are looking for

18. Мы не _____ (э́тот вопро́с).
        touched on

19. Все лю́ди _____ (мир).
          want

20. Я никогда́ не _____ (газе́ты) и (журна́лы).
              buy

IV. Review of verb use

A. Insert the verb in the needed form.

Ива́н _____ в шко́ле в деся́том кла́ссе. Обы́чно он
    учи́ть(ся)
_____ в 7 ч. Он _____, _____,
  просыпа́ть(ся)   встава́ть   умыва́ть(ся)

_____ и _____ за́втракать. Шко́ла, где
одева́ть(ся)   сади́ть(ся)

_____ Ива́н, _____ бли́зко. В 9 ч.
учи́ть(ся)   находи́ть(ся)

_____ пе́рвый уро́к. Уро́ки _____ до
начина́ть(ся)   продолжа́ть(ся)

трёх часо́в. Когда́ уро́ки _____, Ива́н идёт домо́й.
конча́ть(ся)

Ве́чером он _____ уро́ки. Снача́ла он _____
гото́вить(ся)   учи́ть(ся)

слова́ и пра́вила, пото́м _____ упражне́ния. По́сле у́жина
де́лать(ся)

он _____ свои́ми дела́ми. Он о́чень _____
занима́ть(ся)   интересова́ть(ся)

фи́зикой и хи́мией. Когда́ он _____ шко́лу, он бу́дет
ко́нчить(ся)

поступа́ть в университе́т. Сейча́с он _____ к экза́менам.
гото́вить(ся)

B. Fill in the required verb.

писа́ть/написа́ть

1. Ива́н до́лго _____ упражне́ния. Наконе́ц он _____ все упражне́ния.
2. Вы ко́нчили э́то упражне́ние? Да, я его́ уже́ _____.
3. Вчера́ я _____ письмо́ отцу́ и сего́дня посла́л его́.
4. Я дам вам статью́, по́сле того́, как я _____ её.
5. За́втра мы _____ пи́сьма.
6. Когда́ ты _____ письмо́, дай его́ мне.
7. Почему́ ты ещё не _____ письма́ тёте? Я вообще́ не люблю́ _____ пи́сем.

одева́ться/оде́ться

1. Ива́н встал по́здно, бы́стро _____, и пошёл на заня́тия.
2. Он ча́сто встава́л по́здно и _____ бы́стро.
3. Де́ти, уже́ по́здно! _____ бы́стро!
4. Вста́ньте и _____. Пото́м мы бу́дем за́втракать.
5. По́сле того́, как я _____, я пойду́ в шко́лу.
6. Мать отпра́вила дете́й в шко́лу, а пото́м _____.

спра́шивать/спроси́ть

1. Не _____ меня́ об э́том, а _____ моего́ бра́та. Он зна́ет отве́т.
2. Мой сосе́д пришёл и _____, где мой оте́ц.
3. Я позвоню́ ему́ и _____, когда́ отхо́дит по́езд.
4. На заня́тиях учи́тель _____, а студе́нты отвеча́ли.
5. Э́то не интере́сно. Я не _____ э́того.

дава́ть/дать

1. Ка́ждый день мы _____ на́ши тетра́ди учи́телю.
2. В про́шлом году́ я иногда́ _____ свой слова́рь дру́гу.
3. —Ты мо́жешь _____ мне э́ту кни́гу?
   —Да, я _____ тебе́ кни́гу за́втра.
4. Когда́ я забыва́л уче́бники, мой това́рищ _____ мне свой уче́бник.
5. Е́сли у вас нет де́нег, я вам _____ рубль.
6. Когда́ вы прочита́ете письмо́, _____ его́ мне.

C. Negate the following sentences.

1. Прочита́йте э́ту кни́гу.
2. Закро́йте дверь.
3. Купи́ вече́рнюю газе́ту.
4. Ко́нчите э́ту рабо́ту.
5. Спроси́те её об э́том.
6. Скажи́ ему́ об э́том.
7. Возьми́те э́ту тетра́дь.
8. Оде́ньтесь тепло́.
9. Включи́те телеви́зор.
10. Спо́йте э́ту пе́сню.

D. Put the verbs into the perfective aspect. Explain the difference in meaning.

1. Я вчера́ открыва́л окно́.
2. Он брал э́ту кни́гу у меня́.
3. Нельзя́ чита́ть э́ту запи́ску.
4. Вам на́до принима́ть э́то лека́рство.
5. Мы бу́дем конча́ть рабо́ту в три часа́.
6. Не забыва́йте зо́нтик.
7. Учени́к реша́л зада́чи.
8. Мой брат гото́вил уро́ки.

E. Choose the verb that best completes each sentence.

Два студе́нта, И́горь и Оле́г, жи́ли в одно́й ко́мнате. Раз они́ поспо́рили. Не́сколько дней они́ не _____ друг
    говори́ли/сказа́ли
дру́гу ни сло́ва.

Одна́жды ве́чером И́горь _____ запи́ску Оле́гу и
    писа́л/написа́л
_____ её на сто́л. «Оле́г, _____ меня́ в 7 ч.»
кла́л/положи́л   буди́/разбуди́

Ýтром Úгорь _____ и _____,
                просыпа́лся/проснýлся   ви́дел/уви́дел
что бы́ло ужé 9 ч.

На столé лежа́ла запи́ска от Олéга: «_____, ужé
                                       Встава́й/встань

семь.»

V. Vocabulary review

In doing vocabulary review exercises, the student is advised never to "invent" words he does not know. A dictionary may be helpful.

A. Give the corresponding perfective infinitive and the verbal noun.

объясня́ть	объясни́ть	объяснéние
занима́ть	заня́ть	заня́тие
нака́зывать	_____	_____
напада́ть	_____	_____
сообща́ть	_____	_____
опи́сывать	_____	_____
достига́ть	_____	_____
замеча́ть	_____	_____
реша́ть	_____	_____
рожда́ться	_____	_____
трéбовать	_____	_____
извиня́ть	_____	_____
называ́ть	_____	_____
обсужда́ть	_____	_____

B. Insert the words in the needed form.

1. _____ обéдают в _____ столо́вой.
     Students   students'

2. _____ обéдают в _____ столо́вой.
     Teachers   teachers'

3. В _____ большо́й _____ катало́г.
     library   library

4. Эти _____ живýт в _____ до́ме.
       children   children's

5. Этому _____ нельзя́ бы́ло входи́ть в _____ зал. У
          reader   reading
него́ нé было _____ билéта.
               reader's

6. Эти _____ говоря́т по-рýсски и _____. Тепéрь
       Frenchmen   French
они́ перево́дят статью́ с рýсского на _____ язы́к.
                                     French

7. Мы занима́емся _____ в _____ лаборато́рии.
                            physics   physics

C. Give the feminine counterpart for the following nouns.

де́душка	сирота́
дя́дя	ма́льчик
внук	не́мец
учени́к	англича́нин
учи́тель	врач

D. Define the following words in Russian.

столо́вая	пья́ница
аудито́рия	бу́лочная
учени́к	роди́тели
стару́ха	де́тский дом
сирота́	филатели́ст
су́тки	профе́ссор
щено́к	сосе́д
заговори́ть	ненави́деть

E. Fill in a verb from the group with the root -пис-.

1. У меня́ боли́т го́рло. Врач _____ но́вое лека́рство.
2. Ученику́ за́дали _____ из расска́за все но́вые слова́.
3. Я не смог _____ ле́кцию, так профе́ссор говори́л о́чень бы́стро.
4. Он _____ газе́ту «Изве́стия» и журна́л «Огонёк».
5. Учени́к _____ в библиоте́ку.
6. Дире́ктор заво́да забы́л _____ пи́сьма вчера́ ве́чером.
7. Докла́дчик до́лго _____ приро́ду свое́й страны́.
8. Они́ неда́вно _____ из больни́цы.
9. В рабо́те бы́ло мно́го оши́бок и преподава́тель попроси́л _____ её.
10. В э́тот спи́сок на́до _____ ещё не́сколько глаго́лов.
11. Воло́дя и Ма́ша до́лго _____.
12. Профе́ссор спроси́л: —Кто _____ э́ту запи́ску?
13. _____ с доски́ все предложе́ния.
14. Вчера́ я был до́ма, _____ упражне́ния.

F. Fill in a verb from the group with the root **-говор-**.

1. Мы до́лго сиде́ли и _____.
2. Ты до́лжен всегда́ _____ пра́вду.
3. Вдруг он встал и _____.
4. Я наконе́ц _____ его́ помо́чь нам.
5. Он вошёл, _____ с бра́том и ушёл.
6. Мы _____ встре́титься в 7 ч.
7. Я не смог _____ его́ от э́того пла́на.
8. Суд _____ его́ к лише́нию свобо́ды.

UNITS 7–9

I. Review of case use

A. Answer the questions using the given words.

1. Чем он пи́шет на доске́? (жёлтый мел)
2. Кому́ ну́жен но́вый стол? (на́ши де́ти)
3. Кем учи́тель дово́лен? (э́ти ученики́)
4. Что ну́жно Ива́ну? (кра́сный каранда́ш)
5. Что вы купи́ли? (хлеб, молоко́, и сли́вки)
6. Кому́ понра́вилась францу́зская пье́са? (профе́ссор и студе́нты)
7. Кем вы недово́льны? (э́ти лю́ди)
8. Кому́ он дал цветы́? (своя́ краси́вая жена́)
9. Кому́ ску́чно на ле́кции? (моя́ ма́ленькая дочь)
10. Кем бу́дет э́та студе́нтка? (де́тский врач)
11. Чего́ бои́тся ребёнок? (соба́ка)
12. Кому́ 83 го́да? (мой де́душка)

B. Answer the questions using the given word or number.

1. Ско́лько у вас мла́дших бра́тьев? (3)
2. Ско́лько ли́стьев на де́реве? (many)
3. Ско́лько но́вых часо́в он купи́л? (2)
4. Ско́лько у ма́тери дете́й? (4)
5. Ско́лько кита́йцев живёт в том го́роде? (3,000)
6. Ско́лько у соба́ки щенко́в? (6)
7. Ско́лько студе́нток бы́ло на ле́кции? (21)
8. Ско́лько неде́ль вы бу́дете в дере́вне? (2)
9. Ско́лько рабо́чих рабо́тает на э́том заво́де? (432)
10. Ско́лько люде́й бы́ло на собра́нии? (45)

C. Form sentences using the following combinations.

1. Мы поставили машину за_____.
2. Машина стоит за _____.
3. Машина стоит около_____.

новое кино	большие деревья
большая церковь	эта гостиница
эта аптека	новое здание
новая булочная	маленькая станция
городской музей	

4. Мы идём к_____.
5. Мы были у_____.
6. Мы вернёмся от_____.

наш племянник	моя дочь
наша племянница	этот гений
мои внучки	старый учёный
тётя Мария	советские граждане
молодой врач	наши соседи
новый учитель	
эти профессора	

D. Read the passage aloud, changing the words in parentheses to the required case.

В 1961 году в Советском Союзе было 220,000,000 (человек), 2,396,000 (студенты), 402,000 (врачи), 354,000 (научные работники), 740 (университеты и институты), 27 (Академии наук).

В Москве было около 8,000,000 (жители), 500,000 (студенты), 4,570 (библиотеки), 1,500 (заводы и фабрики), 711 (школы), 285 (клубы), 162 (книжные магазины), 150 (музеи и выставки), 100 (памятники), 96 (кинотеатры), 80 (институты), 31 (театры).

II. Review of case use with prepositions

A. Put the given words into the required case, inserting a preposition when needed.

1. Дети шли _____ (школа) _____ (тетради и учебники).
       to   with

2. Я еду домой _____ (моя тётя).
            from

3. Все приехали _____ занятия _____ (профессор).
         for   except

4. Я иду́ _____ (това́рищ) _____ (по́мощь).
        to   for

5. Мы идём _____ (шко́ла) _____ (э́та у́лица).
        to   along

6. Я сейча́с гото́влюсь _____ (экза́мен) _____(фи́зика).
                      for   in

7. Он лю́бит занима́ться _____ (вечера́) и спать _____ (утра́).
                        in   in

8. Мы разгова́риваем _____ (э́тот ге́ний).
                    with

9. Мы то́лько что прие́хали домо́й _____ (ста́нция).
                                 from

10. _____ (э́ти зда́ния) широ́кая река́.
    Between

11. Мы бу́дем _____ (на́ша ба́бушка) _____ (неде́ля).
              at   in

12. Мы идём _____ (моло́чная) _____ (молоко́ и сли́вки).
             to   for

13. Я всегда́ кладу́ газе́ты _____ (слова́рь). Газе́ты лежа́т там
                           under

    _____ (слова́рь).
    under

14. Он е́дет _____ (дере́вня) _____ (неде́ля).
             to   for

B. Insert a preposition when needed, as in the following example.

   Он рабо́тал _____ кни́гой _____ час.
   Он рабо́тал __над__ кни́гой __—__ час.

1. Мы сиде́ли _____ це́лый ве́чер и смотре́ли _____ теле-
   ви́зор.
2. Он и́щет _____ своего́ сы́на.
3. Оте́ц вошёл в спа́льню и посмотре́л _____ спя́щего сы́на.
4. Мы уже́ смотре́ли _____ э́тот фильм.
5. Э́та маши́на принадлежи́т _____ на́шему дру́гу.
6. Каки́е студе́нты принадлежа́т _____ э́той организа́ции?
7. Я иду́ в библиоте́ку _____ не́сколько мину́т.
8. Я бу́ду до́ма _____ весь день.
9. Земля́ принадлежи́т _____ наро́ду.
10. Я бу́ду голосова́ть _____ на́шего кандида́та.
11. Оле́г купи́л пода́рок _____ свое́й жене́.
12. Мы рабо́тали _____ весь день _____ това́рищем.
13. Я пишу́ письмо́ _____ ру́чкой, а не _____ карандашо́м.
14. Мы е́здим _____ университе́т _____ авто́бусом.
15. Я разгова́риваю _____ врачо́м _____ телефо́ну.
16. Э́ти рабо́чие е́здят _____ го́род _____ метро́.

17. Мы получи́ли запи́ску _____ на́ших вну́чек.
18. Э́то ста́рое зда́ние принадлежи́т _____ университе́ту.
19. Ива́н ча́сто покупа́ет игру́шки _____ дочере́й.
20. Он е́дет _____ го́род _____ два часа́.

III. Review of case use with verbs

A. Fill in the verbs. Put the words in parentheses into the required case, inserting a preposition when needed.

1. Не _____ (ма́ленький брат).
       laugh at
2. Они́ ско́ро _____ (но́вая жизнь).
            will get used to
3. Мой това́рищ _____ (отли́чный студе́нт).
              turned out to be
4. Мне на́до _____ (тру́дные экза́мены).
           to prepare for
5. Э́та же́нщина _____ (все на́ши сосе́ди).
              complains about
6. Мой дя́дя _____ (исто́рия) и (фи́зика).
          is interested in
7. Шу́мные де́ти _____ (мать).
              are disturbing
8. Я _____ (мои́ сыновья́ и до́чери).
     am proud of
9. Мы _____ (краси́вые цветы́).
       are admiring
10. Он хо́чет _____ (э́ти англича́не).
            to help
11. Мать _____ (свой сын).
        believes
12. Я не _____ (чёрт).
        believe in
13. Писа́тель _____ (но́вая кни́га).
            is working on
14. Э́ти студе́нты о́чень _____ (свои́ заня́тия).
                   are interested in
15. Кто _____ (рабо́та) на заво́де?
        directs
16. Учи́тель _____ (студе́нт), а студе́нт _____ (учи́тель).
            asks   answers
17. Я _____ (мои́ това́рищи).
     trust
18. Ребёнок _____ (э́тот врач).
           is afraid of
19. Она́ _____ (учи́тельница) в городско́й шко́ле.
        is employed as

20. Ребёнок _____ (отéц). Отéц _____ (отвéт).
    _____answered_____ _____was surprised at_____

21. Мы _____ (э́ти но́вости).
    _____rejoice at_____

22. Я _____ (мой друг) и _____ (он), что он дéлает.
    ·_____telephoned_____ _____asked_____

23. По́сле экзáменов, Ивáн _____ (учи́тель).
    _____will become_____

24. Он _____ (э́та грýппа).
    _____belongs to_____

25. Э́ти вéщи _____ (рýсский учёный).
    _____belong to_____

IV. Review of verb use

A. Choose the verb that best completes each sentence.

На экзáмене учи́тель _____ ученикý.
_____говори́л/сказáл_____

—_____ о влия́нии теплá и хóлода на
___Расскáзывайте/расскажи́те___
телá в прирóде.

Учени́к _____ и _____: —От теплá
___дýмал/подýмал___ ___отвечáл/отвéтил___
все телá станóвятся бóльше, а от хóлода все телá станóвятся
мéньше.

Учи́тель _____ ученикý: —Прáвильно.
_____говори́л/сказáл_____

_____ примéр.
___Давáйте/дáйте___

Учени́к дóлго _____ и потóм он _____:
___дýмал/подýмал___ ___говори́л/сказáл___
—Вот, напримéр, лéтом, когдá теплó, дни станóвятся длиннéе, а
зимóй, когдá хóлодно, —корóче.

B. Choose the infinitive that best completes the sentence.

1. Сегóдня на ýлице хóлодно. Нáдо _____ теплó.
   ___одевáться/одéться___

2. Ужé пóздно. Нáдо _____.
   ___одевáться/одéться___

3. Всё готóво. Мóжно _____.
   ___начинáть/начáть___

4. Мóжно мне _____ с вáми?
   ___говори́ть/поговори́ть___

5. Когдá ученики́ начинáют _____ рýсский язы́к?
   ___изучáть/изучи́ть___

6. Где мóжно _____ билéты в теáтр?
   ___покупáть/купи́ть___

7. Этот у́мный студе́нт мо́жет _____ все зада́чи.
решать/решить

8. Он уме́ет хорошо́ _____ в те́ннис.
играть/сыграть

9. На́до _____! Мы не хоти́м
спешить/поспешить

_____!
опа́здывать/опозда́ть

10. Нельзя́ _____ успе́ха без труда́.
добива́ться/доби́ться

C. Insert the imperative that best completes the sentence.

1. _____ гро́мче. Вас не слы́шно.
Speak

2. Ва́ня, не _____ написа́ть письмо́ тёте Мари́и.
forget

3. _____ окно́. Здесь ду́шно.
Open

4. Не _____. Ещё ра́но.
hurry

5. Смотри́те, не _____.
be late

6. _____ мне в 9 ч.
Telephone

7. _____, пожа́луйста, ва́шу рабо́ту.
Rewrite

8. Ты забы́л каранда́ш? _____ мой.
Take

9. Уже́ 9 ч., _____!
get up

10. _____ внима́тельно, когда́ учи́тель говори́т.
Listen

D. Change the sentences, using до́лжен according to the example.

Я конча́ю рабо́тать.
Я до́лжен ко́нчить рабо́тать.

1. Я начина́ю занима́ться.
2. Мы у́чим но́вые слова́.
3. Он пи́шет докла́д.
4. Студе́нты реша́ют тру́дную зада́чу.
5. Она́ покупа́ет вече́рнюю газе́ту.
6. Я возвраща́юсь в 8 ч.
7. Мать отвеча́ет на его́ письмо́.
8. Де́ти одева́ются бы́стро.
9. И́горь встаёт ра́но.
10. О́льга спра́шивает учи́теля.

V. Vocabulary review

A. Give the corresponding perfective infinitive and the verbal noun.

голосова́ть   _____   _____
заполня́ть   _____   _____
издава́ть   _____   _____
открыва́ть   _____   _____
повторя́ть   _____   _____
рисова́ть   _____   _____
собира́ть   _____   _____
удивля́ть   _____   _____

B. Insert the words in the needed form.

1. _____ мы покупа́ем _____ газе́ту.
   In the evening   evening
2. Э́то мой _____. Они́ живу́т в _____ кварти́ре.
            neighbors   neighboring
3. _____ э́того мо́ста со́рок ме́тров. Э́то _____ мост.
   The length   long
4. Я ра́дуюсь _____. Я так люблю́ _____ пого́ду.
               spring   spring
5. Профе́ссор _____ тепе́рь де́лает о́пыт в _____
               of chemistry   chemistry
   лаборато́рии.
6. Краси́вые _____ стоя́т вокру́г ма́ленького _____ до́ма.
             trees   wooden
7. Мы живём в большо́м _____, потому́ что мы лю́бим _____
                       city   city
   жизнь.

C. Fill in a verb from the group with the root -дат-.

1. Я _____ вам э́ту статью́, когда́ я прочита́ю её.
2. Мы _____ ста́рую маши́ну и купи́ли но́вую.
3. Мой оте́ц профе́ссор; он _____ хи́мию.
4. За́втра все студе́нты _____ экза́мен.
5. Ка́ждый ве́чер _____ по ра́дио после́дние изве́стия.
6. Ле́кция ко́нчилась и студе́нты на́чали _____ вопро́сы.
7. У меня́ нет э́той кни́ги. Я прочита́л её и _____ в библиоте́ку.
8. Наконе́ц мне _____ купи́ть но́вый костю́м.

D. Choose the word that best completes each sentence and insert it in the needed form.

забо́р   прибо́р
собо́р   вы́бор

1. В Кремле́ четы́ре ста́рых _____.
2. В но́вом магази́не хоро́ший _____ книг.
3. Вокру́г до́ма стои́т высо́кий _____.
4. Учёный купи́л но́вые нау́чные _____.

зада́ча   уда́ча

переда́ча   сда́ча

1. Я заплати́л и продаве́ц мне дал _____.
2. Мы слу́шали интере́сную _____ по ра́дио.
3. Мы жела́ем вам _____.
4. Я не смог реши́ть тру́дную _____.

догово́р   пригово́р

перегово́ры   разгово́р

1. _____ до́лго продолжа́лись.
2. У нас был дли́нный _____.
3. Делега́ты подписа́ли _____.
4. Э́то справедли́вый _____.

отка́з   расска́з

прика́з   ска́зка

1. Ба́бушка расска́зывала нам интере́сные _____.
2. Э́тот писа́тель писа́л _____.
3. Я пригласи́л его́, но получи́л _____.
4. Солда́там не нра́вится но́вый _____.

по́дпись   ле́топись

ру́копись   жи́вопись

1. А́втор посла́л _____ в изда́тельство.
2. Не зна́ю, кто написа́л э́то письмо́. Нельзя́ прочита́ть _____.
3. Учёный чита́ет дре́внюю ру́сскую _____.
4. В музе́е краси́вая _____.

E. Insert the needed word. No word should be used more than once.

1. Де́душка _____ нам интере́сную исто́рию.
            told

2. Профе́ссор _____ нам, что за́втра бу́дет экза́мен.
               told

3. Он не _____ писа́ть без ру́чки.
         can

4. Ста́рый крестья́нин совсе́м не _____ писа́ть. Он никогда́ не
                             can

ходи́л в шко́лу.

5. Сын _____ у меня́ стака́н молока́.
   asked

6. Сын _____ мне вопро́с.
   asked

7. Сын _____ меня́, где соба́ка.
   asked

8. Мой брат _____ в университе́те.
   studied

9. В до́ме бы́ло шу́мно и я _____ в библиоте́ке.
   studied

10. Вчера́ весь день я _____ к экза́мену.
    studied

11. В университе́те я _____ ру́сский язы́к.
    learned

12. По́сле того́ как я _____ но́вые слова́, я на́чал писа́ть
    learned
    упражне́ния.

13. В про́шлом году́ я хорошо́ _____ игра́ть в те́ннис.
    learned

14. Учи́тель _____ дете́й чита́ть.
    taught

15. Учи́тель _____ в сре́дней шко́ле.
    taught

16. Генера́л _____ солда́там встать.
    ordered

17. В столо́вой он _____ чай.
    ordered

18. Пожа́луйста, _____ мне доро́гу в го́род.
    show

19. Пожа́луйста, _____ мне ва́шу рабо́ту.
    show

20. Он всегда́ _____ свою́ ба́бушку.
    remembered

21. Вдруг он _____, что у него́ заня́тия.
    remembered

22. Я осо́бенно интересу́юсь _____ Пу́шкина.
    work

23. Я прочита́л _____ Пу́шкина в англи́йском перево́де.
    work

24. Я не пойду́ в кино́. У меня́ сли́шком мно́го _____.
    work

F. Match the Russian word with its English equivalent.

   1. водоро́д   _____ age
   2. во́зраст   _____ agriculture
   3. возрожде́ние   _____ ally
   4. двуязы́чный   _____ annihilation

5. десятиле́тие   _____ bilingual
6. единоду́шный   _____ contemporary
7. земледе́лие   _____ correspondence
8. местоиме́ние   _____ decade
9. одновреме́нный   _____ defendant
10. перепи́ска   _____ hydrogen
11. переры́в   _____ independent
12. подсуди́мый   _____ old-fashioned
13. самостоя́тельный   _____ pronoun
14. совреме́нный   _____ recess
15. сою́зник   _____ renaissance
16. старомо́дный   _____ simultaneous
17. треуго́льник   _____ triangle
18. уничтоже́ние   _____ unanimous

Second review lesson

I. Review of case use

A. Answer the questions, using the given words in the singular and then in the plural.

большáя нóвая лаборатóрия

1. Кудá постáвили наýчные прибóры?
2. Где студéнты дéлают óпыты?
3. К чемý студéнты ещё не привы́кли?
4. Откýда вы взя́ли э́ти прибóры?
5. Чем профессорá óчень довóльны?
6. Что нахóдится в стáром здáнии?

послéднее дли́нное собрáние

1. О чём э́ти лю́ди говоря́т?
2. Чем они́ не óчень интересýются?
3. Кудá вы не éздили?
4. Чемý вы удиви́лись?
5. Что вчерá произошлó?
6. Чегó вы избежáли?

наш мáленький ребёнок

1. Комý вы подари́ли игрýшку?
2. С кем мы разговáривали?
3. Чьи кни́ги лежáт на столé?
4. Кто игрáет во дворé?
5. О ком вы расскáзываете?
6. Когó вы ви́дели на ýлице?

B. Answer the questions, using the given numbers.

1. Скóлько у вас рýчек? (1, 2, 10)
2. Скóлько у вас товáрищей? (1, 4, 16)

3. Ско́лько у э́той де́вочки пла́тьев? (1, 3, 12)
4. Ско́лько у учи́теля кра́сных карандаше́й? (2, 20, 21)
5. Ско́лько высо́ких зда́ний на э́той у́лице? (1, 3, 9)
6. Ско́лько интере́сных ле́кций вы слы́шали? (1, 2, 7)
7. Ско́лько у ва́ших сосе́дей дете́й? (1, 2, 3)
8. Ско́лько часо́в вы купи́ли? (1, 3, 5)
9. Ско́лько рабо́чих рабо́тает на э́той фа́брике? (34, 48, 112, 221)
10. Ско́лько живо́тных в зоопа́рке? (51, 63, 77, 90)
11. Ско́лько жи́телей в э́том го́роде? (11,183; 22,200; 34,341; 2,900,000)
12. Ско́лько люде́й на съе́зде? (1,041; 2,816; 5,704)

C. Insert the words in the needed form.

1. На углу́ стоя́ли (челове́к, ребёнок, моя́ сестра́, твоя́ дочь, врач).
2. В на́шем го́роде мно́го (челове́к, зда́ние, библиоте́ка, дом, музе́й).
3. Здесь сиде́ли (профе́ссор, на́ша дочь, наш сын, мой брат).
4. У меня́ 5 (каранда́ш, уче́бник, молода́я сестра́, о́стрый нож, ви́лка).
5. Он до́лго жил о́коло (большо́й парк, лес, го́род).
6. Вы ко́нчили (ва́ша дома́шняя рабо́та, пе́рвая глава́)?
7. За́втра мы дади́м вам (на́ша но́вая статья́, ма́ленький котёнок).
8. Там не́ было (солда́ты, ре́ки, о́кна, го́сти, поля́, молоды́е отцы́).
9. На столе́ лежа́т (лист, газе́та, вещь, стул, тетра́дь, нож).
10. Он уже́ заплати́л за (э́та руба́шка, но́вый щено́к).

II. Review of verb use

A. Fill in the required verb.

реша́ть/реши́ть

1. Де́ти сиде́ли за столо́м и _____ зада́чи.
2. Э́то о́чень тру́дная зада́ча. Ты не _____ её.
3. За́втра экза́мен. Сего́дня ты до́лжен _____ зада́чи. Сиди́ и _____.
4. Мы _____ э́ти зада́чи весь уро́к. То́лько О́льга _____ все зада́чи пра́вильно.
5. — Ты _____ вчера́ зада́чи?
   — Да, _____.
   — Ты _____ все зада́чи?
   — Нет, я _____ почти́ все. То́лько одну́ зада́чу я не _____.

6. После заня́тий я бу́ду до́ма, _____ зада́чи.

открыва́ть/откры́ть

1. В кото́ром часу́ вы _____ магази́н за́втра? Мы обы́чно _____ магази́н в 9 ч.
2. Студе́нт _____ кни́гу и на́чал чита́ть.
3. Вы _____ окно́ вчера́? Нет, бы́ло хо́лодно и я не _____ его́.
4. Здесь ду́шно! _____ окно́.
5. Почему́ ты стои́шь? _____!
6. В про́шлом году́ мы _____ окно́ ка́ждую ночь.
7. Не _____ э́ту дверь. Там рабо́тают лю́ди.
8. Мину́тку! Я сейча́с _____ дверь.

объясня́ть/объясни́ть

1. Мы слу́шали, когда́ учи́тель _____ уро́к.
2. Когда́ он _____ уро́к, он на́чал задава́ть вопро́сы.
3. Мы всё по́няли, потому́ что он хорошо́ _____ уро́к.
4. Я не понима́ю э́то пра́вило, _____ мне пожа́луйста.
5. Е́сли ты не по́нял, я _____ тебе́.
6. Не _____. Э́то не моё де́ло.
7. По́сле того́ как учи́тель ко́нчил _____ грамма́тику, он вы́шел из ко́мнаты.
8. На бу́дущей неде́ле но́вый учи́тель _____ грамма́тику ка́ждый день.

B. Choose the verb that best completes each sentence.

Фасо́ль

Жи́ли-бы́ли мать и сын. Мать ка́ждый день
_____ в по́ле и до́ма _____
рабо́тала/порабо́тала   гото́вила/пригото́вила
обе́д. Она́ мно́го _____, а сын не
                рабо́тала/порабо́тала
_____. Сын был о́чень лени́вый.
рабо́тал/порабо́тал
Одна́жды мать _____ на рабо́ту. Сын
                уходи́ла/ушла́
_____ до́ма. Снача́ла он _____,
остава́лся/оста́лся   кури́л/покури́л
пото́м _____. Ве́чером, когда́ мать
        спал/поспа́л
_____ домо́й, сын _____, он
возвраща́лась/верну́лась   встава́л/встал
_____ _____. Мать _____ ему́
хоте́л/захоте́л есть/съесть   дава́ла/дала́

хлеба и фасóли. Но он _____ тóлько однý лóжку фасóли и
                  ел/съел

_____ :
говорил/сказáл

—Я не _____ . Фасóль невкýсная. Мать
         бýду есть/съем

_____ ; онá ничегó не _____ . На
обéдала/пообéдала   говорѝла/сказáла

другóй день мать _____ рáно ýтром и
              вставáла/встáла

_____ сѝну:
говорѝла/сказáла

—Сегóдня ты _____ со мной на рабóту. Я
             бýдешь идтѝ/пойдёшь

не разрешáю тебé _____ дóма. Сын _____
            оставáться/остáться   шёл/пошёл

с мáтерью и _____ весь день. Вéчером, когдá
         рабóтал/порабóтал

онѝ _____ домóй, мать опять _____
    возвращáлись/вернýлись   давáла/далá

сѝну тарéлку фасóли и кусóк хлеба. Сын _____ всё óчень
                                   ел/съел

бѝстро и _____ :
говорил/сказáл

—Вот сегóдня фасóль óчень вкýсная. Вчерá былá нехорóшая.
Мать _____ и _____ :
      смеялась/засмеялась   говорѝла/сказáла

—Сегóдня я _____ тебé фасóль, котóрую ты вчерá
           давáла/далá

не _____ _____ . Вот что дéлает рабóта.
    хотéл/захотéл   есть/съесть

C. Insert the needed verbs of motion.

    Волóдя ýчится в университéте. Кáждый день он _____ в
университéт. Он _____ из дóма в 8 ч. Он _____ на
автóбусную останóвку и садѝтся на автóбус. Через 5 останóвок
он _____ из автóбуса и _____ к метрó. Потóм он _____ на
метрó до стáнции «Университéт», и _____ из метрó. От метрó
до университéта Волóдя _____ пешкóм. Обѝчно он _____ в
университéт без десятѝ дéвять.

D. Insert the verbs **носѝть—нестѝ** or **возѝть—везтѝ** in the past tense.
Observe when the verb expresses the meaning of a round trip.

    1. Сегóдня ýтром я встрéтил дрýга. Он шёл из библиотéки и
_____ кнѝги. Он сказáл мне, что он _____ эти кнѝги в
библиотéку, но библиотéка былá закрѝта.

2. У моего́ дру́га боли́т нога́. Сего́дня я _____ его́ к врачу́. Туда́ я _____ его́ на авто́бусе, а обра́тно на такси́.

3. Мой друг рабо́тал води́телем авто́буса. Он _____ пассажи́ров из це́нтра го́рода на вокза́л. Одна́жды, когда́ _____ пассажи́ров на вокза́л, авто́бус слома́лся и пассажи́ры опозда́ли на по́езд.

4. Мой това́рищ всегда́ _____ все уче́бники на заня́тия. Раз, когда́ он шёл на уро́к и _____ уче́бники, он потеря́л одну́ кни́гу.

E. Insert the words in the needed form.

1. Вчера́ я (встреча́ть/встре́тить) его́ недалеко́ от (но́вая библиоте́ка).

2. Что вы (покупа́ть/купи́ть) для (ва́ши де́ти, э́ти де́вочки, геро́и)?

3. Вы уже́ (чита́ть/прочита́ть) (вече́рняя газе́та)?

4. Что вы (де́лать/сде́лать) за́втра? Я (чита́ть/прочита́ть) весь день.

5. Вчера́ я (получа́ть/получи́ть) (интере́сные пи́сьма и телегра́мма).

6. За́втра я (брать/взять) (э́та но́вая кни́га, ваш автомоби́ль).

7. Он то́лько что (писа́ть/написа́ть) не́сколько (слова́, кни́ги, пи́сьма).

8. Когда́ она́ (начина́ть/нача́ть) (чита́ть/прочита́ть) э́ту кни́гу?

9. За́втра она́ (покупа́ть/купи́ть) 4 (кни́жная по́лка, си́ний ковёр, кре́сло).

10. Кого́ он (спра́шивать/спроси́ть)? Он всегда́ (спра́шивать/спроси́ть) меня́.

III. Vocabulary review

A. Give the corresponding perfective infinitive and the verbal noun.

облегча́ть	_____	_____
объявля́ть	_____	_____
пла́вать	_____	_____
понима́ть	_____	_____
предлага́ть	_____	_____
приглаша́ть	_____	_____
разреша́ть	_____	_____

B. Insert the words in the needed form.

1. На столе́ стоя́ли стака́н _____ и _____ ло́жка.
   tea   tea

2. У э́того старика́ была́ дли́нная интере́сная _____. У него́
   life
   большо́й _____ о́пыт.
   life

3. В _____ мы покупа́ем _____ и други́е _____ проду́кты.
   dairy   milk   dairy

4. На на́шей у́лице был _____. Прие́хали три _____ маши́ны.
   fire   fire

5. Изве́стный _____ живёт в э́той _____ дере́вне.
   painter   picturesque

6. Сего́дня _____ день. На не́бе больши́е се́рые _____.
   cloudy   clouds

7. Что́бы приготó́вить _____ суп, нужны́ разли́чные
   vegetable
   _____.
   vegetables

8. Сего́дня о́чень _____ день. Я ещё не привы́к к _____.
   hot   heat

C. Define the following words in Russian.

витри́на	возду́шный ла́йнер
лётчик	одна́жды
меню́	плове́ц
нало́г	рассве́т
огро́мный	сад

D. Insert the needed word. No word should be used more than once.

1. Вчера́ я _____ ли́стья.
   burned

2. Вчера́ в на́шем го́роде _____ зда́ние.
   burned

3. Вчера́ тётя Мари́я _____ ру́ку.
   burned

4. Кака́я _____ пого́да!
   hot

5. Кака́я _____ вода́!
   hot

6. _____ на стол стака́ны для ча́я.
   Put

7. _____ на стол все э́ти кни́ги.
   Put

8. _____ возмо́жность пойти́ в теа́тр.
   He has

9. _____ биле́ты в теа́тр.
    He has

UNITS 13–18

I. Review of case use

A. Insert the given words in the needed form.

1. Он живёт с (мой брат, своя́ сестра́, наш молодо́й учи́тель).
2. У (учени́к, ваш врач, я, ты, она́, кто) есть кни́га?
3. Все бы́ли на ве́чере кро́ме (ваш друг, наш гость, я, он).
4. Он дово́лен (моя́ рабо́та, ва́ша по́мощь, своё и́мя, я, они́).
5. Тру́дно жить без (мать, оте́ц, любо́вь).
6. Он рабо́тает в (апте́ка, большо́й банк, э́то зда́ние, наш сад).
7. (Он, учи́тель, твоя́ дочь, мы, она́, ребёнок) ну́жен стол.
8. Она́ спра́шивает (его́ друг, моя́ сестра́, он, я, Мари́я).
9. Э́тот дом ря́дом с (шко́ла, гости́ница, наш дом, но́вый заво́д).
10. У нас нет (си́ний автомоби́ль, хоро́ший дом, коро́ткий уро́к).
11. Мы помога́ли (Мари́я, её мать, ста́рый челове́к, ге́ний, они́).
12. Я ви́дел его́ в (го́род, тёмный лес, Росси́я, такси́, шко́ла).
13. В до́ме нет (гости́ная, ку́хня, ме́бель, ра́дио, телефо́н, ковёр).
14. Он ду́мает о (ма́ленькая дочь, смерть, все, она́, я, вы, они́).
15. Я отдыха́ю по́сле (уро́к, ле́кция, рабо́та, собра́ние, обе́д).
16. Она́ была́ на (мост, пло́щадь, ле́кция, по́чта, ста́нция, у́лица).
17. У него́ не́ было (пальто́, вре́мя, каранда́ш).
18. Он хо́чет быть (писа́тель, инжене́р, хоро́ший челове́к).
19. У неё 2 (сестра́, гость, дочь, статья́, крова́ть, уче́бник).
20. Мы недово́льны (ма́льчик, на́ша жизнь, ваш гость, кни́га).

II. Review of case with verbs

A. Insert the words in the needed form, adding prepositions when necessary.

1. Осторо́жно! Не _____! (Игру́шка) лежа́т на (пол).
                     fall

2. Во-пе́рвых _____ всю (статья́) и по́сле того́, как вы её
             re-read

   _____, _____ докла́д.
   have re-read   write

3. Ты непра́вильно _____ (э́та зада́ча).
                solved

4. Я _____ мой учебник. Я долго _____ (эта книга),
      lost   looked for
   но не _____ её.
           found
5. Он _____ все (деньги) и _____ (отец) _____ ему
      spent   asked   to send
   больше (деньги).
6. Не _____ _____ (эти дети). Они _____.
      laugh   at   will get angry
7. Я очень _____. Я _____ _____ (диссертация) _____
            tired   worked   on
   (вся ночь).
8. Она не _____ (свои братья). Они так _____.
            recognized   changed
9. Свет (одна свеча) _____ целую комнату.
                      will light
10. Я _____ о (путешествие) _____ (далёкие места).
       am dreaming   to
11. _____ (прошлый год) я никуда не _____.
                                        went
12. Я _____ (мой сосед), но он не _____.
      called   answered
13. Вы _____ (все эти птицы), когда они _____ _____ (юг)?
       saw   flew
14. Телевизор работает. Это ты _____ (телевизор)?
                                turned on
15. Ваш друг _____ (хороший работник).
            turned out to be

III. Review of participles

A. Choose the needed participle and insert it in the required form.

1. Когда Иван вошёл в аудиторию, он держал письмо
   _____ им утром. Это письмо
   полученный/получен
   _____ его матерью.
   написанный/написан
2. Вчера на уроке физики нам _____
                                показанный/был показан
   опыт. Опыт _____ преподавателем,
              показанный/был показан
   мы видели в первый раз. Потом мы решали задачу. После
   того как задача _____, мы попросили
                    решённый/был решён
   преподавателя дать нам ещё одну задачу. Вторая задача
   _____ преподавателем, оказалась очень трудной.
   данный/был дан

3. Я чита́ю рома́н _____ одни́м францу́зским
              напи́санный/напи́сан
писа́телем. Рома́н _____ в 1955 году́.
           напи́санный/был напи́сан
Не́сколько лет наза́д он _____
                  переведённый/был переведён
на ру́сский язы́к. Собы́тия _____ в рома́не
             опи́санный/был опи́сан
происходи́ли во вре́мя войны́.

B. Retell the story, replacing the participial constructions by **кото́рый** clauses.

   Мно́го веко́в[1] наза́д в Арме́нию привезли́[2] таба́к. Одна́жды вокру́г челове́ка, продава́вшего таба́к, собрала́сь больша́я толпа́. Э́то бы́ли крестья́не, никогда́ не ви́девшие э́того расте́ния.[1] Челове́к, привёзший таба́к, гро́мко крича́л:[2] «Покупа́йте[2] чуде́с-ные ли́стья, помога́ющие челове́ку[1] от всех боле́зней.»

   К толпе́, собра́вшейся о́коло продавца́, подошёл[2] седо́й стари́к. Он услы́шал слова́ продавца́ и сказа́л: «Э́ти чуде́сные ли́стья прино́сят челове́ку и другу́ю по́льзу—челове́к ку́рящий таба́к, никогда́ не бу́дет ста́рым.»[1]

   Продаве́ц услы́шал слова́ ска́занные старико́м,[1] обра́довался и попроси́л старика́ объясни́ть[2] их. Стари́к отве́тил: «Ку́рящий челове́к никогда́ не бу́дет ста́рым, потому́ что он умрёт[2] от табака́ в мо́лодости.»

   Крестья́не услы́шали э́то и реши́ли не покупа́ть[2] ли́стья,[1] принося́щие челове́ку таку́ю по́льзу.

[1] Explain the case of these words.
[2] Discuss the aspect of these verbs.

C. Retell the story, replacing the verbal adverbs by other forms.

   Узна́в, что в одно́м[1] из кинотеа́тров[1] Москвы́ идёт[2] но́вый францу́зский фильм, студе́нт Жан и его́ друзья́ реши́ли посмо-тре́ть[2] э́тот фильм. Пообе́дав, они́ пое́хали[2] в кинотеа́тр. Си́дя в авто́бусе, они́ разгова́ривали[2] о свои́х дела́х. Идя́ от авто́бусной остано́вки к кинотеа́тру, они́ не́сколько раз слы́шали[2] вопро́с: «У вас нет ли́шнего биле́та[1]?» Подходя́ к ка́ссе, они́ не заме́тили[2] объявле́ния:[1] «На сего́дня все биле́ты про́даны.»

   Доста́в из карма́на де́ньги, Жан попроси́л касси́ршу: «Да́йте, пожа́луйста, четы́ре биле́та.»[1] Касси́рша, посмотре́в с удивле́-нием на Жа́на, отве́тила: «На сего́дня все биле́ты про́даны.» Не поня́в отве́та[1] касси́рши,[1] Жан повтори́л: «Да́йте, пожа́луйста, четы́ре биле́та.» «Я могу́ дать[2] вам четы́ре биле́та на за́втра,» сказа́ла касси́рша, взяв де́ньги.

Студе́нты реши́ли, что бу́дет хорошо́ пойти́ в кино́ за́втра. Сказа́в касси́рше[1] «Спаси́бо» и взяв биле́ты, друзья́ пое́хали домо́й.

[1] Explain the case of these words.
[2] Discuss the aspect of these verbs.

IV. *Review of verbs*

A. Fill in the required verb.

отвеча́ть/отве́тить

1. Я спроси́л его́ об э́том, и он _____ мне.
2. Учи́тель бу́дет спра́шивать, а ученики́ _____.
3. Когда́ О́льга _____ учи́телю, мы все внима́тельно слу́шали.
4. Когда́ О́льга _____ учи́телю, она́ начала́ писа́ть упражне́ния.
5. Е́сли вы напи́шете мне письмо́, я _____ вам.
6. _____, пожа́луйста, на мой вопро́с.
7. Чего́ вы ждёте? _____.
8. Он поду́мал, а пото́м на́чал _____.

B. Fill in the needed verb of motion.

В прошло́м году́ мы _____ на Кавка́з. Туда́ мы _____ на по́езде, обра́тно _____ на самолёте. Когда́ мы _____ туда́, бы́ло о́чень жа́рко. На одно́й ста́нции я _____ из ваго́на и вдруг уви́дел мо́ре. По́езд стоя́л недо́лго, и че́рез 5 минут мы _____ да́льше. На по́езде мы _____ до Со́чи. Из Со́чи мы _____ в ма́ленькую дере́вню. Всё ле́то мы жи́ли в э́той дере́вне, но иногда́ мы _____ на экску́рсии.

C. Choose the verb that best completes each sentence.

Абу́-Нува́с

Городско́й судья́ о́чень не _____ Абу́-Нува́са,
люби́л/полюби́л
потому́ что тот над ним всегда́ _____. Одна́жды
смея́лся/засмея́лся
Абу́-Нува́с до́лжен был _____ к судье́ по де́лу.
приходи́ть/прийти́
Когда́ Абу́-Нува́с _____ к до́му судьи́, он
подходи́л/подошёл

_____, что судья быстро _____ от
ви́дел/уви́дел   отходи́л/отошёл

окна́. Абу́-Нува́с _____ в дверь. Из до́ма
                  стуча́л/постуча́л

_____ слуга́ и _____:
выходи́л/вы́шел   спра́шивал/спроси́л

—Что тебе́ ну́жно?

—Я хочу́ _____ судью— _____ Абу́-
           ви́деть/уви́деть   отвеча́л/отве́тил

Нува́с.

—Хозя́ина нет до́ма, он _____ на база́р,
                          уходи́л/ушёл

— _____ слуга́.
    говори́л/сказа́л

— _____ своему́ хозя́ину, что́бы он, когда́
    Передава́й/переда́й

ухо́дит на база́р, не _____ свою́ го́лову на окне́,
                      оставля́л/оста́вил

а то лю́ди _____, что он до́ма,
            бу́дут ду́мать/поду́мают

— _____ Абу́-Нува́с.
    отвеча́л/отве́тил

V. Vocabulary review

A. Give a noun of agent for each of the following verbs.

доноси́ть	помога́ть
замеща́ть	проводи́ть
защища́ть	проходи́ть
носи́ть	рабо́тать
отправля́ть	руководи́ть
переводи́ть	служи́ть

B. Define the following words in Russian.

пешехо́д	путеводи́тель
рове́сник	пое́здка
запи́ска	раздева́лка
выходно́й день	гости́ница
зано́с	океа́н
велика́н	зверь

C. Insert the word in the needed form.

вы́вод   заво́д
перево́д   разво́д

1. Где она́ жила́ по́сле _____?
2. Я не чита́л статью́ по-ру́сски. Я прочита́л англи́йский _____.
3. Вы по́мните _____ э́той статьи́?
4. Он рабо́тает на большо́м _____.

въезд   прие́зд
отъе́зд   прое́зд
по́езд   съезд

1. Мы поговори́м до ва́шего _____ в Москву́?
2. Когда́ отхо́дит _____ в Нью-Йорк?
3. Я встре́тил бра́та у _____ в парк.
4. Ско́лько люде́й бы́ло на _____ рабо́чих?
5. Мы ждём _____ на́шего сы́на из Ленингра́да.
6. Ско́лько сто́ит _____ из Москвы́ до Ки́ева?

введе́ние   поведе́ние
заведе́ние   произведе́ние

1. В на́шем го́роде мно́го уче́бных _____.
2. Мы чита́ли _____ Пу́шкина в перево́де.
3. Я прочита́л то́лько _____ э́той кни́ги.
4. По-мо́ему, э́то стра́нное _____.

восхо́д   пешехо́д
перехо́д   отхо́д
вход   расхо́д

1. Утром мо́жно ви́деть _____ со́лнца.
2. _____ бежа́ли че́рез подзе́мный _____.
3. На́до купи́ть биле́ты до _____ по́езда.
4. У него́ пять сынове́й и поэ́тому больши́е _____.
5. Я встре́тил его́ у _____ в теа́тр.

вы́пуск   о́тпуск
за́пуск   про́пуск

1. Когда́ произойдёт _____ спу́тника?
2. Оле́г тепе́рь в _____.
3. Что́бы войти́ в э́то зда́ние, вам ну́жен _____.
4. Мы увели́чиваем _____ книг.

заня́тие   подня́тие
поня́тие   приня́тие

1. По́сле _____ реше́ния, все делега́ты разъе́хались.
2. Како́е его́ _____? Он хи́мик.
3. Вы не име́ете _____ о на́ших пробле́мах.
4. Мы интересу́емся _____ у́ровня о́бщего образова́ния.

взлёт   налёт
полёт   самолёт

1. В СССР стро́ят но́вые огро́мные _____.
2. Наш _____ прошёл успе́шно.
3. _____ на города́ проти́вника продолжа́лись всю ночь.
4. По́сле _____ мы улете́ли на се́вер.

D. Fill in the needed word. No word should be used more than once.

1. Он _____ аспири́н и лёг спать.
       took
2. Оте́ц _____ спи́чки у ребёнка.
       took
3. Кто _____ мой но́вый зо́нтик?
       took
4. Студе́нты _____ места́ в аудито́рии.
       took
5. Студе́нты все _____ экза́мены.
       took
6. Оте́ц _____ до́чку в шко́лу.
       took
7. Ива́н _____ письмо́ в почто́вый я́щик.
       dropped
8. Ива́н _____ письмо́ на пол.
       dropped
9. _____ он придёт, он позво́нит нам.
   If
10. Мы не зна́ем, придёт _____ он.
                      if
11. За́втра моя́ сестра́ _____, а мой брат
                    will get married
    _____ в бу́дущем году́.
    will get married
12. Я вас не _____.
           recognized
13. Я не _____ ваш авторите́т.
         recognize
14. Э́то зда́ние на _____ стороне́ у́лицы.
                 right

15. Это _____ отвёт.
    right
16. Вы _____.
    are right
17. Вы не имёете _____ дёлать это.
    right

E. Match the Russian word with its English equivalent.

1. безобидный   _____ agriculture
2. безработица   _____ animal raising
3. водоворóт   _____ attitude
4. водохранилище   _____ creative work
5. животновóдство   _____ dormitory
6. земледéлие   _____ earthquake
7. землетрясéние   _____ harmless
8. млекопитáющее   _____ herbivorous
9. общежитие   _____ indifferent
10. отношéние   _____ mammal
11. парохóд   _____ origin
12. положительный   _____ orthodox
13. правописáние   _____ orthography
14. православный   _____ positive
15. произведéние   _____ production
16. произвóдство   _____ pronunciation
17. произношéние   _____ reservoir
18. происхождéние   _____ steamship
19. равнодýшный   _____ unemployment
20. травоядный   _____ whirlpool

Abbreviations

adj.	*adjective*
adv.	*adverb*
coll.	*collective*
comp.	*comparative*
conj.	*conjunction*
dat.	*dative*
det.	*determinate*
f.	*feminine*
gen.	*genitive*
imp.	*imperative*
imper.	*impersonal*
impf.	*imperfective*
indet.	*indeterminate*
instr.	*instrumental*
intr.	*intransitive*
inv.	*invariable*
m.	*masculine*
n.	*neuter*
nom.	*nominative*
pers.	*person*
pf.	*perfective*
pl.	*plural*
prep.	*preposition, prepositional*
sg.	*singular*
tr.	*transitive*

Russian - English vocabulary

The Russian-English Vocabulary lists all words except those defined in the Grammatical Introduction, days of the week, months of the year, seasons of the year, and cardinal and ordinal numerals.

Gender is indicated for nouns of the third declension. If a noun is used only in the plural, it is so marked. The genitive singular is given for nouns that have an inserted vowel in the nominative singular. The genitive plural is given for nouns that have an inserted vowel in that form.

Perfective verbs are marked *pf.*; imperfective verbs are not marked. Verbs conjugated like **читáть: читáю, читáешь, читáют** are followed by I; for other verbs the endings of the four key forms (see p. 25) are given. If a verb is never or rarely used in the first and second person, only third-person forms are given. If an ending is stressed, it is so marked. Unstressed endings are not marked. For stress patterns of verbs see pp. 26, 30.

Arabic numerals in parentheses indicate a unit where the given word is discussed in the grammar section.

a   and, but
авионóс/ец, -ца   aircraft carrier
Австрáлия   Australia
автóбус   bus (10)
автомобúль (*m.*)   automobile
áвтор   author
авторитéт   authority
агрессúвный   aggressive
ад   hell (12)
áдрес   address (3)
азербайджáнский   Azerbaijanian
акадéмия   academy
актёр   actor
актрúса   actress
акýла   shark
Алма-Атá   Alma-Ata
алфавúтный   alphabetical
альпинúст   mountain climber
Амéрика   America

америкáн/ец, -ца (*f.* **-ка, -ок**)   American
англúйский   English
англичáн/ин (*f.* **-ка, -ок**)   Englishman (woman) (p. 9)
Áнглия   England
анекдóт   anecdote
антропóлог   anthropologist
антропологúческий   anthropological
антрополóгия   anthropology
апельсúн   orange
аплодúровать: аплодúру-ю, -ешь, -ют (+ *dat.*)   to applaud (7)
аппарáт   camera
аппетúт   appetite
аптéка   drugstore
аптéкарь (*m.*)   druggist
арбýз   watermelon
арестóвывать I/**арестовáть** (*pf.*): **арестý-ю, -ешь, -ют**   to arrest

арифме́тика arithmetic
Арме́ния Armenia
а́рмия army
армя́нский Armenian
арти́ст actor
архите́ктор architect
архитекту́ра architecture
архитекту́рный architectural
аспира́нт graduate student
аспири́н aspirin
астроно́м astronomer
астрономи́ческий astronomical
астроно́мия astronomy
атташе́ (*m. inv.*) attaché (3)
аудито́рия lecture room
афи́ша poster
А́фрика Africa
африка́нский African
Ашхаба́д Ashkhabad
аэродро́м airport (12)

ба́боч/ка, -ек butterfly
ба́буш/ка, -ек grandmother
бага́ж baggage
бакале́йный grocery
бакале́я groceries
Баку́ Baku
бал ball (dance) (12)
балти́йский Baltic
бана́н banana
ба́ня bathhouse
бара́нина lamb (meat)
ба́ржа barge
баскетбо́л basketball
бассе́йн pool
бато́н loaf of white bread
ба́ш/ня, -ен tower
бе́гать I (*indet.*)—бежа́ть (*det.*)/побежа́ть
  (*pf.*) to run (1, 10, 17)
бе́дный poor (8)
бежа́ть (*det.*) *see* бе́гать
без (+ *gen.*) without (4, 9)
безоби́дный harmless
безрабо́тица unemployment
безрабо́тный unemployed
белору́сский Byelorussian
бе́лый white
бензи́н gasoline (4)
бе́рег bank, shore (3, 12)
Берли́н Berlin

беспоко́иться: беспоко́-юсь, -ишься,
  -ятся/обеспоко́иться (*pf.*) to worry
беспоко́йный uneasy, troubled
беспоко́йство worry, trouble
библиоте́ка library
библиоте́карь (*m.*) librarian
библиоте́чный library
биле́т ticket
био́лог biologist
биологи́ческий biological
биоло́гия biology
бить: бь-ю, -ёшь, -ют to beat (6, 16)
би́ться: бь-юсь, -ёшься, -ются (о + *acc.*)
  to beat (against)
бифште́кс steak
благодари́ть: благодар-ю́, -и́шь,
  -я́т/поблагодари́ть (*pf.*) to thank
благода́рный grateful (7)
благополу́чно well
благодаря́ (+ *dat.*) thanks to, due to (7)
бланк blank, form
близ (+ *gen.*) near (4)
Бог God
бо́дрый cheerful
боже́ственный divine
бо́жья коро́в/ка, -ок ladybug
бой battle (4, 12)
бок side (3)
бока́л wine glass
болга́рский Bulgarian
бо́лее more (16)
боле́знь (*f.*) illness
боле́ть: боле́-ю, -ешь, -ют/заболе́ть (*pf.*)
  to be ill (2, 8)
боле́ть: боли́т, боля́т to hurt
боль (*f.*) pain
больни́ца hospital
больно́й sick; a patient (3, 16)
бо́льше (+ *gen.*) more (16)
большеви́к Bolshevik
бо́льший bigger (16)
борода́ beard
боро́ться: бор-ю́сь, -ешься, -ются
  to struggle
бортмеха́ник flight mechanic
борщ borsch
борьба́ struggle
боти́нок shoe (4)
боя́ться: бо-ю́сь, -и́шься, -я́тся (+ *gen.*)
  to fear, to be afraid of (2, 4)
брат brother (3)

брать: бер-у́, -ёшь, -у́т/взять (*pf.*):
возьм-у́, -ёшь, -у́т   to take, to borrow
(2, 4, 10)
брести́ (*det.*) *see* броди́ть
бровь (*f.*)   eyebrow
броди́ть (*indet.*)—брести́.(*det.*) побрести́
(*pf.*)   to wander (10)
броса́ть I/бро́сить (*pf.*): бро́шу, бро́с-ишь,
-ят   to throw; to abandon
броса́ться/бро́ситься (*pf.*)   to rush
брю́ки (*pl.*)   pants, trousers (3, 4)
буди́льник   alarm clock
буди́ть: бужу́, бу́д-ишь, -ят/разбуди́ть (*pf.*)
to wake
бу́дущий   future
бу́ква   letter (of the alphabet)
бу́лочка, -ек   roll
бу́лочная (*noun*)   bakery (3)
бульва́р   boulevard
бума́га   paper
бу́рный   stormy, loud
буты́л/ка, -ок   bottle
бы   *conditional particle* (17)
бы́стро   quickly
быть   to be (1, 5, 6, 8, 10, 17)
бюро́ (*n. inv.*)   bureau (3)

в   (+ *prep.*) in, (+ *acc.*) into, to (5, 8, 12,
13, 14)
ваго́н   railroad car
ва́жность (*f.*)   importance
ва́жный   important
ва́за   vase
ва́нна   bath
ва́нная (*noun*)   bathroom (3)
Вашингто́н   Washington
вбега́ть I/вбежа́ть (*pf.*): *like* бежа́ть
to run in (13)
введе́ние   introduction
ввезти́ (*pf.*) *see* ввози́ть
ввести́ (*pf.*) *see* вводи́ть
ввиду́   on account of (4)
вводи́ть: ввожу́, ввод-ишь, -ят/ввести́ (*pf.*):
введ-у́, -ёшь, -у́т; *past* ввёл, ввело́   to
bring in, to introduce (13)
ввози́ть: ввожу́, ввоз-ишь, -ят/ввезти́ (*pf.*):
ввез-у́, -ёшь, -у́т; *past* ввёз, ввезло́   to
import
вдоль (+ *gen.*)   along (4)
вдруг   suddenly
ведро́   bucket (3)

ведь (*introductory particle*)   "but," "you
know"
везде́   everywhere
везти́ (*det.*) *see* вози́ть
век   century (3)
велика́н   giant
вели́кий   great
великоле́пный   magnificent
велосипе́д   bicycle
ве́ра   faith
верблю́д   camel
ве́рить: ве́р-ю, -ишь, -ят/пове́рить (*pf.*)
(+ *dat.*) to believe; (в + *acc.*) . . . in (5, 7)
ве́рность (*f.*)   faithfulness
верну́ть (*pf.*) *see* возвраща́ть
верну́ться (*pf.*) *see* возвраща́ться
ве́рный   faithful (7)
вертолёт   helicopter (10)
верхнелужи́цкий   Upper Lusatian
верши́на   top, summit
вес   weight (4)
весёлый   cheerful
ве́сить: ве́шу, ве́с-ишь, -ят   to weigh
вести́ (*det.*) *see* води́ть
вести́ себя́   to behave (11, 18)
ве́сы (*pl.*)   scale (3, 4)
ве́т/ер, -ра   wind
ветерина́р   veterinarian
ветчина́   ham
ве́чер   evening; party (3, 8)
ве́чный   eternal
ве́шать I/пове́сить (*pf.*): пове́шу, пове́с-
ишь, -ят   to hang (12)
вещь (*f.*)   thing
взбега́ть I/взбежа́ть (*pf.*): *like* бежа́ть   to
run up (14)
взгляд   glance
вздор   nonsense
взлёт   take-off
взлета́ть I/взлете́ть (*pf.*): взлечу́, взлет-
и́шь, -я́т   to fly up, to take off (14)
взлётная доро́жка   runway
взойти́ (*pf.*) *see* всходи́ть
взро́слый   adult; an adult (3)
взрыв   explosion
взя́т/ка, -ок   bribe
взять (*pf.*) *see* брать
вид   view, aspect, kind (12)
ви́деть: ви́жу, ви́д-ишь, -ят/уви́деть (*pf.*)
to see (5, 6)
ви́дный   visible

ви́л/ка, -ок   fork
вина́   fault
вини́ть: вин-ю́, -и́шь, -я́т   to blame
вино́   wine
винова́т, -о   at fault (14)
виногра́д (*sg.*)   grapes (4)
висе́ть: вишу́, вис-и́шь, -я́т/повисе́ть (*pf.*)
   to be hanging (12)
витри́на   show window
вить: вь-ю́, -ёшь, -ют   to twist (6)
вишнёвый   cherry
включа́ть I/включи́ть (*pf.*): включ-у́,
   -и́шь, -а́т   to turn on; to include (2)
вку́сный   tasty
влета́ть I/влете́ть (*pf.*) влечу́, влет-и́шь,
   -я́т   to fly in (13)
влия́ние   influence; оказа́ть . . . на (+ *acc.*)
   to have . . . on
вме́сте (с + *instr.*)   together (with)
вме́сто (+ *gen.*)   instead of (4)
вне (+ *gen.*)   outside of (4)
внести́ (*pf.*) *see* вноси́ть
вниз   downward
внима́ние   attention (3)
внима́тельный   attentive
вноси́ть: вношу́, внóс-ишь, -ят/внести́
   (*pf.*): внес-у́, -ёшь, -у́т; *past* внёс, внесло́
   to carry in (13)
внук   grandson
вну́ч/ка, -ек   granddaughter
внутри́ (+ *gen.*)   inside of (4)
во вре́мя (+ *gen.*)   during
во́время   on time
вода́   water
води́тель (*m.*)   driver
води́ть (*indet.*)—вести́ (*det.*)/повести́ (*pf.*)
   to lead, to conduct (1, 10, 11)
води́ть маши́ну   to drive a car
во́дка   vodka
во́дный   water
водоворо́т   whirlpool
водопа́д   waterfall
водоплава́ющие пти́цы   waterfowl
водопрово́д   plumbing
водопрово́дчик   plumber
водоро́д   hydrogen
водохрани́лище   reservoir
вое́нный   military
вождь (*m.*)   leader, chief
возвраща́ть I/верну́ть (*pf.*): верн-у́, -ёшь,
   -у́т   to return, to give back

возвраща́ться I/верну́ться (*pf.*)   to return,
   to go back
во́здух   air (4)
возду́шный ла́йнер   airliner
вози́ть (*indet.*)—везти́ (*det.*)/повезти́ (*pf.*)
   to drive, to transport (1, 10, 11)
во́зле (+ *gen.*)   near (4)
возмо́жно   it is possible (7)
возмо́жность (*f.*)   possibility; opportunity
возмо́жный   possible
во́зраст   age
Возрожде́ние   Renaissance
война́   war
войти́ (*pf.*) *see* входи́ть
вокза́л   railroad station (12)
вокру́г (+ *gen.*)   around (4)
волейбо́л   volleyball
волк   wolf
волна́   wave
волне́ние   emotion
во́лос   a hair
волч/о́нок, -о́нка, (*pl.*) -а́та   wolf cub
во́ля   will
вообще́   in general
во-пе́рвых   first
вопреки́ (+ *dat.*)   in spite of (7)
вопро́с   question (5)
воро́б/ей, -ья́   sparrow
во́рон   raven
воро́та (*pl.*)   gate (3, 4)
воскресе́ние   resurrection
воспо́льзоваться (*pf.*) *see* по́льзоваться
восто́к   east
восто́чный   eastern
восхо́д   rise
восьмёр/ка, -ок   eight
восьмино́г   octopus
впервы́е   for the first time
вперёд   (to) forward
впереди́ (+ *gen.*)   in front of (4)
впи́сывать I/вписа́ть (*pf.*): впиш-у́, -ешь,
   -ут   to write in
вплыва́ть I/вплыть (*pf.*): вплыв-у́, -ёшь,
   -у́т   to swim in (13)
вполне́   completely
впуска́ть I/впусти́ть (*pf.*): впущу́, впу́ст-
   ишь, -ят   to let in
враг   enemy (3)
врач   physician
вре́дный   harmful
вре́мя   time; tense (3, 10) (p. 9)

вро́де (+ *gen.*) like (4)
все (*pl.*) everyone
всё (*n.*) everything (16)
всё вре́мя all the time
всегда́ always
всео́бщий general, universal
всё равно́ all the same
всё-таки nevertheless, still
вска́кивать I/вскочи́ть (*pf.*): вскоч-у́,
 -ишь, -ат to jump up
вслух aloud
всплыва́ть I/всплыть (*pf.*): всплыв-у́,
 -ёшь, -у́т to swim up (from the bottom)
 (14)
вспомина́ть I/вспо́мнить (*pf.*): вспомн-ю,
 -ишь, -ят to recall, to remember
встава́ть/встать (*pf.*) to get up (2, 12)
вставля́ть I/вста́вить (*pf.*): вста́влю,
 вста́в-ишь, -ят to insert
встать (*pf.*) *see* встава́ть
встре́ча meeting
встреча́ть I/встре́тить (*pf.*): встре́чу,
 встре́т-ишь, -ят to meet
вступи́тельный entrance
всходи́ть/взойти́ (*pf.*): *like* входи́ть/войти́
 to ascend, to rise (14)
всю́ду everywhere
вуз institution of higher education
вход entrance
входи́ть: вхожу́, вхо́д-ишь, -ят/войти́ (*pf.*):
 войд-у́, -ёшь, -у́т; *past* вошёл, вошло́
 to enter (13)
вцепля́ться I/вцепи́ться (*pf.*): вцеплю́сь,
 вцéп-ишься, -ятся в (+ *acc.*) to grasp
вчера́ yesterday
въезд entrance
въезжа́ть I/въе́хать (*pf.*): въе́д-у, -ешь, -ут
 to drive in (13)
выбега́ть I/вы́бежать (*pf.*) *like* бежа́ть
 to run out (13)
выбива́ть I/вы́бить (*pf.*): вы́бь-ю, -ешь,
 -ют to knock out
выбира́ть I/вы́брать
 (*pf.*): вы́бер-у, -ешь, -ут to choose;
 to elect
вы́бить (*pf.*) *see* выбива́ть
вы́бор choice
вы́боры (*pl.*) election
вы́брать (*pf.*) *see* выбира́ть
вы́везти (*pf.*) *see* вывози́ть
вы́вести (*pf.*) *see* вывози́ть

вы́вод conclusion
выводи́ть/вы́вести (*pf.*): *like* вводи́ть/
 ввести́ to lead out (13)
вы́воз export
вывози́ть/вы́везти (*pf.*) *like* ввози́ть/
 ввезти́ to export (13)
вывозно́й export
вы́дра otter
вы́езд exit
выезжа́ть I/вы́ехать (*pf.*): вы́ед-у, -ешь,
 -ут to drive out (13)
выжива́ть I/вы́жить (*pf.*): вы́жив-у, -ешь,
 -ут to survive
вы́йти (*pf.*) *see* выходи́ть
выключа́тель (*m.*) switch
выключа́ть I/вы́ключить (*pf.*): вы́ключ-у,
 -ишь, -ат to turn off (2)
вы́лепить (*pf.*) *see* лепи́ть
вылета́ть I/вы́лететь (*pf.*): вы́лечу,
 вы́лет-ишь, -ят to fly out (13)
вы́лечить (*pf.*) *see* лечи́ть to cure
вы́мыть (*pf.*) *see* мыть
выноси́ть/вы́нести (*pf.*): *like* вноси́ть/
 внести́ to carry out (13)
вы́писаться из больни́цы to discharge
 from the hospital
выпи́сывать I/вы́писать (*pf.*): вы́пиш-у,
 -ешь, -ут to copy out
вы́пить (*pf.*) *see* пить
выплыва́ть I/вы́плыть (*pf.*): вы́плыв-у,
 -ешь, -ут to swim out (13)
выполня́ть I/вы́полнить (*pf.*): вы́полн-ю,
 -ишь, -ят to fulfill
вы́пуск output
выпуска́ть I/вы́пустить (*pf.*): вы́пущу,
 вы́пуст-ишь, -ят to let out
выраже́ние expression
вы́расти (*pf.*) *see* расти́
вы́рвать (*pf.*) *see* вырыва́ть
выру́ливать I/вы́рулить (*pf.*): вы́рул-ю,
 -ишь, -ят to taxi
вырыва́ть I/вы́рвать (*pf.*): вы́рв-у, -ешь,
 -ут to tear out
выска́зывать I/вы́сказать (*pf.*): вы́скаж-у,
 -ешь, -ут to speak out
высота́ altitude, height
вы́ставка exhibit
выступа́ть I/вы́ступить (*pf.*): вы́ступлю,
 вы́ступ-ишь, -ят to perform
вы́сший higher (abstract), superior (16)
вы́учить (*pf.*) *see* учи́ть

вы́ход exit
выходи́ть/вы́йти (*pf.*): *like* входи́ть/войти́
  to go out (13)
выходи́ть/вы́йти за́муж (за + *acc.*)
  to marry (*f.*)
выходно́й день day off

газе́та newspaper
гара́ж garage
гастроно́м food store
гастрономи́ческий delicatessen
гастроно́мия delicatessen foods
где where (12)
где́-нибудь anywhere, somewhere (18)
где́-то somewhere (18)
генера́л general
гениа́льный brilliant
ге́ний genius
гео́граф geographer
географи́ческий geographic
геогра́фия geography
гео́лог geologist
геологи́ческий geological
геоло́гия geology
Герма́ния Germany
геро́й hero
ги́бель (*f.*) death, destruction
ги́бнуть: ги́бн-у, -ешь, -ут; *past* гиб, ги́бло
  to perish
гидросамолёт seaplane
гипо́теза hypothesis
гита́ра guitar
глава́ chapter
глава́ (*m.*) chief, head (3)
гла́вный main
гла́дить: гла́жу, гла́д-ишь, -ят/погла́дить
  (*pf.*) to iron
глаз eye (3, 4)
глу́пый stupid
глухо́й deaf
гляде́ть: гляжу́, гляд-и́шь, -я́т/погляде́ть
  (*pf.*) to look at
гнать (*det.*) *see* гоня́ть
говори́ть: говор-ю́, -и́шь, -я́т/поговори́ть
  (*pf.*); сказа́ть (*pf*): скаж-у́, -ешь, -ут
  to speak, to talk, to say (2)
говя́дина beef
год year (4, 9, 12)
голова́ head
головно́й head
голо́дный hungry (16)

го́лос voice
голосова́ние voting
голосова́ть: голосу́-ю, -ешь, -ют/
  проголосова́ть (*pf.*) to vote
голубо́й light blue
го́лубь (*m.*) pigeon, dove
гоня́ть (*indet.*) I—гнать (*det.*)/погна́ть (*pf.*)
  to chase (10)
гора́ hill, mountain
гора́здо much (more) (16)
горди́ться: горжу́сь, горд-и́шься, -я́тся
  (+ *instr.*) to be proud of (8)
го́рдость (*f.*) pride
го́рдый proud
го́ре (*sg.*) grief
горе́ть: гор-ю́, -и́шь, -я́т/сгоре́ть (*pf.*)
  to burn
го́рло throat
го́рный mountain
го́род city (3)
городо́к town
городско́й urban
горо́х (*sg.*) peas (14)
горчи́ца mustard
го́рький bitter
горя́чий hot
господи́н Mr. (3)
госпо́дство domination
гости́ная (*noun*) living room (3)
гости́ница hotel
гость (*m.*) guest; ходи́ть в го́сти to visit;
  быть в гостя́х to be visiting
госуда́рственный state
госуда́рство State
гото́вить: гото́влю, гото́в-ишь, -ят/
  пригото́вить (*pf.*) to prepare
гото́виться/пригото́виться (к + *dat.*)
  to prepare for (7)
гото́вый prepared (16)
граждан/и́н (*f.* -ка, -ок) citizen (3, 4) (p. 9)
гражда́нство citizenship
гражда́нский civil
грамм gram
грани́ца boundary; за грани́цей abroad
гриб mushroom
грипп grippe
гроза́ storm
гром thunder
грудь (*f.*) chest
груз cargo, freight
грузи́нский Georgian

грузови́к truck
гру́ппа group
гру́стный sad
гру́ша pear
губа́ lip
гуля́ть I/погуля́ть (*pf.*) to take a walk (2)
гус/ёнок, -ёнка, (*pl.*) -я́та gosling
гусь (*m.*) goose

да yes
дава́й(-те) let's
дава́ть: да-ю́, -ёшь, -ю́т/дать (*pf.*): дам,
  дашь, даст, дади́м, дади́те, даду́т
  to give (2, 6)
давно́ long ago, for a long time
давны́м-давно́ very long ago
да́же even
далеко́ (от + *gen.*) far (from)
да́льше further
да́нные (*noun*) data
да́нный given
дари́ть: дар-ю́, -ишь, -ят/ подари́ть (*pf.*)
  to give (a gift)
дать (*pf.*) *see* дава́ть
да́ча summer cottage
два́жды twice
дверь (*f.*) door
дви́гать I/дви́нуть (*pf.*): дви́н-у, -ешь, -ут
  to move
движе́ние motion, movement; traffic
дво́е two (9)
двоето́чие colon
дво́/йка, -ек two, *F* (grade)
двойни́к double
двор yard; на дворе́ outside (12)
двор/е́ц, -ца́ palace
двою́родный брат (двою́родная сестра́)
  first cousin
двухсотле́тие bicentennial
двуязы́чный bilingual
де́воч/ка, -ек little girl
де́вуш/ка, -ек girl, young woman
девя́т/ка, -ок nine
де́душ/ка, -ек (*m.*) grandfather (3)
де́йствие action
действи́тельно actually
деклара́ция declaration
де́лать I/сде́лать (*pf.*) to do (2)
делега́т delegate
делега́ция delegation
делённое на (+ *acc.*) divided by

дели́ться: де́лится, де́лятся/раздели́ться
  (*pf.*) to be divided
де́ло affair, business
дельфи́н dolphin
де́мон demon
демонстра́нт demonstrator
де́нежный monetary
день, дня (*m.*) day (8)
де́ньги (*pl.*) money (3,4)
дереве́нский country
дере́в/ня, -е́нь village, countryside (4)
де́рево tree (3)
деревя́нный wooden
держа́ть: держ-у́, -ишь, -ат to hold
десятиле́тие decade; tenth anniversary
десяти́чный decimal
деся́т/ка, -ок ten
деся́ток (+ *gen.*) ten
де́ти (*pl.*) children (3, 4, 8)
де́тский children's, childish
де́тский сад kindergarten
де́тство childhood
джу́нгли (*pl.*) jungle (3, 4)
диале́кт dialect
диало́г dialogue
дива́н sofa
ди́кий wild
дикта́нт dictation
диноза́вр dinosaur
дипломати́ческий diplomatic
дире́ктор director (3)
диссерта́ция dissertation
дисципли́на discipline
длина́ length
дли́нный long (16)
дли́ться: дли́тся to last
для (+ *gen.*) for, for the use of (4, 8)
дневни́к diary
Днепр Dnieper
дно bottom
до (+ *gen.*) until, before; as far as
  (4, 8, 9, 14)
добива́ться I/доби́ться (*pf.*): добь-ю́сь,
  -ёшься, -ю́тся (+ *gen.*) to strive for,
  (*pf.*) to attain (4)
дове́рие confidence
доверя́ть I/дове́рить (*pf.*): дове́р-ю, -ишь,
  -ят (+ *dat.*) to trust (7)
дово́льный (+ *instr.*) satisfied (with) (8, 16)
догна́ть (*pf.*) *see* догоня́ть
догова́риваться I/договори́ться (*pf.*):

договор-ю́сь, -и́шься, -я́тся   to negotiate, (*pf.*) to come to an agreement

догово́р   agreement, treaty

догоня́ть I/догна́ть (*pf.*): догон-ю́, -ишь, -ят   to catch up to

доезжа́ть I/дое́хать (*pf.*): дое́д-у, -ешь, -ут (до + *gen.*)   to reach (driving)

дождь (*m.*)   rain (10)

дойти́ (*pf.*) *see* доходи́ть

доказа́тельство   proof

дока́зывать I/доказа́ть (*pf.*): докаж-у́, -ешь, -ут   to prove

докла́д   report

докла́дчик   speaker

до́ктор   doctor (5)

докуме́нт   document

до́лго   for a long time

до́лж/ен, -на́   should, ought (7, 16)

дом   house (3)

до́ма   at home (12)

до́мик   little house

домо́й   (to) home (12)

Дон   Don

доноси́ть/донести́ (*pf.*) (на + *acc.*): *like* вноси́ть/внести́   to inform (against)

доно́счик   informer

доплыва́ть I/доплы́ть (*pf.*): доплыв-у́, -ёшь, -у́т   to swim up to (14)

допра́шивать I/допроси́ть (*pf.*): допрошу́, допро́с-ишь, -ят   to interrogate

допро́с   inquest

доро́га   road, way

доска́   (black) board

достава́ть: доста-ю́, -ёшь, -ю́т/доста́ть (*pf.*): доста́н-у, -ешь, -ут   to get, to obtain

достига́ть I/дости́гнуть (*pf.*): дости́гн-у, -ешь, -ут; *past* дости́г, дости́гло (+ *gen.*)   to reach, to achieve (4)

достиже́ние   achievement

досто́йный (+ *gen.*)   worthy (4, 16)

дохо́д   income

доходи́ть/дойти́ (*pf.*): *like* входи́ть/войти́   to go as far as, to reach (14)

до́ч/ка, -ек   little daughter

дочь (*f.*)   daughter (3, 8) (p. 8)

дрова́ (*pl.*)   firewood (3)

дрожа́ть: дрож-у́, -и́шь, -а́т   to shake

друг   friend (3, 4)

друго́й   other, the next

дру́жный   friendly

ду́мать I/поду́мать (*pf.*)   to think (2, 5)

дуть: ду́-ю, -ешь, -ют   to blow

духи́ (*pl.*)   perfume (3, 4)

душ   shower

душа́   soul

Душанбе́   Dushanbe

ду́шно   it is stuffy

дым   smoke (4)

ды́р/ка, -ок   hole

дя́дя (*m.*)   uncle (3, 4)

Евро́па   Europe

европе́йский   European

еда́   food

едва́   hardly

едини́ца   unit, one

единоду́шный   unanimous

единоро́г   unicorn

еди́нственный   singular; only

е́здить (*indet.*)—е́хать (*det.*)/пое́хать (*pf.*)   to ride (10, 11)

е́ле   hardly

ёлка   Christmas tree

汉Ерева́н   Yerevan

е́сли   if (16)

есте́ственный   natural

есть   there is, there are (5)

есть: ем, ешь, ест, еди́м, еди́те, едя́т/съесть (*pf.*)   to eat (1, 6)

е́хать (*det.*) *see* е́здить

ещё   still, yet, again

жа́ловаться: жа́лу-юсь, -ешься, -ются/пожа́ловаться (*pf.*)   to complain; (на + *acc.*) . . . about (5)

жаль   sorry

жар   fever

жара́   heat (4)

жа́реный   fried

жа́рить: жа́р-ю, -ишь, -ят/зажа́рить (*pf.*)   to fry

жгу́чий   burning

ждать: жд-у, -ёшь, -ут/подожда́ть (*pf.*)   to wait (for) (5, 17)

жела́ние   desire

жела́ть I (+ *gen.*)   to wish (4)

желе́зо   iron (3)

жёлтый   yellow

жена́   wife (3)

жена́т   married (of a man)

жени́ться (*impf.*, *pf.*): жен-ю́сь, -ишься,
-ятся (на + *prep.*) to marry (*m.*) (12)
же́нщина woman
жереб/ёнок, -ёнка, (*pl.*) -я́та colt
жечь: жгу, жжёшь, жгут; *past* жёг,
жгло/сжечь (*pf.*): сожгу́, сожжёшь,
сожгу́т; *past* сжёг, сожгло́ to burn
живо́й alive, lively
живопи́с/ец, -ца painter
живопи́сный picturesque
жи́вопись (*f.*) painting
живо́т stomach
животво́рный life-giving
животново́дство animal raising
живо́тное (*noun*) animal (3)
живо́тный animal
живьём alive
жи́зненный vital, of life; жи́зненный о́пыт
experience
жизнь (*f.*) life
жир fat, grease (4)
жира́ф giraffe
жи́тель (*m.*) inhabitant
жить: жив-у́, -ёшь, -у́т to live (2)
житьё existence
жук beetle
журна́л magazine
журнали́ст journalist

за (+ *instr.*) behind, beyond (location);
to get; (+ *acc.*) behind, beyond (motion);
in exchange for (5, 8, 12)
забега́ть I/забежа́ть (*pf.*) *like* бежа́ть
to drop in (running) (14)
заболе́ть (*pf.*) *see* боле́ть
забо́р fence
забыва́ть I/забы́ть (*pf.*): забу́д-у, -ешь, -ут
to forget (6)
завезти́ (*pf.*) *see* завози́ть
завёртывать I/заверну́ть (*pf.*): заверн-у́,
-ёшь, -у́т to wrap up
завести́ (*pf.*) *see* заводи́ть
зави́довать: зави́ду-ю, -ешь, -ют/позави́-
довать (+ *dat.*) to envy (7)
за́висть (*f.*) envy
заво́д plant, factory (12)
заводи́ть/завести́ (*pf.*): *like* вводи́ть/
ввести́ to wind up, to set (14)
завоёвывать I/завоева́ть (*pf.*): завою́-ю,
-ешь, -ют to win
завози́ть/завезти́ (*pf.*): *like* ввози́ть/

ввезти́ to drop off
за́втра tomorrow
за́втрак breakfast
за́втракать I/поза́втракать (*pf.*) to have
breakfast
зага́д/ка, -ок mystery
зага́р suntan
загна́ть (*pf.*) *see* загоня́ть
заговори́ть (*pf.*): заговор-ю́, -и́шь, -я́т
to begin to talk
загоня́ть I/загна́ть (*pf.*) загон-ю́, -ишь, -ят
to chase
загора́ть I/загоре́ть (*pf.*): загор-ю́, -и́шь,
-я́т to sunbathe
загора́ться/загоре́ться (*pf.*) to catch fire;
to light up
задава́ть: зада-ю́, -ёшь, -ю́т/зада́ть (*pf.*):
like дать to assign; ... вопро́с to ask a
question (5)
зада́ние assignment
зада́ча problem
зае́зжать I/зае́хать (*pf.*): заед-у, -ешь, -ут
to drop in (14)
зажа́рить (*pf.*) *see* жа́рить
зажива́ть I/зажи́ть (*pf.*): зажив-у́, -ёшь, -у́т
to heal
заинтересова́ться (*pf.*) *see* интересова́ться
зайти́ (*pf.*) *see* заходи́ть
зайч/о́нок, -о́нка, (*pl.*) -а́та young hare (p. 10)
зажига́л/ка, -ок cigarette lighter
зажига́ть I/заже́чь (*pf.*): *like* жечь to light
(a fire)
зака́зывать I/заказа́ть (*pf.*): закаж-у́, -ешь,
-ут to order
зака́нчивать I/зако́нчить (*pf.*): зако́нч-у,
-ишь, -ат to finish
зака́т sunset
зако́н law
зако́нчить (*pf.*) *see* зака́нчивать
закрича́ть (*pf.*): закрич-у́, -и́шь, -а́т to
begin to shout
закрыва́ть I/закры́ть (*pf.*): закро́-ю, -ешь,
-ют to close (2)
зал room
заменя́ть I/замени́ть (*pf.*): замен-ю́, -и́шь,
-я́т to replace
замерза́ть I/замёрзнуть (*pf.*): замёрзн-у,
-ешь, -ут to freeze
замести́тель deputy
замести́ть (*pf.*) *see* замеща́ть
замеча́ние observation, remark

замеча́ть I/заме́тить (*pf.*): заме́чу, заме́т-ишь, -ят   to notice

замеща́ть I/замести́ть (*pf.*): замещу́, замест-и́шь, -я́т   to replace

замолча́ть (*pf.*) *see* молча́ть

за́мужем (*inv.*)   married (of a woman)

занести́ (*pf.*) *see* заноси́ть

занима́ть I/заня́ть (*pf.*): займ-у́, -ёшь, -у́т   to occupy (10)

занима́ться I   to study (1, 8)

зано́с   snowdrift

заноси́ть/занести́ (*pf.*): *like* вноси́ть/внести́   to leave in passing (14)

заня́тие   occupation

заня́тия (*pl.*)   classes (3, 4)

занято́й   busy (16)

заня́ть (*pf.*) *see* занима́ть

за́пад   west

за́падный   western

за́пертый   locked

запе́ть (*pf.*): запо-ю́, -ёшь, -ю́т   to begin to sing

записа́ться в библиоте́ку   join the library

запи́с/ка, -ок   note

запи́сывать I/записа́ть (*pf.*): запиш-у́, -ешь, -ут   to take notes, to write down

запла́кать (*pf.*) *see* пла́кать

заплати́ть (*pf.*) *see* плати́ть

заполне́ние   filling out (a form)

заполня́ть I/запо́лнить (*pf.*): запо́лн-ю, -ишь, -ят   to fill

за́пуск   launching

запуска́ть I/запусти́ть (*pf.*): запущу́, запу́ст-ишь, -ят   to launch

зараба́тывать I/зарабо́тать (*pf.*)   to earn

заража́ть I/зарази́ть (*pf.*): заражу́, зараз-и́шь, -я́т   to infect, to contaminate

зарпла́та   wages

заседа́тель (*m.*)   juror

засмея́ться (*pf.*) *see* смея́ться

засну́ть (*pf.*) *see* засыпа́ть

заставля́ть I/заста́вить (*pf.*): заста́влю, заста́в-ишь, -ят   to force

засыпа́ть I/засну́ть (*pf.*): засн-у́, -ёшь, -у́т   to fall asleep (2)

зате́м   then

заходи́ть/зайти́ (*pf.*): *like* входи́ть/войти́   to drop in (14)

захоте́ть (*pf.*) *see* хоте́ть

зацвести́ (*pf.*) *see* цвести́

заче́м   what for, why

зачёт   test

зашуме́ть (*pf.*) *see* шуме́ть

защи́та   defense

защи́тник   counsel for the defense

защища́ть I/защити́ть (*pf.*): защищу́, защит-и́шь, -я́т   to defend

за́/яц, -йца   hare

звать: зов-у́, -ёшь, -у́т/позва́ть (*pf.*)   to call, to name

звезда́   star (3)

зверь (*m.*)   wild animal

звони́ть: звон-ю́, -и́шь, -я́т/позвони́ть (*pf.*) (+ *dat.*)   to telephone

звоно́к   ringing, bell (sound)

звук   sound

зда́ние   building

здесь   here (12)

здоро́вый   healthy (16)

здоро́вье   health

зе́бра   zebra

зева́ть I/зевну́ть (*pf.*): зевн-у́, -ёшь, -у́т   to yawn

зелёный   green

земледе́л/ец, -ца   farmer

земледе́лие   farming

землетрясе́ние   earthquake

земля́   earth

земно́й   earthly

зе́ркало   mirror

зима́   winter (8)

зи́мний   winter

злой   wicked, ill-tempered

знак   sign; mark

знако́миться: знако́млюсь, знако́м-ишься, -ятся/познако́миться (*pf.*)   to get acquainted

знако́мый   familiar; an acquaintance

знамени́тый   famous

зна́ние (*usually pl.*)   knowledge (3, 4)

знать I   to know (2, 5)

значе́ние   meaning

значи́тельный   significant

зна́чить: зна́чит, зна́чат   to mean

золота́я ры́бка   goldfish

зо́лото   gold (3)

золото́й   gold

зо́нтик   umbrella

зоо́лог   zoologist

зоологи́ческий   zoological

зооло́гия   zoology

зоопа́рк   zoo

зри́тель (*m.*) audience
зуб tooth
зубно́й dental; ... **врач** dentist

и and, also, even
и ... и both ... and (9)
игра́ game
игра́ть I/сыгра́ть (*pf.*) to play; (в + *acc.*)
... a game; (на + *prep.*) ... a musical
instrument (2, 5, 12)
игру́ш/ка, -ек toy
иде́я idea
идти́ (*det.*) *see* ходи́ть
из(+ *gen.*) from, out of (4, 12, 13)
избега́ть I/избежа́ть (*pf.*): *like* бежа́ть
(+ *gen.*) to avoid (4)
изве́стия (*pl.*) news (3, 4)
изве́стный known
извине́ние forgiveness
извиня́ть I/извини́ть (*pf.*): извин-ю́, -и́шь,
-я́т to excuse
издава́ть: изда-ю́, -ёшь, -ю́т/изда́ть (*pf.*):
like дать to publish
и́здали from a distance
изда́ние publication, edition
изда́тельство publishing house
изда́ть (*pf.*) *see* издава́ть
из-за (+ *gen.*) from behind, because of
(4, 12)
измене́ние change
изменя́ть I/измени́ть (*pf.*): измен-ю́, -ишь,
-ят to change; (+ *dat.*) to betray (7)
из-под (+ *gen.*) from under (4, 12)
изуча́ть I/изучи́ть (*pf.*): изуч-у́, -ишь, -ат
to study, to learn
изю́м (*sg.*) raisins (4)
икра́ caviar
и́ли or
имени́ны (*pl.*) name day (3, 4)
и́менно namely, exactly, just
име́ть: име́-ю, -ешь, -ют to have
иму́щество property
и́мя (*n.*) name (3, 4) (p. 9)
инде́ец, инде́йца American Indian
инде́/йка, -ек turkey
индюш/о́нок, -о́нка, (*pl.*) -а́та young
turkey
инжене́р engineer
инжене́рный engineering
иногда́ sometimes
иностра́нный foreign

институ́т institute
интере́с interest
интере́сный interesting
интересова́ться: интересу́-юсь, -ешься,
-ются/заинтересова́ться (*pf.*) (+ *instr.*)
to be interested in (8)
иска́ть: ищ-у́, -ешь, -ат to look for, to
search for (5)
исключи́тельно exceptionally
иску́сство art
испа́н/ец, -ца (*f.* -ка, -ок) Spaniard
Испа́ния Spain
испа́нский Spanish
испе́чь (*pf.*) *see* печь
исправля́ть I/испра́вить (*pf.*): испра́влю,
испра́в-ишь, -ят to correct
испу́г fright
испуга́ться (*pf.*) *see* пуга́ться
исто́рик historian
истори́ческий historical
исто́рия history; story
истра́тить (*pf.*) *see* тра́тить
исчеза́ть I/исче́знуть (*pf.*): исче́зн-у, -ешь,
-ут; *past* исче́з, исче́зло to disappear
исчисле́ние calculation
и так да́лее et cetera
Ита́лия Italy
италья́н/ец, -ца (*f.* -ка, -ок) an Italian
италья́нский Italian
ихтиоза́вр ichthyosaurus

к (+ *dat.*) to, toward (7, 12, 13, 14)
кабине́т study
Кавка́з Caucasus
ка́ждый each, every
каза́ться: ка́жется/показа́ться (*pf.*) to
seem (8)
каза́хский Kazakh
как how, like
как ни however much
ка́к-нибудь somehow, anyhow
како́й which, what, what kind of
како́й-нибудь some kind of, any kind of
(18)
како́й-то some kind of (18)
как раз exactly
ка́к-то somehow (18)
как то́лько as soon as
календа́рь (*m.*) calendar
камене́ть: камене́-ю, -ешь, -ют/окамене́ть
(*pf.*) to harden into stone

ка́менный stone
ка́м/ень, -ня stone
кандида́т senior graduate student
кани́кулы (*pl.*) (school) vacation (3, 4)
капу́ста cabbage
каранда́ш pencil
карма́н pocket
ка́рта map; playing card
карти́на picture
карто́фель (*m., sg.*) potatoes (3, 4)
ка́рточ/ка, -ек card; form
каса́ться I/косну́ться (*pf.*): косн-у́сь,
    -ёшься, -у́тся (+ *gen.*) to concern; to
    touch (4)
ка́сса cash register, cash box
касси́р (*f.* -ша) cashier
катало́г catalogue
катастро́фа catastrophe
ката́ть (*indet.*) I—кати́ть (*det.*): качу́, ка́т-
    ишь, -ят/покати́ть (*pf.*) to ride (10)
ката́ться I на лы́жах to ski
кафе́ (*n., inv.*) café (3)
ка́чка (*sg.*) rolling
ка́ша hot cereal
ка́ш/ель, -ля cough
кварти́ра apartment
кенгуру́ (*m., inv.*) kangaroo (3)
Ки́ев Kiev
килогра́мм kilogram
киломе́тр kilometer
кино́ (*m., inv.*) movies (3, 12)
кинотеа́тр movie theater
кинофи́льм movie
кирги́зский Kirghiz
кислоро́д oxygen
кит whale
кита́ец, кита́йца (*f.* кита́йка, кита́ек)
    a Chinese
Кита́й China
кита́йский Chinese
Кишинёв Kishinev (city)
класс class
класть/положи́ть (*pf.*) to put, to lay down
    (12)
клева́ть: клю-ю́, -ёшь, -ю́т/клю́нуть (*pf.*):
    клю́н-у, -ешь, -ут to peck
кле́т/ка, -ок cage
кли́мат climate
клоп bedbug
клуб club (place)
клюв beak

ключ key
кни́га book
книгохрани́лище bookstack
кни́жный book
князь (*pl.* кня́зья) prince
ков/ёр, -ра́ rug
когда́ when
когда́-нибудь sometime, anytime (18)
когда́-то sometime (18)
ко́г/оть, -тя claw
ко́жа skin, hide
ко́жаный leather
колбаса́ sausage
коле́но knee
коли́бри (*m., inv.*) hummingbird (3)
коли́чество quantity
коло́д/ец, -ца well
ко́локол bell
Колора́до (*inv.*) Colorado (3)
колхо́з collective farm (12)
кол/ьцо́, -ец ring
кома́р mosquito
коме́дия comedy
коммуни́зм communism (3)
коммунисти́ческий Communist
ко́мната room
компози́тор composer
конди́терский pastry
конду́ктор conductor
кон/е́ц, -ца́ end
коне́чно of course
конспе́кт summary
констру́кция construction
контине́нт continent
контролёр inspector
контро́ль (*m.*) checkpoint
контро́льный control
конфере́нция conference
конфе́ты (*pl.*) candy
конце́рт concert
конча́ть I/ко́нчить (*pf.*): ко́нч-у, -ишь, -ат
    to end, to finish (6)
копе́/йка, -ек kopeck
кора́бль (*m.*) ship
коридо́р corridor
кори́чневый brown
коро́ва cow
ко́рпус building
косми́ческий cosmic
космона́вт cosmonaut
косну́ться (*pf.*) *see* каса́ться

кост/ёр, -рá campfire
костю́м suit
кость (*f.*) bone
кот cat
кот/ёнок, -ёнка, (*pl.*) -я́та kitten (3, 4) (p. 10)
кото́рый who, which, that (15, 18)
ко́фе (*m., inv.*) coffee (3)
кофе́йник coffeepot
ко́ш/ка, -ек cat (*f.*)
краб crab
край edge; region (3, 12)
краса́в/ец, -ца handsome man
краси́вый beautiful, handsome
кра́ска paint, dye
кра́сный red
красть: крад-у́, -ёшь, -у́т; *past* крал,
  кра́ло/укра́сть (*pf.*) to steal (4)
Кремль Kremlin
кре́пко soundly
крéс/ло, -ел armchair
крестья́н/ин (f. -ка, -ок) peasant (3, 4) (p. 9)
крик shouting
кри́кнуть (*pf.*) *see* крича́ть
крити́ческий critical
крича́ть: крич-у́, -и́шь, -а́т/кри́кнуть (*pf.*):
  кри́кн-у, -ешь, -ут to shout; (на + *acc.*)
  . . . at (5)
крова́ть (*f.*) bed
кровь (*f.*) blood
крокоди́л crocodile
кро́лик rabbit
кро́ме (+ *gen.*) except (4)
круг circle (12)
круж/о́к, -ка́ circle, club
кру́пный large-scale
крыло́ wing (3)
кры́ша roof
кто́-нибудь someone, anyone (18)
кто́-то someone (18)
куда́ (to) where (12)
куда́-нибудь (to) somewhere, anywhere (18)
куда́-то (to) somewhere (18)
куп/е́ц, -ца́ merchant
купи́ть (*pf.*) *see* покупа́ть
кури́ть: кур-ю́, -ишь, -ят/покури́ть (*pf.*)
  to smoke
ку́рица (*pl.*) ку́ры hen, chicken (3)
курс year of study
куса́ть I/укуси́ть (*pf.*): укушу́, уку́с-ишь,
  -ят to bite, to sting
кус/о́к, -ка́ piece

куст bush
ку́х/ня, -онь kitchen (4)

лаборато́рия laboratory
ла́в/ка, -ок shop
ла́дно all right
ладо́нь (*f.*) palm of the hand
ла́зить (*indet.*)—лезть (*det.*)/поле́зть (*pf.*)
  to climb (10)
ла́мпа lamp
ла́па paw
латви́йский Latvian
лати́нский Latin
ле́бедь (*m.*) swan
лев, льва lion
ле́вый left
лёд, льда ice (4)
лежа́ть: леж-у́, -и́шь, -а́т to lie flat (12)
лезть (*det.*) *see* ла́зить
лека́рство medicine
ле́кция lecture
лени́вый lazy
Ленингра́д Leningrad
ле́нинский Lenin
лепи́ть: леплю́, ле́п-ишь, -ят/вы́лепить
  (*pf.*) to sculpt
лес forest (3, 12)
лесово́дство forestry
ле́стница stairs
лета́ть I (*indet.*)—лете́ть (*det.*)/полете́ть
  (*pf.*) to fly
летопи́с/ец, -ца chronicler
ле́топись (*f.*) chronicle
лету́чая мышь bat
лётчик flier
лечи́ть: леч-у́, -ишь, -ат/вы́лечить (*pf.*)
  to treat/(*pf.*) to cure
лечь (*pf.*) *see* ложи́ться
ли *interrogative particle* (17)
лимо́н lemon
лимона́д fruit drink (4)
лимо́нный lemon
лингафо́нный кабине́т language laboratory
лингви́ст linguist
лингви́стика linguistics
лингвисти́ческий linguistic
лист leaf (3)
литера́тор literature specialist
литерату́ра literature
литерату́рный literary
лито́вский Lithuanian

лить: ль-ю, -ёшь, -ют/налить (*pf.*)   to
  pour (6, 17)
лифт   elevator
лицо́   face; person
лише́ние   deprivation; ... свобо́ды
  imprisonment
лоб, лба   forehead
лови́ть: ловлю́, ло́в-ишь, -ят/пойма́ть
  (*pf.*) I   to hunt; to catch
ло́вля (*sg.*)   hunting, catching
ло́д/ка, -ок   boat
ложи́ться/лечь (*pf.*)   to lie down; ложи́ться/
  лечь спать to go to bed (2, 6, 12)
ло́ж/ка, -ек   spoon
ложь, лжи   lie (8)
ло́к/оть, тя   elbow
лома́ть I/слома́ть (*pf.*)   to break
Ло́ндон   London
ло́шадь (*f.*)   horse (8)
лу́жа   puddle
лук (*sg.*)   onions (4)
луна́   moon
луч   ray
лу́чше   better (16)
лу́чший   better, best (16)
лы́жа   ski
люби́мый   loved, favorite
люби́ть: люблю́, лю́б-ишь, -ят/полюби́ть
  (*pf.*)   to like, to love/(*pf.*) to start to like
  (2, 6, 7)
любова́ться: любу́-юсь, -ешься, -ются/
  полюбова́ться (*pf.*) (+ *instr.*) to admire (8)
люб/о́вь, -ви́ (*f.*)   love (3, 8) (p. 8)
любо́й   any at all
лю́ди (*pl.*)   people (3, 4, 8)

мавзоле́й   tomb
магази́н   store
мада́м (*f., inv.*)   madame
Мадри́д   Madrid
макаро́ны (*pl.*)   macaroni (3, 4)
македо́нский   Macedonian
ма́ло (+ *gen.*)   little, few (4)
ма́льчик   little boy
ма́р/ка, -ок   stamp
ма́сло   butter, oil
ма́стер   master craftsman (3)
матема́тик   mathematician
матема́тика   mathematics
математи́ческий   mathematical
материа́л   material

мать (*f.*)   mother (3) (p. 8)
маха́ть/махну́ть (*pf.*)   to wave
маши́на   machine, car (10)
маэ́стро (*m., inv.*)   maestro (3)
ме́бель (*f., sg.*)   furniture (3)
мёд   honey
медве́дь (*m.*)   bear
медвеж/о́нок, -о́нка, (*pl.*) -а́та   bear cub
  (3, 4) (p. 10)
медици́на   medicine
ме́дленно   slowly
медсестра́   nurse
меду́за   jellyfish
ме́жду (+ *instr.*)   between (8)
мезозо́йский   mesozoic
мел   chalk (4)
ме́лкий   small; shallow
мело́дия   melody
мелька́ть I/мелькну́ть (*pf.*): мелькн-у́,
  -ёшь, -у́т   to gleam, to flash
ме́нее   less (16)
ме́ньше (+ *gen.*)   less (16)
меню́ (*n., inv.*)   menu (3)
мёртвый   dead
ме́стность (*f.*)   locality
ме́стный   local
ме́сто   place, seat
ме́сяц   month (9)
ме́тод   method
метр   meter
метро́ (*n., inv.*)   subway (3)
меха́ник   mechanic
мечта́   daydream
мечта́ть I   to daydream
меша́ть I/помеша́ть (*pf.*)   to stir; (+ *dat.*)
  to annoy, to prevent (7)
меш/о́к, -ка́   bag, sack
милиционе́р   traffic policeman
ми́лый   nice
ми́ля   mile
ми́мо (+ *gen.*)   past (4, 14)
минера́льный   mineral (3)
Минск   Minsk
ми́нус   minus
мину́та   minute (9)
мину́тку!   just a minute!
мир   peace; world
ми́рный   peace
мифи́ческий   mythical
мла́дший   younger, junior (16)
млекопита́ющее (*noun*)   mammal

Мле́чный Путь   Milky Way

мне́ние   opinion

мно́го (+ *gen.*)   much, many (4)

мно́жественный   plural

могу́чий   powerful

мо́жет быть   maybe

мо́жно   it is possible, it is permitted (7)

молда́вский   Moldavian

моли́тва   prayer

молодёжь (*f.*, *sg.*)   youth, young people (3)

мо́лодость (*f.*)   youth (age)

молоко́   milk (3)

моло́чная (*noun*)   dairy (3)

моло́чный   milk

мо́лча   silently

молча́ние   silence

молча́ть: молч-у́, -и́шь, -а́т/замолча́ть (*pf.*)
to be silent

моме́нт   moment

монасты́рь   monastery

мо́ре   sea

морж   walrus

морко́вь (*f.*, *sg.*)   carrots

моро́женое (*noun*)   ice cream

моро́з   frost, freezing weather

морска́я звезда́   starfish

морско́й   sea

морско́й конёк   seahorse

морско́й лев   sea lion

Москва́   Moscow

моско́вский   Moscow

мост   bridge (12)

мото́р   motor

мотоци́кл   motorcycle

мочь: могу́, мо́жешь, мо́гут/смочь (*pf.*)
to be able (6)

му́дрый   wise

муж   husband (3, 4)

му́жество   courage

мужчи́на (*m.*)   man (3)

музе́й   museum

му́зыка   music

музыка́льный   musical

музыка́нт   musician

му́ка   torture

мука́   flour (3)

мурав/е́й, -ья́   ant

му́ха   fly

мча́ться: мч-у́сь, -и́шься, -а́тся   to rush
along

мысль (*f.*)   thought

мыть: мо́-ю, -ешь, -ют/вы́мыть (*pf.*),
помы́ть (*pf.*)   to wash

мыш/о́нок, -о́нка, (*pl.*) -а́та   young mouse

мышь (*f.*)   mouse

мя́со   meat

мяч   ball

на   (+ *prep.*) on, at; (+ *acc.*) onto, to
(5, 8, 9, 12, 13, 14, 16)

набира́ть I/набра́ть (*pf.*): набер-у́, -ёшь,
-у́т   to dial; to pick up (speed)

наблюда́ть I   to observe

наве́рно   probably

наверху́   upstairs

навстре́чу (+ *dat.*)   toward (to meet) (7)

нагиба́ться I/нагну́ться (*pf.*): нагн-у́сь,
-ёшься, -у́тся   to lean down

награ́да   reward

над (+ *instr.*)   above, over (8)

надева́ть I/наде́ть (*pf.*): наде́н-у, -ешь, -ут
to put on (clothes)

наде́жда   hope

наде́яться: наде́-юсь, -ешься, -ются   to
hope; (на + *acc.*) to rely on (2, 5)

надзе́мный   elevated

на́до   it is necessary (7)

на́дпись (*f.*)   sign, inscription

надрыва́ть I/надорва́ть (*pf.*): надорв-у́,
-ёшь, -у́т   to tear slightly

наза́д   back, ago

назва́ние   title, name

назва́ть (*pf.*) *see* называ́ть

назе́мный   ground

называ́ть I/назва́ть (*pf.*): назов-у́, -ёшь, -у́т
to name

называ́ться: называ́ется, называ́ются
to be entitled

найти́ (*pf.*) *see* находи́ть

наказа́ние   punishment

нака́зывать I/наказа́ть (*pf.*): накаж-у́,
-ешь, -ут   to punish

наконе́ц   finally

налага́ть I/наложи́ть (*pf.*): налож-у́, -ишь,
-ат   to levy (a tax)

нале́во   to the left

налёт   (air) raid

нали́ть (*pf.*) *see* лить

нало́г   tax

наложи́ть (*pf.*) *see* налага́ть
нанима́ть I/наня́ть (*pf.*): найм-у́, -ёшь, -у́т
   to hire
напада́ть I/напа́сть (*pf.*): напад-у́, -ёшь,
   -у́т; *past* напа́л, напа́ло   to attack
нападе́ние   attack
написа́ть (*pf.*) *see* писа́ть
напи́т/ок, -ка   drink
направле́ние   direction
направля́ть I/напра́вить (*pf.*): напра́влю,
   напра́в-ишь, -ят   to direct
напра́во   to the right
напра́сно   uselessly
наприме́р   for example
напро́тив (+ *gen.*)   opposite (4)
нарисова́ть (*pf.*) *see* рисова́ть
наро́д   people, nation (4)
наро́дный   folk, people's
наро́чно   purposely
насеко́мое (*noun*)   insect (3)
наста́ивать I/настоя́ть (*pf.*): насто-ю́,
   -и́шь, -я́т (на + *prep.*)   to insist (on) (12)
насто́йчивый   persistent
настоя́щий   present, real
наступа́ть: наступа́ет/наступи́ть (*pf.*):
   насту́пит   to begin (with time periods)
наступле́ние   coming
нау́ка   science
научи́ть (*pf.*) *see* учи́ть
научи́ться (*pf.*) *see* учи́ться
нау́чный   scientific
находи́ть/найти́ (*pf.*): *like* входи́ть/войти́
   to find
находи́ться: нахо́дится, нахо́дятся   to be
   (location)
нахо́д/ка, -ок   find
на́ция   nation
нача́ло   beginning
нача́ть (*pf.*) *see* начина́ть
начерти́ть (*pf.*) *see* черти́ть
начина́ть I/нача́ть (*pf.*): начн-у́, -ёшь, -у́т
   to begin (6)
не   not
не́бо   sky (3) (p. 9)
неве́ста   fiancée, bride
невозмо́жно   impossible (7)
неда́вно   recently
недалеко́ (от)   not far (from)
неде́ля   week (9)
недово́льный (+ *instr.*)   dissatisfied (with) (8)

незави́симость (*f.*)   independence
не́зачем   it is useless
не́которые   several
нельзя́   it is forbidden; it is impossible (6, 7)
не́м/ец, -ца (*f.* -ка, -ок)   German
неме́цкий   German
немно́го (+ *gen.*)   a little (4)
немно́жко   a little
ненави́деть: ненави́жу, ненави́д-ишь, -ят
   to hate (2)
необходи́мо   it is necessary (7)
непоня́тный   incomprehensible
непра́в, -а   wrong (said of persons) (16)
не́сколько (+ *gen.*)   several (4)
несмотря́ на (+ *acc.*)   in spite of (5)
нести́ (*det.*) *see* носи́ть
несча́стие   misfortune
нет   no, there is not (5)
нетерпе́ние   impatience
неуда́ча   misfortune
неуже́ли   is it possible? really?
нече́стность (*f.*)   dishonesty
нечётный   odd (numbers)
ни . . . ни   neither . . . nor
нигде́   nowhere (18)
нижелужи́цкий   Lower Lusatian
ни́зший   inferior, lower (abstract)
ника́к   in no way (18)
никако́й   no kind of (18)
никогда́   never (18)
никто́   no one (18)
никуда́   (to) nowhere (18)
ничего́   nothing (18)
ниче́й   no one's (18)
но   but
Но́вгород   Novgorod
но́вость (*f.*)   news
но́вый   new
нога́   leg, foot (3)
нож   knife
но́жницы (*pl.*)   scissors (3, 4)
но́мер   number; hotel room (3)
нора́   burrow, hole
нос   nose (12)
носи́лки (*pl.*)   stretcher
носи́льщик   porter
носи́ть (*indet.*)—нести́ (*det.*)/понести́ (*pf.*)
   to carry (10, 11)
носоро́г   rhinoceros
ночь (*f.*)   night (8)

нра́виться: нра́вится, нра́вятся/понра́-
виться (*pf.*) (+ *dat.*) to be pleasing (2, 7)
ну́ж/ен, -но needed, (7, 16)
ну́жно it is necessary (7)
ну́жный necessary
нуль (*m.*) zero
ныря́ть I/нырну́ть (*pf.*): нырн-у́, -ёшь, -у́т
to dive
Нью-Йо́рк New York (3)

о, об, о́бо (+ *prep.*) about, concerning;
(+ *acc.*) against (5, 12)
о́ба, о́бе both (9)
обвине́ние accusation
обвини́тель (*m.*) prosecutor
обвиня́емый (*noun*) the accused
обвиня́ть I/обвини́ть (*pf.*): обвин-ю́, -и́шь,
-я́т (в + *prep.*) to accuse (12)
обе́д dinner
обе́дать I/пообе́дать (*pf.*) to have dinner (2)
обезья́на monkey
обеспоко́иться (*pf.*) *see* беспоко́иться
обеща́ть I (*impf.*, *pf.*) to promise
обжига́тьI/обже́чь (*pf.*): *like* жечь to burn
(one's hand, etc.)
о́блако cloud (4)
о́бласть (*f.*) region
о́блачный cloudy
облегча́ть I/облегчи́ть (*pf.*): облегч-у́
-и́шь, -а́т to relieve
облегче́ние relief
облета́ть I/облете́ть (*pf.*): облеч-у́, облет-
и́шь, -я́т to fly around (14)
облуче́ние irradiation
обма́нывать I/обману́ть (*pf.*): обман-у́,
-ешь, -ут to trick
обнима́ть I/обня́ть (*pf.*): обним-у́, -ешь,
-ут to embrace; to encompass
обознача́ть I to signify
обойти́ (*pf.*) *see* обходи́ть
обраба́тывать I/обрабо́тать (*pf.*)
to cultivate
обрабо́тка cultivation
обра́доваться (*pf.*) *see* ра́доваться
о́браз image, manner; каки́м о́бразом
in what way; гла́вным о́бразом mainly
образ/е́ц, -ца́ model
образова́ние education; formation
обра́тно back
обра́тный return

обраща́ть I/обрати́ть (*pf.*): обращу́,
обрат-и́шь, -я́т to pay (attention)
обсужда́ть I/обсуди́ть (*pf.*): обсужу́,
обсу́д-ишь, -ят to discuss
обсужде́ние discussion
обходи́ть/обойти́ (*pf.*): *like* входи́ть/войти́
to walk around, to make rounds (14)
общежи́тие dormitory
объединённый united
объединя́ть I/объедини́ть (*pf.*): объедин-ю́,
-и́шь, -я́т to consolidate
объезжа́ть I/объе́хать (*pf.*): объе́д-у, -ешь,
-ут to drive around (14)
объявле́ние announcement
объявля́ть I/объяви́ть (*pf.*): объявлю́,
объя́в-ишь, -ят to announce
объясне́ние explanation
объясня́ть I/объясни́ть (*pf.*): объясн-ю́,
-и́шь, -я́т to explain
обыкнове́нный common, usual
обы́скивать I/обыска́ть (*pf.*): обыщ-у́,
-ешь, -ут to conduct a search
обы́чно usually
о́вощи (*pl.*) vegetables (3, 4)
овощно́й vegetable
ов/ца́, -е́ц sheep
огонёк light
ог/о́нь, -ня́ fire
огро́мный huge, enormous
огур/е́ц, -ца́ cucumber
одева́ть I/оде́ть (*pf.*): оде́н-у, -ешь, -ут
to dress
оде́жда clothing
оди́н one, a certain, alone (9)
одина́ковый identical
одино́кий lonely
одна́жды once
одновреме́нный simultaneous
ожида́ть I (+ *gen.*) to wait
ожо́г burn
о́зеро lake (3)
ока́зываться I/оказа́ться (*pf.*): окаж-у́сь,
-ешься, -утся (+ *instr.*) to turn out to be
(8)
окамене́ть (*pf.*) *see* камене́ть
о́кеан ocean
ок/но́, -он window
о́коло (+ *gen.*) near (4)
ООН U.N. (United Nations)
опа́здывать I/опозда́ть (*pf.*) I to be late

опа́сный   dangerous
о́пера   opera
опера́ция   operation
о́перный   opera
описа́ние   description
опи́сывать I/описа́ть (*pf.*): опиш-у́, -ешь,
-ут   to describe
опозда́ть (*pf.*) *see* опа́здывать
опуска́ть I/опусти́ть (*pf.*): опущу́, опу́ст-
ишь, -ят   to drop (purposely)
о́пыт   experiment, experience
о́пытный   experienced
опя́ть   again
ора́нжевый   orange
организа́ция   organization
ор/ёл, -ла́   eagle
орке́стр   orchestra
орл/ёнок, -ёнка, (*pl.*) -я́та   eaglet
освеща́ть I/освети́ть (*pf.*): освещу́, освет-
и́шь, -я́т   to light
освеще́ние   lighting
освобожда́ть I/освободи́ть (*pf.*): освобо-
жу́, освобод-и́шь, -я́т   to free, to liberate
освобожде́ние   freeing
осма́тривать I/осмотре́ть (*pf.*): осмотр-ю́,
-ишь, -ят   to examine; to sight-see
осмо́тр   examination; sight-seeing
основа́тель (*m.*)   founder
осно́вывать I/основа́ть (*pf.*): осну́-ю,
-ешь, -ют   to found, to base
осно́вываться I (на + *prep.*)   to be based
on (12)
осо́бенно   especially
остава́ться: оста-ю́сь, -ёшься, -ю́тся/
оста́ться (*pf.*): оста́н-усь, -ешься, -утся
to remain (8)
остально́й   the rest
остана́вливать I/останови́ть (*pf.*):
остановлю́, остано́в-ишь, -ят   to stop
остана́вливаться/останови́ться (*pf.*)   to
come to a stop
остано́в/ка, -ок   stop
оста́т/ок, -ка   remainder; (*pl.*) remains
оста́ться (*pf.*) *see* остава́ться
осторо́жный   careful
о́стров   island (3)
о́стрый   sharp
от (+ *gen.*)   from, away from
отвезти́ (*pf.*) *see* отвози́ть
отвести́ (*pf.*) *see* отводи́ть

отве́т   answer
отвеча́ть I/отве́тить (*pf.*): отве́чу, отве́т-
ишь, -ят (+ *dat.*)   to answer (7)
отводи́ть/отвести́ (*pf.*): *like* вводи́ть/ввести́
to take (to) (14)
отвози́ть/отвезти́ (*pf.*): *like* ввози́ть/ввезти́
to take (to) (14)
отвыка́ть I/отвы́кнуть (*pf.*): отвы́кн-у,
-ешь, -ут; *past* отвы́к, отвы́кло (от +
gen.)   to get unused to (6)
отгова́ривать I/отговори́ть (*pf.*):
отговор-ю́, -и́шь, -я́т   to dissuade
отдава́ть: отда-ю́, -ёшь, -ю́т/отда́ть (*pf.*):
like дать   to return; to hand over
отде́л   department
о́тдых   rest
отдыха́ть I/отдохну́ть (*pf.*): отдохн-у́,
-ёшь, -у́т   to rest; to take a vacation
от/е́ц, -ца́   father
отка́з   refusal
отка́зываться I/отказа́ться (*pf.*): отказ-
у́сь, -ешься, -утся (от + *gen.*)   to refuse
открыва́ть I/откры́ть (*pf.*): откро́-ю, -ешь,
-ю́т   to open
откры́тие   discovery; opening
откры́тый   open
отку́да   from where (12)
отли́чный   outstanding
отменя́ть I/отмени́ть (*pf.*): отмен-ю́, -ишь,
-ят   to cancel, to repeal
отме́т/ка, -ок   mark, grade
отнести́ (*pf.*) *see* относи́ть
отнести́сь (*pf.*) *see* относи́ться
отнима́ть I/отня́ть (*pf.*): отним-у́, -ешь,
-ут   to take away
относи́тельность (*f.*)   relativity
относи́ть/отнести́ (*pf.*): *like* вноси́ть/
внести́   to take away to (14)
относи́ться/отнести́сь (*pf.*) (к + *dat.*)
to relate to
отноше́ние (*sg.*)   attitude
отноше́ния (*pl.*)   relations
отня́ть (*pf.*) *see* отнима́ть
отойти́ (*pf.*) *see* отходи́ть
оторва́ть (*pf.*) *see* отрыва́ть
оторва́ться (*pf.*) *see* отрыва́ться
отплыва́ть I/отплы́ть (*pf.*): отплыв-у́,
-ёшь, -у́т   to swim away
отплы́тие   sailing
отправи́тель (*m.*)   sender

отправля́ть I/отпра́вить (*pf.*): отпра́влю, отпра́в-ишь, -ят   to send
отправля́ться I/отпра́виться (*pf.*)   to set out
о́тпуск   leave, vacation (2)
отпуска́ть I/отпусти́ть (*pf.*): отпущу́, отпу́ст-ишь, -ят   to release
отрыва́ть I/оторва́ть (*pf.*): оторв-у́, -ёшь, -у́т   to tear off
отрыва́ться/оторва́ться (*pf.*)   to take off
отсю́да   from here (12)
отту́да   from there (12)
отхо́д   departure (of a train)
отходи́ть/отойти́ (*pf.*): *like* входи́ть/войти́   to walk away (14)
отчего́   why
о́тчество   patronymic
отъе́зд   departure (of a person)
отъезжа́ть I/отъе́хать (*pf.*): отъе́д-у, -ешь, -ут   to drive away (14)
офице́р   officer
официа́нт   waiter
охо́тник   hunter
охо́титься: охо́чусь, охо́т-ишься, -ятся   to hunt
охраня́ть I/охрани́ть (*pf.*): охран-ю́, -и́шь, -я́т   to guard
очеви́дно   evidently
о́чень   very, very much
о́чередь (*f.*)   line; turn
очки́ (*pl.*)   eyeglasses (3)
оши́б/ка, -ок   mistake
ощуще́ние   feeling

па́дать I/упа́сть (*pf.*): упад-у́, -ёшь, -у́т; *past* упа́л, упа́ло   to fall
паке́т   package
пала́т/ка, -ок   tent
па́л/ец, -ьца   finger, toe
пальто́ (*n., inv.*)   coat (3)
па́мятник   monument (7)
па́мять (*f.*)   memory
пара́граф   paragraph
Пари́ж   Paris
парикма́хер   barber
парикма́херская   barber shop
парк   park
парохо́д   steamship
па́ртия   political party
па́русная ло́дка   sailboat
па́спорт   passport (3)
пассажи́р   passenger

пассажи́рский   passenger
патрио́т   patriot
пау́к   spider
па́ч/ка, -ек   pack
пев/е́ц, -ца́ (f. -и́ца)   singer
педаго́г   education specialist
педаго́гика   pedagogy
педагоги́ческий   pedagogical
педиа́тр   pediatrician
пелика́н   pelican
пельме́ни (*pl.*)   Siberian meat dumplings
пе́нсия   pension
перево́д   translation; де́нежный . . . money order
переводи́ть/перевести́ (*pf.*): *like* вводи́ть/ ввести́   to lead across, to transfer, to translate (14)
перево́дчик   translator
перегово́ры (*pl.*)   negotiations
пе́ред (+ *instr.*)   before (8)
передава́ть: переда-ю́, -ёшь, -ю́т/переда́ть (*pf.*): *like* дать   to broadcast
переда́ча   broadcast
переезжа́ть I/перее́хать (*pf.*): перее́д-у, -ешь, -ут   to drive across; to move (14)
перейти́ (*pf.*) *see* переходи́ть
перекрёст/ок, -ка   crossing
переме́на   change
переноси́ть/перенести́ (*pf.*): *like* вноси́ть/ внести́   to transfer
перено́сный   figurative
переодева́ться I/переоде́ться (*pf.*): переоде́н-усь, -ешься, -утся   to change one's clothes
перепи́ска   correspondence
перепи́сывать I/переписа́ть (*pf.*): перепиш-у́, -ешь, -ут   to rewrite
перепи́сываться (с + *instr.*)   to correspond (with)
переплыва́ть I/переплы́ть (*pf.*): переплы-ву́, -ёшь, -у́т   to swim across (14)
перераба́тывать I/перерабо́тать I   to rework, to revise
переры́в   interruption, recess
переставать: переста-ю́, -ёшь, -ю́т/ переста́ть (*pf.*): переста́н-у, -ешь, -ут   to stop (6)
перестра́ивать I/перестро́ить (*pf.*): перестро́-ю, -ишь, -ят   to rebuild
перехо́д   crosswalk
переходи́ть/перейти́ (*pf.*): *like* входи́ть/

войти́ to cross (14)

перечи́тывать I/перечита́ть (*pf.*) 1 to reread

пери́од time, age

перо́ feather, pen (3)

перочи́нный нож penknife

пе́рсик peach

пе́с/ня, -ен song

пес/о́к, -ка́ (*sg.*) sand (4)

петь: по-ю́, -ёшь, -ю́т/спеть (*pf.*) to sing (2, 17)

печа́льный sad

пече́нье (*sg.*) cookies

печь: пеку́, печёшь, пеку́т/испе́чь (*pf.*) to bake

пешехо́д pedestrian

пешко́м on foot (10)

пи́во beer

пи́ковая да́ма queen of spades

пило́т pilot

пиро́жное (*noun*) pastry

пирож/о́к, -ка́ dough with meat filling

писа́тель (*m.*) writer

писа́ть: пиш-у́, -ешь, -ут/написа́ть (*pf.*) to write (2, 17)

пи́сьменно in writing

пи́сьменный стол desk

пис/ьмо́, -ем letter

пить: пь-ю, -ёшь, -ют/вы́пить (*pf.*) to drink (6, 17)

пи́шущая маши́нка typewriter

пла́вание swimming

пла́вательный swimming

пла́вать (*indet.*) I—плыть (*det.*)/поплы́ть (*pf.*) to swim, to sail

пла́вный smooth

плака́т poster

пла́кать: пла́ч-у, -ешь, -ут/запла́кать (*pf.*) to cry

пла́кса (*m., f.*) crybaby (3)

план plan

плати́ть: плачу́, пла́т-ишь, -ят/заплати́ть (*pf.*) to pay

пла́тье dress (4)

плащ raincoat

пле́мя (*n.*) tribe (3) (p. 9)

племя́нник nephew

племя́нница niece

плечо́ shoulder (3)

плов/е́ц, -ца́ swimmer

пло́щадь (*f.*) square

плюс plus

плыть (*det.*) *see* пла́вать

по (+ *dat.*) along, according to (5, 7, 9)

побе́гать (*pf.*) I to run for a while (11)

побежа́ть (*pf.*) *see* бе́гать

поблагодари́ть (*pf.*) *see* благодари́ть

побрести́ (*pf.*) *see* броди́ть

по́вар cook (3)

поведе́ние behavior

повезти́ (*pf.*) *see* вози́ть

пове́рить (*pf.*) *see* ве́рить

пове́сить (*pf.*) *see* ве́шать

повести́ (*pf.*) *see* води́ть

повисе́ть (*pf.*) *see* висе́ть

повод/о́к, -ка́ leash

повторе́ние repetition

повтори́тельный review

повторя́ть I/повтори́ть (*pf.*): повтор-ю́, -и́шь, -я́т to repeat; to review

погиба́ть I/поги́бнуть (*pf.*): поги́бн-у, -ут; *past* поги́б, поги́бло to perish, to die out

погла́дить (*pf.*) *see* гла́дить

погляде́ть (*pf.*) *see* гляде́ть

погна́ть (*pf.*) *see* гнать

поговори́ть (*pf.*) *see* говори́ть to have a talk

погово́р/ка, -ок saying, proverb

пого́да weather

погуля́ть (*pf.*) *see* гуля́ть

под (+ *instr.*) under (location); (+ *acc.*) under (motion) (5, 8, 12)

подари́ть (*pf.*) *see* дари́ть

пода́р/ок, -ка gift, present

подборо́д/ок, -ка chin

подво́дная ло́дка submarine

подво́дный underwater

подде́рживать I/поддержа́ть (*pf.*): поддерж-у́, -ишь, -ат to support

поджига́тель (*m.*) arsonist

поджига́ть I/подже́чь (*pf.*): подожгу́, подожжёшь, подожгу́т; *past* поджёг, подожгло́, to set fire to

поджо́г arson

подзе́мный underground

поднима́ть I/подня́ть (*pf.*): подним-у́, -ешь, -ут to raise

поднима́ться/подня́ться (*pf.*) to ascend (2)

подно́с tray

подо́бный　similar (7)
подойти́ (*pf.*) *see* подходи́ть
подо́пытный　experimental
подпи́сывать I/подписа́ть (*pf.*): подпиш-у́,
　-ешь, -ут　to sign
по́дпись (*f.*)　signature
подплыва́ть I/подплы́ть (*pf.*): подплыв-у́,
　-ёшь, -у́т　to swim up to (14)
подро́бно　in detail
подру́га　girl friend
подря́д　in succession
подсуди́мый (*noun*)　defendant
поду́мать (*pf.*) *see* ду́мать
подхо́д　approach
подходи́ть/подойти́ (*pf.*): *like* входи́ть/
　войти́　to approach
подходя́щий　suitable, fitting
подчёркивать I/подчеркну́ть (*pf.*):
　подчеркн-у́, -ёшь, -у́т　to underline
подъезжа́ть I/подъе́хать (*pf.*): подъе́д-у,
　-ешь, -ут　to approach (14)
подъём　ascent
подъе́хать (*pf.*) *see* подъезжа́ть
по́езд　train (3, 10)
пое́здить (*pf.*): пое́зжу, пое́зд-ишь, -ят
　to drive for a while (11)
пое́зд/ка, -ок　trip
пое́хать (*pf.*) *see* е́здить
пожа́ловаться (*pf.*) *see* жа́ловаться
пожа́р　fire
пожа́рная маши́на　fire engine
пожа́рный (*noun*)　fireman
пожела́ние　wish
пожило́й　elderly
пожи́ть (*pf.*): пожив-у́, -ёшь, -у́т　to live
　for a while
позави́довать (*pf.*) *see* зави́довать
поза́втракать (*pf.*) *see* за́втракать
позади́ (+ *gen.*)　in back of (4)
позва́ть (*pf.*) *see* звать
позвони́ть (*pf.*) *see* звони́ть
познако́миться (*pf.*) *see* знако́миться
поигра́ть (*pf.*) I　to play for a while
пойма́ть (*pf.*) *see* лови́ть
пойти́ (*pf.*) *see* ходи́ть
пока́　for the present
пока́ не　until
показа́ться (*pf.*) *see* каза́ться
пока́зывать I/показа́ть (*pf.*): покаж-у́,
　-ешь, -ут　to show
покати́ть (*pf.*) *see* ката́ть

поко́й　peace, quiet
покрыва́ть I/покры́ть (*pf.*): покро́-ю,
　-ешь, -ют　to cover
покупа́тель (*f.* -ница)　customer
покупа́ть I/купи́ть (*pf.*): куплю́, ку́п-ишь,
　-ят　to buy
поку́п/ка, -ок　purchase
покури́ть (*pf.*) *see* кури́ть
пол　floor (12)
полде́нь (*m.*)　noon (9)
по́ле　field
полежа́ть (*pf.*): полеж-у́, -и́шь, -а́т　to lie
　for a while
поле́зный　useful
поле́зть (*pf.*) *see* ла́зить
полёт　flight
полета́ть (*pf.*) I　to fly for a while (11)
полете́ть (*pf.*) *see* лета́ть
по́лзать (*indet.*)—ползти́ (*det.*)/поползти́
　(*pf.*)　to crawl (10)
полива́ть I/поли́ть (*pf.*): поль-ю́, -ёшь, -ю́т
　to water
поли́вочная маши́на　street-cleaning truck
поли́тик　politician
поли́тика　politics
полити́ческий　political
поли́ть (*pf.*) *see* полива́ть
политэконо́мия　political economy
по́л/ка, -ок　shelf
полкило́　half a kilo
по́лночь (*f.*)　midnight (9)
по́лный　full, complete (4, 16)
полови́на　half
положе́ние　situation, position
положи́ть (*pf.*) *see* класть
получа́ть I/получи́ть (*pf.*): получ-у́, -ишь,
　-ат　to get, to receive
полчаса́　half an hour
по́льза　use, benefit
по́льзоваться: по́льзу-юсь, -ешься, -ются/
　воспо́льзоваться (*pf.*) (+ *instr.*)　to use,
　to enjoy (8)
по́льский　Polish
По́льша　Poland
полюби́ть (*pf.*) *see* люби́ть
полюбова́ться (*pf.*) *see* любова́ться
поля́к (*f.* по́л/ька, -ек)　Pole
помести́ть (*pf.*) *see* помеща́ть
помеша́ть (*pf.*) *see* меша́ть
помеща́ть I/помести́ть (*pf.*): помещу́,
　помест-и́шь, -я́т　to place, to locate

помещéние premises
помидóр tomato
пóмнить: пóмн-ю, -ишь, -ят   to remember (2)
помогáть I/помóчь (*pf.*): помогý, помó-жешь, помóгут; *past* помóг, помоглó (+ *dat.*)   to help (7)
по-мóему in my opinion
помóчь (*pf.*) *see* помогáть
помóщник assistant
пóмощь (*f.*) help
помы́ть (*pf.*) *see* мыть
понестú (*pf.*) *see* носúть
понимáть I/поня́ть (*pf.*): пойм-ý, -ёшь, -ýт   to understand (5)
понрáвиться (*pf.*) *see* нрáвиться
пóнчик doughnut
поня́тие conception, idea
поня́тный comprehensible
поня́ть (*pf.*) *see* понимáть
пообéдать (*pf.*) *see* обéдать
попéть (*pf.*): попо-ю́, -ёшь, -ю́т   to sing for a while
пописáть (*pf.*): попиш-ý, -ешь, -ут   to write for a while
поплáвать (*pf.*) I   to swim for a while
поплы́ть (*pf.*) *see* плáвать
поползтú (*pf.*) *see* пóлзать
попросúть (*pf.*) *see* просúть
попугáй parrot, parakeet
попытáться (*pf.*) *see* пытáться
порá (+ *inf.*)   it is time; с тех пор since then; до сих пор until
поработáть (*pf.*) I   to work for a while
порвáть (*pf.*) *see* рвать
порос/ёнок, -ёнка, (*pl.*) -я́та young pig (p. 10)
порт port (12)
португáл/ец, -ца (*f.* -ка, -ок) a Portuguese
Португáлия Portugal
португáльский Portuguese
портфéль (*m.*) briefcase
посадúть (*pf.*) *see* сажáть
посáдка landing
посáдочная площáдка landing field
посещáть I/посетúть (*pf.*): посещý, посет-úшь, -я́т to visit, to attend
посидéть (*pf.*): посижý, посид-úшь, -я́т   to sit for a while
поскорéе (поскорéй) as fast as possible
послáть (*pf.*) *see* посылáть

пóсле (+ *gen.*) after (4)
послýшать (*pf.*) *see* слýшать
посмотрéть (*pf.*) *see* смотрéть
посовéтовать (*pf.*) *see* совéтовать
поспáть (*pf.*): посплю́, посп-úшь, -я́т   to take a nap
поспешúть (*pf.*) *see* спешúть
поспóрить (*pf.*) *see* спóрить
посредú (+ *gen.*)   in the middle of (4)
постáвить (*pf.*) *see* стáвить
постарáться (*pf.*) *see* старáться
постарéть (*pf.*) *see* старéть
постепéнно gradually
постоя́нно constantly
пострадáть (*pf.*) *see* страдáть
пострóить (*pf.*) *see* стрóить
поступáть I/поступúть (*pf.*): поступлю́, постýп-ишь, -ят   to enroll, to enlist
постучáть (*pf.*) *see* стучáть
посылáть I/послáть (*pf.*): пошл-ю́, -ёшь, -ю́т   to send
потащúть (*pf.*) *see* таскáть
потерпéть (*pf.*) *see* терпéть
потеря́ть (*pf.*) *see* теря́ть
потóм then, later, next
потомý что because
потрéбовать (*pf.*) *see* трéбовать
потушúть (*pf.*) *see* тушúть
поýжинать (*pf.*) *see* ýжинать
походúть (*pf.*): похожý, похóд-ишь, -ят   to walk for a while
похóжий similar (16)
пóхороны (*pl.*) funeral (3, 4)
пóчва soil
почемý why
почемý-нибудь   for some reason, for any reason (18)
почемý-то for some reason (18)
почитáть (*pf.*) I   to read for a while
пóчта post office; mail (12)
почтальóн mailman
почтú almost
почтóвый postal
почýвствовать (*pf.*) *see* чýвствовать
поэ́зия poetry
поэ́ма poem
поэ́т (*f.* поэтéсса) poet
поэ́тому therefore
появля́ться I/появúться (*pf.*): появлю́сь, поя́в-ишься, -ятся   to appear

по́яс   belt (3)

прабáбушка   great grandmother

прав, правá   right (said of persons) (16)

прáвда   truth; it's true

правди́вый   truthful

прáвило   rule

прáвильный   correct

прави́тельство   government

прáвить: прáвлю, прáв-ишь, -ят (+ *instr.*)
   to steer, to drive

прáвнук   great grandson

прáвнучка   great granddaughter

прáво   right

правописáние   spelling

правослáвный   orthodox

прáвый   right (direction) (16)

прáдед   great grandfather

прáздник   holiday

прáздничный   holiday

прáздновать: прáздну-ю, -ешь, -ют   to
   celebrate

прáктика   practical work

практи́ческий   practical

превращáться I/преврати́ться (*pf.*):
   превращу́сь, преврат-и́шься, -я́тся
   (в + *acc.*)   to turn into (5)

предлагáть I/предложи́ть (*pf.*): предлож-ý,
   -ишь, -ат   to propose, to suggest

предмéт   object; subject

предмéтный   subject

представля́ть I/предстáвить (*pf.*):
   предстáвлю, предстáв-ишь, -ят   to
   present; . . . себé to imagine

предъявля́ть I/предъяви́ть (*pf.*): предъ-
   явлю́, предъя́в-ишь, -ят   to show, to
   present (documents)

президéнт   president

преиму́щественно   mainly

прекрáсный   excellent

прéмия   prize; Нóбелевская . . . Nobel . . .

преподавáние   instruction

преподавáтель (*m.*)   instructor

преподавáть: препода-ю́, -ёшь, -ю́т   to
   teach (1)

преступлéние   crime

при (+ *prep.*)   attached to, in the presence
   of, in the time of (12)

прибегáть I/прибежáть (*pf.*): *like* бежáть
   to come running (13)

приближáться I/прибли́зиться (*pf.*):

прибли́жусь, прибли́з-ишься, -ятся   to
   approach

прибóр   instrument; set

привезти́ (*pf.*) *see* привози́ть

привести́ (*pf.*) *see* приводи́ть

привéт   regards

приводи́ть/привести́ (*pf.*): *like* вводи́ть/
   ввести́   to bring (13)

привози́ть/привезти́ (*pf.*): *like* ввози́ть/
   ввезти́   to bring (13)

привыкáть I/привы́кнуть (*pf.*): привы́кн-у,
   -ешь, -ут; *past* привы́к, привы́кло
   (к + *dat.*)   to get used to (6, 7)

привы́ч/ка, -ек   habit

приглашáть I/пригласи́ть (*pf.*): приглашý,
   приглас-и́шь, -я́т   to invite

приглашéние   invitation

приговáривать I/приговори́ть (*pf.*):
   приговор-ю́, -и́шь, -я́т   to sentence

приговóр   sentence

при́город   suburb

приготóвить (*pf.*) *see* готóвить

приготóвиться (*pf.*) *see* готóвиться

при́езд   arrival (of a person)

приезжáть I/приéхать (*pf.*): приéд-у, -ешь,
   -ут   to arrive (13)

приём   reception

приёмный   receiving

приéхать (*pf.*) *see* приезжáть

приземля́ться I/приземли́ться (*pf.*):
   приземл-ю́сь, -и́шься, -я́тся   to land

признавáть: призна-ю́, -ёшь, -ю́т/признáть
   (*pf.*) I   to recognize

признавáться/признáться (*pf.*) (в + *prep.*)
   to declare, to admit (12)

признáние   recognition

при́знанный   acknowledged

прийти́ (*pf.*) *see* приходи́ть

прийти́сь (*pf.*) *see* приходи́ться

прикáз   order

прикáзывать I/приказáть (*pf.*): прикаж-ý,
   -ешь, -ут (+ *dat.*)   to order (7)

прилáв/ок, -ка   counter

прилетáть I/прилетéть (*pf.*): прилечý,
   прилет-и́шь, -я́т   to arrive (flying) (13)

примéр   example

примити́вный   primitive

принадлежáть: принадлеж-ý, -и́шь, -áт
   (+ *dat.*) to belong to; (к + *dat.*) to be a
   member of (7)

принести́ (*pf.*) *see* приноси́ть
принима́ть I/приня́ть (*pf.*): прим-у́, -ешь,
  -ут to accept, to take
приноси́ть/принести́ (*pf.*): *like* вноси́ть/
  внести́ to bring
приня́ть (*pf.*) *see* принима́ть
приплыва́ть I/приплы́ть (*pf.*): приплыв-у́,
  -ёшь, -у́т to arrive (sailing) (3)
приро́да nature
пристёгивать I/пристегну́ть (*pf.*): при-
  стегн-у́, -ёшь, -у́т to fasten
прихо́д arrival (of a train)
приходи́ть: прихожу́, прихо́д- ишь, -ят/
  прийти́ (*pf.*): прид-у́, -ёшь, -у́т; *past*
  пришёл, пришло́ to arrive, to come
приходи́ться: прихо́дится/ прийти́сь (*pf.*):
  придётся; *past* пришло́сь to be necessary
причи́на reason
прия́тный pleasant
про (+ *acc.*) about (5)
пробега́ть I/пробежа́ть (*pf.*): *like* бежа́ть
  to run by (14)
пробле́ма problem
прова́ливаться I/провали́ться (*pf.*):
  провал-ю́сь, -ишься, -ятся (на + *prep.*)
  to fail
прове́р/ка, -ок quiz, test
проверя́ть I/прове́рить (*pf.*): прове́р-ю,
  -ишь, -ят to check, to test
проводи́ть/провести́ (*pf.*): *like* вводи́ть/
  ввести́ to lead through; to spend (time)
  (14)
проводни́к guide
прогна́ть (*pf.*) *see* прогоня́ть
проголосова́ть (*pf.*) *see* голосова́ть
прогоня́ть I/прогна́ть (*pf.*): прогон-ю́,
  -ишь, -ят to chase away
програ́мма program
продава́ть: прода-ю́, -ёшь, -ю́т/прода́ть
  (*pf.*): *like* дать to sell
продав/е́ц, -ца́ (*f.* -щи́ца) salesman
  (woman)
прода́жа sale
продвига́ть I/продви́нуть (*pf.*): продви́н-у,
  -ешь, -ут to push forward
продово́льственный grocery
продолжа́ть I to continue (6)
продолже́ние continuation
проду́кты (*pl.*) products, produce
про́езд fare

проезжа́ть I/прое́хать (*pf.*): прое́д-у, -ешь,
  -ут to drive past (14)
прожи́ть (*pf.*): прожив-у́, -ёшь, -у́т to
  spend (one's life)
произведе́ние work of art
производи́ть/произвести́ (*pf.*): *like* вводи́ть/
  ввести́ to produce
произво́дство production
произноси́ть/произнести́ (*pf.*): *like*
  вноси́ть/внести́ to pronounce
произноше́ние pronunciation
происходи́ть: происхо́дит/произойти́
  (*pf.*): произойдёт; *past* произошло́ to
  happen
происхожде́ние origin
пройти́ (*pf.*) *see* проходи́ть
пролежа́ть (*pf.*): пролеж-у́, -и́шь, -а́т to
  lie for a given period
проника́ть I/прони́кнуть (*pf.*): прони́кн-у,
  -ешь, -ут; *past* прони́к, прони́кло to
  penetrate
пропи́сывать I/прописа́ть (*pf.*): пропиш-у́,
  -ешь, -ут to prescribe
про́пуск permit, pass
пропуска́ть I/пропусти́ть(*pf.*): пропущу́,
  пропу́ст-ишь, -ят to leave out, to skip
проси́ть: прошу́, про́с-ишь, -ят/попроси́ть
  (*pf.*) to ask, to request (5, 16)
просну́ться (*pf.*) *see* просыпа́ться
прости́ть (*pf.*) *see* проща́ть
просто́й (*comp.* про́ще) simple
просыпа́ться I/просну́ться (*pf.*): прос-
  ну́сь, -ёшься, -у́тся to wake up (2)
про́сьба request
про́тив (+ *gen.*) opposite, opposed to (4)
проти́вник opponent
профе́ссия profession
профе́ссор professor (3)
прохла́дный cool
прохо́д way through
проходи́ть/пройти́ (*pf.*): *like* входи́ть/
  войти́ to pass, to go through (14)
прохо́жий (*noun*) passerby
прочита́ть (*pf.*) *see* чита́ть
про́шлое (*noun*) the past
про́шлый past, last
проща́ть I/прости́ть (*pf.*): прощу́, прост-
  и́шь, -я́т to forgive
пруд pond (12)
прут twig (3)

пры́гать I/пры́гнуть (*pf.*): пры́гн-у, -ешь,
-ут to jump, to leap
пря́мо straight
психо́лог psychologist
психологи́ческий psychological
психоло́гия psychology
пти́ца bird
пуга́ться I/испуга́ться (*pf.*) (+ *gen.*) to be
frightened (4)
пуска́ть I/пусти́ть (*pf.*): пущу́, пу́ст-ишь,
-ят to let, to permit
пусто́й empty
пусты́ня desert
пусть (пуска́й) let (6)
путеводи́тель (*m.*) guidebook
путеше́ствие journey, trip
путеше́ствовать: путеше́ству-ю, -ешь, -ют
to travel
путь (*m.*) path, way (8) (p. 8)
пу́ш/ка, -ек cannon
пчела́ bee
пыта́ться I/попыта́ться (*pf.*) to try, to
attempt
пье́са play
пья́ница (*m., f.*) drunkard (3)
пятач/о́к, -ка́ five-kopeck coin
пятёр/ка, -ок five; *A* (grade)
пя́теро five (9)
пятиле́тка Five-Year Plan
пят/но́, -ен blot

раб slave
рабо́та work
рабо́тать I to work (8)
рабо́тник worker
рабо́чий working; workman, laborer (3)
ра́бство slavery
ра́венство equality
равни́на plain (geographical)
равноду́шный indifferent
равня́ться: равня́ется (+ *dat.*) to be equal
to
рад, ра́да happy (7, 16)
ра́ди (+ *gen.*) for the sake of (4)
ра́дио (*n., inv.*) radio (3)
радиоакти́вность (*f.*) radioactivity
радиоприёмник radio (receiver)
ради́ст radio operator
ра́доваться: ра́ду-юсь, -ешься, -ются/
обра́доваться (*pf.*) (+ *dat.*) to rejoice
(at) (7)

ра́достный joyful
раз one time (2, 4)
разбуди́ть (*pf.*) *see* буди́ть
развезти́ (*pf.*) *see* развози́ть
развести́сь (*pf.*) *see* разводи́ться
разво́д divorce
разводи́ться: развожу́сь, разво́д-ишься,
-ятся/развести́сь (*pf.*): развед-у́сь,
-ёшься, -у́тся; *past* развёлся, развело́сь
to be divorced (14)
развози́ть/развезти́ (*pf.*): *like* ввози́ть/
ввезти́ to distribute (14)
разгова́ривать I to converse
разгово́р conversation
разгово́рный colloquial
разгора́ться I/разгоре́ться (*pf.*): разгор-
ю́сь, -и́шься, -я́тся to blaze
раздава́ть: разда-ю́, -ёшь, -ю́т/разда́ть
(*pf.*): *like* дать to distribute
раздава́ться/разда́ться (*pf.*) to resound
раздева́лка cloakroom
раздева́ться I/разде́ться (*pf.*): разде́н-усь,
-ешься, -утся to undress, to take off
one's coat
раздели́ться (*pf.*) *see* дели́ться
разде́ться (*pf.*) *see* раздева́ться
разли́чный various
разма́х (кры́льев) wingspread
размыва́ть I/размы́ть (*pf.*): размо́-ю,
-ешь, -ют to wash out
разнести́ (*pf.*) *see* разноси́ть
ра́зница difference
разноси́ть/разнести́ (*pf.*): *like* вноси́ть/
внести́ to distribute (14)
ра́зность (*f.*) difference (math)
ра́зный different
разойти́сь (*pf.*) *see* расходи́ться
разорва́ть (*pf.*) *see* разрыва́ть
разреша́ть I/разреши́ть (*pf.*): разреш-у́,
-и́шь, -а́т to permit
разреше́ние permission
разрыва́ть I/разорва́ть (*pf.*): разорв-у́,
-ёшь, -у́т to tear apart
разу́чиваться I/разучи́ться (*pf.*): разуч-у́сь,
-ишься, -атся to unlearn, to forget how
(6)
разъезжа́ться I/разъе́хаться (*pf.*): разъе́д-
ется, -емся, -етесь, -утся to scatter (14)
рай heaven (12)
рак lobster
ра́ковый cancer

ра́но   early

ра́ньше   formerly

располага́ть I/расположи́ть (*pf.*): распо-
лож-у́, -ишь, -ат   to arrange

распрода́жа   clearance sale

рассве́т   daybreak

рассерди́ться (*pf.*) *see* серди́ться

расска́з   story

расска́зывать I/рассказа́ть (*pf.*): расскаж-у́,
-ешь, -ут   to tell, to relate

рассмея́ться (*pf.*): рассме-ю́сь, -ёшься,
-ю́тся   to burst out laughing

раство́р   solution

раствори́тель (*m.*)   solvent

растворя́ть I/раствори́ть (*pf.*): раствор-ю́,
-и́шь, -я́т   to dissolve

расте́ние   plant

расти́: раст-у́, -ёшь, -у́т; *past* рос, росло́/
вы́расти (*pf.*)   to grow

расти́тельность (*f.*)   plant life, vegetation

расти́тельный   plant

расхо́д   expense

расходи́ться: расхо́д-ится, -имся, -итесь,
-ятся/разойти́сь (*pf.*): разойд-ётся,
-ёмся, -ётесь, -у́тся; *past* разошёлся,
разошли́сь   to scatter (14)

рвать: рв-у, -ёшь, -ут/порва́ть (*pf.*)   to tear

ребён/ок, -ка (*sg.*)   child (3) (p. 10)

рёв   roar

реве́ть: рев-у́, -ёшь, -у́т   to roar

револю́ция   revolution

регуля́рный   regular

результа́т   result

река́   river

рели́гия   religion

рельс   rail

реме́нь (*m.*)   seatbelt

ремо́нт (*sg.*)   repairs

репроду́ктор   loudspeaker

респу́блика   republic

рестора́н   restaurant

речь (*f.*)   speech

реша́ть I/реши́ть (*pf.*): реш-у́, -и́шь, -а́т
to solve; to decide

реше́ние   solution; decision

Ри́га   Riga

Рим   Rome

рис   rice (4)

рисова́ние   drawing

рисова́ть: рису́-ю, -ешь, -ют/нарисова́ть
(*pf.*)   to draw

рису́н/ок, -ка   drawing, picture

рове́сник   person of the same age

ро́вно   exactly

род   sort, kind, gender

роди́льный дом   maternity hospital

ро́дина   native land

роди́тели (*pl.*)   parents

родно́й   native; dear

ро́дственник   relative

рожда́ться I/роди́ться (*pf.*): роди́тся,
родя́тся   to be born

рожде́ние   birth

Рождество́   Christmas

ро́за   rose

ро́зовый   rose, pink

роль (*f.*)   role

рома́н   novel

роня́ть I/урони́ть (*pf.*): урон-ю́, -ишь, -ят
to drop

росси́йский   Russian

Росси́я   Russia

рост   growth

рот, рта   mouth (12)

роя́ль (*m.*)   piano

руба́ш/ка, -ек   shirt

рубль (*m.*)   rouble

ружьё   gun

рука́   arm, hand (3)

рука́в   sleeve

рукави́ца   mitten

руководи́тель (*m.*)   leader

руководи́ть: руковожу́, руковод-и́шь, -я́т
(+ *instr.*)   to guide, to direct (8)

ру́копись (*f.*)   manuscript

ру́сский   Russian; a Russian

ру́ч/ка, -ек   pen

ры́ба   fish

рыба́к   fisherman

ры́бный   fish

ряд   row

с (+ *gen.*) from, down from; (+ *instr.*)
(together) with (4, 8, 9, 12, 13)

сад   garden (12)

сади́ться/сесть (*pf.*)   to sit down; to set
(of the sun)

садо́вник   gardener

садово́дство   horticulture

сажа́ть I/посади́ть (*pf.*): посажу́, поса́д-
ишь, -ят   to plant; to seat; to land
(a plane) (12)

сала́т   salad (4)

самолёт   airplane (10)

самостоя́тельно   independently

са́мый   the very, the most (16, 18)

Сан Франци́ско (*m., inv.*)   San Francisco

санато́рий   sanatorium

са́ни (*pl.*)   sled (3, 4)

са́н/ки, -ок   sled

сантиме́тр   centimeter

сапо́г   boot (4)

сарди́н/ка, -ок   sardine

са́хар   sugar (4)

сбе́гать (*pf.*) I   to run somewhere and back (11)

сбега́ть I/сбежа́ть (*pf.*): *like* бежа́ть   to run down (14)

сбо́рник   anthology

све́жий   fresh, cool

свёкла (*sg.*)   beets

сверх (+ *gen.*)   above (4)

свет   light; world

свети́ть: све́тит   to shine

све́тлый   light, bright

светофо́р   traffic light

свеча́   candle

свиде́тель (*m.*)   witness

свини́на   pork

свинья́   pig

свобо́да   freedom

свобо́дный   free (16)

свы́ше   more than

свя́зывать I/связа́ть (*pf.*): связ-у́, -ешь, -ут   to tie up; to connect

свято́й   holy

сгоре́ть (*pf.*) *see* горе́ть

сдава́ть: сда-ю́, -ёшь, -ю́т/сдать (*pf.*): *like* дать   to give up; to check; . . . экза́мен   to take/pass an exam

сда́ча   change (money)

сде́лать (*pf.*) *see* де́лать

се́вер   north

се́верный   northern

сего́дня   today

седо́й   gray-haired

сейча́с   now, immediately

секрета́рша   secretary

секу́нда   second

семёр/ка, -ок   seven

се́меро   seven (9)

семиле́тка   seven-year school

семья́   family

се́мя (*n.*)   seed (3, 4) (p. 9)

сербохорва́тский   Serbocroatian

серде́чный   cordial

серди́тый   angry (16)

серди́ться: сержу́сь, се́рд-ишься, -ятся/рассерди́ться (*pf.*)   to be angry; (на + *acc.*) . . . at (2, 5)

се́рдце   heart

серебри́стый   silvery

серебро́   silver (3)

се́рия   series

се́рый   gray

серьёзный   serious

сестра́   sister (3)

сесть (*pf.*) *see* сади́ться

сза́ди (+ *gen.*)   in back of

Сиби́рь (*f.*)   Siberia

сигна́л   signal

сиде́нье   seat

сиде́ть: сижу́, сид-и́шь, -я́т   to be sitting (2, 12)

си́ла   strength

си́льный   strong

сире́нь (*f.*)   lilac

сирота́ (*m., f.*)   orphan (3)

систе́ма   system

сия́ть I   to shine

сказа́ть (*pf.*) *see* говори́ть   to say

ска́з/ка, -ок   fairy tale

ска́зочный   fairy tale, fabulous

скаме́/йка, -ек   bench

сквозь (+ *acc.*)   across, through (5)

скла́дывать I/сложи́ть (*pf.*): слож-у́, -ишь, -ат   to fold

ско́льзкий   slippery

ско́лько (+ *gen.*)   how much, how many (4, 16)

ско́ро   quickly; soon

ско́рость (*f.*)   speed

ско́рый   rapid

скрип/ка, -ок   violin

ску́льптор   sculptor

скульпту́ра   sculpture

ску́чный   boring

славя́нский   Slavic

сла́дкое (*noun*)   dessert

сле́дующий   following, next

слеза́   tear

слета́ть I/слете́ть (*pf.*): слечу́, слет-и́шь, -я́т   to fly down (14)

сли́ва   plum

сли́вки (*pl.*) cream (3, 4)
сли́шком too (excessively)
слова́рь (*m.*) dictionary
слова́цкий Slovak
слове́нский Slovenian
сло́во word (3)
сложи́ть (*pf.*) *see* скла́дывать
слой stratum, layer
слома́ть (*pf.*) *see* лома́ть
слон elephant
слон/ёнок, -ёнка, (*pl.*) -я́та elephant calf
слуга́ (*m.*) servant
слу́жащий (*noun*) employee
слу́жба job, service
служи́ть: служ-у́, -ишь, -ат to serve, to be employed (8)
слу́чай incident, event
случа́йный accidental
случа́ться: случа́ется/случи́ться (*pf.*): случи́тся to happen
слу́шать I/послу́шать (*pf.*) to listen (to)
слы́шать: слы́ш-у, -ишь, -ат/услы́шать (*pf.*) to hear (5, 6)
сме́лый bold
смерза́ться I/смёрзнуться (*pf.*): смёрз-нусь, -ешься, -утся; *past* смёрзся, смёрзлось to freeze together
смерть (*f.*) death
смета́на sour cream
смея́ться: сме-ю́сь, -ёшься, -ю́тся/засмея́ться (*pf.*) to laugh (8)
смотре́ть: смотр-ю́, -ишь, -ят/посмотре́ть (*pf.*) to look (at); (на + *acc.*) . . . at (5, 6, 17)
смочь (*pf.*) see мочь
смысл sense
снача́ла at first
снег snow (3, 4, 10, 12)
снегоубо́рочная маши́на snowplow
снѐжный snow
снести́ (*pf.*) *see* сноси́ть
снима́ть I/снять (*pf.*): сним-у́, -ешь, -ут to take off; to rent; to photograph
сни́м/ок, -ка photograph
сноси́ть/снести́ (*pf.*): *like* вноси́ть/внести́ to take down; to carry together (14)
снять (*pf.*) *see* снима́ть
соба́ка dog
собира́ть I/собра́ть (*pf.*): собер-у́, -ёшь, -у́т to collect, to gather
собира́ться/собра́ться (*pf.*) to intend, to plan

собо́р cathedral
собра́ние meeting
собы́тие event
сова́ owl
сов/ёнок, -ёнка, (*pl.*) -я́та owlet
сове́т advice (3)
сове́товать: сове́ту-ю, -ешь, -ют/посове́товать (*pf.*) (+ *dat.*) to advise (7)
сове́тский Soviet
Сове́тский Сою́з Soviet Union
совпада́ть I/совпа́сть (*pf.*): совпад-у́, -ёшь, -у́т; *past* совпа́л, совпа́ло to coincide
совреме́нный contemporary
совсе́м completely
согла́с/ен, -на agreed (16)
соглаша́ться I/согласи́ться (*pf.*): соглаш-у́сь, соглас-и́шься, -я́тся to agree
содержа́ть: содерж-у́, -ишь, -ат to contain
соединённый united
Соединённые Шта́ты Аме́рики (США) The United States of America (USA)
соединя́ть I/соедини́ть (*pf.*): соедин-ю́, -и́шь, -я́т to unite
создава́ть: созда-ю́, -ёшь, -ю́т/созда́ть (*pf.*): *like* дать to create
сознава́ть: созна-ю́, -ёшь, -ю́т/созна́ть (*pf.*) I to realize, to be aware of
созна́ние consciousness
созна́тельный conscientious
сойти́ (*pf.*) *see* сходи́ть
сойти́сь (*pf.*) *see* сходи́ться
сок juice
солда́т soldier (4)
со́лнце sun
солов/е́й, -ья́ nightingale
соль (*f.*) salt
сомнева́ться I (в + *prep.*) to doubt (12)
сон sleep, dream
сообща́ть I/сообщи́ть (*pf.*): сообщ-у́, -и́шь, -а́т to report, to communicate
сообще́ние communication, report
сорва́ть (*pf.*) *see* срыва́ть
соревнова́ние competition
сорт sort (3)
соса́ть: сос-у́, -ёшь, -у́т to suck
сосе́д (*f.* -ка) neighbor (3, 4)
соси́с/ка, -ок hot dog
составля́ть I/соста́вить (*pf.*): соста́влю, соста́в-ишь, -ят to put together, to compose

состоя́ть: состои́т, состоя́т (из + *gen*.) to consist (of)

сосу́л/ька, -ек icicle

сосчита́ть (*pf*.) *see* счита́ть

сотвори́ть (*pf*.) *see* твори́ть

со́тня a hundred

социалисти́ческий socialist

социо́лог sociologist

социологи́ческий sociology

социоло́гия sociology

сочине́ние composition

сою́з union

сою́зник ally

спа́л/ьня, -ен bedroom

спаса́тельный rescue

спаса́ть I/спасти́ (*pf*.): спас-у́, -ёшь, -у́т; *past* спас, спасло́ to save

спаси́тельный saving

спать: сплю, сп-ишь, -ят to sleep (2)

спеть (*pf*.) *see* петь

специали́ст specialist

специа́льность (*f*.) specialization, profession

специа́льный special

спеши́ть: спеш-у́, -и́шь, -а́т/поспеши́ть (*pf*.) to hurry

спина́ back

спиртны́е напи́тки liquor

спи́сок list

спи́сывать I/списа́ть (*pf*.): спиш-у́, -ешь, -ут to copy

спи́ч/ка, -ек match

споко́йный calm, quiet

спо́рить: спо́р-ю, -ишь, -ят/поспо́рить (*pf*.) to argue

спорт (*sg*.) sports

спортсме́н sportsman

спосо́бность (*f*.) ability

справедли́вость (*f*.) justice

справедли́вый fair, just

спра́шивать I/спроси́ть (*pf*.): спрошу́, спро́с-ишь, -ят to ask, to inquire (5)

спуска́ться I/спусти́ться (*pf*.): спущу́сь, спу́ст-ишься, -ятся to descend (2)

спу́тник satellite

сравне́ние comparison

сра́внивать I/сравни́ть (*pf*.): сравн-ю́, -и́шь, -я́т to compare

сравни́тельный comparative

сра́зу immediately

среди́ (+ *gen*.) among, in the middle of (4)

срок period of time

срыва́ть I/сорва́ть (*pf*.): сорв-у́, -ёшь, -у́т to pick

ста́вить/поста́вить (*pf*.) to put, to stand (12)

стадио́н stadium

стака́н (drinking) glass

станови́ться: становлю́сь, стано́в-ишься, -ятся/стать (*pf*.): ста́н-у, -ешь, -ут to take a standing position; (+ *instr*.) to become (6, 7, 8, 12)

ста́нция station

стара́ться I/постара́ться (*pf*.) to try (make an effort)

старе́ть: старе́-ю, -ешь, -ют/постаре́ть (*pf*.) to get old

стари́к old man

старомо́дный old-fashioned

ста́рость (*f*.) old age (3)

старт starting point

стару́ха old woman

ста́рший elder, senior (16)

стать (*pf*.) *see* станови́ться *also*, to begin

статья́ article

ствол tree trunk

стена́ wall

стих verse

сто́ить: сто́ит, сто́ят to cost, to be worth

стол table

столе́тие century, centennial

столи́ца capital

столо́вая (*noun*) dining room, lunchroom

сторона́ side

стоя́нка (taxi) stand

стоя́ть: сто-ю́, -и́шь, -я́т to stand (12)

стоя́чий standing

страда́ть I/пострада́ть (*pf*.) to suffer

страна́ country

страни́ца page

стра́нный strange

страх fear

стра́шный frightful

стре́мя (*n*.) stirrup (4) (p. 9)

стро́гий strict, stern

стро́ить: стро́-ю, -ишь, -ят/постро́ить (*pf*.) to build

студе́нт (*f*. -ка) student (undergraduate)

студе́нческий student

стул chair (3)

стуча́ть: стуч-у́, -и́шь, -а́т/постуча́ть (*pf*.) to knock

сты́дно (+ *dat*.) ashamed

стюарде́сса   stewardess
суд   court
суди́ть : сужу́, су́д-ишь, -ят   to judge
су́дно   vessel (3, 4)
судьба́   fate
судья́ (*m.*)   judge (3)
сук   tree branch (3, 12)
суме́ть (*pf.*) *see* уме́ть
су́м/ка, -ок   handbag
су́мма   sum
суп   soup (4)
су́тки (*pl.*)   24-hour period (3, 4)
существо́   creature
существова́ть : существу́-ю, -ешь, -ют   to exist
схва́тывать I/схва́тить (*pf.*): схвачу́, схва́т-ишь, -ят   to catch
сходи́ть/сойти́ (*pf.*): *like* входи́ть/войти́ to descend (14)
сходи́ть (*pf.*): схожу́, схо́д-ишь, -ят   to walk somewhere and back (11)
сходи́ться/сойти́сь (*pf.*)   to assemble
сце́на   stage
счастли́вый   happy, lucky
сча́стье   happiness; к сча́стью fortunately
счёт   bill (3)
счёты (*pl.*)   abacus (3, 4)
счита́ть I/сосчита́ть (*pf.*) I   to count
счита́ться I (+ *instr.*)   to be considered (8)
сшить (*pf.*) *see* шить
съезд   congress, convention
съе́здить (*pf.*): съе́зжу, съе́зд-ишь, -ят   to drive somewhere and back (11)
съезжа́ть I/съе́хать (*pf.*): съе́д-у, -ешь, -ут   to drive down (14)
съезжа́ться/съе́хаться (*pf.*)   to assemble
съёмка   survey
съесть (*pf.*) *see* есть   to eat
съе́хать (*pf.*) *see* съезжа́ть
съе́хаться (*pf.*) *see* съезжа́ться
сыгра́ть (*pf.*) *see* игра́ть
сын   son (3, 4)
сын/о́к, -ка́   little son
сыр   cheese
сы́тый   filled up (16)
сюда́   (to) here (12)

таба́к   tobacco (4)
таджи́кский   Tadzik
тайко́м   secretly
так   so, this way (16)

та́кже   also
так как   since
тако́й   such (16)
такси́ (*n., inv.*)   taxi (3, 10)
там   there (12)
Та́ллин   Tallinn
та́н/ец, -ца   dance
танцева́ть : танцу́-ю, -ешь, -ют/потанце-ва́ть (*pf.*)   to dance
таре́л/ка, -ок   plate, dish
таска́ть (*indet.*) I—тащи́ть (*det.*)/потащи́ть (*pf.*)   to drag (10)
Ташке́нт   Tashkent
тащи́ть (*det.*) *see* таска́ть
Тбили́си   Tbilisi
твори́ть : твор-ю́, -и́шь, -я́т/сотвори́ть (*pf.*) to create
творо́г   pot cheese
тво́рчество   creative work
теа́тр   theater (12)
текст   text
телеви́зор   television
телегра́мма   telegram
тел/ёнок, -ёнка, (*pl.*) -я́та   calf
телефо́н   telephone
телефо́нный   telephone
те́ло   body
темнота́   darkness (3)
тёмный   dark
те́ннис   tennis
тео́рия   theory
тепе́рь   now, at present
тёплый   warm
те́рмин   term
терпе́ть : терплю́, те́рп-ишь, -ят/потерпе́ть (*pf.*)   to bear, to endure
террито́рия   territory
теря́ть I/потеря́ть (*pf.*)   to lose
тетра́дь (*f.*)   notebook
тётя   aunt (4)
тече́ние   current, flow
течь : теку́, течёшь, теку́т ; *past* тёк, текло́ to flow
тигр   tiger
тигр/ёнок, -ёнка, (*pl.*) -я́та   tiger cub
тишина́   quiet, silence
това́рищ   comrade, friend
тогда́   then
то́же   also
толпа́   crowd
толч/о́к, -ка́   bump

то́лько   only

то́лько что   have just

то́нна   ton

тону́ть: тон-у́, -ешь, -ут/утону́ть (*pf.*)
to drown

топо́р   ax

торт   cake

тот (же) са́мый   the same

то́ч/ка, -ек   point, period; . . . зре́ния point
of view

то́чный   exact, precise

трава́   grass

травоя́дный   herbivorous

тра́ктор   tractor

трамва́й   trolley, streetcar (10)

тра́нспорт (*sg.*)   transportation

тра́тить: тра́чу, тра́т-ишь, -ят/истра́тить
(*pf.*)   to waste, to spend

тре́бование   request, demand

тре́бовать: тре́бу-ю, -ешь, -ют/потре́бо-
вать (*pf.*)   to demand (5)

трено́жник   tripod

треуго́льник   triangle

три́жды   three times

тро́е   three (9)

Тро́ица   Trinity

тро́/йка, -ек   three; *C* (grade)

тролле́йбус   trackless trolley (10)

труба́   chimney

тру́б/ка, -ок   pipe

труд   labor, difficulty

труди́ться: тружу́сь, тру́д-ишься, -ятся
to labor

тру́дность   difficulty, obstacle

тру́дный   difficult

трудя́щийся (*noun*)   worker

трудолю́бие   willingness to work

труп   corpse

туда́   (to) there (12)

туре́цкий   Turkish

тури́ст   tourist

туркме́нский   Turkmen

тут   here

туши́ть: туш-у́, -ишь, -ат/потуши́ть (*pf.*)
to extinguish

тьма   darkness

тяжёлый   heavy; serious

у (+ *gen.*)   at, near (4, 12)

убега́ть I/убежа́ть (*pf.*): *like* бежа́ть   to
run away (13)

убеди́ться (*pf.*) *see* убежда́ться

убежа́ть (*pf.*) *see* убега́ть

убежда́ться I/убеди́ться (*pf.*): —, убед-
и́шься, -я́тся (в + *prep.*)   to become convinced (12)

уби́йца (*m., f.*)   murderer (3)

убира́ть I/убра́ть (*pf.*): убер-у́, -ёшь, -у́т
to tidy up

убо́рка   gathering

уважа́ть I   to respect

увезти́ (*pf.*) *see* увози́ть

увели́чивать I/увели́чить (*pf.*): увели́ч-у,
-ишь, -ат   to increase

уве́ренный   certain

увести́ (*pf.*) *see* уводи́ть

уви́деть (*pf.*) *see* ви́деть

увлека́ть I/увле́чься (*pf.*): увлеку́сь,
увлечёшься, увлеку́тся (+ *instr.*)   to be
fascinated by, to be absorbed in (8)

уводи́ть/увести́ (*pf.*): *like* вводи́ть/ввести́
to take away (13)

увози́ть/увезти́ (*pf.*): *like* ввози́ть/ввезти́
to take away (13)

угова́ривать I/уговори́ть (*pf.*): уговор-ю́,
-и́шь, -я́т   to persuade, to convince

у́г/ол, -ла   corner (12)

удава́ться: удаётся/уда́ться (*pf.*): уда́стся
to be successful (6)

уда́р   blow

уда́ча   success

уда́чный   successful

удивле́ние   surprise

удивля́ться I/удиви́ться (*pf.*): удивлю́сь,
удив-и́шься, -я́тся (+ *dat.*)   to be surprised (7)

удо́бный   comfortable

удово́льствие   pleasure

уезжа́ть I/уе́хать (*pf.*): уе́д-у, -ешь, -ут
to leave (13)

ужа́сный   dreadful

уже́   already

у́жин   supper

у́жинать I/поу́жинать (*pf.*)   to have supper

узбе́кский   Uzbek

узнава́ть: узна-ю́, -ёшь, -ю́т/узна́ть (*pf.*) I
to find out; to recognize

уйти́ (*pf.*) *see* уходи́ть

указа́тель (*m.*)   index

указа́тельный   demonstrative; index

ука́зывать I/указа́ть (*pf.*): укаж-у́, -ешь,
-ут   to show, to point out

украи́нский Ukrainian
укра́сть (*pf.*) *see* **красть**
укуси́ть (*pf.*) *see* **куса́ть**
улета́ть I/**улете́ть** (*pf.*): улечу́, улет-и́шь,
   -я́т to fly away (13)
ули́т/ка, -ок snail
у́лица outside
улыба́ться I/**улыбну́ться** (*pf.*): улыбн-у́сь,
   ёшься, -у́тся (+ *dat.*) to smile; (+ *dat.*)
   . . . at (7)
улы́б/ка, -ок smile
умере́ть (*pf.*) *see* **умира́ть**
уме́ть: уме́-ю, -ешь, -ут/**суме́ть** (*pf.*) to be
   able, to know how (6)
умира́ть I/**умере́ть** (*pf.*): умр-у́, -ёшь, -у́т;
   past у́мер, у́мерло, умерла́ to die
умно́женное на (+ *acc.*) multiplied by
у́мный intelligent
умыва́ть I/**умы́ть** (*pf.*): умо́-ю, -ешь, -ют
   to wash off
унести́ (*pf.*) *see* **уноси́ть**
универса́льный universal; . . . **магази́н**
   department store
университе́т university
университе́тский university
уничтожа́ть I/**уничто́жить** (*pf.*): уничто́ж-у,
   -ишь, -ат to destroy, to annihilate
уноси́ть/унести́ (*pf.*): *like* **вноси́ть/внести́**
   to carry off (13)
упа́сть (*pf.*) *see* **па́дать**
уплыва́ть I/**уплы́ть** (*pf.*): уплыв-у́, -ёшь,
   -у́т to swim off (13)
упо́рный stubborn
употребле́ние use
употребля́ть I/**употреби́ть** (*pf.*): употре-
   бло́, употреб-и́шь, -я́т to use
управля́ть I (+ *instr.*) to govern (8)
упражне́ние exercise
урожа́й harvest
уро́к lesson
урони́ть (*pf.*) *see* **роня́ть**
уси́ливать I/**уси́лить** (*pf.*): уси́л-ю, -ишь,
   -ят to strengthen
уси́лие effort
усло́вие condition
услы́шать (*pf.*) *see* **слы́шать**
успева́ть I/**успе́ть** (*pf.*): успе́-ю, -ешь, -ют
   to have time to (6)
успе́х success (3)
успе́шный successful
устава́ть: уста-ю́, -ёшь, -у́т/**уста́ть** (*pf.*):

уста́н-у, -ешь, -ут to get tired
у́стный oral
устра́ивать I/**устро́ить** (*pf.*): устро́-ю,
   -ишь, -ят to set up
усы́ (*pl.*) moustache
ут/ёнок, -ёнка, (*pl.*) **-я́та** duckling
у́т/ка, -ок duck
утону́ть (*pf.*) *see* **тону́ть**
у́тро morning (8)
утю́г an iron
у́хо ear (3, 4)
уходи́ть/уйти́ (*pf.*): *like* **входи́ть/войти́**
   to leave (13)
уча́ствовать: уча́ству-ю, -ешь, -ют (в +
   prep.) to take part (12)
уча́стие part (participation)
уче́бник textbook
уче́бный academic, school
уче́ние studies
учен/и́к (*f.* **-и́ца**) pupil
учёный scholarly; a scientist, scholar (3)
учи́тель (*m.*) teacher (3)
учи́тельница (*f.*) teacher
учи́тельская (*noun*) teachers' room
учи́тельский teachers'
учи́ть: уч-у́, -ишь, -ат/**вы́учить** (*pf.*) to
   learn by heart; **научи́ть** (*pf.*) to teach (1)
учи́ться to be a student
учи́ться/научи́ться (*pf.*) to study (1, 6, 7)

фа́брика factory (12)
фа́кел torch
факт fact
факульте́т department (of a university)
фами́лия surname
фасо́ль (*f., sg.*) beans
фи́зик physicist
фи́зика physics
физи́ческий physical, physics
Филаде́льфия Philadelphia
филатели́ст stamp collector
филологи́ческий philological
фило́соф philosopher
филосо́фия philosophy
филосо́фский philosophical
фильм film
фи́ниш finish line
фиоле́товый purple
флаг flag
флот fleet
фо́рма form

фотографи́рование photography
фра́за phrase
Фра́нция France
францу́з (*f.* францу́жен/ка, -ок) Frenchman (woman)
францу́зский French
фронт (battle) front
фрукт fruit
Фру́нзе Frunze
футбо́л football

хвост tail
хи́мик chemist
хими́ческий chemical, chemistry
хи́мия chemistry
хиру́рг surgeon
хи́щный predatory
хлеб bread
хо́бот trunk
ходи́ть (*indet.*)—идти́ (*det.*)/пойти́ (*pf.*): пойд-у́, -ёшь, -у́т; *past* пошёл, пошло́ to walk, to go (10, 11)
хозя́ин host (3)
хозя́/йка, -ек hostess, housewife
хо́лод cold
холоде́ть: холоде́-ю, -ешь, -ют/похолоде́ть (*pf.*) to grow cold
холо́дный cold
холостя́к bachelor
хоте́ть: хочу́, хо́чешь, хо́чет, хоти́м, хоти́те, хотя́т/захоте́ть (*pf.*) to want (2, 5, 6, 17)
храни́ться: храни́тся, храня́тся to be kept
худо́жник artist
ху́дший worse, worst (16)
ху́же worse (16)

царь (*m.*) tsar
цвести́: цвет-у́, -ёшь, -у́т/зацвести́ (*pf.*) to bloom
цвет color (3)
цветно́й colored
цвето́к flower (3)
целина́ virgin soil; подня́тая ... newly plowed ...
цель (*f.*) goal
це́лый whole, all
цена́ price
центр center
це́рк/овь, -ви church (8) (p. 8)

цирк circus
ци́фра figure (number)
цыпл/ёнок, -ёнка, (*pl.*) -я́та chick

чай tea (4)
ча́йка seagull
ча́йный tea
час hour (9, 12)
части́ца particle
ча́сто often
часть (*f.*) part
часы́ (*pl.*) clock, watch (3, 4)
ча́ш/ка, -ек cup
че́й-нибудь anyone's, someone's (18)
че́й-то someone's (18)
чек check
челове́к (*sg.*) person, human being, man (3, 4) (p. 10)
челове́ческий human
челове́чество humanity (3)
чем than (16)
чемода́н suitcase
че́рез (+ *acc.*) within (time), through (space) (5, 14)
черепа́ха turtle
черни́ла (*pl.*) ink (3, 4)
чёрный black
чёрт devil
чертёж sketch
черти́ть: черчу́, чёрт-ишь, -ят/начерти́ть (*pf.*) to draw
честь (*f.*) honor
четвёр/ка, -ок four; *B* (grade)
чётный even (numbers)
че́тверо four (9)
че́тверть (*f.*) quarter (9)
че́шский Czech
Чика́го (*m., inv.*) Chicago (3)
чис/ло́, -ел number, date (9)
чита́льный зал reading room
чита́тель (*m.*) reader
чита́тельский reader's
чита́ть I/прочита́ть (*pf.*) to read (2)
чиха́ть I/чи́хнуть (*pf.*): чи́хн-у, -ешь, -ут to sneeze
член member
чте́ние reading
что́бы in order to (17)
что́-нибудь something, anything
что́ за (+ *nom.*) what kind of

что́-то   something (18)

чу́вствовать: чу́вству-ю, -ешь, -ют/почу́в-
ствовать (*pf.*)   to feel (2, 5, 18)

чуде́сный   miraculous

чу́до   miracle (3) (p. 9)

чудо́вище   monster

чужо́й   someone else's, strange, foreign

чуло́к   stocking (4)

шампа́нское (*noun*)   champagne (3)

ша́п/ка, -ок   cap

ша́хматы (*pl.*)   chess (3, 4)

шёлковый   silk

шестёр/ка, -ок   six

ше́стеро   six (9)

ше́я   neck

шимпанзе́ (*m., inv.*)   chimpanzee (3)

шине́ль (*f.*)   overcoat

шить: шь-ю, -ёшь, -ют/сшить (*pf.*):
сошь-ю́, -ёшь, -ю́т   to sew (6, 17)

шкаф   closet (12)

шко́ла   school

шля́па   hat

шокола́д   chocolate (4)

шоссе́ (*n., inv.*)   highway (3)

штат   state

штраф   fine

шум   noise (4)

шуме́ть: шумлю́, шу́м-ишь, -ят/зашуме́ть
(*pf.*)   to be noisy

шу́мный   noisy

щека́   cheek

щен/о́к, -ка́   puppy (p. 10)

щи (*pl.*)   cabbage soup (3, 4)

щит   shield

экза́мен   exam

экзамена́тор   examiner

эконо́мика   economics

экономи́ст   economist

экономи́ческий   economic

экра́н   screen

экску́рсия   excursion

электри́ч/ка, -ек   electric train (10)

электри́ческий   electric

эне́ргия   energy (3)

э́ра   era

эсто́нский   Estonian

эта́ж   floor, story

э́то (*inv.*)   this is, these are (16, 18)

юг   south

ю́жный   southern

ю́ноша (*m.*)   youth (3, 4)

юриди́ческий   law

юриспруде́нция   law (science of)

юри́ст   lawyer

я́блоко   apple (3)

явля́ться I/яви́ться (*pf.*): явлю́сь, я́в-
ишься, -ятся   to appear (8)

ягн/ёнок, -ёнка, (*pl.*) -я́та   lamb

я́года   berry

язы́к   tongue; language

яйцо́ (*pl.* я́йца, яи́ц)   egg

я́сный   clear

я́щик   drawer, box

English - Russian vocabulary

The following groups of words are not included in the English-Russian Vocabulary.

1. Words used only in titles (of books, etc.).
2. Some words glossed in readings or used as examples in grammar sections and translated in the text.
3. Words given for recognition knowledge.
4. Grammar terms used in directions to the exercises.

Grammatical information is usually not given in the English-Russian Vocabulary. If a student is uncertain of the forms of a word, he is advised to check the Russian-English Vocabulary.

A (grade) пятёрка
abacus счёты
abandon броса́ть/бро́сить
ability спосо́бность
able, be мочь/смочь, уме́ть/суме́ть
about (concerning) о, об, о́бо
above над
abroad за грани́цу, за грани́цей
absorbed, be . . . in увлека́ться/увле́чься
academy акаде́мия
accept принима́ть/приня́ть
accidental случа́йный
according to по
accusation обвине́ние
accusative вини́тельный
accuse обвиня́ть/обвини́ть
accused (*noun*) обвиня́емый
achieve достига́ть/дости́гнуть
achievement достиже́ние
acknowledged при́знанный
acquaintance знако́мый

acquainted, get знако́миться/познако́миться
action де́йствие
actor актёр, арти́ст
actress актри́са
actually действи́тельно
address а́дрес
admire любова́ться/полюбова́ться
admit признава́ться/призна́ться
adult взро́слый
advice сове́т
advise сове́товать/посове́товать
affair де́ло
afraid, be . . . of боя́ться
Africa А́фрика
African африка́нский
after по́сле
again опя́ть
against (opposed to) про́тив
age во́зраст
age, person of the same рове́сник

aggressive агресси́вный

ago наза́д; long . . . давно́; not long . . .
неда́вно

agree соглаша́ться/согласи́ться; дого-
вори́ться (pf.)

agreed согла́сен

agreement догово́р

air во́здух

aircraft carrier авионо́сец

airliner возду́шный ла́йнер

airplane самолёт

airport аэродро́м

air raid налёт

alarm clock буди́льник

alive живо́й

all весь; . . . the same всё равно́; . . . the
time всё вре́мя

ally сою́зник

Alma-Ata Алма-Ата́

almost почти́

alone (adj.) оди́н

along по

aloud вслух

alphabetical алфави́тный

already уже́

also та́кже, то́же

altitude высота́

always всегда́

America Аме́рика

American америка́н/ец, -ка

ancient дре́вний

and а, и

anecdote анекдо́т

angry серди́тый; to get . . . серди́ться/
рассерди́ться

animal живо́тное, зверь; adj. живо́тный

animal raising животново́дство

annihilate уничтожа́ть/уничто́жить

announce объявля́ть/объяви́ть

announcement объявле́ние

annoy меша́ть/помеша́ть

answer отве́т; to . . . отвеча́ть/отве́тить

ant мураве́й

anthology сбо́рник

anthropological антропологи́ческий

anthropologist антропо́лог

anthropology антрополо́гия

antonym анто́ним

any любо́й; in . . . way ка́к-нибудь;
. . . kind of како́й-нибудь

anyone кто́-нибудь

anyone's че́й-нибудь

anything что́-нибудь

any time когда́-нибудь

anywhere где́-нибудь; to . . . куда́-нибудь

apartment кварти́ра

appear появля́ться/появи́ться, явля́ться/
яви́ться

appetite аппети́т

applaud аплоди́ровать

apple я́блоко

approach подхо́д; to . . . приближа́ться/
прибли́зиться, подходи́ть/подойти́,
подъезжа́ть/подъе́хать

April апре́ль

architect архите́ктор

architectural архитекту́рный

architecture архитекту́ра

argue спо́рить/поспо́рить

arithmetic арифме́тика

arm рука́

armchair кре́сло

Armenia Арме́ния; adj. армя́нский

army а́рмия

around вокру́г; (approximation) о́коло

arrange располага́ть/расположи́ть,
устра́ивать/устро́ить

arrest аресто́вывать/арестова́ть

arrival прие́зд, прихо́д

arrive приезжа́ть/прие́хать, прилета́ть/
прилете́ть, приплыва́ть/приплы́ть,
приходи́ть/прийти́

arson поджо́г

arsonist поджига́тель

art иску́сство

article статья́

artist (painter) худо́жник

ascend поднима́ться/подня́ться

ascent подъём

ashamed сты́дно

Ashkhabad Ашхаба́д

ask спра́шивать/спроси́ть; to . . . for
проси́ть/попроси́ть; to . . . a question
задава́ть/зада́ть вопро́с

aspect вид

aspirin аспири́н

assemble сходи́ться/сойти́сь, съезжа́ться/
съе́хаться

assign задава́ть/зада́ть

assignment зада́ние

assistant помо́щник

astronomer астроно́м

astronomical астрономи́ческий
astronomy астроно́мия
at в, на, у
attack нападе́ние; **to** . . . напада́ть/
напа́сть
attain доби́ться (*pf.*)
attend посеща́ть/посети́ть
attention внима́ние; **to pay** . . . обраща́ть/
обрати́ть
attentive внима́тельный
attitude отноше́ние
audience зри́тели (*pl.*)
August а́вгуст
aunt тётя
Australia Австра́лия
author а́втор
authority авторите́т
automobile автомоби́ль
autumn о́сень; *adj.* осе́нний
avoid избега́ть/избежа́ть
await ожида́ть
aware, be . . . **of** сознава́ть/созна́ть
ax топо́р
Azerbaijanian азербайджа́нский

B (grade) четвёрка
bachelor холостя́к
back наза́д, обра́тно; **(spine)** спина́
bad плохо́й
baggage бага́ж
bake печь/испе́чь
bakery бу́лочная
Baku Баку́
ball мяч; **(dance)** бал
Baltic балти́йский
banana бана́н
bank банк; **(of a river)** бе́рег
barber парикма́хер
barber shop парикма́херская
barge ба́ржа
based on, be осно́вываться на
basketball баскетбо́л
bat лету́чая мышь
bath ва́нна
bathroom ва́нная
battle бой
be быть; **to** . . . **located** находи́ться
beak клюв
beans фасо́ль
bear медве́дь; . . . **cub** медвежо́нок
beard борода́

beat бить; **to** . . . **against** би́ться
beautiful краси́вый
because потому́ что; . . . **of** из-за, благо-
да́ря
become станови́ться/стать
bed крова́ть; **to go to** . . . ложи́ться/лечь
спать
bedroom спа́льня
bee пчела́
beef говя́дина
beer пи́во
beetle жук
beets свёкла
before до, пе́ред
begin начина́ть/нача́ть, стать (*pf.*);
. . . **(time)** наступа́ть/наступи́ть
beginning нача́ло
behave вести́ себя́
behavior поведе́ние
behind за
believe ве́рить/пове́рить; **to** . . . **in** . . . в
bell ко́локол; **(sound)** звоно́к
to belong to принадлежа́ть; **to** . . . **an**
organization . . . к
belt по́яс
bench скаме́йка
benefit по́льза
Berlin Берли́н
berry я́года
besides кро́ме
better лу́чше, лу́чший; **best** лу́чший
betray изменя́ть/измени́ть (+ *dat.*)
between ме́жду
beyond за
bicentennial двухсотле́тие
bicycle велосипе́д
big большо́й; **bigger** бо́льший
bilingual двуязы́чный
bill счёт
biological биологи́ческий
biologist био́лог
biology биоло́гия
bird пти́ца
birth рожде́ние
bite куса́ть/укуси́ть
bitter го́рький
black чёрный
blame вини́ть
blank бланк
blaze разгора́ться/разгоре́ться
blood кровь

bloom цвести́/зацвести́
blot пятно́
blow уда́р
blue (dark) си́ний; **(light)** голубо́й
board доска́
boat ло́дка
body те́ло
bold сме́лый
Bolshevik большеви́к
bone кость
book кни́га; *adj.* кни́жный
book stack книгохрани́лище
boot сапо́г
boring ску́чный
born, be рожда́ться/роди́ться
borrow брать/взять
borsch борщ
both и . . . и, о́ба
bottle буты́лка
boulevard бульва́рь
boundary грани́ца
box я́щик
boy ма́льчик
branch (of a tree) сук
bread хлеб; **white . . .** бато́н
break (*tr.*) лома́ть/слома́ть
breakfast за́втрак; **to have . . .** за́втракать/
    поза́втракать
bribe взя́тка
bride неве́ста
bridge мост
briefcase портфе́ль
bright я́ркий
brilliant гениа́льный
bring приводи́ть/привести́, привози́ть/
    привезти́, приноси́ть/принести́; **to . . . in**
    вводи́ть/ввести́
broadcast переда́ча; **to . . .** передава́ть/
    переда́ть
brother брат
brown кори́чневый
bucket ведро́
build стро́ить/постро́ить
building зда́ние
Bulgarian болга́рский
bureau бюро́
burn ожо́г; **to . . .** *tr.* жечь/сжечь, *intr.*
    горе́ть/сгоре́ть; **to . . . (one's hand. etc.)**
    обжига́ть/обже́чь
burning жгу́чий
burrow нора́

bus авто́бус
bush куст
business де́ло
busy заня́то́й
but а, но
butter ма́сло
butterfly ба́бочка
buy покупа́ть/купи́ть
Byelorussian белору́сский

C (grade) тро́йка
cabbage капу́ста
cabbage soup щи
café кафе́
cage кле́тка
cake торт
calculation исчисле́ние
calendar календа́рь
calf телёнок
call звать/позва́ть; **to . . . by phone**
    звони́ть/позвони́ть
called, be называ́ться
calm споко́йный
camel верблю́д
camera аппара́т
campfire костёр
cancel отменя́ть/отмени́ть
candle свеча́
candy конфе́ты (*pl.*)
cap ша́пка
capital столи́ца
car маши́на
card ка́рта, ка́рточка
careful осторо́жный
cargo груз
carrots морко́вь
carry носи́ть—нести́/понести́; **to . . . in**
    вноси́ть/внести́; **to . . . off** уноси́ть/
    унести́; **to . . . out** выноси́ть/вы́нести;
    to . . . together сноси́ть/снести́
cash box ка́сса
cashier касси́р, -ша
cat кот, ко́шка
catalogue катало́г
catch лови́ть/пойма́ть; **to . . . up to**
    догоня́ть/догна́ть
catching (fish, etc.) ло́вля
cathedral собо́р
Caucasus Кавка́з
caviar икра́
celebrate пра́здновать

centennial столе́тие
center центр
centimeter сентиме́тр
century столе́тие, век
cereal ка́ша
certain уве́ренный; **a . . .** оди́н
chair стул
chalk мел
champagne шампа́нское
change переме́на, измене́ние; **(money)** сда́ча; **to . . .** изменя́ть(ся)/измени́ть(ся)
chapter глава́
chase гоня́ть—гнать/погна́ть, загоня́ть/ загна́ть, прогоня́ть/прогна́ть
cheap дешёвый
check проверя́ть/прове́рить
checkpoint контро́ль
cheek щека́
cheerful бо́дрый, весёлый
cheese сыр; **pot . . .** творо́г
chemical, chemistry (*adj.*) хими́ческий
chemist хи́мик
chemistry хи́мия
chess ша́хматы (*pl.*)
chest (body) грудь
chicken ку́рица; **chick** цыплёнок
chief глава́, вождь
child ребёнок
childhood де́тство
children де́ти
children's де́тский
chimpanzee шимпанзе́
chin подборо́док
China Кита́й
Chinese кита́ец, кита́йка; *adj.* кита́йский
chocolate шокола́д
choice вы́бор
choose выбира́ть/вы́брать
Christmas Рождество́; **. . . tree** ёлка
chronicle ле́топись
chronicler летопи́сец
church це́рковь
circle круг; **to . . . (fly)** облета́ть/облете́ть
circus цирк
citizen граждани́н
citizenship гражда́нство
city го́род; *adj.* городско́й
civil гражда́нский
class(es) заня́тия (*pl.*); **(group)** класс
classroom аудито́рия

clean чи́стый
clear я́сный
climate кли́мат
climb ла́зить—лезть/поле́зть
cloakroom раздева́лка
clock часы́ (*pl.*)
close бли́зкий
close закрыва́ть/закры́ть
closet шкаф
clothing оде́жда
cloud о́блако
cloudy о́блачный
club (group) кружо́к; **(building)** клуб
coat пальто́
coffee ко́фе; **. . . pot** кофе́йник
coincide совпада́ть/совпа́сть
cold хо́лод; *adj.* холо́дный; **to become . . .** холоде́ть/похолоде́ть
collect собира́ть/собра́ть
collective farm колхо́з
colloquial разгово́рный
colon двоето́чие
color цвет
colored цветно́й
colt жеребёнок
come приезжа́ть/прие́хать, приходи́ть/ прийти́
comedy коме́дия
comfortable удо́бный
common обыкнове́нный
communicate сообща́ть/сообщи́ть
communication сообще́ние
communism коммуни́зм
communist коммунисти́ческий
compare сра́внивать/сравни́ть
comparison сравне́ние
competition соревнова́ние
complain жа́ловаться/пожа́ловаться
completely совсе́м, вполне́
compose составля́ть/соста́вить
composer компози́тор
composition сочине́ние
comprehensible поня́тный
comrade това́рищ
conception поня́тие
concern каса́ться/косну́ться
concert конце́рт
conclusion вы́вод
condition усло́вие
conduct води́ть—вести́

conductor кондуктор
conference конференция
confidence доверие
congress съезд
connect связывать/связать
conscientious сознательный
consciousness сознание
considered, be считаться
consist of состоять из
consolidate объединять/объединить
constantly постоянно
contain содержать
contemporary современный
continent континент
continuation продолжение
continue продолжать
control (*adj.*) контрольный
convention съезд
conversation разговор
converse разговаривать
convince уговаривать/уговорить
convinced, become убеждаться/убедиться
cook повар
cookies печенье
cool прохладный, свежий
copy списывать/списать; **to . . . out**
  выписывать/выписать
cordial сердечный
corner угол
corpse труп
correct правильный; **to . . .** исправлять/
  исправить
correspond переписываться
correspondence переписка
corridor коридор
cosmonaut космонавт
cost стоить
cottage (summer) дача
cough кашель
count считать/сосчитать
counter прилавок
country(side) деревня; *adj.* деревенский
courage мужество
course, of конечно
court суд
cousin двоюродный брат, двоюродная
  сестра
cover покрывать/покрыть
cow корова
crab краб

crawl ползать—ползти/поползти
cream сливки (*pl.*)
create создавать/создать, творить/
  сотворить
creative work творчество
creature существо
crime преступление
critical критический
crocodile крокодил
cross переходить/перейти
crosswalk переход
crossword puzzle кроссворд
crowd толпа
cry плакать/заплакать
crybaby плакса
cucumber огурец
cultivate обрабатывать/обработать
cultivation обработка
cup чашка
cure вылечить (*pf.*)
current течение
customer покупатель
Czech чешский

dairy молочная
dance танец; **to . . .** танцевать/потанце-
  вать
dangerous опасный
dark тёмный
darkness темнота, тьма
data данные
date число
dative дательный
daughter дочь
day день; (**24 hours**) сутки (*pl.*)
daybreak рассвет
daydream мечта; **to . . .** мечтать
day off выходной день
deaf глухой
dear дорогой
death смерть
decade десятилетие
December декабрь
decide решать/решить
decimal (*adj.*) десятичный
decision решение
declaration декларация
deep глубокий
defend защищать/защитить
defendant подсудимый

defense защи́та; . . . lawyer защи́тник
degree сте́пень
delicatessen (*adj.*) гастрономи́ческий
delicatessen foods гастроно́мия
delegate делега́т
delegation делега́ция
demand тре́бование; to . . . тре́бовать/
  потре́бовать
demonstrator демонстра́нт
dental зубно́й
dentist зубно́й врач
department отде́л; (university) факульте́т;
  . . . store универса́льный магази́н
departure отхо́д, отъе́зд
deprivation лише́ние
descend спуска́ться/спусти́ться, сходи́ть/
  сойти́
describe опи́сывать/описа́ть
description описа́ние
desert пусты́ня
desire жела́ние
desk пи́сьменный стол
dessert сла́дкое
destroy уничтожа́ть/уничто́жить
detail, in подро́бно
devil чёрт
dial набира́ть/набра́ть
dialect диале́кт
dialogue диало́г
diary дневни́к
dictation дикта́нт
dictionary слова́рь
die умира́ть/умере́ть; to . . . out погиба́ть/
  поги́бнуть
difference ра́зница; (math) ра́зность
different ра́зный
difficult тру́дный
difficulty труд, тру́дность
dining room столо́вая
dinner обе́д; to have . . . обе́дать/пообе́-
  дать
diplomatic дипломати́ческий
direct руководи́ть, направля́ть/напра́вить
direction направле́ние
director дире́ктор
disappear исчеза́ть/исче́знуть
discipline дисципли́на
discovery откры́тие
discuss обсужда́ть/обсуди́ть
discussion обсужде́ние
dishonesty нече́стность

dismiss отпуска́ть/отпусти́ть
dissatisfied недово́льный
dissertation диссерта́ция
dissolve растворя́ть/раствори́ть
dissuade отгова́ривать/отговори́ть
distribute развози́ть/развезти́, раздава́ть/
  разда́ть, разноси́ть/разнести́
disturb меша́ть/помеша́ть
dive ныря́ть/нырну́ть
divided, be дели́ться/раздели́ться
divided by делённое на
divine боже́ственный
divorce разво́д
divorced, be разводи́ться/развести́сь
Dnieper Днепр
do де́лать/сде́лать
doctor до́ктор; (medical) врач
document докуме́нт
dog соба́ка
dolphin дельфи́н
domestic дома́шний
domination госпо́дство
Don Дон
door дверь
dormitory общежи́тие
double двойни́к
doubt сомнева́ться
doughnut по́нчик
dove го́лубь
down from с
downward вниз
drag таска́ть—тащи́ть/потащи́ть
draw рисова́ть/нарисова́ть
drawer я́щик
drawing рисова́ние; (picture) рису́нок
dreadful ужа́сный
dream сон
dress пла́тье; to . . . одева́ть(ся)/оде́ть(ся)
drink напи́ток; to . . . пить/вы́пить
drive вози́ть—везти́/повезти́; (round trip)
  съе́здить (*pf.*); to . . . a car води́ть
  маши́ну; to . . . across *intr.* переезжа́ть/
  перее́хать; to . . . around объезжа́ть/
  объе́хать; to . . . away отъезжа́ть/
  отъе́хать; to . . . down съезжа́ть/съе́хать;
  to . . . for a while пое́здить (*pf.*); to . . . in
  въезжа́ть/въе́хать; to . . . out выезжа́ть/
  вы́ехать; to . . . past проезжа́ть/прое́хать
driver води́тель
drop (accidentally) роня́ть/урони́ть;
  (purposely) опуска́ть/опусти́ть

drop in заезжа́ть/зае́хать, заходи́ть/зайти́;
  (running) забега́ть/забежа́ть
drop off (*tr.*) завози́ть/завезти́
drown тону́ть/утону́ть
druggist апте́карь
drugstore апте́ка
drunkard пья́ница
dry сухо́й
duck у́тка; **duckling** утёнок
due to благодаря́
during во вре́мя
Dushanbe Душанбе́

each ка́ждый
eagle орёл; **eaglet** орлёнок
ear у́хо
early ра́но
earn зараба́тывать/зарабо́тать
earth земля́
earthly земно́й
earthquake землетрясе́ние
east восто́к
eastern восто́чный
easy лёгкий
eat есть/съесть
economic экономи́ческий
economics эконо́мика
economist экономи́ст
edge край
edition изда́ние
education образова́ние
educator педаго́г
effort уси́лие
egg яйцо́
elbow ло́коть
elder ста́рший
elderly пожило́й
elect выбира́ть/вы́брать
election вы́боры (*pl.*)
electric электри́ческий; **. . . train**
  электри́чка
elephant слон; **. . . calf** слонёнок
elevated надзе́мный
elevator лифт
embrace обнима́ть/обня́ть
emotion волне́ние
employed, be служи́ть
employee слу́жащий
empty пусто́й
end коне́ц; **to . . .** конча́ть(ся)/ко́нчить(ся)
endure (*tr.*) терпе́ть/потерпе́ть

enemy враг
energy эне́ргия
engineer инжене́р
engineering инжене́рный
England А́нглия
English англи́йский
Englishman (woman) англича́н/ин, -ка
enormous огро́мный
enter входи́ть/войти́ в
entitled, be называ́ться
entrance вход, въезд
envy за́висть; **to . . .** зави́довать/
  позави́довать
equal, be равня́ться
equality ра́венство
era э́ра
especially осо́бенно
Estonian эсто́нский
et cetera, etc. и так да́лее, и т. д.
eternal ве́чный
Europe Евро́па
European европе́йский
even да́же
evening ве́чер; *adj.* вече́рний
event слу́чай, собы́тие
every ка́ждый
everyone все
everything всё
everywhere везде́, всю́ду
evidently очеви́дно
exact то́чный
exactly ро́вно, и́менно, как раз
exam экза́мен; **to take/pass an . . .**
  сдава́ть/сдать экза́мен
examination (medical) осмо́тр
examine осма́тривать/осмотре́ть
example приме́р; **for . . .** наприме́р
excellent прекра́сный
except кро́ме
exceptionally исключи́тельно
excursion экску́рсия
excuse извиня́ть/извини́ть
exercise упражне́ние
exhibit вы́ставка
exist существова́ть
existence житьё
exit вы́ход, вы́езд
expenses расхо́ды
expensive дорого́й
experience (жи́зненный) о́пыт; *adj.*
  о́пытный

experiment о́пыт
experimental подо́пытный
explain объясня́ть/объясни́ть
explanation объясне́ние
explosion взрыв
export вы́воз; *adj.* вывозно́й; **to ...**
    вывози́ть/вы́везти
expression выраже́ние
extinguish туши́ть/потуши́ть
extra ли́шний
eye глаз
eyebrow бровь
eyeglasses очки́

F (grade) дво́йка
face лицо́
fact факт
factory заво́д, фа́брика
fail прова́ливаться/провали́ться
fair справедли́вый
fairy tale ска́зка; *adj.* ска́зочный
faith ве́ра
faithful ве́рный
faithfulness ве́рность
fall па́дать/упа́сть; **to ... asleep**
    засыпа́ть/засну́ть
familiar знако́мый
family семья́
famous знамени́тый
fantastic ска́зочный
far (from) далеко́ (от)
fare про́езд
farmer земледе́лец
farming земледе́лие
fascinated, be увлека́ться/увле́чься
fasten пристёгивать/пристегну́ть
fat жир; *adj.* то́лстый
fate судьба́
father оте́ц
fault вина́; **at ...** винова́т
favorite люби́мый
fear страх; **to ...** боя́ться
feather перо́
February февра́ль
feel чу́вствовать/почу́вствовать
fence забо́р
fever жар
few ма́ло
fiancée неве́ста
field по́ле

figurative перено́сный
figure (number) ци́фра
fill заполня́ть/запо́лнить
film фильм
finally наконе́ц
find нахо́дка; **to ...** находи́ть/найти́;
    to ... out узнава́ть/узна́ть
fine штраф
finger па́лец
finish конча́ть/ко́нчить, зака́нчивать/
    зако́нчить
finish line фи́ниш
fire ого́нь, пожа́р; *adj.* пожа́рный;
    ... engine ... маши́на; **... man**
    пожа́рный; **to catch ...** загора́ться/
    загори́ться; **to set ... to** поджига́ть/
    подже́чь
firewood дрова́ (*pl.*)
first во-пе́рвых; **at ...** снача́ла; **for the ...**
    time в пе́рвые
fish ры́ба; *adj.* ры́бный
fisherman рыба́к
five (*coll.*) пя́теро
Five-Year Plan пятиле́тка
flag флаг
fleet флот
flier лётчик
flight полёт
floor пол; **(story)** эта́ж
flour мука́
flow течь
flower цвето́к
fly му́ха; **to ...** лета́ть—лете́ть/полете́ть;
    to ... around облета́ть/облете́ть; **to ...**
    away улета́ть/улете́ть; **to ... down**
    слета́ть/слете́ть; **to ... for a while**
    полета́ть (*pf.*); **to ... in** влета́ть/влете́ть;
    to ... out вылета́ть/вы́лететь; **to ... up**
    взлета́ть/взлете́ть
folk наро́дный
following сле́дующий
food еда́; **... store** гастроно́м
foot нога́; **on ...** пешко́м
football футбо́л
for в, для, за, на
forbidden нельзя́
force заставля́ть/заста́вить
forehead лоб
foreign иностра́нный
forest лес

forestry   лесово́дство
forget   забыва́ть/забы́ть; to . . . how разу́чиваться/разучи́ться
forgive   проща́ть/прости́ть
forgiveness   извине́ние
fork   ви́лка
form   бланк, ка́рточка, фо́рма
formation   образова́ние
formerly   ра́ньше
fortunately   к сча́стью
forward   вперёд
found   осно́вывать/основа́ть
founder   основа́тель
four (coll.)   че́тверо
France   Фра́нция
free   свобо́дный; to . . . освобожда́ть/ освободи́ть
freedom   свобо́да
freeing   освобожде́ние
freeze   замерза́ть/замёрзнуть; to . . . together смерза́ться/смёрзнуться
freight   груз
French   францу́зский
Frenchman (woman)   францу́з, францу́женка
frequent   ча́стый
fresh   све́жий
Friday   пя́тница
fried   жа́реный
friend   друг
friendly   дру́жный
fright   испу́г
frightened, be   пуга́ться/испуга́ться
frightful   стра́шный
from   из, от, с; . . . behind из-за; . . . under из-под
front (military)   фронт
frost   моро́з
fruit   фрукт; . . . drink лимона́д
Frunze   Фру́нзе
fry   жа́рить/пожа́рить
fulfill   выполня́ть/вы́полнить
full   по́лный, сы́тый
funeral   по́хороны (pl.)
furniture   ме́бель
further   да́льше
future   бу́дущий

game   игра́
garage   гара́ж

garden   сад
gardener   садо́вник
gasoline   бензи́н
gate   воро́та (pl.)
gathering (of harvest)   убо́рка
gender   род
general   всео́бщий; in . . . вообще́
general   генера́л
genitive   роди́тельный
genius   ге́ний
geographer   гео́граф
geographic   географи́ческий
geography   геогра́фия
geological   геологи́ческий
geologist   гео́лог
geology   геоло́гия
Georgian   грузи́нский
German   не́мец, не́мка; adj. неме́цкий
Germany   Герма́ния
get up   встава́ть/встать
giant   велика́н
gift   пода́рок
giraffe   жира́ф
girl   де́вочка, де́вушка; . . . friend подру́га
give   дава́ть/дать; (a gift) дари́ть/ подари́ть; to . . . back возвраща́ть/ верну́ть; to . . . up сдава́ть/сдать
given   да́нный
glance   взгляд
glass (drinking)   стака́н
go   ходи́ть—идти́/пойти́; to . . . out выходи́ть/вы́йти; to . . . away уходи́ть/ уйти́; to . . . through проходи́ть/пройти́
goal   цель
God   Бог
gold   зо́лото; adj. золото́й; . . . fish золота́я ры́бка
good   хоро́ший
goose   гусь
gosling   гусёнок
govern   управля́ть
government   прави́тельство
grade (mark)   отме́тка
gradually   постепе́нно
graduate student   аспира́нт, кандида́т
gram   грамм
grammar   грамма́тика
granddaughter   вну́чка
grandfather   де́душка
grandmother   ба́бушка

grandson внук
grapes виногра́д
grass трава́
grateful благода́рный
gray се́рый; . . . **haired** седо́й
great вели́кий
great granddaughter пра́внучка
great grandfather пра́дед
great grandmother праба́бушка
great grandson пра́внук
green зелёный
grief го́ре
groceries бакале́я
grocery бакале́йный, продово́льствен-
  ный; . . . **store** гастроно́м
ground (*adj.*) назе́мный
group гру́ппа
grow расти́/вы́расти
growth рост
guard охраня́ть/охрани́ть
guest гость
guide проводни́к, руководи́тель; **to** . . .
  руководи́ть; . . . **book** путеводи́тель
guitar гита́ра
gun ружьё

habit привы́чка
hair во́лос
half полови́на
ham ветчина́
hand рука́; **to** . . . **over** отдава́ть/отда́ть
handbag су́мка
handsome краси́вый
hang ве́шать/пове́сить; **to be** . . . **ing**
  висе́ть/повисе́ть
happen происходи́ть/произойти́,
  случа́ться/случи́ться
happiness сча́стье
happy рад, счастли́вый
hard твёрдый
hardly едва́, е́ле
hare за́яц; **young** . . . зайчо́нок
harmful вре́дный
harmless безоби́дный
harvest урожа́й
hat шля́па
hate ненави́деть
have име́ть; у + *gen.*
he, she, it, they он, она́, оно́, они́
head голова́; (**chief**) глава́; *adj.* головно́й
heal (*intr.*) зажива́ть/зажи́ть

health здоро́вье
healthy здоро́вый
hear слы́шать/услы́шать
heart се́рдце
heat жара́
heaven рай
heavy тяжёлый
height высота́
helicopter вертолёт
hell ад
help по́мощь; **to** . . . помога́ть/помо́чь
hen ку́рица
her её, свой
herbivorous травоя́дный
here здесь, тут; **from** . . . отсю́да; **to** . . .
  сюда́
hero геро́й
high высо́кий; **higher** вы́сший
highway шоссе́
hill гора́
hire нанима́ть/наня́ть
his его́, свой
historian исто́рик
historical истори́ческий
history исто́рия
hold держа́ть
hole ды́рка
holiday пра́здник; *adj.* пра́здничный
holy свято́й
home (*adj.*) дома́шний; *adv.* **at** . . . до́ма;
  adv. **to** . . . домо́й
honey мёд
honor честь
hope наде́жда; **to** . . . наде́яться
horizontal горизонта́ль
horse ло́шадь
horticulture садово́дство
hospital больни́ца; **to discharge from the**
  . . . вы́писаться из . . .
host хозя́ин
hostess хозя́йка
hot горя́чий, жа́ркий
hot dog соси́ска
hotel гости́ница
hour час; **half an** . . . полчаса́
house дом
housewife хозя́йка
how как; . . . **much (many)** ско́лько
huge огро́мный
human being челове́к; *adj.* челове́ческий
humanity челове́чество

hungry голо́дный
hunt лови́ть/пойма́ть
hunter охо́тник
hurry спеши́ть/поспеши́ть
hurt боле́ть
husband муж
hydrogen водоро́д
hypothesis гипо́теза

I я
ice лёд
ice cream моро́женое
idea иде́я
identical одина́ковый
if е́сли, ли
ill, be боле́ть/заболе́ть
illness боле́знь
ill-tempered злой
image о́браз
imagine представля́ть/предста́вить себе́
immediately сейча́с, сра́зу
impatience нетерпе́ние
import ввози́ть/ввезти́
importance ва́жность
important ва́жный
impossible невозмо́жно, нельзя́
imprisonment лише́ние свобо́ды
in в
incident слу́чай
include включа́ть/включи́ть
income дохо́д
incomprehensible непоня́тный
increase увели́чивать/увеличи́ть
independence незави́симость
independently самостоя́тельно
index указа́тель; adj. указа́тельный
Indian (American) инде́ец, инде́йка
indifferent равноду́шный
indirect ко́свенный
inferior ни́зший
influence влия́ние
inform against доноси́ть/донести́ на
informer доно́счик
inhabitant жи́тель
ink черни́ла (pl.)
inquest допро́с
insect насеко́мое
insert вставля́ть/вста́вить
insist (on) наста́ивать/настоя́ть на
inspector контролёр
institute институ́т

institution of higher education вуз
instruction преподава́ние
instructor преподава́тель
instrument (scientific) прибо́р
instrumental твори́тельный
intelligent у́мный
intend собира́ться/собра́ться
interest интере́с
interested, be интересова́ться/
  заинтересова́ться
interesting интере́сный
interrogate допра́шивать/допроси́ть
into в
introduce вводи́ть/ввести́
introduction введе́ние
invitation приглаше́ние
invite приглаша́ть/пригласи́ть
iron утю́г; to . . . гла́дить
iron (mineral) желе́зо
island о́стров
Italian италья́нец, италья́нка; adj.
  италья́нский
Italy Ита́лия
its её, его́, свой

January янва́рь
jellyfish меду́за
job слу́жба
journalist журнали́ст
journey путеше́ствие
joyful ра́достный
judge судья́; to . . . суди́ть
juice сок
July ию́ль
jump пры́гать/пры́гнуть; to . . . up
  вска́кивать/вскочи́ть
June ию́нь
jungle джу́нгли (pl.)
junior мла́дший
juror заседа́тель
just справедли́вый; (exactly) и́менно;
  to have . . . то́лько что
justice справедли́вость

kangaroo кенгуру́
Kazakh (adj.) каза́хский
kept, be храни́ться
key ключ
Kiev Ки́ев
kilogram килогра́мм
kilometer киломе́тр

kindergarten детский сад
Kirghiz (*adj.*) киргизский
Kishinev Кишинёв
kitchen кухня
kitten котёнок
knee колено
knife нож
knock стучать/постучать
know знать; **to . . . how** уметь/суметь
knowledge знание
known известный
kopeck копейка
Kremlin Кремль

labor труд; **to . . .** трудить
laboratory лаборатория
ladybug божья коровка
lake озеро
lamb ягнёнок; **(meat)** баранина
lamp лампа
land (*intr.*) приземляться/приземлиться
landing (of a plane) посадка
language язык; **. . . laboratory** лингафонный кабинет
large большой; **. . . scale** крупный
last (final) последний; **(past)** прошлый; **to . . .** длиться
late поздний; **to be . . .** опаздывать/опоздать
later потом
Latin латинский
Latvian (*adj.*) латвийский
laugh смеяться/засмеяться; **to burst out . . . ing** рассмеяться (*pf.*)
launch запускать/запустить
launching запуск
law закон; **(science of)** юриспруденция; *adj.* юридический
lawyer юрист
lay down класть/положить
lazy ленивый
lead водить—вести/повести; **to . . . across** переводить/перевести; **to . . . out** выводить/вывести; **to . . . through** проводить/провести
leader руководитель, вождь
leaf лист
learn учиться/научиться, изучать/изучить; **to . . . by heart** учить/выучить
leash поводок
leather (*adj.*) кожаный

leave (*intr.*) уезжать/уехать, уходить/уйти; **to . . . in passing** заносить/занести
lecture лекция
lecture hal! аудитория
left левый; **to the . . .** налево
leg нога
lemon лимон; *adj.* лимонный
length длина
Lenin (*adj.*) ленинский
Leningrad Ленинград
less менее, меньше
lesson урок
let пусть (пускай); **to . . . (permit)** пускать/пустить; **to . . . in** впускать/впустить; **to . . . out** выпускать/выпустить
let's давай(те)
letter письмо; **(alphabet)** буква
levy (a tax) налагать/наложить
liberate освобождать/освободить
librarian библиотекарь
library библиотека; *adj.* библиотечный; **to join the . . .** записаться в . . .
lie ложь
lie (flat) лежать; **to . . . for a while** полежать; **to . . . for a given period** пролежать; **to . . . down** ложиться/лечь
life жизнь
life-giving животворный
light огонёк, свет; *adj.* лёгкий; **(bright)** светлый; **to . . .** *tr.* освещать/осветить; *intr.* загораться/загореться; **to . . . a fire** зажигать/зажечь
lighter зажигалка
lighting освещение
like (resembling) подобный, похожий; **to . . .** любить, нравиться/понравиться
lilac (*noun*) сирень
line очередь
linguist лингвист
linguistic лингвистический
linguistics лингвистика
lion лев
lip губа
liquor спиртные напитки
list список
listen слушать/послушать
literary литературный
literature литература; **. . . specialist** литератор
Lithuanian литовский

little ма́ленький; . . . of ма́ло, немно́жко, немно́го
live жить; to . . . for a while пожи́ть
lively живо́й
living room гости́ная
lobster рак
local ме́стный
locality ме́стность
London Ло́ндон
lonely одино́кий
long дли́нный; for a . . . time до́лго
look смотре́ть/посмотре́ть, гляде́ть/погляде́ть; to . . . for иска́ть
lose теря́ть/потеря́ть
loud гро́мкий
love любо́вь; to . . . люби́ть
low ни́зкий; lower ни́жний, ни́зший
Lower Lusatian нижелужи́цкий
lucky счастли́вый

macaroni макаро́ны
Macedonian (adj.) македо́нский
machine маши́на
Madrid Мадри́д
magazine журна́л
mail по́чта; . . . man почтальо́н
main гла́вный
mainly гла́вным о́бразом
mammal млекопита́ющее
man мужчи́на
manuscript ру́копись
many мно́го
map ка́рта
March март
mark знак
married жена́т (m.), за́мужем (f.)
marry жени́ться, выходи́ть/вы́йти за́муж
master craftsman ма́стер
match спи́чка
material материа́л
maternity hospital роди́льный дом
mathematical математи́ческий
mathematician матема́тик
mathematics матема́тика
May май
maybe мо́жет быть
mean зна́чить
meaning значе́ние
meat мя́со
mechanic меха́ник
medicine лека́рство; (science) медици́на

meet встреча́ть/встре́тить
meeting встре́ча; (gathering) собра́ние
melody мело́дия
member член
memory па́мять
menu меню́
merchant купе́ц
meter метр
method ме́тод
middle (adj.) сре́дний
midnight по́лночь
military вое́нный
milk молоко́; adj. моло́чный
Milky Way Мле́чный Путь
Minsk Минск
minus ми́нус
minute мину́та
miracle чу́до
miraculous чуде́сный
mirror зе́ркало
misfortune несча́стье, неуда́ча
miss опозда́ть на (pf.), пропуска́ть/пропусти́ть
mistake оши́бка
mitten рукави́ца
model образе́ц
Moldavian (adj.) молда́вский
moment моме́нт
monastery монасты́рь
Monday понеде́льник
monetary де́нежный
money де́ньги; . . . order де́нежный перево́д
monkey обезья́на
monster чудо́вище
month ме́сяц
monument па́мятник
mood наклоне́ние
moon луна́
more бо́льше, бо́лее
morning у́тро; adj. у́тренний
Moscow Москва́; adj. моско́вский
mosquito кома́р
mother мать
motion движе́ние
motor мото́р
motorcycle мотоци́кл
mountain гора́
mountain climber альпини́ст
mouse мышь; young . . . мышо́нок
moustache усы́ (pl.)

mouth рот
move дви́гать/дви́нуть; **(change residence)** переезжа́ть/перее́хать
movement движе́ние
movie кинофи́льм; . . . **theater** кинотеа́тр
movies кино́
much мно́го; **(more)** гора́здо
multiplied by умно́женное на
murderer уби́йца
museum музе́й
mushroom гриб
music му́зыка
musical музыка́льный
musician музыка́нт
mustard горчи́ца
my мой
mythical мифи́ческий

name и́мя, фами́лия; . . . **day** имени́ны (*pl.*); **to** . . . **(people)** звать/позва́ть; **to** . . . **(things)** называ́ть/назва́ть
namely и́менно
nap поспа́ть (*pf.*)
narrow у́зкий
nation на́ция
native родно́й; . . . **land** ро́дина
natural есте́ственный
nature приро́да
near бли́зко; *prep.* о́коло
necessary ну́жный; **it is** . . . на́до, необходи́мо, ну́жно; **to be** . . . приходи́ться/прийти́сь
neck ше́я
needed ну́жен
negation отрица́ние
negative отрица́тельный
negotiate догова́ривать/договори́ть
negotiations перегово́ры
neighbor сосе́д
neighboring сосе́дний
neither . . . nor ни . . . ни
nephew племя́нник
never никогда́
nevertheless всё-таки
new но́вый
news изве́стия, но́вости
newspaper газе́та
New York Нью-Йорк
next сле́дующий; *adv.* пото́м
nice ми́лый

niece племя́нница
night ночь
nightingale солове́й
no нет; **(none)** никако́й
noise шум
noisy шу́мный; **to be** . . . шуме́ть/зашуме́ть
nominative имени́тельный
nonsense вздор
noon по́лдень
no one никто́
no one's ниче́й
north се́вер
northern се́верный
nose нос
not не
note запи́ска; **to take notes** запи́сывать/записа́ть
notebook тетра́дь
nothing ничего́
notice замеча́ть/заме́тить
novel рома́н
November ноя́брь
Novgorod Но́вгород
now сейча́с, тепе́рь
no way ника́к
nowhere нигде́; **to** . . . никуда́
number но́мер, число́
nurse медсестра́

object предме́т
observation замеча́ние
observe наблюда́ть
obstacle тру́дность
obtain достава́ть/доста́ть
occupation заня́тие
occupy занима́ть/заня́ть
ocean океа́н
October октя́брь
octopus восьмино́г
offer предлага́ть/предложи́ть
officer офице́р
often ча́сто
oil ма́сло
old ста́рый; . . . **age** ста́рость; . . . **man** стари́к; . . . **woman** стару́ха; . . . **fashioned** старомо́дный; **to become** . . . старе́ть/постаре́ть
omit пропуска́ть/пропусти́ть
on на

once одна́жды, раз
onions лук
only (*adj.*) еди́нственный; *adv.* то́лько
open открыва́ть/откры́ть; *adj.* откры́тый
opening откры́тие
opera о́пера; *adj.* о́перный
operation опера́ция
opinion мне́ние; **in my . . .** по-мо́ему
opponent проти́вник
opportunity возмо́жность
opposite напро́тив
oral у́стный
orange апельси́н; **(color)** ора́нжевый
orchestra орке́стр
order прика́з; **in . . . to** что́бы; **to . . .**
  зака́зывать/заказа́ть, прика́зывать/
  приказа́ть
organization организа́ция
origin происхожде́ние
orphan сирота́
orthodox правосла́вный
other друго́й
otter вы́дра
ought до́лжен
our наш
output вы́пуск
outside на дворе́, на у́лице
outstanding отли́чный
over над
owl сова́; **owlet** совёнок
oxygen кислоро́д

package паке́т
packet па́чка
pain боль
painter живопи́сец
painting жи́вопись
palace дворе́ц
palm of the hand ладо́нь
pants брю́ки
paper бума́га
paragraph пара́граф
parakeet попуга́й
parentheses ско́бки
parents роди́тели
Paris Пари́ж
park парк
parrot попуга́й
part часть; **(participation)** уча́стие;
  to take . . . уча́ствовать

party ве́чер; **(political)** па́ртия
pass про́пуск; **to . . .** проходи́ть/пройти́;
  to . . . (time) проводи́ть/провести́
passenger пассажи́р; *adj.* пассажи́рский
passerby прохо́жий (*noun*)
passport па́спорт
past про́шлый; (*prep.*) ми́мо; **the . . .**
  про́шлое
pastry пиро́жное; *adj.* конди́терский
path путь
patient (*noun*) больно́й
pay плати́ть/заплати́ть
peace мир; **(quiet)** поко́й; *adj.* ми́рный
peach пе́рсик
pear гру́ша
peas горо́х
peasant крестья́нин
pedagogical педагоги́ческий
pedagogy педаго́гика
pedestrian пешехо́д
pediatrician педиа́тр
pelican пелика́н
pen ру́чка
pencil каранда́ш
penknife перочи́нный нож
pension пе́нсия
people лю́ди; *coll.* наро́д
people's наро́дный
pepper пе́рец
perform выступа́ть/вы́ступить
perfume духи́ (*pl.*)
period of time срок
perish ги́бнуть, погиба́ть/поги́бнуть
permission разреше́ние
permit про́пуск; **to . . .** разреша́ть/
  разреши́ть
persistent насто́йчивый
person челове́к
personal ли́чный
persuade угова́ривать/уговори́ть
Philadelphia Филаде́льфия
philological филологи́ческий
philosopher фило́соф
philosophical филосо́фский
philosophy филосо́фия
photograph сни́мок; **to . . .** снима́ть/снять
photography фотографи́рование
phrase фра́за
physical, physics физи́ческий
physician врач

physicist фи́зик
physics фи́зика
piano роя́ль
pick срыва́ть/сорва́ть; **to . . . up (speed)**
    набира́ть/набра́ть
picture карти́на
picturesque живопи́сный
piece кусо́к
pig свинья́; **young . . .** поросёнок
pigeon го́лубь
pilot пило́т
pink ро́зовый
pipe тру́бка
place ме́сто; **to . . .** помеща́ть/помести́ть
plain (geographical) равни́на
plan план
plant расте́ние; **(factory)** заво́д; **. . . life**
    расти́тельность; *adj.* расти́тельный;
    to . . . сажа́ть/посади́ть
plate таре́лка
play (drama) пье́са
play игра́ть/сыгра́ть; **to . . . for a while**
    поигра́ть
pleasant прия́тный
please пожа́луйста; **to . . .** нра́виться/
    понра́виться
pleasure удово́льствие
plum сли́ва
plumber водопрово́дчик
plumbing водопрово́д
plus плюс
pocket карма́н
poem поэ́ма
poet поэ́т, поэте́сса
poetry поэ́зия
point то́чка; **. . . of view . . .** зре́ния; **to . . .**
    to ука́зывать/указа́ть
Poland По́льша
Pole поля́к, по́лька
policeman милиционе́р
Polish по́льский
political полити́ческий
politician поли́тик
politics поли́тика
pond пруд
pool бассе́йн
poor бе́дный
pork свини́на
port порт
porter носи́льщик

Portugal Португа́лия
Portuguese португа́л/ец, -ка; *adj.*
    португа́льский
position положе́ние
positive положи́тельный
possibility возмо́жность
possible возмо́жный; **it is . . .** возмо́жно,
    мо́жно
postal почто́вый
poster плака́т
post office по́чта
potatoes карто́фель
pour лить/нали́ть
powerful могу́чий
practical практи́ческий; **. . . work** пра́ктика
precise то́чный
premises помеще́ние
prepare гото́вить/приго́товить; **to . . .**
    (for) гото́вить(ся)/приго́товить(ся)
prepared гото́вый
prepositional предло́жный
prescribe пропи́сывать/прописа́ть
presence, in the . . . of при
present пода́рок; **at . . .** тепе́рь; **for the . . .**
    пока́
present (*documents***)** предъявля́ть/предъя-
    ви́ть; **to . . . (introduce)** представля́ть/
    предста́вить
president президе́нт
prevent меша́ть/помеша́ть
price цена́
pride го́рдость
primitive примити́вный
prize пре́мия
probably наве́рно
problem зада́ча, пробле́ма
produce производи́ть/произвести́
production произво́дство
profession профе́ссия, специа́льность
professor профе́ссор
program програ́мма
promise обеща́ть (*impf., pf.*)
pronounce произноси́ть/произнести́
pronunciation произноше́ние
proof доказа́тельство
property иму́щество
propose предлага́ть/предложи́ть
prosecutor обвини́тель
proud го́рдый; **to be . . . of** горди́ться
prove дока́зывать/доказа́ть

proverb погово́рка
psychological психологи́ческий
psychologist психо́лог
psychology психоло́гия
publication изда́ние
publish издава́ть/изда́ть
publishing house изда́тельство
puddle лу́жа
punish нака́зывать/наказа́ть
punishment наказа́ние
pupil учени́к, учени́ца
puppy щено́к
purchase поку́пка
purple фиоле́товый
purposely наро́чно
put (flat) класть/положи́ть; **to . . . (upright)**
ста́вить/поста́вить
put on надева́ть/наде́ть

quantity коли́чество
quarter че́тверть
question вопро́с
quickly бы́стро, ско́ро
quiet (*noun*) поко́й; *adj.* ти́хий
quiz прове́рка
quotation marks кавы́чки

rabbit кро́лик
radio ра́дио; **. . . set** радиоприёмник
radioactivity радиоакти́вность
rail рельс
railroad car ваго́н
railroad station вокза́л
rain дождь
raincoat плащ
raise поднима́ть/подня́ть
raisins изю́м
rapid ско́рый
rare ре́дкий
raven во́рон
ray луч
reach доходи́ть/дойти́, доезжа́ть/дое́хать;
(a goal) достига́ть/дости́гнуть
read чита́ть/прочита́ть; **to . . . for a while**
почита́ть (*pf.*)
reader чита́тель; *adj.* чита́тельский
reading чте́ние
reading room чита́льный зал
real настоя́щий
realize сознава́ть/созна́ть
reason причи́на; **for any . . .** почему́-

нибудь; **for some . . .** почему́-нибудь,
почему́-то
rebuild перестра́ивать/перестро́ить
recall вспомина́ть/вспо́мнить
receive получа́ть/получи́ть
receiving приёмный
recently неда́вно
reception приём
recess переры́в
recognition призна́ние
recognize признава́ть/призна́ть, узнава́ть/
узна́ть
red кра́сный
refusal отка́з
refuse отка́зывать/отказа́ть
regards приве́т
region о́бласть, край
regular регуля́рный
rejoice ра́доваться/обра́доваться
relate относи́ться/отнести́сь
relations отноше́ния (*pl.*)
relative (*noun*) ро́дственник
relativity относи́тельность
release отпуска́ть/отпусти́ть
relief облегче́ние
relieve облегча́ть/облегчи́ть
rely on наде́яться на
remain остава́ться/оста́ться
remainder оста́ток
remains оста́тки
remark замеча́ние
remember вспомина́ть/вспо́мнить,
по́мнить
Renaissance Возрожде́ние
repairs ремо́нт
repetition повторе́ние
replace заменя́ть/замени́ть, замеща́ть/
замести́ть
report сообще́ние; **(speech)** докла́д; **to . . .**
сообща́ть/сообщи́ть
republic респу́блика
request про́сьба; **to . . .** проси́ть/попроси́ть
reread перечи́тывать/перечита́ть
rescue (*adj.*) спаса́тельный
reservoir водохрани́лище
resound раздава́ться/разда́ться
respect уважа́ть
rest о́тдых; **to . . .** отдыха́ть/отдохну́ть
rest, the остально́й
restaurant рестора́н, столо́вая

result результа́т
resurrection воскресе́ние
return (*adj.*) обра́тный; **to** . . . отдава́ть/
  отда́ть, возвраща́ть(ся)/верну́ть(ся)
review (*adj.*) повтори́тельный; **to** . . .
  повторя́ть/повтори́ть
revolution револю́ция
rework перераба́тывать/перерабо́тать
rewrite перепи́сывать/переписа́ть
rhinoceros носоро́г
rice рис
rich бога́тый
ride е́здить—е́хать/пое́хать, *tr.* ката́ть—
  кати́ть/покати́ть
Riga Ри́га
right пра́во; *adj.* пра́вый; **(correct)** прав;
  to the . . . напра́во
ring кольцо́
ringing звоно́к
rise восхо́д; **to** . . . всходи́ть/взойти́
river река́
road доро́га
roar рёв; **to** . . . реве́ть
role роль
roll (food) бу́лочка
Rome Рим
roof кры́ша
room ко́мната, зал
rose ро́за; *adj.* ро́зовый
rouble рубль
rounds, make обходи́ть/обойти́
row ряд
rug ковёр
rule пра́вило
run бе́гать—бежа́ть/побежа́ть; **(round
  trip)** сбе́гать (*pf.*); **to** . . . **away** убега́ть/
  убежа́ть; **to** . . . **by** пробега́ть/пробежа́ть;
  to . . . **down** сбега́ть/сбежа́ть; **to** . . . **for a
  while** побе́гать (*pf.*); **to** . . . **in** вбега́ть/
  вбежа́ть; **to** . . . **out** выбега́ть/вы́бежать;
  to . . . **up** взбега́ть/взбежа́ть
rush броса́ться/бро́ситься
Russia Росси́я
Russian (*noun*) ру́сский; *adj.* росси́йский,
  ру́сский

sack мешо́к
sad гру́стный, печа́льный
sail пла́вать—плыть/поплы́ть
sailing (embarkation) отплы́тие
salad сала́т

salary зарпла́та
sale прода́жа
salesman продаве́ц
saleswoman продавщи́ца
salt соль
same тот (же) са́мый
sanatorium санато́рий
sand песо́к
sardine сарди́нка
satellite спу́тник
satisfied дово́льный
Saturday суббо́та
sausage колбаса́
save спаса́ть/спасти́
saving спаси́тельный
say говори́ть/сказа́ть
saying погово́рка
scale ве́сы (*pl.*)
scatter (*intr.*) расходи́ться/разойти́сь,
  разъезжа́ться/разъе́хаться
scholar учёный
scholarly (*adj.*) учёный
school шко́ла; *adj.* уче́бный
science нау́ка
scientific нау́чный
scientist учёный
scissors но́жницы
sculpt лепи́ть/вы́лепить
sculptor ску́льптор
sculpture скульпту́ра
sea мо́ре; *adj.* морско́й; . . . **horse** . . . конёк;
  . . . **lion** . . . лев; **seagull** ча́йка
seaplane гидросамолёт
search for иска́ть
seat сиде́нье, ме́сто
seat belt ре́мень
second (*noun*) секу́нда
secretary секрета́рша
secretly тайко́м
see ви́деть/уви́деть
seed се́мя
seem каза́ться/показа́ться
self сам, себя́
sell продава́ть/прода́ть
send отправля́ть/отпра́вить, посыла́ть/
  посла́ть
sender отправи́тель
senior ста́рший
sense смысл
sentence пригово́р; **to** . . . пригова́ривать/
  приговори́ть

September сентя́брь
Serbocroatian сербохорва́тский
serious серьёзный, тяжёлый
servant слуга́
serve служи́ть
service слу́жба
set (tea) прибо́р; **to . . . up** устра́ивать/
  устро́ить
set out отправля́ться/отпра́виться
seven (*coll.*) се́меро
seven-year school семиле́тка
several не́которые; *adv.* не́сколько
sew шить/сшить
shake дрожа́ть
shallow ме́лкий
shark аку́ла
sharp о́стрый
sheep овца́
shelf по́лка
shield щит
shine свети́ть, сия́ть
ship кора́бль
shirt руба́шка
shoe боти́нок
shop ла́вка
shore бе́рег
short коро́ткий, кра́ткий
should до́лжен
shoulder плечо́
shout (at) крича́ть/кри́кнуть на; **to begin
  to . . .** закрича́ть (*pf.*)
shouting крик
show пока́зывать/показа́ть, ука́зывать/
  указа́ть, предъявля́ть/предъяви́ть
shower душ
show window витри́на
Siberia Сиби́рь
sick больно́й; **to be . . .** боле́ть/заболе́ть
side сторона́; **(body)** бок
sight-see осма́тривать/осмотре́ть
sight-seeing осмо́тр
sign знак, на́дпись; **to . . .** подпи́сывать/
  подписа́ть
signal сигна́л
signature по́дпись
significance значе́ние
significant значи́тельный
signify обознача́ть
silence молча́ние, тишина́; **to be silent**
  молча́ть/замолча́ть
silently мо́лча

silver серебро́; *adj.* серебри́стый
similar подо́бный, похо́жий
simple просто́й
simultaneous одновреме́нный
since так как
sing петь/спеть; **to begin to . . .** запе́ть
  (*pf.*); **to . . . for a while** попе́ть (*pf.*)
singer певе́ц, певи́ца
sister сестра́
sit сиде́ть; **to . . . for a while** посиде́ть
  (*pf.*); **to . . . down** сади́ться/сесть
situation положе́ние
six (*coll.*) ше́стеро
ski лы́жа; **to . . .** ката́ться на . . .
skin ко́жа
sky не́бо
slave раб
slavery ра́бство
Slavic славя́нский
sled са́ни, са́нки
sleep сон; **to . . .** спать
sleeve рука́в
slippery ско́льзкий
Slovak слова́цкий
Slovenian слове́нский
slowly ме́дленно
smaller ме́ньший
smile улы́бка; **to . . .** улыба́ться/
  улыбну́ться
smoke дым; **to . . .** кури́ть/покури́ть
smooth пла́вный
snail ули́тка
snow снег; *adj.* сне́жный
snowdrift зано́с
snowplow снегоубо́рочная маши́на
so так
socialist социалисти́ческий
sociologist социо́лог
sociology социоло́гия; *adj.* социологи́-
  ческий
sofa дива́н
soft мя́гкий
soldier солда́т
solution (liquid) раство́р; **(to a problem)**
  реше́ние
solve реша́ть/реши́ть
solvent раствори́тель
somehow ка́к-нибудь, ка́к-то
some kind of како́й-нибудь, како́й-то
someone кто́-нибудь, кто́-то
someone else's чужо́й

someone's   чéй-нибудь, чéй-то
something   чтó-нибудь, чтó-то
sometime   когдá-нибудь, когдá-то
sometimes   иногдá
somewhere   гдé-нибудь, гдé-то; **to . . .**
  кудá-нибудь, кудá-то
son   сын
song   пéсня
soon   скóро; **as . . . as** как тóлько
sorry   жаль
sort   род, сорт
sound   звук
soup   суп
sour cream   сметáна
south   юг
southern   ю́жный
Soviet (*adj.*)   совéтский
Soviet Union   Совéтский Сою́з
space   мéсто
Spain   Испáния
Spaniard   испáн/ец, -ка
Spanish   испáнский
sparrow   воробéй
speak   говори́ть/поговори́ть; **to . . . out**
  выскáзывать/вы́сказать
speaker   доклáдчик
special   специáльный
specialist   специали́ст
specialization   специáльность
spectator   зри́тель
speech   речь
speed   скóрость
spelling   правописáние
spend (one's life)   прожи́ть (*pf.*)
spider   паýк
spoon   лóжка
sports   спорт (*sg.*)
sportsman   спортсмéн
spring   веснá; *adj.* весéнний
square   плóщадь
stadium   стадиóн
stage (in a theater)   сцéна
stairs   лéстница
stamp   мáрка; **. . . collector** филатели́ст
stand   стоя́нка; **to . . .** стоя́ть; *tr.* стáвить/
  постáвить
standing   стоя́чий
star   звездá; **. . . fish** морскáя . . .
starting point   старт
state   штат, госудáрство; *adj.* госудáрст-
  венный

station   стáнция, вокзáл
steak   бифштéкс
steal   красть/укрáсть
steamship   парохóд
steer   прáвить
stewardess   стюардéсса
still   ещё, всё-таки
sting   кусáть/укуси́ть
stir   мешáть/помешáть
stocking   чулóк
stomach   живóт
stone   кáмень; *adj.* кáменный; **to turn to . . .**
  каменéть/окаменéть
stop   останóвка; **to . . .** останáвливать(ся)/
  останови́ть(ся); **to . . . (cease)**
  переставáть/перестáть
store   магази́н
storm   грозá
story   истóрия, рассκáз
straight   пря́мо
street   ýлица
street-cleaning truck   поли́вочная маши́на
strength   си́ла
strengthen   уси́ливать/усили́ть
stretcher   носи́лки (*pl.*)
strict   стрóгий
strive for   добивáться
strong   крéпкий, си́льный
stubborn   упóрный
student (undergraduate)   студéнт, студéнтка; *adj.* студéнческий; **to be a . . .**
  учи́ться
studies   учéние
study   занимáться, изучáть/изучи́ть,
  учи́ться, учи́ть/вы́учить
study (room)   кабинéт
stuffy   дýшный
stupid   глýпый
subject (school)   предмéт; *adj.* предмéтный
submarine   подвóдная лóдка
substitute   замести́тель
suburb   при́город
subway   метрó
success   удáча, успéх
successful   удáчный, успéшный; **to be . . .**
  удавáться/удáться (*imper.*)
such   такóй
suddenly   вдруг
suffer   страдáть/пострадáть
sugar   сáхар
suggest   предлагáть/предложи́ть

suggestion предложе́ние
suit костю́м
suitable подходя́щий
suitcase чемода́н
sum су́мма
summary конспе́кт
summer ле́то; *adj.* ле́тний
summit верши́на
sun со́лнце
sunbathe загора́ть/загоре́ть
Sunday воскресе́нье
sunset зака́т
suntan зага́р
superior вы́сший
supper у́жин; **to have . . .** у́жинать/
поу́жинать
support подде́рживать/поддержа́ть
surface всплыва́ть/всплыть
surgeon хиру́рг
surname фами́лия
surprise удивле́ние
surprised, be удивля́ться/удиви́ться
survey съёмка
survive (*intr.*) выжива́ть/вы́жить
swan ле́бедь
swim пла́вать—плыть/поплы́ть; **to . . .**
across переплыва́ть/переплы́ть; **to . . .**
as far as доплыва́ть/доплы́ть; **to . . .**
away отплыва́ть/отплы́ть; **to . . . for a**
while попла́вать (*pf.*); **to . . . in** вплыва́ть/
вплыть; **to . . . off** уплыва́ть/уплы́ть;
to . . . out выплыва́ть/вы́плыть; **to . . . up**
to подплыва́ть/подплы́ть; **to . . . upward**
всплыва́ть/всплыть
swimmer пло́вец
swimming пла́вание; *adj.* плава́тельный
switch выключа́тель
system систе́ма

table стол
Tadzik таджи́кский
tail хвост
take брать/взять, принима́ть/приня́ть;
to . . . (to) отводи́ть/отвести́, отвози́ть/
отвезти́, относи́ть/отнести́; **to . . . away**
уводи́ть/увести́, увози́ть/увезти́,
уноси́ть/унести́; **to . . . away from**
отнима́ть/отня́ть у; **to . . . downstairs**
сноси́ть/снести́; **to take off** *tr.* снима́ть/
снять
take-off взлёт; **to . . .** взлета́ть/взлете́ть

talk говори́ть/поговори́ть; **to begin to . . .**
заговори́ть (*pf.*)
tall высо́кий
Tallinn Та́ллин
Tashkent Ташке́нт
tasty вку́сный
tax нало́г
taxi такси́
Tbilisi Тбили́си
tea чай; *adj.* ча́йный
teach преподава́ть, учи́ть/научи́ть
teacher учи́тель, учи́тельница
teachers' учи́тельский; **. . . room** учи́тель-
ская
tear слеза́
tear рвать/порва́ть; **to . . . apart** раз-
рыва́ть/разорва́ть; **to . . . off** отрыва́ть/
оторва́ть; **to . . . out** вырыва́ть/вы́рвать
telegram телегра́мма
telephone телефо́н; *adj.* телефо́нный;
to . . . звони́ть/позвони́ть
television телеви́зор
tell говори́ть/сказа́ть; **(relate)** расска́зы-
вать/рассказа́ть
ten (*noun*) деся́ток
tennis те́ннис
tent пала́тка
tenth anniversary десятиле́тие
term те́рмин
territory террито́рия
test (exam) зачёт, экза́мен; **to . . .**
проверя́ть/прове́рить
text текст
textbook уче́бник
than чем
thank благодари́ть/поблагодари́ть
thanks to благодаря́
thank you спаси́бо
that тот, э́тот; *conj.* что
theater теа́тр
their их, свой
then зате́м, пото́м, тогда́
theory тео́рия
there там; **to . . .** туда́; **from . . .** отту́да;
. . . is, are есть; **. . . isn't** нет
therefore поэ́тому
these are э́то
thick густо́й
thin то́нкий
thing вещь
think ду́мать/поду́мать

this э́тот; . . . **is** э́то
thought мысль
three (*coll.*) тро́е
throat го́рло
through (space) че́рез
throw броса́ть/бро́сить
thunder гром
Thursday четве́рг
ticket биле́т
tidy up убира́ть/убра́ть
tie up свя́зывать/связа́ть
tiger тигр; . . . **cub** тигрёнок
time вре́мя; **it is** . . . пора́; **on** . . . во-
    вре́мя; **to have** . . . **to** успева́ть/успе́ть
tired, become устава́ть/уста́ть
title назва́ние
to в, к, на
tobacco таба́к
today сего́дня
today's сего́дняшний
toe па́лец
together with вме́сте с
tomato помидо́р
tomb мавзоле́й
tomorrow за́втра
tomorrow's за́втрашний
tongue язы́к
too (excessively) сли́шком
tooth зуб
top верши́на
torture му́ка
touch каса́ться/косну́ться
tourist тури́ст
toward к
tower ба́шня
town городо́к
toy игру́шка
trackless trolley троллéйбус
tractor тра́ктор
traffic движе́ние; . . . **light** светофо́р
train по́езд
transfer переводи́ть/перевести́, пере-
    носи́ть/перенести́
translate переводи́ть/перевести́
translation перево́д
translator перево́дчик
transport вози́ть—везти́/повезти́
transportation тра́нспорт
travel путеше́ствовать
tray подно́с
treat лечи́ть

treaty догово́р
tree де́рево
tree trunk ствол
triangle треуго́льник
tribe пле́мя
trick обма́нывать/обману́ть
Trinity Тро́ица
trip поéздка
tripod трено́жник
trolley трамва́й
trouble беспоко́йство
troubled беспоко́йный
trousers брю́ки
truck грузови́к
true, it is пра́вда
trunk (of an elephant) хо́бот
trust доверя́ть/дове́рить
truth пра́вда
truthful правди́вый
try (attempt) стара́ться/постара́ться
tsar царь
Tuesday вто́рник
turkey инде́йка; **young** . . . индюшо́нок
Turkish туре́цкий
Turkmen (*adj.*) туркме́нский
turn into (become) превраща́ться/
    преврати́ться
turn off выключа́ть/вы́ключить
turn on включа́ть/включи́ть
turn out to be ока́зываться/оказа́ться
turtle черепа́ха
twice два́жды
twig прут
twist вить
two (*coll.*) дво́е
typewriter пи́шущая маши́нка

Ukrainian украи́нский
umbrella зо́нтик
U.N. (United Nations) ООН
    (Организа́ция Объединённых На́ций)
unanimous единоду́шный
uncle дя́дя
under под
underground (*adj.*) подзе́мный
underline подчёркивать/подчеркну́ть
understand понима́ть/поня́ть
underwater (*adj.*) подво́дный
undress раздева́ться/разде́ться
uneasy беспоко́йный
unemployed безрабо́тный

unemployment безрабо́тица
unicorn единоро́г
union сою́з
unit едини́ца
unite соединя́ть/соедини́ть
united объединённый, соединённый
The United States of America Соединённые
  Шта́ты Аме́рики
university университе́т; *adj.* универси-
  те́тский
until до, пока́ не
unused to, get отвыка́ть/отвы́кнуть
upper ве́рхний
Upper Lusatian верхнелужи́цкий
upstairs наверху́
urban городско́й
use по́льза, употребле́ние; **to . . .**
  по́льзоваться/воспо́льзоваться,
  употребля́ть/употреби́ть
used to, get привыка́ть/привы́кнуть
useful поле́зный
useless, it is не́зачем
uselessly напра́сно
usual обыкнове́нный
usually обы́чно
Uzbek (*adj.*) узбе́кский

vacation (school) кани́кулы (*pl.*);
  (from work) о́тпуск
various разли́чный
vase ва́за
vegetable (*adj.*) овощно́й
vegetables о́вощи
verse стих
vertical вертика́ль
very (much) о́чень
vessel (ship) су́дно
veterinarian ветерина́р
view вид
village дере́вня
violin скри́пка
visible ви́дный
visit посеща́ть/посети́ть, (идти́) в го́сти,
  (быть) в гостя́х
vital жи́зненный
vodka во́дка
voice го́лос
volleyball волейбо́л
vote голосова́ть/проголосова́ть
voting голосова́ние

wait (for) ждать/подожда́ть

waiter официа́нт
wake буди́ть/разбуди́ть; **to . . . up** *intr.*
  просыпа́ться/просну́ться
walk ходи́ть—идти́/пойти́; **(round trip)**
  сходи́ть (*pf.*); **to . . . around** *tr.* обходи́ть/
  обойти́; **to . . . away** отходи́ть/отойти́;
  to . . . for a while походи́ть (*pf.*)
walk, take a гуля́ть/погуля́ть
wall стена́
walrus морж
wander броди́ть—брести́/побрести́
want хоте́ть/захоте́ть
war война́
warm тёплый
wash мыть/вы́мыть, помы́ть (*pf.*),
  умыва́ть/умы́ть
Washington Вашингто́н
waste тра́тить/истра́тить
watch (clock) часы́ (*pl.*)
water вода́; *adj.* во́дный; **to . . .** полива́ть/
  поли́ть
waterfall водопа́д
waterfowl водоплава́ющие пти́цы
watermelon арбу́з
wave волна́
way through прохо́д
we мы
weather пого́да
Wednesday среда́
week неде́ля
weigh ве́сить
weight вес
well коло́дец; *adv.* хорошо́
west за́пад
western за́падный
whale кит
what что; **. . . kind of** како́й, что за +
  nom.; **. . . for** заче́м, почему́
when когда́
where где; **to . . .** куда́; **from . . .** отку́да
which како́й, кото́рый
whirlpool водоворо́т
white бе́лый
who кто, кото́рый
whole це́лый
whose чей
why почему́, отчего́
wide широ́кий
wife жена́
wild ди́кий
will во́ля

wind ве́тер
window окно́
wind up заводи́ть/завести́
wine вино́
wing крыло́; . . . **spread** разма́х кры́льев
winter зима́; *adj.* зи́мний
wise му́дрый
wish пожела́ние; **to** . . . жела́ть
with с
within (time) че́рез
without без
witness свиде́тель
wolf волк, . . . **cub** волчо́нок
woman же́нщина
wooden деревя́нный
word сло́во
work рабо́та, труд; . . . **of art** произве-
де́ние; **creative** . . . тво́рчество; **to** . . .
рабо́тать; **to** . . . **for a while** порабо́тать
(*pf.*); **to** . . . **on (problems)** реша́ть
worker трудя́щийся, рабо́тник
working (*adj.*) рабо́чий
workman рабо́чий (*noun*)
world мир, свет
worry беспоко́йство; **to** . . . беспоко́иться/
обеспоко́иться
worse ху́же, ху́дший; **worst** ху́дший
worth, be сто́ить
worthy досто́йный
write писа́ть/написа́ть; **to** . . . **down**
запи́сывать/записа́ть; **to** . . . **for a while**
пописа́ть (*pf.*); **to** . . . **in** впи́сывать/
вписа́ть
writer писа́тель
writing, in пи́сьменно
wrong непра́в

yard двор
year год
yellow жёлтый
Yerevan Ерева́н
yes да
yesterday вчера́
yesterday's вчера́шний
yet ещё
you ты (*sg.*), вы (*pl.*)
young молодо́й
younger мла́дший
your твой, ваш
youth (age) мо́лодость; **(young people)**
молодёжь; **(young man)** ю́ноша

zebra зе́бра
zero нуль
zoo зоопа́рк
zoological зоологи́ческий
zoologist зоо́лог
zoology зооло́гия

Index

For problems concerning individual words, the student should refer to the word in the Russian-English vocabulary. References to chapters are given there.

A B C D E F G   7 6 5 4 3 2